全国高等教育自学考试指定教材

法律专业

刑事诉讼法学

（含：刑事诉讼法学自学考试大纲）

（2014年版）

全国高等教育自学考试指导委员会　组编

主　编　汪建成

撰稿人　汪建成　谢安平　孙　远
　　　　杨　雄　褚福民

审稿人　陈卫东　王敏远　宋英辉

图书在版编目(CIP)数据

刑事诉讼法学:2014年版/汪建成主编. —北京:北京大学出版社,2014.10
(全国高等教育自学考试指定教材)
ISBN 978-7-301-24809-6

Ⅰ.①刑… Ⅱ.①汪… Ⅲ.①刑事诉讼法—法的理论—中国—高等教育—自学考试—教材 Ⅳ.①D925.201

中国版本图书馆 CIP 数据核字(2014)第 210377 号

| 书　　　名：刑事诉讼法学(2014年版) |
| 著作责任者：汪建成　主编 |
| 责 任 编 辑：孙战营 |
| 标 准 书 号：ISBN 978-7-301-24809-6/D·3672 |
| 出 版 发 行：北京大学出版社 |
| 地　　　址：北京市海淀区成府路205号　100871 |
| 网　　　址：http://www.pup.cn |
| 新 浪 微 博：@北京大学出版社　@北大出版社法律图书 |
| 电 子 邮 箱：编辑部 law@pup.cn　总编室 zpup@pup.cn |
| 电　　　话：邮购部 62752015　发行部 62750672　编辑部 62752027 |
| 　　　　　　出版部 62754962 |
| 印　刷　者：北京虎彩文化传播有限公司 |
| 经　销　者：新华书店 |
| 　　　　　　787毫米×1092毫米　16开本　22.5印张　492千字 |
| 　　　　　　2014年10月第1版　2025年1月第12次印刷 |
| 定　　　价：40.00元 |

未经许可,不得以任何方式复制或抄袭本书之部分或全部内容。
版权所有,侵权必究
举报电话:010-62752024　电子邮箱:fd@pup.cn

本书法律文件全称简称对照表

全 称	简 称
1.《中华人民共和国宪法》	《宪法》
2.《中华人民共和国刑事诉讼法》(1979年)	1979年《刑事诉讼法》
3.《中华人民共和国刑事诉讼法》(1996年)	1996年《刑事诉讼法》
4.《中华人民共和国刑事诉讼法》(2012年)	《刑事诉讼法》
5.《中华人民共和国刑法》	《刑法》
6.《中华人民共和国律师法》	《律师法》
7.《中华人民共和国人民警察法》	《人民警察法》
8.《中华人民共和国国家安全法》	《国家安全法》
9.《中华人民共和国人民法院组织法》	《人民法院组织法》
10.《中华人民共和国人民检察院组织法》	《人民检察院组织法》
11. 最高人民法院、最高人民检察院、公安部、国家安全部、司法部、全国人大常委会法制工作委员会《关于实施刑事诉讼法若干问题的规定》	六部门《规定》
12. 最高人民法院、最高人民检察院、公安部、国家安全部、司法部《关于办理死刑案件审查判断证据若干问题的规定》	两院三部《办理死刑案件证据规定》
13. 最高人民法院、最高人民检察院、公安部、国家安全部、司法部《关于办理刑事案件排除非法证据若干问题的规定》	两院三部《非法证据排除规定》
14. 最高人民法院、最高人民检察院、公安部、国家安全部、司法部《关于进一步严格依法办案确保办理死刑案件质量的意见》	两院三部《办理死刑案件意见》
15. 最高人民法院、最高人民检察院、公安部、司法部《关于刑事诉讼法律援助工作的规定》	两院二部《法律援助规定》
16. 全国人大常委会《关于司法鉴定管理问题的决定》	人大常委会《司法鉴定管理决定》
17. 最高人民法院《关于适用〈中华人民共和国刑事诉讼法〉的解释》	最高法《解释》
18. 最高人民检察院《人民检察刑事诉讼规则(试行)》	最高检《规则》
19. 公安部《公安机关办理刑事案件程序规定》	公安部《规定》

组编前言

21世纪是一个变幻难测的世纪,是一个催人奋进的时代。科学技术飞速发展,知识更替日新月异。希望、困惑、机遇、挑战,随时随地都有可能出现在每一个社会成员的生活之中。抓住机遇,寻求发展,迎接挑战,适应变化的制胜法宝就是学习——依靠自己学习、终生学习。

作为我国高等教育组成部分的自学考试,其职责就是在高等教育这个水平上倡导自学、鼓励自学、帮助自学、推动自学,为每一个自学者铺就成才之路。组织编写供读者学习的教材就是履行这个职责的重要环节。毫无疑问,这种教材应当适合自学,应当有利于学习者掌握和了解新知识、新信息,有利于学习者增强创新意识,培养实践能力,形成自学能力,也有利于学习者学以致用,解决实际工作中所遇到的问题。具有如此特点的书,我们虽然沿用了"教材"这个概念,但它与那种仅供教师讲、学生听,教师不讲、学生不懂,以"教"为中心的教科书相比,已经在内容安排、编写体例、行文风格等方面都大不相同了。希望读者对此有所了解,以便从一开始就树立起依靠自己学习的坚定信念,不断探索适合自己的学习方法,充分利用自己已有的知识基础和实际工作经验,最大限度地发挥自己的潜能,达到学习的目标。

欢迎读者提出意见和建议。

祝每一位读者自学成功。

全国高等教育自学考试指导委员会
2013年11月

目 录

刑事诉讼法学自学考试大纲

出版前言 ·· 9
课程性质与课程目标 ·· 11
课程内容与考核要求 ·· 12
关于大纲的说明与考核实施要求 ··· 47
附录：题型举例 ·· 50
后记 ·· 52

刑事诉讼法学

编写前言 ·· 55
第一章　导论 ·· 57
　　第一节　刑事诉讼和刑事诉讼法 ·· 57
　　第二节　刑事诉讼法学 ··· 61
第二章　刑事诉讼的基本原则 ··· 65
　　第一节　概述 ·· 65
　　第二节　侦查权、检察权、审判权由专门机关依法行使 ············· 69
　　第三节　严格遵守法定程序 ··· 70
　　第四节　人民法院、人民检察院依法独立行使职权 ···················· 71
　　第五节　依靠群众 ··· 73
　　第六节　以事实为根据，以法律为准绳 ···································· 73
　　第七节　分工负责、互相配合、互相制约 ································· 74
　　第八节　人民检察院依法对刑事诉讼实行法律监督 ···················· 76
　　第九节　各民族公民有权使用本民族语言文字进行诉讼 ············· 78
　　第十节　审判公开 ··· 78
　　第十一节　犯罪嫌疑人、被告人有权获得辩护 ·························· 80
　　第十二节　未经人民法院依法判决不得确定有罪 ······················· 80
　　第十三节　保障诉讼参与人诉讼权利 ······································· 81
　　第十四节　具有法定情形不追究刑事责任 ································· 82

第十五节　追究外国人刑事责任适用我国刑事诉讼法 …………………… 82

第三章　刑事诉讼主体 84
　　第一节　概述 84
　　第二节　人民法院 84
　　第三节　人民检察院 89
　　第四节　公安机关和其他侦查机关 90
　　第五节　当事人 92
　　第六节　其他诉讼参与人 96

第四章　管辖 100
　　第一节　概述 100
　　第二节　立案管辖 101
　　第三节　审判管辖 105

第五章　回避 110
　　第一节　概述 110
　　第二节　回避的种类、理由和人员范围 111
　　第三节　回避的程序 113

第六章　辩护与代理 116
　　第一节　辩护 116
　　第二节　代理 123
　　第三节　刑事法律援助制度 125

第七章　证据 129
　　第一节　概述 129
　　第二节　证据种类 133
　　第三节　证据的分类 144
　　第四节　证明 148
　　第五节　非法证据排除规则 154

第八章　强制措施 162
　　第一节　概述 162
　　第二节　拘传 164
　　第三节　取保候审 165
　　第四节　监视居住 168
　　第五节　拘留 171
　　第六节　逮捕 174

第九章　附带民事诉讼 ··· 181
　　第一节　概述 ··· 181
　　第二节　附带民事诉讼的成立条件 ··· 182
　　第三节　附带民事诉讼的程序 ··· 185

第十章　期间、送达 ··· 189
　　第一节　期间 ··· 189
　　第二节　送达 ··· 192

第十一章　立案 ··· 195
　　第一节　概述 ··· 195
　　第二节　立案的材料来源和条件 ··· 196
　　第三节　立案的程序 ··· 198
　　第四节　立案监督 ··· 202

第十二章　侦查 ··· 204
　　第一节　概述 ··· 204
　　第二节　侦查行为 ··· 206
　　第三节　侦查终结 ··· 218
　　第四节　人民检察院对直接受理的案件的侦查 ··· 221
　　第五节　补充侦查 ··· 223
　　第六节　侦查监督 ··· 224

第十三章　起诉 ··· 227
　　第一节　概述 ··· 227
　　第二节　审查起诉 ··· 228
　　第三节　提起公诉 ··· 231
　　第四节　不起诉 ··· 233
　　第五节　提起自诉 ··· 237

第十四章　第一审程序 ··· 240
　　第一节　概述 ··· 240
　　第二节　公诉案件的第一审程序 ··· 241
　　第三节　自诉案件的第一审程序 ··· 255
　　第四节　简易程序 ··· 257
　　第五节　判决、裁定和决定 ··· 260

第十五章　第二审程序 ··· 264
　　第一节　概述 ··· 264
　　第二节　第二审程序的提起 ··· 265

第三节　第二审程序的审判 ·· 267
　　第四节　对扣押、冻结在案财物的处理 ···································· 273

第十六章　死刑复核程序和特别减轻处罚案件的核准程序 276
　　第一节　死刑复核程序概述 ·· 276
　　第二节　判处死刑立即执行案件的复核程序 ···························· 277
　　第三节　判处死刑缓期二年执行案件的复核程序 ···················· 280
　　第四节　特别减轻处罚案件的核准程序 ·································· 281

第十七章　审判监督程序 283
　　第一节　概述 ··· 283
　　第二节　提起审判监督程序的材料来源和申诉 ························ 284
　　第三节　审判监督程序的提起 ··· 286
　　第四节　按照审判监督程序对案件的重新审判 ························ 287

第十八章　特别程序 290
　　第一节　未成年人刑事案件诉讼程序 ······································ 290
　　第二节　当事人和解的公诉案件诉讼程序 ······························· 297
　　第三节　犯罪嫌疑人、被告人逃匿、死亡案件违法所得的没收程序 ··· 302
　　第四节　依法不负刑事责任的精神病人的强制医疗程序 ············ 309

第十九章　执行 317
　　第一节　概述 ··· 317
　　第二节　各种判决、裁定的执行程序 ······································ 318
　　第三节　执行的变更程序 ··· 322
　　第四节　对新罪、漏罪的追究和申诉的处理 ···························· 328
　　第五节　人民检察院对执行的监督 ··· 329

第二十章　涉外刑事诉讼程序与刑事司法协助 336
　　第一节　概述 ··· 336
　　第二节　涉外刑事诉讼的特有原则 ··· 337
　　第三节　涉外刑事诉讼程序的特别规定 ·································· 340
　　第四节　刑事司法协助 ··· 346

后记 ··· 350

全国高等教育自学考试
法律专业

刑事诉讼法学自学考试大纲

(含考核目标)

全国高等教育自学考试指导委员会　制定

大纲目录

出版前言 ·· 9
课程性质与课程目标 ·· 11
课程内容与考核要求 ·· 12
  第一章　导论 ··· 12
    学习目的与要求 ·· 12
    课程内容 ·· 12
      1.1　刑事诉讼和刑事诉讼法 ··· 12
      1.2　刑事诉讼法学 ··· 12
    考核知识点与要求 ··· 12
  第二章　刑事诉讼的基本原则 ··· 13
    学习目的与要求 ·· 13
    课程内容 ·· 13
      2.1　概述 ··· 13
      2.2　侦查权、检察权、审判权由专门机关依法行使 ······························· 13
      2.3　严格遵守法定程序 ·· 13
      2.4　人民法院、人民检察院依法独立行使职权 ······································ 14
      2.5　依靠群众 ·· 14
      2.6　以事实为根据，以法律为准绳 ··· 14
      2.7　分工负责、互相配合、互相制约 ··· 14
      2.8　人民检察院依法对刑事诉讼实行法律监督 ····································· 14
      2.9　各民族公民有权使用本民族语言文字进行诉讼 ······························ 14
      2.10　审判公开 ·· 14
      2.11　犯罪嫌疑人、被告人有权获得辩护 ··· 15
      2.12　未经人民法院依法判决不得确定有罪 ··· 15
      2.13　保障诉讼参与人诉讼权利 ··· 15
      2.14　具有法定情形不追究刑事责任 ·· 15
      2.15　追究外国人刑事责任适用我国刑事诉讼法 ·································· 15
    考核知识点与要求 ··· 15
  第三章　刑事诉讼主体 ·· 17
    学习目的与要求 ·· 17
    课程内容 ·· 17

3.1 概述 …………………………………………………………………………… 17
3.2 人民法院 ………………………………………………………………………… 17
3.3 人民检察院 ……………………………………………………………………… 17
3.4 公安机关和其他侦查机关 ……………………………………………………… 17
3.5 当事人 …………………………………………………………………………… 17
3.6 其他诉讼参与人 ………………………………………………………………… 18
考核知识点与要求 …………………………………………………………………… 18

第四章 管辖 …………………………………………………………………………… 19
学习目的与要求 ……………………………………………………………………… 19
课程内容 ……………………………………………………………………………… 19
4.1 概述 ……………………………………………………………………………… 19
4.2 立案管辖 ………………………………………………………………………… 19
4.3 审判管辖 ………………………………………………………………………… 19
考核知识点与要求 …………………………………………………………………… 19

第五章 回避 …………………………………………………………………………… 20
学习目的与要求 ……………………………………………………………………… 20
课程内容 ……………………………………………………………………………… 20
5.1 概述 ……………………………………………………………………………… 20
5.2 回避的种类、理由和人员范围 ………………………………………………… 20
5.3 回避的程序 ……………………………………………………………………… 20
考核知识点与要求 …………………………………………………………………… 21

第六章 辩护与代理 …………………………………………………………………… 21
学习目的与要求 ……………………………………………………………………… 21
课程内容 ……………………………………………………………………………… 21
6.1 辩护 ……………………………………………………………………………… 21
6.2 代理 ……………………………………………………………………………… 22
6.3 刑事法律援助制度 ……………………………………………………………… 22
考核知识点与要求 …………………………………………………………………… 22

第七章 证据 …………………………………………………………………………… 22
学习目的与要求 ……………………………………………………………………… 22
课程内容 ……………………………………………………………………………… 23
7.1 概述 ……………………………………………………………………………… 23
7.2 证据种类 ………………………………………………………………………… 23
7.3 证据的分类 ……………………………………………………………………… 23
7.4 证明 ……………………………………………………………………………… 23
7.5 非法证据排除规则 ……………………………………………………………… 23

考核知识点与要求 …………………………………………………………………… 23

第八章 强制措施 25
学习目的与要求 …………………………………………………………………… 25
课程内容 …………………………………………………………………………… 25
 8.1 概述 …………………………………………………………………………… 25
 8.2 拘传 …………………………………………………………………………… 25
 8.3 取保候审 ……………………………………………………………………… 25
 8.4 监视居住 ……………………………………………………………………… 25
 8.5 拘留 …………………………………………………………………………… 25
 8.6 逮捕 …………………………………………………………………………… 26
考核知识点与要求 …………………………………………………………………… 26

第九章 附带民事诉讼 27
学习目的与要求 …………………………………………………………………… 27
课程内容 …………………………………………………………………………… 27
 9.1 概述 …………………………………………………………………………… 27
 9.2 附带民事诉讼的成立条件 …………………………………………………… 27
 9.3 附带民事诉讼的程序 ………………………………………………………… 27
考核知识点与要求 …………………………………………………………………… 28

第十章 期间、送达 28
学习目的与要求 …………………………………………………………………… 28
课程内容 …………………………………………………………………………… 28
 10.1 期间 ………………………………………………………………………… 28
 10.2 送达 ………………………………………………………………………… 29
考核知识点与要求 …………………………………………………………………… 29

第十一章 立案 29
学习目的与要求 …………………………………………………………………… 29
课程内容 …………………………………………………………………………… 29
 11.1 概述 ………………………………………………………………………… 29
 11.2 立案的材料来源和条件 …………………………………………………… 30
 11.3 立案的程序 ………………………………………………………………… 30
 11.4 立案监督 …………………………………………………………………… 30
考核知识点与要求 …………………………………………………………………… 30

第十二章 侦查 31
学习目的与要求 …………………………………………………………………… 31
课程内容 …………………………………………………………………………… 31
 12.1 概述 ………………………………………………………………………… 31

12.2	侦查行为	31
12.3	侦查终结	31
12.4	人民检察院对直接受理的案件的侦查	31
12.5	补充侦查	31
12.6	侦查监督	32

考核知识点与要求 ... 32

第十三章 起诉 ... 33

学习目的与要求 ... 33
课程内容 ... 33

- 13.1 概述 ... 33
- 13.2 审查起诉 ... 33
- 13.3 提起公诉 ... 33
- 13.4 不起诉 ... 33
- 13.5 提起自诉 ... 33

考核知识点与要求 ... 34

第十四章 第一审程序 ... 34

学习目的与要求 ... 34
课程内容 ... 35

- 14.1 概述 ... 35
- 14.2 公诉案件的第一审程序 ... 35
- 14.3 自诉案件的第一审程序 ... 35
- 14.4 简易程序 ... 35
- 14.5 判决、裁定和决定 ... 35

考核知识点与要求 ... 35

第十五章 第二审程序 ... 36

学习目的与要求 ... 36
课程内容 ... 37

- 15.1 概述 ... 37
- 15.2 第二审程序的提起 ... 37
- 15.3 第二审程序的审判 ... 37
- 15.4 对扣押、冻结在案财物的处理 ... 37

考核知识点与要求 ... 37

第十六章 死刑复核程序和特别减轻处罚案件核准程序 ... 38

学习目的与要求 ... 38
课程内容 ... 38

16.1　死刑复核程序概述 ································· 38
　16.2　判处死刑立即执行案件的复核程序 ··················· 38
　16.3　判处死刑缓期二年执行案件的复核程序 ··············· 38
　16.4　特别减轻处罚案件的核准程序 ······················· 39
　考核知识点与要求 ····································· 39

第十七章　审判监督程序 ··································· 39
　学习目的与要求 ······································· 39
　课程内容 ··· 40
　17.1　概述 ·· 40
　17.2　提起审判监督程序的材料来源和申诉 ················· 40
　17.3　审判监督程序的提起 ······························· 40
　17.4　按照审判监督程序对案件的重新审判 ················· 40
　考核知识点与要求 ····································· 40

第十八章　特别程序 ······································· 41
　学习目的与要求 ······································· 41
　课程内容 ··· 41
　18.1　未成年人刑事案件诉讼程序 ························· 41
　18.2　当事人和解的公诉案件诉讼程序 ····················· 41
　18.3　犯罪嫌疑人、被告人逃匿、死亡案件违法所得的没收程序 · 41
　18.4　依法不负刑事责任的精神病人的强制医疗程序 ········· 41
　考核知识点与要求 ····································· 42

第十九章　执行 ··· 43
　学习目的与要求 ······································· 43
　课程内容 ··· 43
　19.1　概述 ·· 43
　19.2　各种判决、裁定的执行程序 ························· 43
　19.3　执行的变更程序 ··································· 43
　19.4　对新罪、漏罪的追究和申诉的处理 ··················· 43
　19.5　人民检察院对执行的监督 ··························· 43
　考核知识点与要求 ····································· 44

第二十章　涉外刑事诉讼程序与刑事司法协助 ················· 44
　学习目的与要求 ······································· 44
　课程内容 ··· 45
　20.1　概述 ·· 45
　20.2　涉外刑事诉讼的特有原则 ··························· 45

20.3 涉外刑事诉讼程序的特别规定 …………………………………………… 45
20.4 刑事司法协助 ……………………………………………………………… 45
　　考核知识点与要求 …………………………………………………………… 45
关于大纲的说明与考核实施要求 ……………………………………………… 47
附录：题型举例 ………………………………………………………………… 50
后记 ……………………………………………………………………………… 52

出版前言

为了适应社会主义现代化建设事业的需要，鼓励自学成才，我国在20世纪80年代初建立了高等教育自学考试制度。高等教育自学考试是个人自学，社会助学和国家考试相结合的一种高等教育形式。应考者通过规定的专业考试课程并经思想品德鉴定达到毕业要求的，可获得毕业证书；国家承认学历并按照规定享有与普通高等学校毕业生同等的有关待遇。经过三十多年的发展，高等教育自学考试为国家培养造就了大批专门人才。

自学考试大纲是国家规范自学者学习范围，要求和考试标准的文件。它是按照专业考试计划的要求，具体指导个人自学、社会助学、国家考试、编写教材、编写自学辅导书的依据。

随着经济社会的快速发展，新的法律法规不断出台，科技成果不断涌现，原大纲中有些内容过时、知识陈旧。为更新教育观念，深化教学内容方式、考试制度、质量评价制度改革，使自学考试更好地提高人才培养的质量，各专业委员会按照专业考试计划的要求，对原课程自学考试大纲组织了重编。

全国考委法学类专业委员会在考试大纲建设过程中结合高等教育自学考试工作的实践，参照全日制普通高等学校相关课程的教学基本要求，并力图反映学科内容的发展变化、体现自学考试的特点，组织制定了《刑事诉讼法学自学考试大纲》。本次大纲的制定，全面吸收了2012年修订的《刑事诉讼法》的内容，也全面反映了各有关机关围绕修订后的《刑事诉讼法》的实施所颁行的重要立法、司法解释和重要规定。现经教育部批准，颁发施行。各地教育部门、考试机构应认真贯彻执行。

全国高等教育自学考试指导委员会
2014年7月

课程性质与课程目标

《刑事诉讼法学》是全国高等教育自学考试法律专业的一门必考课程,是为培养和检验自学应考者对刑事诉讼基本理论和刑事诉讼法律规定的掌握程度,以及其运用所学理论和法律规定分析和解决实际问题的能力而设置的专业基础课。

《刑事诉讼法学》是一门以刑事诉讼法律规定为主要研究对象的法律学科,除了全面介绍与刑事诉讼有关的法律规定和立法、司法解释外,还要介绍一些重要的、基础性的刑事诉讼理论和学说,以及刑事司法实践中一些比较成功的经验。这就决定了《刑事诉讼法学》是一门有其自身内容、特点和规律,有别于其他部门法学的学科。自学考试命题过程中,应当充分体现本课程的性质和特点。

设置本课程的总体目标是,使自学应考者全面掌握与刑事诉讼有关的法律规定和立法、司法解释中的规定,熟悉各法律条文的基本含义及其相互关系,领会刑事诉讼法的基本理论和知识,运用刑事诉讼法学的基本理论和刑事诉讼法的基本规定分析和解决实际问题,使其毕业后能够顺利通过国家司法考试,较好地适应刑事司法实际工作的需要。

本课程的重点章是:第一、二、三、四、六、七、八、十二、十三、十四、十五、十六、十八章。

课程内容与考核要求

第一章 导 论

学习目的与要求

通过本章学习,了解刑事诉讼的概念和特点、刑事诉讼法的概念和性质,掌握刑事诉讼法律渊源,刑事诉讼法的目的、根据和任务,刑事诉讼法学的研究对象以及刑事诉讼法学的重要范畴。

课程内容

1.1 刑事诉讼和刑事诉讼法

刑事诉讼的概念和特点,刑事诉讼法的概念和性质,刑事诉讼法律渊源,刑事诉讼法的目的、根据和任务。

1.2 刑事诉讼法学

刑事诉讼法学的研究对象,刑事诉讼法学与相关学科的关系,刑事诉讼法学的重要范畴。

考核知识点与要求

(一)刑事诉讼和刑事诉讼法

识记:① 刑事诉讼法律渊源;② 刑事诉讼法的目的、根据和任务。

领会:① 刑事诉讼的概念和特点;② 刑事诉讼法的概念和性质。
应用:结合具体案例,分析刑事诉讼的公力求助性质及其同公民个人私力求助的根本区别。

(二) 刑事诉讼法学

识记:① 刑事诉讼的功能;② 程序公正的要求;③ 我国的刑事诉讼阶段;④ 刑事诉讼的基本职能。

领会:① 刑事诉讼法学的研究对象;② 刑事诉讼法学与相关学科的关系;③ 实体公正和程序公正的关系;④ 刑事诉讼阶段之推进方式;⑤ 控诉职能、辩护职能和审判职能互动关系的理想模式。

应用:结合具体案例,分析程序公正的重要性。

第二章 刑事诉讼的基本原则

学习目的与要求

通过本章学习,了解刑事诉讼基本原则的特点、体系,掌握各项原则的基本内容。

课程内容

2.1 概 述

刑事诉讼基本原则的概念和特点,国际通行的刑事诉讼原则,我国刑事诉讼基本原则的体系。

2.2 侦查权、检察权、审判权由专门机关依法行使

侦查权、检察权、审判权具有专属性,依法行使侦查权、检察权、审判权,侦查权、检察权、审判权不能互相取代。

2.3 严格遵守法定程序

严格遵守法定程序原则的义务主体,严格遵守法定程序原则的要求,违反法定程序的

后果。

2.4 人民法院、人民检察院依法独立行使职权

人民法院行使审判权和人民检察院行使检察权不受非法干涉,依法独立行使审判权的含义,依法独立行使检察权的含义。

2.5 依靠群众

依靠群众原则在刑事诉讼法中的体现,专门机关办案和依靠群众的关系。

2.6 以事实为根据,以法律为准绳

以事实为根据的要求,以法律为准绳的要求,二者的关系。

2.7 分工负责、互相配合、互相制约

"分工负责"的要求和体现,"互相配合"的要求和体现,"互相制约"的要求和特征,分工负责、互相配合、互相制约之间的关系。

2.8 人民检察院依法对刑事诉讼实行法律监督

对公安机关立案活动的监督,对公安机关侦查活动的监督,对审判活动的监督,对执行活动的监督。

2.9 各民族公民有权使用本民族语言文字进行诉讼

各民族公民有权使用本民族语言文字进行诉讼原则的含义,各民族公民有权使用本民族语言文字进行诉讼原则的意义。

2.10 审判公开

审判公开的含义,审判公开的价值,不公开审理的情形及注意事项。

2.11 犯罪嫌疑人、被告人有权获得辩护

犯罪嫌疑人、被告人有权获得辩护原则的含义,犯罪嫌疑人、被告人有权获得辩护原则的要求,犯罪嫌疑人、被告人有权获得辩护原则的意义。

2.12 未经人民法院依法判决不得确定有罪

未经人民法院依法判决不得确定有罪原则的含义,与无罪推定原则的关系。

2.13 保障诉讼参与人诉讼权利

保障诉讼参与人诉讼权利原则的内容,保障诉讼参与人诉讼权利原则的意义。

2.14 具有法定情形不追究刑事责任

不追究刑事责任的法定情形,各程序阶段的处理方式。

2.15 追究外国人刑事责任适用我国刑事诉讼法

追究外国人刑事责任适用我国刑事诉讼法原则的内容,享有外交特权和豁免权的人员范围。

考核知识点与要求

(一)概述
识记:① 国际通行的刑事诉讼原则;② 我国刑事诉讼基本原则的体系。
领会:刑事诉讼基本原则的特点。
(二)侦查权、检察权、审判权由专门机关依法行使原则
识记:① 公安机关的职权;② 人民检察院的职权;③ 人民法院的职权。
领会:侦查权、检察权、审判权的专属性。
应用:根据该原则,分析司法实践中领导对案件批示等是否合法。
(三)严格遵守法定程序
领会:严格遵守法律程序原则与非法证据排除规则的关系。

（四）人民法院、人民检察院依法独立行使职权

识记：① 人民检察院依法独立行使检察权的基本含义；② 人民法院依法独立行使审判权的基本含义。

领会：① 依法独立行使职权与接受人民代表大会监督的关系；② 依法独立行使职权与坚持中国共产党领导的关系。

应用：根据该原则，分析司法实践中各种干涉检察权、审判权现象。

（五）以事实为根据，以法律为准绳

领会：该原则的要求。

（六）分工负责、互相配合、互相制约

领会：分工负责、互相配合、互相制约三者之间的关系。

应用：根据该原则，结合具体案例，分析公、检、法机关协调和共同协商讨论案件的现象是否合法。

（七）人民检察院依法对刑事诉讼实行法律监督

识记：① 对应当立案而不立案的案件实行监督的程序；② 对不应当立案而立案的案件实行监督的程序；③ 对减刑、假释和监外执行的监督程序。

应用：依据对公安机关应当立案而不立案或者不应当立案而立案的案件的监督程序，结合具体案件，提出对公安机关立案或者不立案诉讼行为的救济措施。

（八）各民族公民有权使用本民族语言文字进行诉讼

识记：该原则的含义。

领会：该原则对于民族平等、民族团结的意义。

（九）审判公开

识记：不公开审理的案件。

领会：审判公开的价值。

应用：依据审判公开原则，结合具体案件，判断是否应该公开审理。

（十）犯罪嫌疑人、被告人有权获得辩护

领会：领会该原则的要求。

（十一）未经人民法院依法判决不得确定有罪

领会：① 该原则的含义；② 该原则和无罪推定原则的关系。

（十二）具有法定情形不追究刑事责任

识记：① 法定六种情形；② 处理方式；③ 审查起诉阶段对于自侦案件出现法定情形的处理方式。

应用：根据法定六种情形和各个程序阶段的处理方式，结合具体案件，提出具体的处理方法。

（十三）追究外国人刑事责任适用我国刑事诉讼法

识记：享有外交特权和豁免权的人员范围。

应用：结合具体案件，提出解决享有外交特权和豁免权的人涉嫌犯罪的处理办法。

第三章 刑事诉讼主体

学习目的与要求

通过本章学习,了解刑事诉讼主体的概念、类型,掌握人民法院、人民检察院、公安机关和其他侦查机关的性质、任务、职责、组织体系,当事人和其他诉讼参与人的诉讼地位、诉讼权利和诉讼义务。

课程内容

3.1 概述

刑事诉讼主体的概念,刑事诉讼主体的范围。

3.2 人民法院

人民法院的性质、任务和职责,人民法院的组织体系,审判组织,人民陪审员制度。

3.3 人民检察院

人民检察院的性质、任务和职责,人民检察院的组织体系,检察委员会。

3.4 公安机关和其他侦查机关

公安机关的性质、任务和职责,公安机关的组织体系,其他侦查机关。

3.5 当事人

犯罪嫌疑人、被告人,被害人,自诉人,单位当事人。

3.6 其他诉讼参与人

法定代理人,证人,鉴定人,翻译人员。

考核知识点与要求

（一）概述

识记:刑事诉讼主体的概念与范围。

（二）人民法院

识记:① 人民法院的任务;② 人民法院的组织体系;③ 审判组织;④ 人民陪审员制度。

领会:① 人民法院的性质、职责;② 审判委员会。

应用:根据人民法院的性质、职责、监督体系、审判组织等规定,结合具体案例,分析相关表述是否正确。

（三）人民检察院

识记:① 人民检察院的任务;② 人民检察院的组织体系。

领会:① 人民检察院的性质、职责;② 人民检察院的领导体制;③ 检察委员会。

应用:根据人民检察院的性质、职责等规定,结合具体案例,分析相关表述是否正确。

（四）公安机关和其他侦查机关

识记:① 公安机关的组织体系;② 其他侦查机关。

领会:公安机关的性质、职责。

应用:根据公安机关和其他侦查机关的性质、职责、组织体系等规定,结合具体案例,分析相关表述是否正确。

（五）当事人

识记:① 当事人的类别;② 各种当事人的诉讼权利、诉讼义务。

领会:① 各种当事人的概念;② 各种当事人的诉讼地位。

应用:根据当事人的概念、诉讼地位、诉讼权利和诉讼义务等规定,结合具体案例,分析相关表述是否正确。

（六）其他诉讼参与人

识记:① 其他诉讼参与人的类别;② 其他诉讼参与人的诉讼权利、诉讼义务。

领会:① 证人的条件;② 证人与鉴定人的区别。

应用:根据其他诉讼参与人的诉讼地位、诉讼权利和诉讼义务等规定,结合具体案例,分析相关表述是否正确。

第四章 管 辖

学习目的与要求

通过本章的学习,理解刑事诉讼管辖制度的概念、意义与原则,掌握刑事诉讼法有关立案管辖和审判管辖的具体规定。

课程内容

4.1 概 述

刑事诉讼管辖的含义,刑事诉讼管辖的意义,刑事诉讼管辖的原则。

4.2 立案管辖

公安机关直接受理的刑事案件,人民检察院直接受理的刑事案件,人民法院直接受理的刑事案件,关于立案管辖的几个具体问题。

4.3 审判管辖

级别管辖,地区管辖,指定管辖,专门管辖。

考核知识点与要求

(一)概述
识记:刑事诉讼管辖的概念。
领会:① 刑事诉讼管辖的意义;② 刑事诉讼管辖的原则。
(二)立案管辖
识记:① 立案管辖的概念;② 公安机关直接受理的刑事案件范围;③ 国家安全机关、

军队保卫部门、监狱、海关走私犯罪侦查机关立案侦查的案件范围;④ 人民检察院直接受理的刑事案件范围;⑤ 人民法院直接受理的刑事案件范围;⑥ 对立案材料的接受与移送;⑦ 公安机关、人民检察院和人民法院管辖权竞合的处理。

领会:人民法院直接受理的三类刑事案件之间的区别。

应用:根据刑事诉讼法的相关规定,分析解决具体案件中的立案管辖问题。

(三) 审判管辖

识记:① 审判管辖的概念;② 级别管辖的概念;③ 四级法院各自管辖的第一审刑事案件范围;④ 管辖权转移;⑤ 合并管辖;⑥ 地区管辖;⑦ 地区管辖的一般原则;⑧ 优先管辖与移送管辖;⑨ 特殊情况下的地区管辖;⑩ 指定管辖;⑪ 专门管辖。

领会:① 犯罪地的含义;② 指定管辖的必要性。

应用:根据刑事诉讼法的相关规定,分析解决具体案件中的审判管辖问题。

第五章 回 避

学习目的与要求

通过本章学习,理解回避的概念与意义,掌握刑事诉讼中回避的种类、理由、人员范围以及回避的程序。

课程内容

5.1 概 述

回避的概念,回避的意义。

5.2 回避的种类、理由和人员范围

回避的种类,回避的理由,回避适用的人员范围。

5.3 回避的程序

回避的提起,回避的审查决定,对驳回回避申请决定的复议。

考核知识点与要求

（一）概述
识记：回避的概念。
领会：回避的意义。
（二）回避的种类、理由和人员范围
识记：① 回避的种类；② 回避的理由；③ 回避的人员范围。
应用：根据刑事诉讼法规定，结合具体案件，分析相关人员是否应当回避。
（三）回避的程序
识记：① 享有回避申请权的人员范围；② 回避的审查决定；③ 对驳回申请回避决定的复议程序。
应用：根据刑事诉讼法规定，分析解决具体案件中的回避程序问题。

第六章 辩护与代理

学习目的与要求

通过本章学习，了解刑事辩护和代理制度的基本内容，掌握刑事法律援助的范围、机构和程序。

课程内容

6.1 辩护

辩护、辩护权和辩护制度，辩护的种类，辩护人的范围，辩护人的责任，辩护人的诉讼地位，辩护人的诉讼权利和义务。

6.2 代　　理

刑事代理和刑事代理制度,刑事代理的种类。

6.3 刑事法律援助制度

法律援助制度的建立和发展,刑事法律援助的范围、机构和程序。

考核知识点与要求

(一) 辩护

识记:① 辩护的概念;② 法律援助辩护的情形;③ 辩护人的范围;④ 辩护人的责任;⑤ 辩护人的诉讼权利和义务。

领会:① 辩护、辩护权和辩护制度的关系;② 辩护人的诉讼地位。

应用:根据辩护人的诉讼权利和义务,结合具体案件,分析刑事辩护人的诉讼行为是否合法。

(二) 代理

识记:① 代理的概念;② 公诉案件、自诉案件和附带民事诉讼中的代理。

领会:刑事代理和刑事辩护的区别。

(三) 刑事法律援助

识记:① 刑事法律援助的范围;② 刑事法律援助的机构;③ 刑事法律援助的程序。

领会:刑事法律援助制度的意义。

应用:运用刑事法律援助制度的基本内容,结合具体案件,分析申请并获得法律援助的途径和方法。

第七章　证　　据

学习目的与要求

通过本章学习,了解刑事证据的概念、属性、意义、运用证据的原则,掌握刑事诉讼法有关证据种类、证明对象、证明责任、证明标准以及非法证据排除规则的具体规定。

课程内容

7.1 概　述

证据的概念,证据的属性,证据的意义,运用证据的原则。

7.2 证据种类

物证,书证,证人证言,被害人陈述,犯罪嫌疑人、被告人供述和辩解,鉴定意见,勘验、检查、辨认、侦查实验等笔录,视听资料、电子数据。

7.3 证据的分类

言词证据与实物证据,原始证据与传来证据,不利于犯罪嫌疑人、被告人的证据与有利于犯罪嫌疑人、被告人的证据,直接证据与间接证据。

7.4 证　明

证明对象,证明责任,证明标准。

7.5 非法证据排除规则

非法证据排除规则的含义与意义,非法证据排除规则的适用范围,非法证据排除的义务主体,审判阶段非法证据的排除程序。

考核知识点与要求

（一）概述

识记:① 刑事诉讼证据的概念;② 证据能力的概念;③ 证明力的概念;④ 证据裁判原则;⑤ 不得强迫任何人证实自己有罪原则。

领会:① 刑事诉讼证据与一般意义上证据的区别;② 证据能力与证明力的区别;③ 证据的综合运用原则;④ 证据的意义。

(二) 证据种类

识记:① 物证的概念;② 书证的概念;③ 证人证言的概念;④ 证人资格;⑤ 证人出庭作证;⑥ 证人保护;⑦ 被害人陈述的概念;⑧ 犯罪嫌疑人、被告人供述和辩解的概念;⑨ 鉴定意见的概念;⑩ 勘验、检查、辨认、侦查实验笔录的概念;⑪ 视听资料、电子数据的概念。

领会:① 物证的特点;② 书证与物证的区别;③ 被害人陈述的特点;④ 犯罪嫌疑人、被告人供述和辩解的特点;⑤ 鉴定意见的特点;⑥ 视听资料、电子数据的特点。

应用:① 物证的审查判断;② 书证的审查判断;③ 证人证言的审查判断;④ 犯罪嫌疑人、被告人供述和辩解的审查判断;⑤ 鉴定意见的审查判断;⑥ 勘验、检查、辨认、侦查实验笔录的审查判断;⑦ 视听资料、电子数据的审查判断;⑧ 结合具体案件,判断证据的种类。

(三) 证据的分类

识记:① 言词证据与实物证据的区分标准;② 言词证据与实物证据的含义;③ 原始证据与传来证据的区分标准;④ 原始证据与传来证据的含义;⑤ 不利于犯罪嫌疑人、被告人的证据与有利于犯罪嫌疑人、被告人的证据的区分标准;⑥ 不利于犯罪嫌疑人、被告人的证据与有利于犯罪嫌疑人、被告人的证据的含义;⑦ 直接证据与间接证据的区分标准;⑧ 直接证据与间接证据的含义。

领会:① 区分言词证据与实物证据的意义;② 区分原始证据与传来证据的意义;③ 传来证据的作用;④ 区分有罪证据与无罪证据的意义;⑤ 区分直接证据与间接证据的意义;⑥ 间接证据的作用。

应用:结合具体案件,判断证据的分类。

(四) 证明

识记:① 证明对象的概念;② 证明对象的范围;③ 免证事项的范围;④ 证明责任的概念;⑤ 证明责任的分配;⑥ 证明标准的概念;⑦ 证明标准的层次。

领会:① 程序法事实作为证明对象的必要性;② 控方承担证明责任的必要性;③ 立案、逮捕、定罪三个环节证明标准的区别。

应用:根据《刑事诉讼法》的规定,分析并解决具体案件中证明对象确定、证明责任分配与证明标准判断的问题。

(五) 非法证据排除规则

识记:① 非法证据排除规则的含义;② 我国非法证据排除规则确立的过程;③ 非法证据排除规则的适用范围;④ 非法证据排除的义务主体;⑤ 审判阶段非法证据排除程序的启动方式;⑥ 证据合法性的证明责任、证明标准与证明方法。

领会:① 非法证据排除规则的意义;② 对实物证据采用相对排除模式的必要性。

应用:根据《刑事诉讼法》规定,结合具体案件,分析并解决相关非法证据排除的范围和程序问题。

第八章 强制措施

学习目的与要求

通过本章的学习,了解强制措施的概念、特点和适用原则,掌握各种强制措施的适用对象、适用条件和适用程序。

课程内容

8.1 概述

强制措施的概念和特点,强制措施的体系,强制措施的适用原则。

8.2 拘传

拘传的概念和特点,拘传的程序。

8.3 取保候审

取保候审的概念和种类,取保候审的适用对象,取保候审的程序。

8.4 监视居住

监视居住的概念和性质,监视居住的适用对象,监视居住的适用程序,监视居住的场所,被监视居住的人应当遵守的规定及违反规定的处理,监视居住的期限及解除。

8.5 拘留

拘留的概念和特点,拘留的条件,拘留的程序。

8.6 逮 捕

逮捕的概念和意义,逮捕的权限,逮捕的条件,逮捕的程序,人民检察院对逮捕的监督,逮捕等强制措施的变更、撤销、解除和救济。

考核知识点与要求

（一）概述
识记:① 强制措施的概念;② 强制措施的特点。
领会:① 我国刑事诉讼强制措施的体系;② 适用强制措施应当遵循的原则。
应用:根据《刑事诉讼法》规定,结合具体案件,分析理解强制措施适用中的相当性(比例性)原则。

（二）拘传
识记:① 拘传的概念;② 拘传的适用对象。
领会:拘传的程序。
应用:根据《刑事诉讼法》的规定,分析具体案件在拘传程序上的错误。

（三）取保候审
识记:① 取保候审的概念;② 取保候审的适用对象;③ 保证人的条件;④ 被取保候审的人在取保候审期间应当遵守的规定。
领会:① 取保候审的种类及相互关系;② 保证金的数额及交纳方式;③ 违反取保候审期限应当遵守的规定的法律后果;④ 取保候审的期间及解除。
应用:根据《刑事诉讼法》的规定,结合具体案件,分析并解决取保候审的程序问题。

（四）监视居住
识记:① 监视居住的概念;② 监视居住的适用对象;③ 监视居住的场所;④ 被监视居住人应当遵守的规定。
领会:① 监视居住的性质;② 监视居住的决定和执行机关;③ 被监视居住人违反规定的处理;④ 监视居住的期限及解除。
应用:根据《刑事诉讼法》规定,结合具体案件,分析并解决监视居住的适用条件和适用程序问题。

（五）拘留
识记:① 拘留的概念;② 公安机关适用拘留的情形;③ 拘留的适用程序。
领会:① 拘留的特点;② 检察机关适用拘留的情形;③ 人大代表的拘留程序。
应用:根据《刑事诉讼法》规定,结合具体案件,分析并解决拘留的适用情形。

(六) 逮捕

识记:① 逮捕的概念;② 人民法院决定逮捕的情形;③ 逮捕的条件;④ 人民检察院审查批捕的方法和程序;⑤ 逮捕等强制措施的变更、撤销、解释和救济。

领会:① 逮捕的意义;② 逮捕的证据条件和社会危险性条件;③ 人民检察院决定逮捕的情形;④ 外籍犯罪嫌疑人和人大代表的批捕程序;⑤ 捕后羁押必要性审查。

应用:根据《刑事诉讼法》规定,分析并解决具体案件中逮捕的适用条件和适用程序问题。

第九章 附带民事诉讼

学习目的与要求

通过本章的学习,了解附带民事诉讼制度的概念和特点,掌握附带民事诉讼的提起条件和当事人适格要求,以及附带民事诉讼的提起和审理程序。

课程内容

9.1 概述

附带民事诉讼的概念和特点,附带民事诉讼的意义。

9.2 附带民事诉讼的成立条件

附带民事诉讼必须以刑事诉讼的成立为前提条件,原告必须具有提起附带民事诉讼的权利能力,附带民事诉讼必须有明确的被告和具体的诉讼请求,附带民事诉讼的诉因是刑事被告人的犯罪行为给被害人造成了物质损失。

9.3 附带民事诉讼的程序

附带民事诉讼的提起,附带民事诉讼的诉讼保全和先予执行,附带民事诉讼的审判。

考核知识点与要求

（一）概述

识记：① 附带民事诉讼的概念；② 附带民事诉讼的特点。

领会：附带民事诉讼的意义。

（二）附带民事诉讼的成立条件

识记：① 原告的情形；② 被告的情形；③ 附带民事诉讼赔偿范围。

领会：① 刑事部分不构成犯罪的情形下对附带民事诉讼的处理；② 附带民事诉讼的诉因。

应用：根据《刑事诉讼法》规定，分析并解决具体案件中不适用附带民事诉讼的情形。

（三）附带民事诉讼的程序

识记：① 附带民事诉讼的保全和先予执行；② 附带民事诉讼的受理和审理程序。

领会：① 附带民事诉讼提起的期间和方式；② 附带民事诉讼的审判原则。

应用：根据《刑事诉讼法》规定，分析有关附带民事诉讼具体案件在受理和审判程序上的错误。

第十章　期间、送达

学习目的与要求

通过本章学习，理解期间、送达的含义，掌握期间的计算方法以及送达的具体程序。

课程内容

10.1　期　间

期间的概念，期间的计算，期间的恢复，法定期间。

10.2 送 达

送达的概念,送达的方式,送达回证,送达的期限。

考核知识点与要求

(一)期间
识记:① 期间的概念;② 期间与期日的区别;③ 期间的恢复。
领会:期间规定的意义。
应用:根据《刑事诉讼法》规定,在具体案件中计算特定期间。

(二)送达
识记:① 送达的概念;② 送达的具体方式;③ 送达回证;④ 送达的期限。
领会:① 送达的特征;② 送达的意义。
应用:根据《刑事诉讼法》规定,分析具体案件中送达的合法性。

第十一章 立 案

学习目的与要求

通过本章学习,了解立案的概念、材料来源和立案的意义,掌握立案的条件、立案程序以及立案监督的具体法律规定。

课程内容

11.1 概 述

立案的概念与特征,立案的意义。

11.2 立案的材料来源和条件

立案的材料来源,立案的条件。

11.3 立案的程序

立案材料的接受,对立案材料的审查和处理,对不立案决定的复议。

11.4 立 案 监 督

立案监督的材料来源,立案监督的内容,立案监督的具体形式和程序规则。

考核知识点与要求

(一) 概述
识记:立案的概念。
领会:① 立案的特征;② 立案的意义。
(二) 立案的材料来源和条件
识记:立案的条件。
领会:立案的材料来源。
应用:根据立案的条件,结合具体案例,分析公安司法机关的立案决定是否正确。
(三) 立案的程序
识记:对立案材料的审查、处理。
领会:① 立案材料的接受;② 对不立案决定的复议。
应用:根据立案的程序规则,结合具体案例,分析公安司法机关的活动是否合法。
(四) 立案监督
识记:① 立案监督的内容;② 立案监督的程序
领会:立案监督的材料来源。
应用:根据立案监督的具体规定,结合具体案例,分析公安司法机关的活动是否合法。

第十二章 侦 查

学习目的与要求

通过本章学习,了解侦查及各种侦查行为的概念,掌握各种侦查行为的程序和要求、补充侦查的种类、期限和次数、侦查羁押期限以及侦查终结的条件和处理。

课程内容

12.1 概 述

侦查的概念,侦查的任务,侦查的意义。

12.2 侦查行为

常规侦查行为,特殊侦查措施。

12.3 侦查终结

侦查终结的概念和情形,侦查终结的工作内容,移送审查起诉的条件和程序,撤销案件和终止对嫌疑人侦查的情形和程序,侦查羁押期限。

12.4 人民检察院对直接受理的案件的侦查

人民检察院行使侦查权的特别规定,人民检察院对侦查终结案件的处理及程序。

12.5 补充侦查

审查逮捕阶段的补充侦查,审查起诉阶段的补充侦查,法庭审理阶段的补充侦查。

12.6　侦查监督

侦查监督的概念,侦查监督的内容,对违法侦查行为的处理,对自侦案件中违法行为的监督。

考核知识点与要求

（一）概述

识记:① 侦查的概念;② 侦查的主体;③ 侦查的特征。

领会:侦查的任务。

（二）侦查行为

识记:各种侦查行为的程序和要求。

应用:根据各种侦查行为的程序和要求,结合具体案件,分析侦查机关侦查行为是否合法。

（三）侦查终结

识记:侦查羁押期限。

领会:① 移送审查起诉的条件;② 撤销案件的条件。

应用:根据侦查羁押期限,结合具体案件,分析侦查机关对犯罪嫌疑人的羁押是否超过法定期限。

（四）人民检察院对直接受理的案件的侦查

识记:① 人民检察院行使侦查权的特别规定;② 人民检察院对侦查终结案件的处理。

（五）补充侦查

识记:① 审查起诉阶段补充侦查的主体、次数、期限及处理结果;② 法庭审理阶段补充侦查的提起主体、期限、次数及处理结果。

领会:审查逮捕阶段补充侦查和不批准逮捕的关系。

应用:根据补充侦查的规定,结合具体案例,分析侦查机关补充侦查行为是否合法。

（六）侦查监督

识记:对违法侦查行为的处理。

领会:侦查监督的内容。

应用:结合具体案例,指出对侦查机关违法侦查行为的处理。

第十三章 起 诉

学习目的与要求

通过本章学习,了解公诉的基本原理、提起公诉概念、不起诉的概念,掌握审查起诉的内容、程序和不起诉的条件、程序。

课程内容

13.1 概 述

起诉的概念,起诉的种类及相互关系,起诉的任务和意义。

13.2 审查起诉

审查起诉的概念和意义,审查的内容,审查起诉的步骤和方法,审查起诉的期限,审查后的处理。

13.3 提起公诉

提起公诉的概念和条件,起诉书的制作和案件移送,公诉变更。

13.4 不 起 诉

不起诉的概念、种类及适用情形,不起诉的程序,不起诉的法律效力,对不起诉的制约和救济。

13.5 提起自诉

自诉案件的概念和范围,提起自诉的条件,提起自诉的程序。

考核知识点与要求

（一）概述

识记：① 起诉的概念；② 起诉的种类及相互关系。

领会：① 起诉法定主义；② 起诉便宜主义。

（二）审查起诉

识记：① 审查起诉的概念、内容、步骤、方法、期限；② 审查后的处理。

应用：根据审查起诉的步骤和方法，结合具体案件，分析检察机关审查起诉活动是否合法。

（三）提起公诉

识记：① 提起公诉的条件；② 起诉书的主要内容。

领会：公诉变更。

应用：根据起诉书的主要内容，结合具体案件，制作起诉书。

（四）不起诉

识记：① 不起诉的概念、种类；② 不起诉的适用条件；③ 对不起诉的制约和救济。

应用：① 根据不起诉决定书的主要内容，结合具体案件，制作不起诉决定书；② 根据对不起诉的救济程序，结合具体案件，指出对人民检察院不起诉决定的救济途径。

（五）提起自诉

识记：① 自诉案件的范围；② 提起自诉的条件；③ 自诉状的主要内容。

应用：根据自诉状的主要内容，结合具体案例，制作刑事自诉状。

第十四章　第一审程序

学习目的与要求

通过本章学习，了解第一审程序的基本内容，掌握庭前审查程序、法庭审理程序每一环节的运行步骤以及简易程序、自诉案件第一审程序的特点等问题。

课程内容

14.1 概　　述

刑事审判的概念和刑事审判程序的种类,第一审程序的概念和任务,第一审程序的意义。

14.2 公诉案件的第一审程序

对公诉案件的审查,开庭审判前的准备,法庭审判,单位犯罪案件的审理程序,公诉案件第一审程序的期限,与法庭审判有关的几个问题。

14.3 自诉案件的第一审程序

自诉案件的受理,自诉案件第一审程序的特点。

14.4 简 易 程 序

简易程序的概念和意义,简易程序的适用范围,简易审判程序的特点,简易程序的决定适用和审判程序。

14.5 判决、裁定和决定

判决,裁定,决定。

考核知识点与要求

(一) 概述
识记:第一审程序的概念。
领会:第一审程序的任务。
(二) 公诉案件的第一审程序
识记:① 对公诉案件的审查的概念;② 对公诉案件的审查的内容和方法、时限;③ 对公诉案件的审查后的处理;④ 开庭审判前准备工作的内容、程序;⑤ 庭前会议的程序;

⑥ 开庭的具体程序和内容;⑦ 法庭调查的概念;⑧ 法庭调查的具体步骤和程序;⑨ 法庭辩论的概念;⑩ 法庭辩论的具体步骤和顺序;⑪ 被告人最后陈述;⑫ 评议的概念和程序;⑬ 人民法院对不同案件的裁判方式;⑭ 宣判的概念、方式和程序;⑮ 单位犯罪案件的审理程序的特别规定;⑯ 公诉案件第一审程序的期限;⑰ 法庭审判笔录;⑱ 对违反法庭秩序的处理及程序;⑲ 延期审理的概念、情形和程序;⑳ 中止审理的概念、情形;㉑ 终止审理的概念。

领会:① 我国法庭审判的特点;② 中止审理和延期审理的区别;③ 终止审理与中止审理的区别。

应用:运用公诉案件的第一审程序的法律规定,结合具体案件,分析公诉案件第一审程序和步骤是否合法。

(三)自诉案件的第一审程序

识记:自诉案件的受理程序。

领会:自诉案件第一审程序的特点。

应用:运用自诉案件的第一审程序的法律规定,结合具体案件,分析自诉案件第一审程序和步骤是否合法。

(四)简易程序

识记:① 简易程序的概念;② 简易程序的适用范围;③ 简易程序的决定适用程序;④ 简易程序的审判程序。

领会:① 简易程序的意义;② 简易审判程序的特点。

应用:运用简易程序的基本内容,结合具体案件,分析简易程序的步骤是否合法。

(五)判决、裁定和决定

识记:① 判决的概念和种类;② 裁定的概念、特征和分类;③ 决定的概念和分类。

领会:裁定的适用;决定的适用。

应用:掌握判决书的制作要求和内容。

第十五章 第二审程序

学习目的与要求

通过本章学习,了解第二审程序的基本内容,掌握第二审程序的提起、审判以及对扣押、冻结在案财物的处理等问题。

课程内容

15.1 概 述

两审终审制,第二审程序的概念和特点,第二审程序的功能。

15.2 第二审程序的提起

上诉与抗诉的主体,上诉、抗诉的理由,上诉、抗诉的期限,上诉、抗诉的方式和程序,上诉、抗诉的撤回及处理。

15.3 第二审程序的审判

第二审程序的审判原则,第二审程序的审理,对上诉、抗诉案件审理后的处理,第二审对刑事附带民事诉讼案件的处理,第二审对自诉案件的处理,第二审程序的审理期限。

15.4 对扣押、冻结在案财物的处理

对扣押、冻结在案财物的处理及违法处理查封、扣押、冻结在案财物的法律责任。

考核知识点与要求

(一) 概述
识记:① 两审终审制;② 第二审程序的概念。
领会:第二审程序的功能。
(二) 第二审程序的提起
识记:① 上诉的概念;② 上诉的主体范围;③ 抗诉的概念;④ 抗诉的主体范围;⑤ 上诉、抗诉的理由;⑥ 上诉、抗诉的期限;⑦ 上诉的方式和程序;⑧ 抗诉的方式和程序。
应用:运用上诉和抗诉的法律规定,结合具体案件,分析上诉和抗诉提起的程序和步骤是否合法。
(三) 第二审程序的审判
识记:① 第二审开庭审理的方式和程序;② 第二审不开庭审理的方式和程序;③ 对上诉、抗诉案件审理后的处理方式;④ 第二审对刑事附带民事诉讼案件的处理方式;⑤ 第

二审对自诉案件的处理方式;⑥ 第二审程序的审理期限。

领会:① 全面审查原则;② 上诉不加刑原则。

应用:运用第二审程序的基本内容,结合具体案件,分析第二审的审理程序和步骤是否合法。

(四)对扣押、冻结在案财物的处理

识记:① 对扣押、冻结在案财物的处理;② 违法处理查封、扣押、冻结在案财物的法律责任。

第十六章　死刑复核程序和特别减轻处罚案件核准程序

学习目的与要求

通过本章学习,了解死刑复核程序和特别减轻处罚案件的核准程序的基本内容,掌握判处死刑立即执行案件的复核程序、判处死刑缓期二年执行案件的复核程序、特别减轻处罚案件的核准程序等问题。

课程内容

16.1　死刑复核程序概述

死刑复核程序的概念和任务,死刑复核程序的特点。

16.2　判处死刑立即执行案件的复核程序

死刑立即执行案件的核准权,判处死刑立即执行案件的报请复核,判处死刑立即执行案件的报请复核,判处死刑立即执行案件的复核程序,判处死刑立即执行案件复核后的处理。

16.3　判处死刑缓期二年执行案件的复核程序

死刑缓期二年执行案件的核准权,判处死刑缓期二年执行案件的复核程序,判处死刑缓期二年执行案件复核后的处理。

16.4 特别减轻处罚案件的核准程序

在法定刑以下判处刑罚的报请核准,在法定刑以下判处刑罚的复核后的处理。

考核知识点与要求

(一) 死刑复核程序概述
识记:① 死刑复核程序的概念;② 死刑复核程序的任务。
领会:① 死刑复核程序的特点;② 死刑复核程序的意义。
(二) 判处死刑立即执行案件的复核程序
识记:① 判处死刑立即执行案件报请复核的程序;② 判处死刑立即执行案件报请复核的要求;③ 判处死刑立即执行案件的复核程序;④ 判处死刑立即执行案件复核后的处理。
领会:死刑案件的核准权由最高人民法院行使的意义。
应用:运用判处死刑立即执行案件的复核程序的基本内容,结合具体案件,分析判处死刑立即执行案件的复核程序和步骤是否合法。
(三) 判处死刑缓期二年执行案件的复核程序
识记:① 死刑缓期二年执行案件的核准权归属;② 判处死刑缓期二年执行案件的复核程序;③ 判处死刑缓期二年执行案件复核后的处理。
应用:运用判处死刑缓期二年执行案件的复核程序的基本内容,结合具体案件,分析判处死刑缓期二年执行案件的复核程序和步骤是否合法。
(四) 特别减轻处罚案件的核准程序
识记:① 在法定刑以下判处刑罚的报请核准;② 在法定刑以下判处刑罚的复核后的处理。

第十七章 审判监督程序

学习目的与要求

通过本章学习,了解审判监督程序的概念及与其他审判程序的区别,掌握申诉的法律效力及理由、提起审判监督程序的主体范围、再审审判的程序及处理结果。

课程内容

17.1 概述

审判监督程序的概念,审判监督程序的意义。

17.2 提起审判监督程序的材料来源和申诉

提起审判监督程序的材料来源,申诉。

17.3 审判监督程序的提起

提起审判监督程序的主体,提起审判监督程序的理由,再审决定书及原判决、裁定的效力。

17.4 按照审判监督程序对案件的重新审判

重新审判的方式和程序,重新审判后的处理,重审期限。

考核知识点与要求

(一) 概述
识记:① 审判监督程序的概念;② 审判监督程序和第二审程序的区别。
领会:审判监督程序的意义。
(二) 提起审判监督程序的材料来源和申诉
识记:① 申诉的主体;② 申诉的理由;③ 申诉的效力;④ 申诉应当提交的材料。
应用:根据申诉的要求,结合具体案件,为当事人制作申诉状并准备申诉材料。
(三) 审判监督程序的提起
识记:提起审判监督程序的主体。
领会:提起审判监督程序的理由。
(四) 按照审判监督程序对案件的重新审判
识记:重新审判的方式、程序、处理、期限。

应用：根据重新审判的方式、程序，结合具体案件，分析人民法院重新审判活动是否合法。

第十八章 特别程序

学习目的与要求

通过本章学习，了解《刑事诉讼法》中确立的四种特别程序的概念、特点和意义，掌握未成年人刑事案件诉讼程序的方针、原则与特殊制度、审理程序要求，当事人和解的公诉案件诉讼程序的适用条件、和解协议、公检法机关的作用，犯罪嫌疑人、被告人逃匿、死亡案件违法所得的没收程序的适用条件、启动和审理程序，依法不负刑事责任的精神病人的强制医疗程序的适用条件、启动、审理程序、评估与解除。

课程内容

18.1 未成年人刑事案件诉讼程序

未成年人刑事案件诉讼程序的概念与特点，方针、原则与特殊制度，具体内容。

18.2 当事人和解的公诉案件诉讼程序

当事人和解的公诉案件诉讼程序的概念与意义，适用条件，和解协议，公检法机关在当事人和解的公诉案件诉讼程序中的作用。

18.3 犯罪嫌疑人、被告人逃匿、死亡案件违法所得的没收程序

犯罪嫌疑人、被告人逃匿、死亡案件违法所得的没收程序的概念与意义，适用条件，程序的启动，审理。

18.4 依法不负刑事责任的精神病人的强制医疗程序

依法不负刑事责任的精神病人的强制医疗程序的概念与意义，适用条件，启动，审理

程序,强制医疗措施的定期评估与解除,对强制医疗程序的检察监督。

考核知识点与要求

（一）未成年人刑事案件诉讼程序

识记：① 未成年人刑事案件诉讼程序的概念；② 未成年人刑事案件诉讼程序的特点；③ 未成年人刑事案件诉讼程序的办案机关和人员要求；④ 未成年人刑事案件诉讼程序的强制措施适用；⑤ 法律援助；⑥ 附条件不起诉制度。

领会：① 未成年人刑事案件诉讼程序的方针、原则；② 未成年人刑事案件的特殊制度。

应用：根据未成年人刑事案件诉讼程序的相关规定,结合具体案件,分析相关主体的做法是否符合法律规定。

（二）当事人和解的公诉案件诉讼程序

识记：① 当事人和解的公诉案件诉讼程序的概念；② 当事人和解的公诉案件诉讼程序的适用条件；③ 和解协议的主体、内容、履行和效力；④ 公检法机关在当事人和解的公诉案件诉讼程序中的作用。

领会：当事人和解的公诉案件诉讼程序的意义。

应用：根据当事人和解的公诉案件诉讼程序的相关规定,结合具体案件,分析相关主体的做法是否符合法律规定。

（三）犯罪嫌疑人、被告人逃匿、死亡案件违法所得的没收程序

识记：① 犯罪嫌疑人、被告人逃匿、死亡案件违法所得的没收程序的概念；② 犯罪嫌疑人、被告人逃匿、死亡案件违法所得的没收程序的适用条件；③ 犯罪嫌疑人、被告人逃匿、死亡案件违法所得的没收程序的启动；④ 犯罪嫌疑人、被告人逃匿、死亡案件违法所得的没收程序的审理。

领会：① 犯罪嫌疑人、被告人逃匿、死亡案件违法所得的没收程序的意义；② 犯罪嫌疑人、被告人逃匿、死亡案件违法所得的没收程序的公告程序与审理程序。

应用：根据犯罪嫌疑人、被告人逃匿、死亡案件违法所得没收程序的相关规定,结合具体案件,分析相关主体的做法是否符合法律规定。

（四）依法不负刑事责任的精神病人的强制医疗程序

识记：① 强制医疗程序的概念；② 强制医疗程序的适用条件；③ 强制医疗程序的启动；④ 强制医疗程序的审理程序；⑤ 强制医疗措施的定期评估与解除。

领会：强制医疗程序的意义。

应用：根据强制医疗程序的相关规定,结合具体案件,分析相关主体的做法是否符合法律规定。

第十九章 执 行

学习目的与要求

通过本章学习,了解执行的基本内容,掌握各种判决、裁定的执行程序、执行的变更程序、对新罪和申诉的处理、人民检察院对执行的监督等问题。

课程内容

19.1 概 述

执行的概念,执行机关,执行依据。

19.2 各种判决、裁定的执行程序

死刑立即执行判决的执行,死刑缓期二年执行、无期徒刑、有期徒刑和拘役判决的执行,管制、有期徒刑缓刑、拘役缓刑判决的执行,剥夺政治权利判决的执行,财产刑和附带民事裁判的执行,无罪和免除刑罚判决的执行。

19.3 执行的变更程序

死刑执行的变更,死刑缓期二年执行的变更,暂予监外执行,减刑、假释,缓刑、假释的撤销。

19.4 对新罪、漏罪的追究和申诉的处理

对新罪、漏罪的追究,发现错判和对申诉的处理。

19.5 人民检察院对执行的监督

对执行死刑的监督,对暂予监外执行的监督,对减刑、假释的监督,对其他执行刑罚活

动的监督。

考核知识点与要求

（一）概述
识记：① 执行的概念；② 执行机关；③ 执行依据。
（二）各种判决、裁定的执行程序
识记：① 死刑立即执行判决的执行机关和程序；② 死刑缓期二年执行、无期徒刑、有期徒刑和拘役判决的执行机关和程序；③ 管制、有期徒刑缓刑、拘役缓刑判决的执行机关和程序；④ 剥夺政治权利判决的执行机关和程序；⑤ 财产刑和附带民事裁判的执行机关和程序；⑥ 无罪和免除刑罚判决的执行程序。
应用：运用各种判决、裁定的执行程序的基本内容，结合具体案件，分析各种判决、裁定的执行程序和步骤是否合法。
（三）执行的变更程序
识记：① 死刑执行的变更；② 死刑缓期二年执行的变更；③ 暂予监外执行的概念、适用对象、适用条件和适用程序；④ 减刑、假释的概念、对象、条件和审理；⑤ 缓刑、假释的撤销。
应用：运用执行的变更程序的基本内容，结合具体案件，分析执行的变更程序和步骤是否合法。
（四）对新罪、漏罪的追究和申诉的处理
识记：① 对新罪、漏罪的追究；② 发现错判和对申诉的处理。
（五）人民检察院对执行的监督
识记：① 对执行死刑的监督；② 对暂予监外执行的监督；③ 对减刑、假释的监督；④ 对其他执行刑罚活动的监督。
领会：运用人民检察院对执行的监督的基本内容，结合具体案件，分析人民检察院对各种执行活动监督方式是否合法。

第二十章　涉外刑事诉讼程序与刑事司法协助

学习目的与要求

通过本章学习，了解涉外刑事诉讼的概念、立法、刑事司法协助的概念、意义、依据，掌握涉外刑事诉讼的特有原则、涉外刑事诉讼程序中的特别规定,刑事司法协助的主体、内容、程序规定。

课程内容

20.1 概述

涉外刑事诉讼程序的概念,涉外刑事诉讼程序的立法。

20.2 涉外刑事诉讼的特有原则

国家主权原则,信守国际条约原则,诉讼权利和义务平等原则,使用中国通用的语言文字进行诉讼原则,指定或委托中国律师参加诉讼原则。

20.3 涉外刑事诉讼程序的特别规定

犯罪嫌疑人、被告人、被害人外国国籍的确认,涉外刑事诉讼管辖,涉外刑事诉讼强制性措施的适用,涉外刑事诉讼文书的送达,涉外刑事案件侦查、审判和执行中的特殊规定。

20.4 刑事司法协助

刑事司法协助的概念和意义,刑事司法协助的主体,刑事司法协助的依据,刑事司法协助的内容,刑事司法协助的程序。

考核知识点与要求

(一)概述
识记:涉外刑事诉讼的概念与立法。
(二)涉外刑事诉讼的特有原则
识记:① 国家主权原则;② 信守国际条约原则;③ 诉讼权利和义务平等原则;④ 使用中国通用的语言文字进行诉讼原则;⑤ 指定或委托中国律师参加诉讼原则。
领会:国家主权原则与信守国际条约原则的关系。
应用:根据涉外刑事诉讼特有原则的规定,结合具体案例,分析相关表述是否正确。

(三) 涉外刑事诉讼程序的特别规定

识记:① 犯罪嫌疑人、被告人、被害人外国国籍的确认;② 涉外刑事诉讼管辖;③ 涉外刑事诉讼强制性措施的适用;④ 涉外刑事诉讼文书的送达。

领会:涉外刑事案件侦查、审判和执行中的特殊规定。

应用:根据涉外刑事诉讼程序中的特别规定,结合具体案例,分析相关表述是否正确。

(四) 刑事司法协助

识记:① 刑事司法协助的概念;② 刑事司法协助的主体;③ 刑事司法协助的依据;④ 刑事司法协助的内容;⑤ 刑事司法协助的程序。

领会:刑事司法协助的意义。

应用:根据刑事司法协助的规定,结合具体案例,分析相关表述是否正确。

关于大纲的说明与考核实施要求

为了使本大纲的规定在个人自学、社会助学和考试命题中得到贯彻落实,特对有关问题做如下说明,并提出具体实施要求。

一、关于考核目标的说明

在本大纲的第二部分专门对本课程的总体目标进行了介绍,但课程的总目标是要通过具体目标去实现的,为此专门在第三部分加写了课程内容与考核要求,分别对每章的学习目的和要求、课程内容和考核知识点提出了更为具体明确的要求。这一部分内容是本课程自学、社会助学和考试命题的重要依据。

在考核知识点部分,将比较重要的知识点,也就是要求自学应考者掌握的知识点分为识记、领会和应用三个层次,这三个层次之间的关系是对自学应考者的能力的依次递进要求。其中,识记部分要求自学应考者熟记某些概念、理论和法条;领会部分要求自学应考者在熟记某些概念、理论和法条的基础上能够就某些问题进行比较深入的思考;应用部分则要求自学应考者在识记和领会的基础上,熟练运用某些概念、理论、知识和法条论述分析具体理论和实际问题。

在考试命题时,识记部分一般出单项选择、多项选择等客观性试题;领会部分一般出名词或理论解析、简述等比较容易的主观性试题;应用部分一般出大的理论论述题或案例分析题。

二、关于自学用书

1. 指定教材:《刑事诉讼法学》,全国高等教育自学考试指导委员会组编,汪建成主编,北京大学出版社2014年版。

2. 推荐学习用书:《刑事诉讼法一本通》(第八版),刘志伟、魏昌东、吴江编,法律出版社2013年版。

三、自学方法指导

1. 自学应考者应坚持全面系统的学习本课程。在学习过程中一般应以一章为一个单元。首先认真审读教学大纲有关该章的学习目的和要求以及课程内容的介绍,明确本章学习的重要和难点,然后仔细阅读教材,在通读一遍教材的基础上,要结合大纲中所列的考核知识点进行精读,再根据本章的内容选取重点法条进行领会和记忆,最后结合本章教材所给出的思考题进行复习。

2. 自学应考者坚持融会贯通和比较分析的方法。在分章进行学习的基础上,要以自学大纲为线索将全部课程内容串联起来,在串联过程中多采用比较分析的方法,不仅不同章节的内容之间可以进行比较(例如第二审程序和审判监督程序的区别),而且同一章节的不同内容也可以进行比较(例如延期审理和中止审理的区别)。坚持融会贯通和比较分析的方法,可以帮助自学应考者熟记和理解一些重要的知识点。

3. 自学应考者坚持理论联系实际的方法。在学习过程中,对于一些比较难的知识点,要善于结合案例来学习,这样既可以帮助自学应考者理解某些理论问题,又可以增强他们分析和解决实际问题的能力。

四、对社会助学的要求

1. 社会助学者应根据本大纲规定的考试内容和考核目标对自学应考者进行助学辅导。各章授课前应明确要求学生预习教材相关章节内容,授课过程中要对教材进行全面讲解,并有针对性地对一些重点和难点问题进行讲解,课后要求学生阅读、理解并记忆与本章内容有关的重点法条,最后要结合本大纲中考核知识点的要求出一些模拟试题,供学生复习使用。

2. 社会助学者应当注重培养学生的理解和应用能力。要努力引导自学应考者将识记、领会同应用联系起来,把基础知识和理论转化为应用能力,在全面辅导的基础上,着重培养和提高自学应考者的分析问题和解决问题的能力。

3. 社会助学者应当帮助学生建立起系统的本课程的知识结构。在助学辅导过程中要正确处理好重点和一般的关系,虽然课程内容有一般与重点之分,但考试内容是全面的。因此,虽然为了帮助学生加深对有关问题的理解和记忆可以适当出一些模拟试题,但决不提倡猜题和押题。应当引导学生在全面系统了解课程内容的基础上,再突出重点学习。

五、关于命题考试的若干要求

1. 命题范围。本课程的考试命题范围应当根据本大纲所规定的课程内容和考核目标来确定,不能任意扩大。每次考试命题要覆盖到绝大多数章节,并突出重点章节。

2. 能力层次测试比例。本课程在试卷中对不同能力层次要求的试题的分数比例一般为:识记占30%;领会占50%;应用占20%。

3. 难易程度。试题难易程度可分为易、较易、较难、难四个等级。每份试卷中不同难易度试题的分数比例一般为:易占20%;较易占40%;较难占30%,难占10%。

4. 试卷题型。本课程考试试卷采用的题型,一般有:单项选择题,多项选择题,简析题,简答题,论述题,案例分析题等。各种题型的具体形式参见本大纲附录:题型举例。

5. 关于简析题的说明。与以前的试卷题型相比,本次修订增设了简析题这一题型,该题型强调考生要在理解的基础上进行记忆,不能死记硬背。需要说明的是,简析题虽然强调理解,但不等于毫无规范,有关内容在教材中都能找到相应答案。现以附录题型举例中的两个题目为例,略作解释。

简析题(请对下列各命题中画下划线的名词或理论进行简要解析)
1. <u>上诉</u>和抗诉是引起第二审程序的两种方式。
2. 询问证人应当<u>个别</u>进行。

上述第1题带下划线的是"上诉"这一法律名词。其内容在教材第十五章第二节有专门解释,即"上诉,是有上诉权的人不服地方各级人民法院的一审裁判,要求上级人民法院对案件进行重新审判的诉讼活动"。上述第2题带下划线的是"个别"这一术语。其内容在教材第十二章第二节第一部分有介绍,即"同一案件有几个证人需要询问的时候,侦查人员应当对每个证人进行单独询问。同理,询问笔录也应单独制作"。考生只要能够回答出这些内容就能得分。

上述精神,命题时应当遵守,自学备考者复习应考时也应当注意。

附录:题型举例

一、单项选择题(在每小题列出的四个备选项中只有一个是符合题目要求的,请将其代码填写在题后的括号内。错选、多选或多选均不得分。)

1. 下列案件中,人民法院直接受理的是　　　　　　　　　　　　　　　　　　(　　)
   A. 贪污案　　　　　　　　　　　B. 杀人案
   C. 走私案　　　　　　　　　　　D. 侮辱案

2. 下列情形中,不属于法定不追究刑事责任的情形是　　　　　　　　　　　(　　)
   A. 贾某,盗窃 200 元
   B. 薛某,犯过失致人死亡罪,20 年被发现是犯罪嫌疑人
   C. 王某,犯侮辱罪,被害人起诉后又撤回自诉
   D. 张某,犯杀人罪,杀害被害人后悔,便自杀,未果,经抢救生还但成为植物人

二、多项选择题(在每小题列出的四个备选项中有两个或两个以上是符合题目要求的,请将其代码填写在题后的括号内。错选、多选、少选或未选均不得分。)

1. 某市检察院以刘某犯有抢劫罪向市中级人民法院提起公诉,法院受理后认为该案不需要判处无期徒刑以上刑罚。对此案,该法院下列做法中正确的有　　　(　　)
   A. 将案件退回提起公诉的市检察院
   B. 将案件交由下级法院审理
   C. 继续审理本案
   D. 请求上级人民法院指定管辖

2. 下列情形中,公安机关可以先行拘留的有　　　　　　　　　　　　　　　(　　)
   A. 王某准备去抢银行,在前往途中被公安机关发现
   B. 侦查人员在搜查犯罪嫌疑人的胡某的住宅时发现其作案的工具
   C. 陈某在过失致人死亡之后,自觉罪孽深重,企图自杀
   D. 公安人员在执行检查中,发现贞某形迹可疑

三、简析题(请对下列各命题中画下划线的名词或理论进行简要解析)

1. <u>上诉和抗诉</u>是引起第二审程序的两种方式。
2. 询问证人应当<u>个别</u>进行。

四、简答题

1. 简述证据确实、充分的具体要求。

2. 简述延期审理和中止审理的区别。

五、论述题

1. 论证据的意义。
2. 怎样理解严格遵守法律程序原则？

六、案例分析题

某案,被告人胡某,17岁,起诉阶段没有委托辩护人。2013年6月2日某县人民检察院以抢夺罪向该县人民法院提起公诉,除了向人民法院提交起诉书外,还移送了主要证据复印件。该县人民检察院于当天下午向被告人胡某送达了起诉书副本,同时提审了被告人,6月8日向证人送达了传票,向被害人送达了出庭通知书,6月9日张贴了法庭审理公告,6月10日开庭审理了本案。开庭审理前,法院曾通知被告人的父亲到庭,但其父亲因出国未能到庭。在开庭审理过程中,公诉人根据法庭调查的情况,认为被告人的行为构成抢劫罪,于是在法庭辩论阶段要求人民法院按抢劫罪对被告人定罪量刑。该县人民法院最终采纳了公诉人的意见,以抢劫罪判处被告人有期徒刑3年。一审宣判后,被告人当庭表示不上诉,但是其母亲提出上诉,一审法院认为被告人母亲的上诉没有征得被告人同意,于是未向第二审人民法院移送,上诉期间届满后,直接将被告人交付执行。

请根据《刑事诉讼法》的规定,指出本案的处理存在哪些问题,并简要说明理由。

后 记

《刑事诉讼法学自学考试大纲》是根据全国高等教育自学考试法学类专业考试计划的要求,由全国考委法学类专业委员会组织编写的。

《刑事诉讼法学自学考试大纲》由北京大学汪建成教授主编。

全国考委法学类专业委员会于 2014 年 6 月对本大纲组织审稿。参加本大纲审稿会并提出宝贵意见的有:中国人民大学法学院陈卫东教授;中国社会科学院法学研究所王敏远研究员;北京师范大学刑事法律科学研究院宋英辉教授。特此表示感谢。根据审稿会的意见,由汪建成教授最后修改定稿。

全国高等教育自学考试指导委员会
法学类专业委员会
2014 年 7 月

全国高等教育自学考试指定教材
法律专业

刑事诉讼法学

全国高等教育自学考试指导委员会　组编

编写前言

受全国高等教育自学考试指导委员会法学类专业委员会委托,并根据其制定和颁行的《刑事诉讼法学自学考试大纲》,我们组织编写了这本《刑事诉讼法学》,作为法学专业的自学考试教材。

刑事诉讼法学是法律专业的一门非常重要的专业必修课,也是国家司法考试的重点考试科目。学习这门课程,对于了解中国刑事诉讼的基本制度和程序,对于准确办理刑事案件具有重要意义。为帮助广大自学应考试者学好这门课程,本教材编写过程中突出了以下几个特点:

第一,规范性。本教材的编写,严格按照《刑事诉讼法自学考试大纲》进行,不管是章节安排、编写体例,还是课程内容,都遵循考试大纲的要求。凡是大纲中所列的内容,教材中都有体现;凡是大纲中没有涉及的内容,教材中一般不写,有些作为知识性展开部分,尽量略写,但这部分不属于考试的范围。

第二,新颖性。本教材的编写,恰逢《刑事诉讼法》第二次全面修订且已实施一年有余,因此本教材全面反映了修订后的《刑事诉讼法》的规定和有关机关为实施《刑事诉讼法》所作的立法解释、司法解释和规定。此外,本教材也吸收了刑事诉讼法学的近期研究成果,对于学界比较成熟的主流学术观点亦进行了适当介绍。

第三,实用性。本教材的编写,以使用者能够通过自学考试为基本目标,以通过国家司法考试和培养实践性人才为最高目标。因此,本教材将重点放在与刑事诉讼有关的基本知识、基本理论和基本法律规定的介绍和分析上,而对于一些历史的、比较法上的理论和法律规定,则不写或者略写。

第四,简练性。本教材的编写,充分考虑到与法学本科教育和研究生教育相比,自学考试应当定位于法学教育的初级层次,因此本教材在文字风格上力求简明扼要、通俗易懂、层次分明、重点突出。

本教材由汪建成(法学博士,北京大学法学院教授)担任主编,参加编写的人员还有谢安平(法学博士,北京工商大学法学院教授)、孙远(法学博士,中国青年政治学院副教授)、杨雄(法学博士,北京师范大学法学院副教授)和褚福民(法学博士、中国政法大学副教授)。

本教材的执笔分工如下:汪建成撰写第一、六、八、九章,谢安平撰写第二、十二、十三、十七章,褚福民撰写第三、十一、十八、二十章,孙远撰写第四、五、七、十章,杨雄撰写第十四、十五、十六、十九章。全书最后由汪建成统一修改定稿。

本教材的写作，得到了全国高等教育自学考试指导委员会法学类专业委员会的大力指导。中国人民大学法学院的陈卫东教授、中国社会科学院法学研究所的王敏远研究员和北京师范大学刑事法律科学研究院的宋英辉教授，应邀对本教材进行了审订，他们为本教材的修改和完善提出了许多宝贵意见。北京大学出版社的孙战营女士为本教材的编辑出版做了大量的工作。在本教材即将出版之际，谨对上列单位及个人诚挚致谢！

本教材的写作历时近一年时间，尽管我们竭尽心智，力求写出一部高质量教材，但由于水平所限，缺点和错误在所难免，恳请读者批评指正。

汪建成

2014 年 7 月于北京燕园书斋

第一章 导 论

第一节 刑事诉讼和刑事诉讼法

一、刑事诉讼的概念和特点

刑事诉讼,是指国家专门机关在当事人及其他诉讼参与人的参加下,依照法律规定的程序,处理刑事案件,解决被追诉人刑事责任的活动。

刑事诉讼具有如下特点:

(1) 刑事诉讼是由专门的国家机关主持进行的,因此它是一种国家活动,而不是个人行为。我国进行刑事诉讼的国家专门机关主要指人民法院、人民检察院和公安机关。

(2) 刑事诉讼是在当事人和其他诉讼参与人的参加下进行的。当事人和诉讼参与人对诉讼过程的参与,充分表明了诉讼的民主性和公正性,也是区分诉讼行为与行政行为的一个重要标志。

(3) 刑事诉讼有特定的任务,即处理刑事案件,解决被追诉人刑事责任,以实现国家的刑罚权,因此它不同于行政诉讼和民事诉讼。

(4) 刑事诉讼应当严格依照法律规定的程序和规则进行。刑事诉讼的过程和结果都与公民的生命、自由和财产权利密切相关,必须由法律规定的程序和规则严格加以规范,以防止专门机关滥用权力,侵犯人权。

二、刑事诉讼法的概念和性质

刑事诉讼法是国家制定或者认可的有关刑事诉讼活动的法律规范。其主要内容包括:(1) 刑事诉讼中的专门机关及其职权;(2) 刑事诉讼参与人及其诉讼权利、义务;(3) 刑事诉讼原则、制度和规则;(4) 刑事诉讼行为及要求;(5) 刑事诉讼程序及运行规范。

刑事诉讼法的概念有广义和狭义之分。狭义的刑事诉讼法仅指刑事诉讼法典,广义的刑事诉讼法则除了刑事诉讼法典之外,还包括其他一切与刑事诉讼活动有关的法律规范。

关于刑事诉讼法的性质,可以依照法的分类理论从不同角度去理解:首先,刑事诉讼法是基本法。我国的法律按其层级可分为根本法、基本法和一般法律。宪法是我国的根本大法,在其之下的是由全国人民代表大会制定的基本法,更下层级的是由全国人民代表大会常务委员会制定的一般法律。刑事诉讼法在法律位阶上处于基本法的地位。其次,刑事诉讼法是公法。公法是调整国家与个人之间的关系的法律，私法是调整个人与个人之间关系的法律。刑事诉讼过程中，国家的公权力与公民个人的权利要发生直接的碰撞和联系，因此刑事诉讼法是公法。最后，刑事诉讼法是程序法。在法学理论上将规定权利、义务实质的法称为实体法，将规定实现权利义务手段的法称为程序法。刑事诉讼法是专门规定国家刑罚权的实现方式和程序的法律，因此属于程序法的范畴。

三、刑事诉讼法律渊源

刑事诉讼法律渊源，是指刑事诉讼法律规范的存在形式。

我国刑事诉讼法的主要法律渊源是《中华人民共和国刑事诉讼法》，它于1979年7月1日由第五届全国人民代表大会第二次会议通过、1980年1月1日施行。其后经历两次重大修订：第一次是1996年3月17日第八届全国人民代表大会第四次会议修订、1997年1月1日施行；第二次是2012年3月14日第十一届全国人民代表大会第五次会议修订、2013年1月1日实施。现行修订后的《刑事诉讼法》共计290条。

除刑事诉讼法典外，我国刑事诉讼法律渊源还包括如下：

（1）宪法。宪法是国家的根本大法，对刑事诉讼法有重要的指导意义。宪法中有关人民法院、人民检察院和公安机关等专门机关的职权的规定，有关公民基本权利的规定，以及有关审判和检察工作重要原则和制度的规定，都是刑事诉讼立法和刑事诉讼司法所必须遵循的。

（2）有关法律规定。指其他与刑事诉讼有关的法律，分为两类：一类是单行的刑事诉讼法律规定，例如，1983年9月2日第六届全国人民代表大会常务委员会通过的《关于国家安全机关行使公安机关的侦查、拘留、预审和执行逮捕的职权的决定》；另一类是其他法律中涉及刑事诉讼内容的规定，例如《中华人民共和国刑法》《中华人民共和国法院组织法》《中华人民共和国检察院组织法》《中华人民共和国律师法》《中华人民共和国监狱法》《中华人民共和国未成年人保护法》等。

（3）司法解释。指最高人民法院、最高人民检察院就审判工作和检察工作中如何具体运用刑事诉讼法所作的解释、通知和批复。其中比较重要的有：最高人民法院、最高人民检察院、公安部、国家安全部、司法部、全国人大常委会法制工作委员会《关于实施刑事诉讼法若干问题的规定》，最高人民法院《关于〈适用中华人民共和国刑事诉讼法〉的解释》，最高人民检察院《人民检察院刑事诉讼规则（试行）》。

（4）法规和规章。法规指国务院颁布的与刑事诉讼有关的规定，如国务院2012年2月23日通过的《拘留所条例》等。规章指导国务院下属各部门制定的本部门业务中与刑事诉讼有关的规定，例如公安部《公安机关办理刑事案件程序规定》等。

（5）国际条约。我国已经陆续签署加入了近三十项国际公约，其中有些全国人大常委会已经批准生效，例如，联合国《打击跨国有组织犯罪公约》和联合国《反腐败公约》等，这一部分公约中涉及刑事诉讼程序的规定，我国应当遵守；还有些公约我国虽尚未批准，但其中许多与刑事诉讼有关的规定，对于推动我国刑事诉讼制度的建设也有意义，例如，

1998年10月5日,我国政府签署了联合国《公民权利和政治权利国际公约》,其中大量有关禁止酷刑、公正审判、保障辩护、无罪推定、司法救济等方面的规定,这些规定对于2012年《刑事诉讼法》的修订具有积极指导意义。

四、刑事诉讼法的目的、根据和任务

(一) 刑事诉讼法的目的

刑事诉讼法的目的,是指制定和执行刑事诉讼法所要达到的预期目标。我国《刑事诉讼法》第1条明确规定:"为了保证刑法的正确实施,惩罚犯罪,保护人民,保障国家安全和社会公共安全,维护社会主义社会秩序,根据宪法,制定本法。"这一规定明确了我国刑事诉讼法的三个重要目的:

一是从程序上保证刑法的正确实施。刑法是规定犯罪和刑事责任的法律,是刑事实体法,但是徒法不足以自行,刑法的正确适用,有赖于科学的刑事诉讼程序。只有依照科学的刑事诉讼程序,才能保证准确、及时地查明犯罪事实、查获犯罪人,刑法的适用才有可能具备事实根据和适用对象。在人类法律制度的发展史上,刑事诉讼是作为私刑的对立面而出现的,它反对通过私人报复的方法解决问题,把处理刑事案件纳入国家法制的轨道。我国社会主义的刑事诉讼更应该担负起这一重任,把实现刑法的规定作为其首要目的,只有这样,才能从根本上否定私设公堂和滥用私刑。从这个意义上讲,根据刑事诉讼法律规范进行的刑事诉讼活动是实现刑法的唯一途径和保障。

二是惩罚犯罪,保护人民。这一目的反映了制定和实施刑事诉讼法的客观需要。只要有犯罪存在,就必然要有追究犯罪和处罚犯罪的刑事诉讼活动,而在法治国家中,刑事诉讼作为一种国家活动并不是人们随心所欲,任意而为的,必须有规范刑事诉讼活动的刑事诉讼法。刑事诉讼法中有关司法机关职权的规定,强制措施的规定,立案、侦查和审判程序的规定,以及有关证据问题的规定,都为准确、及时地查明犯罪事实,查获犯罪嫌疑人,最终惩罚犯罪分子提供了保障。同时,通过刑事诉讼可以恢复被犯罪破坏的法律秩序,使广大人民群众有一个安定的工作、学习和生活环境。

三是保障国家安全和社会公共安全,维护社会主义社会秩序。这是制定和实施刑事诉讼法的终极目的。同前两个目的相比,这个目的处在更深的层次,它表明了我国社会主义社会刑事诉讼法的本质。刑事诉讼法就是要通过其所规范的刑事诉讼活动对犯罪给予否定性评价,并通过这种评价树立起人们行为的标准,从而减少违法犯罪的发生,国家安全和社会公共安全才能得到保障,社会主义社会秩序才能得到维护。

(二) 刑事诉讼法的根据

刑事诉讼法的根据,是指制定刑事诉讼法的上位法依据。我国刑事诉讼法的根据是宪法。

宪法是国家的根本大法,对所有法律部门都有约束力,刑事诉讼法也要以宪法为根据制定才具有存在的正当性。而且,同其他法律部门相比,刑事诉讼法与宪法的关系更为密切,宪法对刑事诉讼法的影响更大,也正是从这个意义上讲,有外国学者将刑事诉讼法称为"宪法适用法"(Applied Constitutional Law)[①]。产生这一现象的主要原因是:第一,刑事诉讼事关公民的生命与自由,理应为宪法所高度关注;第二,一国的刑事司法体制不是刑事诉讼法自行规定的,而是由其宪法规定的;第三,刑事诉讼过程中,国家的公权力和公民个人的私权利发生了直接的对话,如何处理好两者之间的关系也应以宪法规定为指导。

基于此,许多国家的宪法中都有大量的与刑事诉讼有关的规定。美国宪法第四修正案即《权利法案》(The Bill of Rights)中规定的公民的23项基本权利,有12项与刑事诉讼相关;德国宪法第1条至第19条,第101条(1)、第102条、第103条等都是有关刑事诉讼的规定。

我国《宪法》第1—5、27、28、33、37、38、41、126、131、134、135条等条文都与刑事诉讼直接相关,有的甚至几乎逐字逐句地写入刑事诉讼法。概括起来表现为以下几个方面:其一,宪法关于必须惩办犯罪分子的原则和规定,明确了刑事诉讼的根本任务;其二,宪法关于国家司法机关和其他专门机关的性质及其职权的规定,为确定各机关在刑事诉讼中的具体职权提供了根据;其三,宪法关于审判工作和检察工作重大原则,例如审判公开、两审终审、法律监督等规定,对于刑事诉讼原则的确定具有指导意义;其四,宪法修正案中关于尊重和保障人权的规定成为刑事诉讼法中规定各种人权保障措施的宪法依据;其五,宪法中关于公民基本权利的具体规定,是刑事诉讼法中规定各种具体诉讼程序和规则时,必须重点考虑的问题。

(三)刑事诉讼法的任务

刑事诉讼法的任务,是指制定和实施刑事诉讼法所要取得的预期效果。我国《刑事诉讼法》第2条规定:"中华人民共和国刑事诉讼法的任务,是保证准确、及时地查明犯罪事实,正确应用法律,惩罚犯罪分子,保障无罪的人不受刑事追究,教育公民自觉遵守法律,积极同犯罪行为作斗争,维护社会主义法制,尊重和保障人权,保护公民的人身权利、财产权利、民主权利和其他权利,保障社会主义建设事业的顺利进行。"

从上述规定可以看出,我国刑事诉讼法的任务是由一个总任务和三个具体任务构成的。总任务是:维护社会主义法制,尊重和保障人权,保护公民的人身权利、财产权利、民主权利和其他权利,保障社会主义建设事业的顺利进行。具体任务,一是保证准确、及时地查明犯罪事实,正确适用法律,惩罚犯罪分子;二是保障无罪的人不受刑事追究;三是教育公民自觉遵守法律,积极同犯罪行为作斗争。总任务和具体任务之间的关系是一般与特殊、目的与方法的关系。刑事诉讼法的总任务是各项具体任务的目的,各项具体任务是实现总任务的手段。刑事诉讼法的总任务,使刑事诉讼法与其他部门法相联系,表现了他们在根本任务上的一致性;刑事诉讼法的具体任务,又使刑事诉讼法与其他部门法相区别,反映了实现共同任务的手段、方法等方面的差异。

---

① Christine Van den Wangaert, *Criminal Procedure System in the European Community*, Butterworths, 1993, p.138.

第二节 刑事诉讼法学

一、刑事诉讼法学的研究对象

刑事诉讼法学,是以刑事诉讼法为主要研究对象的一门法律学科,属于部门法学。其研究对象包括以下三个方面:

(1) 刑事诉讼立法。刑事诉讼法学首先要全面、系统地研究刑事诉讼法律规范,从理论上进行科学的阐述和说明。不仅要研究、论述刑事诉讼立法的重要性,而且要研究、论述它的科学性,以及具体条文的含义和运用。这样,才能全面准确地理解刑事诉讼法,不断地发展刑事诉讼理论,更好地指导刑事诉讼的实践。因此,刑事诉讼法学的首要任务是对现行刑事诉讼法进行注解。这种注解虽不是按条文顺序逐一进行的,但必须遵守条文的精神实质。法律条文的突出特点是抽象,尽管立法者在立法之前要考虑现实生活中可能出现的各种情况,但也难以穷尽千变万化的现实生活。为使所立之法不因时势之变迁而频繁修改,只得以抽象、模糊代替具体、明确。假如没有注释法学家对抽象、模糊的法律规范加以注解,公民就不知其所云,法律的实效将受影响,此乃刑事诉讼法学存在的必要性之所在。

(2) 刑事诉讼实务。刑事诉讼法学是一门实践性很强的法律学科,研究刑事法学的目的还在于指导刑事诉讼的实践。因此,刑事诉讼法还要研究刑事诉讼实务,分析刑事诉讼法在具体贯彻实施过程中的经验和问题,既要研究正面的经验,又要研究反面的教训,更要针对在实施刑事诉讼法的过程中出现的新情况、新问题,从理论上进行研究,作出科学的解答。通过总结和研究刑事诉讼的实践经验,指导刑事诉讼立法以及新的实践活动,使刑事诉讼法不断得到修改、完善,更加适应新的形势。

(3) 刑事诉讼理论。刑事诉讼理论是人类对刑事诉讼活动不断进行探索和研究所得出的重大的带有规律性的认识,是从立法和实务中总结出的重要研究成果。古往今来,已经形成了许多成熟的、为人们所共同认可的重要理论,如诉讼目的理论、诉讼原则理论、诉讼构造理论、诉讼行为理论、诉讼主体理论、诉讼证明理论和程序正义理论等。这些理论所呈现出的研究成果,对立法和司法实践均具有重要的指导意义,不仅有助于推动立法的变革以及准确把握刑事诉讼法的精神实质,而且能够在一定程度上弥补法律规定的不足。同时,刑事诉讼理论也需要不断发展和完善,随着刑事诉讼法学研究的不断深入,必将产生更加丰富的新的研究成果。

二、刑事诉讼法学与相关学科的关系

(1) 刑事诉讼法学与刑法学的关系。刑法学是研究犯罪、刑事责任和刑罚的学科,它的研究对象是刑法的理论和实践;刑事诉讼法学是研究刑事诉讼程序的法律学科,它的研究对象是刑事诉讼法的理论和实践。因此,要正确认识刑事诉讼法学和刑法学的关系,就

必须首先搞清楚刑法和刑事诉讼法的关系。刑事诉讼法与刑法的关系是形式和内容的辩证统一关系,刑事诉讼法是形式,是保证刑法正确实施的唯一途径,如果没有刑事诉讼法的形式,不通过一定的诉讼程序发现和证实犯罪,查获犯罪人,刑法规定的定罪量刑的内容就无从实现;刑法是内容,是刑事诉讼活动的目的所在,如果没有刑法定罪量刑的规定,刑事诉讼就失去存在的目标,成为无内容的空洞形式。既然刑法和刑事诉讼法的关系如此密切,那么作为研究刑事诉讼法的刑事诉讼法学和研究刑法的刑法学之间的关系当然也十分密切。

(2) 刑事诉讼法学与刑事侦查学、法医学的关系。刑事侦查学是研究如何发现、收集、提取和固定证据,以发现和证实犯罪事实,查获犯罪人的专门学科。它研究在刑事诉讼的侦查阶段如何运用科学技术手段(如痕迹学、指纹学等)、策略方法(如侦查实验、鉴定等)查明案件事实。法医学则是运用医学、生物学、化学及其他自然科学的理论,研究解决司法实践中人身伤亡、病理状态等问题,为查明案件事实,处理某些刑事案件提供科学根据的学科。证据是刑事诉讼的核心问题,而刑事侦查学、法医学的任务都是发现、收集、固定和提供证据。所以,刑事诉讼法学同刑事侦查学、法医学有着共同的目的,而且是相互衔接和相互配合的。其中,刑事侦查学侧重侦查策略和侦查技术,法医学侧重侦查方法,刑事诉讼法学侧重侦查程序。

(3) 刑事诉讼法学与监狱学的关系。监狱学是研究犯人的教育、改造与管理的一门学科,属于法学和社会学的交叉学科。刑事诉讼法学和监狱学的关系主要在于研究阶段的不同,刑事诉讼法学研究的只是如何准确认定犯罪、证实犯罪,查获犯罪人,怎样将被判刑的犯罪分子交付执行的问题,而监狱学则是研究如何对被判刑的犯罪分子进行教育、改造和管理。但是两者又有交叉的地方,例如减刑、假释以及对犯人新罪、漏罪的追诉问题,在刑事诉讼法学和监狱学中都要涉及,只不过侧重点不同而已。

(4) 刑事诉讼法学与刑事政策学的关系。刑事政策学是一门对刑事法律规范(包括刑法规范、刑事诉讼规范和行刑规范)进行价值判断和选择的学科,这种价值判断包括立法时的价值选择和立法后的价值评判两种。刑事政策学创立于19世纪末、20世纪初。刑事政策学对刑事诉讼规范及其适用具有指导作用。例如,当某一刑事诉讼规范包含几种意思时,司法者按何种意思理解往往受到特定时期国家刑事政策的影响。

三、刑事诉讼法学的重要范畴

(1) 刑事诉讼历史类型。指以刑事诉讼所维护的社会制度和阶级利益为标准,即以刑事诉讼的阶级本质为标准对历史上存在过的刑事诉讼所进行的划分。依此标准,人类历史上先后存在过奴隶社会的刑事诉讼、封建社会的刑事诉讼、资本主义社会的刑事诉讼和社会主义社会的刑事诉讼。学习刑事诉讼的历史类型,既要看到刑事诉讼的阶级性(即刑事诉讼作为上层建筑的组成部分,一定是为维护符合统治阶级利益的社会秩序服务的),又要看到刑事诉讼的社会共同性(即刑事诉讼作为追诉犯罪的操作规程,必然存在一些经过不断探索而获得的反映刑事诉讼客观规律的人类共同文明成果)。

（2）刑事诉讼结构。指刑事诉讼各主要主体，即起诉方、被告方和裁判方在刑事诉讼中的地位及相互关系。人类历史上先后存在过古代弹劾式、中世纪纠问式诉讼和近现代混合式诉讼三种刑事诉讼结构形式。在现代混合式诉讼结构中又存在英美当事人主义诉讼结构和大陆职权主义诉讼结构。我国刑事诉讼结构在主体层面上与大陆职权主义诉讼结构比较接近，但逐渐吸收了一些英美当事人主义诉讼的技术性因素。

（3）刑事诉讼功能。指国家进行刑事诉讼活动所要达到的客观目标。刑事诉讼具有犯罪控制和人权保障的双重功能。犯罪控制功能指国家通过刑事诉讼，查明犯罪事实，查获犯罪人，惩罚已然的犯罪；同时通过刑事诉讼程序隔离犯罪事件的双方，防止纠纷的升级，并警示和遏制未然的犯罪。因此，犯罪控制的内涵比惩罚犯罪的内涵更为丰富。人权保障功能指国家专门机关进行刑事诉讼活动，干预有关诉讼参与人的基本权利，只能在法律规定的明确授权和法律规定的诉讼程序限度内进行，以防止国家刑事追究权的恣意行使。刑事诉讼应当从总体上兼顾犯罪控制和人权保障的双重功能，但有时也会出现两种功能相冲突的现象。因此，在刑事诉讼制度的构建中，有时会在两种功能的选择上有所侧重，例如，技术性侦查措施侧重的是实现犯罪控制功能，而非法证据排除规则侧重于实现人权保障功能。

（4）刑事诉讼职能。指刑事诉讼主体在刑事诉讼中所具有的作用和功能。诉讼主体不同，诉讼职能也就不同，每一诉讼主体都在特定职能的驱使下，为相应的诉讼行为，尽相应的诉讼义务。由于现代刑事诉讼的主体结构是由控、辩、裁三方组合而成的，在各种诉讼职能中，控诉职能、辩护职能和审判职能便成为刑事诉讼的基本职能，其他职能都是为实现这三种职能服务的。所谓控诉职能，是指在查明犯罪事实，查获犯罪嫌疑人的基础上，向法院提起诉讼，要求追究被告人刑事责任的职能；所谓辩护职能，是指反驳起诉，维护犯罪嫌疑人、被告人合法权益的职能；所谓审判职能，是指依法对刑事案件进行审理和裁决的职能。这三种职能的组合方式和互动关系决定了刑事诉讼的结构模式。在现代民主法治国家的刑事诉讼中，这三种基本职能的良性互动关系是：控审分离、控辩平衡和审判中立。

（5）刑事诉讼阶段。指刑事诉讼程序的步骤和运行秩序。刑事诉讼应当分阶段循序渐进地进行，这是刑事诉讼同行政工作方式的一个重要区别。我国刑事诉讼共分为立案、侦查、起诉、审判和执行五个大的阶段，审判阶段又分为第一审程序、第二审程序、死刑复核程序和审判监督程序。各诉讼阶段之间是前后依存、节节递进的关系，各诉讼阶段的启动都必须满足特定的条件，上一阶段向下一阶段的推进也必须按照法定的要求进行，前一阶段是后一阶段的基础，后一阶段是前一阶段的延续，既不能任意颠倒诉讼阶段，又不能任意超越诉讼阶段。

（6）刑事诉讼价值。指刑事诉讼满足各诉讼主体需要的有用性。对于刑事诉讼价值可以从各种不同的角度和层面进行探讨和研究，但在刑事诉讼所追求的各种价值中，最根本和最重要的一对价值是公正和效率。公正是刑事诉讼应当追求的主体价值，即国家展开刑事诉讼活动的根本效用在于通过刑事司法实现社会的公平正义。诉讼公正分为实体公正和程序公正两个方面。实体公正,即结果公正,指案件的实体处理结果所体现的公正。程序公正,即过程公正,指诉讼程序方面所体现出的公正,其主要体现是:(1)诉讼程序严格依法进行;(2)保障各诉讼参与人的权利;(3)各诉讼主体能够依法参与诉讼的进程并充分表达意见;(4)诉讼中能够做到控辩平等对抗、法官居中裁判;(4)违反程序办案的救济机制畅通、制裁机制有效。效率是刑事诉讼应当追求的辅助价值,即在保证公正的前提下,刑事诉讼应当尽可能快速推进,防止案件久拖不决、当事人久押不审,应当严格遵守刑事诉讼法所规定的期限办案、结案。

思考题:

1. 什么是刑事诉讼?它有哪些特点?
2. 什么是刑事诉讼法?如何理解刑事诉讼法的性质?
3. 我国刑事诉讼法的法律渊源有哪些?
4. 如何理解我国刑事诉讼法的目的、根据和任务?
5. 人类历史上先后存在过哪些刑事诉讼的结构形式?
6. 如何理解犯罪控制和人权保障的关系?
7. 刑事诉讼中有哪些基本职能?这些职能之间的理想关系是什么?
8. 什么是诉讼公正?如何处理公正和效率的关系?

第二章 刑事诉讼的基本原则

第一节 概述

一、刑事诉讼基本原则的概念和特点

刑事诉讼的基本原则,是指贯穿于刑事诉讼全过程或者主要阶段,对刑事诉讼法的制定和实施具有普遍指导意义和规范作用,公安机关、人民检察院、人民法院和诉讼参与人进行刑事诉讼时必须遵循的基本准则。其具有以下特征:

第一,刑事诉讼基本原则,体现了刑事诉讼活动的基本规律,对国家专门机关、公安司法人员和诉讼参与人具有法律拘束力。基本原则虽然比较抽象和概括,但是各项具体的诉讼制度和程序都必须与之相符合。这些制度和程序是刑事诉讼基本原则的制度化、程序化,国家专门机关、公安司法人员和诉讼参与人如果违背了基本原则,就会必然违反这些制度和程序,必须承担相应的法律责任或者否定性法律后果。

第二,刑事诉讼基本原则贯穿于刑事诉讼全过程或者主要阶段,作为刑事诉讼活动内在规律的反映具有普遍指导意义。刑事诉讼基本原则适用于刑事诉讼的各个阶段或者主要阶段,不仅国家专门机关、公安司法人员应当遵守,而且各诉讼参与人也应当遵守。

第三,刑事诉讼基本原则是由刑事诉讼法明确规定的法律原则,在刑事诉讼法律规范体系中处于根本性规范的地位。刑事诉讼基本原则是刑事诉讼其他程序规则的理论基础,体现了刑事诉讼的基本价值目标。其他程序规则是刑事诉讼基本原则内容的体现和具体化。

基于上述特点,准确理解和把握刑事诉讼基本原则无论对科学制定刑事诉讼法,还是对有效贯彻实施刑事诉讼法都具有重大意义。

二、国际通行的刑事诉讼原则

国际通行的刑事诉讼原则,是各国长期的刑事诉讼立法和司法实践经验的总结,反映了当代人类社会对刑事诉讼目的和价值的普适理解与追求,表征着人类社会刑事诉讼制度的民主与文明化进程。这些原则主要有无罪推定原则、禁止强迫自证其罪原则、控审分离原则、控辩对等原则、一事不再理原则等。

(一)无罪推定原则

尽管各国在立法中对无罪推定原则的表述不尽相同,但其基本含义是一致的,即任何受到刑事追诉的人在未经法定程序并由法院最终判决为有罪之前,都应当被推定为无罪

之人。"无罪推定"是关于被追诉人法律地位的假设,是可以被推翻的法律上的推定。如果裁判者通过法定审判程序,认为检察官或者自诉人提出的证据已经充分证明被告人是有罪的,并据此作出被告人有罪的生效判决,那么针对该被告人的无罪推定就被推翻,在法律地位上无罪的被告人就转化成有罪之人。因此,无罪推定不等于无罪认定,它只是设定一种具有暂时性、程序性的法律状态。正是因为这种"假设",所以法律应当赋予被追诉人一系列旨在对抗国家追诉权的诉讼特权,如有权获知被指控的罪名和理由、有权获得律师帮助、不被强迫自证其罪、沉默权等。

无罪推定主要是解决证明责任分配的问题,有三项要求:(1)反对强迫自证其罪。既然法律已经推定被告人无罪,因此被告人不得被强迫自证其罪,也没有证明自己无罪的义务。被追诉人可以保持沉默,也可以明确表示拒绝陈述,并且不能因为被追诉人保持沉默或拒绝陈述就认定其有罪或得出对其不利的评断和结论。(2)检察官或者自诉人负有证明被告人有罪的责任,并且这一证明责任是不可转移的。既然控诉方对被追诉人提出了控告,质疑被追诉人无罪的地位,那么控诉方就应当提供相应的证据来对其指控之事实加以证实,被追诉人在诉讼中不承担证明自己无罪的责任。(3)疑罪从无。如果控诉方有部分证据证明被告人有罪,但证据并不充分,无罪推定没有被推翻,那么这种法律上的无罪推定就将转化为事实上的无罪认定,被告人应被宣告为无罪。

无罪推定原则的基本价值取向在于保护犯罪嫌疑人、被告人在刑事诉讼中的合法权益,有利于保障人权和确保被告人获得公正审判。它要求控诉方承担证明被追诉人有罪的责任,而被追诉人没有证明自己无罪或者有罪的义务,制约了国家追诉机关强大的追诉权,有利于实现控辩双方的实质对等,使被追诉人可以有效参与刑事诉讼,积极影响案件结局。它还要求法官在审判过程中排除关于被告人有罪的先入为主的偏见,始终保持中立的地位,从而确保被告人获得公正的审判。

(二)禁止强迫自证其罪原则

禁止强迫自证其罪原则,又称反对强迫自证其罪原则、禁止自我归罪原则,联合国《公民权利和政治权利国际公约》第14条第3款(庚)项将该原则定义为:"任何人不被强迫作不利于他自己的证言或强迫承认自己有罪。"该《公约》规定,不被强迫自证其罪的权利是被告人获得公正审判的最低限度程序保障之一。具体而言,禁止强迫自证其罪原则包括两层含义:第一,对于是否提供不利自己的陈述,犯罪嫌疑人、被告人享有充分的选择权;第二,对于是否陈述犯罪,犯罪嫌疑人、被告人享有不受强迫的权利。禁止强迫自证其罪原则有四个方面的内涵:

(1)不得强迫自证其罪权利的主体适用于任何提供言词证据的人,主要包括犯罪嫌疑人、被告人和证人。证人可能成为潜在的犯罪嫌疑人、被告人,这是因为证人在作证时,可能因被询问到有关使自己卷入刑罚的事实而被控方反过来指控成为新的犯罪嫌疑人、被告人,此时证人可以行使不得强迫自证其罪的权利来保护自己。

(2)禁止强迫自证其罪原则的核心要求是非强制性。其所禁止的不是"自证其罪",而是"强迫"犯罪嫌疑人、被告人、证人自证其罪。所以,如果犯罪嫌疑人、被告人、证人自愿放弃这一特权,自愿作出不利于自己的供述或者证言,那么这种陈述是可以采纳为证据的。

(3) 不得强迫自证其罪原则所保护的证据范围不仅包括实质上导致自我归罪的陈述,而且应当包括部分可能导致自我归罪的其他形式的证据,如被告人在犯罪前记载的有关犯罪动机、犯罪计划的日记等。

(4) 为了避免犯罪嫌疑人、被告人和证人在受到强迫的情况下作出有罪供述,就必须给予其一系列的法律保障。比如,应当建立权利告知制度,使犯罪嫌疑人、被告人和证人知悉该权利;应当赋予犯罪嫌疑人、被告人沉默权、律师帮助权;应当建立非法证据排除规则等。

禁止强迫自证其罪原则旨在承认、尊重和保障犯罪嫌疑人、被告人的人格尊严和诉讼主体地位,体现了人权保障的理念和无罪推定原则的客观要求,有利于实现控辩平衡和遏制刑讯逼供现象,使控辩双方成为平等的参与者,使犯罪嫌疑人、被告人能够积极参与裁判的制作过程并且影响裁判的结果,而不是被动地接受追诉官员的任意摆布,甚至成为协助检察官控告自己的工具。我国《刑事诉讼法》第50条规定:"……不得强迫任何人证实自己有罪……"但是,该法第118条仍然规定:"……犯罪嫌疑人对侦查人员的提问,应当如实回答……""如实回答"的义务,导致"不得强迫任何人证实自己有罪"条款很难得到实现,而沉默权等规则的缺失显示出禁止强迫自证其罪原则在我国法律中尚未得到充分贯彻。

(三) 控审分离原则

控审分离原则,涉及控诉和审判两大诉讼职能的配置,是指对刑事犯罪的控诉职能和审判职能分别由不同的机构和不同的人员承担。控审分离原则,是现代各国普遍实行的刑事诉讼原则,主要内容有:

第一,从诉讼构造角度考察,控审分离原则要求,刑事追诉权和裁判权分别由警察、检察机关和法院各自独立行使。法院不得实施侦查、起诉等追诉活动,而由在法院之外设立的警察、检察机构作为专门控诉机构,对符合法定条件的案件进行侦查和提起公诉。警察、检察机关承担刑事追诉职能,担当社会秩序维持者的角色;法院在控方和辩方之间保持中立,专门承担审理和裁判职责,担负维护法律和正义的责任。

第二,从诉讼程序角度考察,控审分离原则要求,法院的审判只有在检察机关或者自诉人提出合法起诉的前提下才能启动。在启动审判程序方面,法院是完全被动的,没有正式的控诉请求,法院不得对任何刑事案件进行审判。即无控诉则无审判,也就是"不告不理"。

第三,从审理范围角度考察,控审分离原则要求,法院审理的对象和范围仅限于检察官的起诉书或者自诉人自诉状所明确记载的对象和范围,而不得审理任何未经起诉的被告人和行为。

控审分离原则是针对纠问式诉讼中的"控审不分"的做法而提出的。它一方面有利于保持法官的中立性、超然性和被动性,防止法官成为自己为当事人的案件的裁判者,使被告人得到公正的审判;另一方面,控审分离原则通过界定法院的审判范围,使辩护方的防御有了明确的、具体的对象,便于被告人及其辩护人积极准备诉讼,维护被告人的合法权益。

(四) 控辩对等原则

控辩对等原则,是指代表国家行使追诉权的侦控机关与作为个人行使辩护权的犯罪嫌疑人、被告人之间应当地位平等、权利对等,并在此基础上,展开追诉与辩护活动。其目的在于正确定位控辩双方在诉讼中的地位和作用。控辩对等包括"平等武装"和"平等保护"两方面的要求。

"平等武装",要求刑事诉讼法赋予控辩双方对等的诉讼权利以及对等的攻击与防御手段,以保障控辩双方都有平等的机会有效地参与诉讼。为了实现平等武装,刑事诉讼法必须确定控辩双方在诉讼中的平等地位。犯罪嫌疑人、被告人不是刑事诉讼的客体,而是与控方平等对抗的诉讼主体,法官在诉讼中必须保持中立。另外,基于平等武装的要求,侦控机关作为控诉方享有控诉权,那么犯罪嫌疑人、被告人也应当享有与之相对应的应诉权。犯罪嫌疑人、被告人的应诉权包括沉默权、辩护权、调查取证权等。

"平等武装"包括形式上的平等和实质意义上的平等两个方面。基于控辩双方在力量上的现实差距,为了实现实质意义上的"平等武装",必须在权利、义务的分配上适当地向防御方倾斜,赋予犯罪嫌疑人、被告人一些诉讼特权,包括:(1) 无罪推定权;(2) 要求控方在庭前开示证据权;(3) 请求排除非法证据权。需要特别说明的是,"平等武装"并不是指控辩双方权力(权利)完全相同,控辩双方只要实现权力(权利)对等,就认为是"平等武装"。

如果说平等武装为实现控辩平等创造了均等的机会和条件,那么其真正实现还有赖于法官对控辩双方提供平等的保护。因为"平等武装"实际上是一项立法原则,而在立法层面上赋予控辩双方对等的攻防手段,只能为双方调查取证和展开辩论提供相对平等的机会。被告是否被判有罪,最终还得取决于法官对双方提供的意见和证据的关注和采信程度,因此,实现控辩平等还需要在司法层面强调法官对双方的平等保护。

"平等保护",要求裁判者在诉讼中保持客观中立、不偏不倚的地位,对控辩双方的利益加以平等的保护。平等保护主要有两个方面的含义:第一,法官应当给予控辩双方参与诉讼的同等机会;第二,法官对于控辩双方所出示的证据和提供的意见,应当予以同等关注,法官制作的裁判文书应当是在充分考虑控辩双方意见的基础之上形成的。

(五) 一事不再理原则

一事不再理原则,是指任何人不得因同一行为而受到两次或者两次以上的刑事起诉、审判和科刑。联合国《公民权利和政治权利国际公约》第14条第7款对该原则作了明确的规定:"任何人已依一国的法律及刑事程序被最后定罪或宣告无罪者,不得就同一罪名再予审判或惩罚。"一事不再理原则,有学者又将之称为"禁止双重危险原则"。但是,"一事不再理原则"和"禁止双重危险原则"还是有区别的。前者是程序法上的概念,着重于判决的既判力和稳定性;后者是实体法上的概念,强调的是保障人权。因此,在程序法中称为"一事不再理原则"更为适宜。

一事不再理原则包括两个方面的含义：一是控方对已经起诉的案件，不能重复起诉；二是法院不得对已经受理的案件重复受理，不得对已经产生既判力的案件重复审判。这一原则的理论基础是：基于对被追诉人合法权利的维护，国家在行使刑事追诉权时有义务保持手段上的节制，对同一被追诉人的同一犯罪事实只拥有一个刑事追诉权，只有一次追诉机会。否则，就是刑事追诉权的滥用，将侵害被追诉人的权利。但是，上诉审并不被视为是第一审程序的"重复"，而是被视为一审程序的"继续"。一事不再理原则有利于防止国家滥用刑事司法权，保障人权。同时，一事不再理原则也是实现诉讼效益、保持程序的经济性的重要途径。

三、我国刑事诉讼基本原则的体系

根据我国《刑事诉讼法》第3条、第4—9条、第11条、第12条、第14—17条的规定，我国刑事诉讼的基本原则有14项：（1）侦查权、检察权、审判权由专门机关依法行使；（2）严格遵守法定程序；（3）人民法院、人民检察院依法独立行使职权；（4）依靠群众；（5）以事实为根据，以法律为准绳；（6）分工负责，互相配合，互相制约；（7）人民检察院依法对刑事诉讼实行法律监督；（8）各民族公民有权使用本民族语言文字进行诉讼；（9）审判公开；（10）犯罪嫌疑人、被告人有权获得辩护；（11）未经人民法院依法判决不得确定有罪；（12）保障诉讼参与人诉讼权利；（13）具有法定情形不予追究刑事责任；（14）追究外国人刑事责任适用我国刑事诉讼法。

第二节 侦查权、检察权、审判权由专门机关依法行使

我国《刑事诉讼法》第3条第1款规定："对刑事案件的侦查、拘留、执行逮捕、预审，由公安机关负责。检察、批准逮捕、检察机关直接受理的案件的侦查、提起公诉，由人民检察院负责。审判由人民法院负责。除法律特别规定的以外，其他任何机关、团体和个人都无权行使这些权力。"该条规定确立了侦查权、检察权、审判权由专门机关依法行使的原则。该原则的含义有三个方面：

一、侦查权、检察权、审判权具有专属性

根据我国《刑事诉讼法》第3条的规定，只有公安机关、人民检察院、人民法院以及法律特别规定的机关才能行使侦查权、检察权和审判权，其他任何机关、团体和个人都无权行使这些权力。侦查权、检察权和审判权是国家权力的重要组成部分，是国家实现刑罚权的重要保障，关系着国家的安定团结和社会秩序的安宁。我国《刑事诉讼法》明确规定侦查权、检察权、审判权由公安机关、人民检察院、人民法院分别行使，避免了其他机关、团体和个人滥用国家刑事司法权，侵犯人权现象的发生。

根据《刑事诉讼法》第4条、第290条和《海关法》第4条的规定，法律特别规定，是指

除公安机关、人民检察院(自侦案件)有权行使侦查权以外,下列机关对特定案件行使侦查权:(1)国家安全机关对危害国家安全的案件行使侦查权;(2)军队保卫部门对军队内部发生的案件行使侦查权;(3)监狱对罪犯在监狱内犯罪的案件行使侦查权;(4)海关走私犯罪侦查部门,对其管辖的走私犯罪案件行使侦查权。国家安全机关、军队保卫部门、监狱、海关走私犯罪侦查部门在侦查特定案件时,有与公安机关相同的职权。

二、依法行使侦查权、检察权、审判权

公安机关、人民检察院、人民法院行使侦查权、检察权、审判权,必须严格遵守刑事诉讼法规定的各项制度和程序,不得违反刑事诉讼法的规定。对于滥用侦查权、检察权、审判权的行为,行使该职权的机关及其直接责任人员应承担相应的法律责任。

三、侦查权、检察权、审判权不能互相取代

公安机关、人民检察院、人民法院只能分别行使各自的职权,不能混淆或者相互取代。具体而言,除非法律有特别规定,人民检察院不得对法定的自侦案件范围以外的案件行使侦查权;人民检察院不能代行审判权;人民法院也不得代行控诉权、自诉自审,否则将导致人民法院集控、审职能为一身,出现职能混淆。基于此,最高法《解释》第243条规定,审判期间,人民法院发现新的事实,可能影响定罪的,可以建议人民检察院补充或者变更起诉;人民检察院不同意或者在7日内未回复意见的,人民法院应当就起诉指控的犯罪事实,依法作出判决、裁定。

第三节 严格遵守法定程序

我国《刑事诉讼法》第3条第2款确立了严格遵守法定程序原则。该款规定:"人民法院、人民检察院和公安机关进行刑事诉讼,必须严格遵守本法和其他法律的有关规定。"这一规定确立了严格遵守法定程序的原则。

一、严格遵守法定程序原则的义务主体

严格遵守法定程序原则是国际通行的程序法定原则在我国刑事诉讼法中的体现。不仅公民应当遵守刑事诉讼法的规定,公安机关、人民检察院、人民法院作为刑事诉讼中的专门机关,更应该带头遵守法律规定的程序。因为公安机关、人民检察院、人民法院及其工作人员的行为对公民具有示范作用。

二、严格遵守法定程序原则的要求

一方面,严格遵守法律程序原则,要求公安机关、人民检察院、人民法院在法律规定的范围内行使职权,不得超越法律的规定而自行其是。不但法律明确禁止的行为,公安机关、人民检察院、人民法院不得进行,而且法律没有明确赋予的职权,公安机关、人民检察

院、人民法院亦不得行使。另一方面,严格遵守法定程序原则,要求诉讼参与人严格遵照法律的规定行使诉讼权利、履行诉讼义务。

三、违反法定程序的后果

违反法定程序可能引起实体和程序两个方面的后果,我国刑法中所规定的刑讯逼供罪,非法管制、搜查罪,就属于实体法上的后果。而程序法上的后果,在我国刑事诉讼法中也有相应的体现。根据我国《刑事诉讼法》第54条、第227条,最高法《解释》第102条,最高检《规则》第65条、第66条等的规定,对公安机关、人民检察院、人民法院违反法定程序的程序性制裁主要有:(1)违法收集的证据予以排除。采用刑讯逼供等非法方法收集的犯罪嫌疑人、被告人供述和采用暴力、威胁等非法方法收集的证人证言、被害人陈述,应当予以排除。收集物证、书证不符合法定程序,可能严重影响司法公正的,应当予以补正或者作出合理解释;不能补正或者作出合理解释的,对该证据应当予以排除。在侦查、审查起诉、审判时发现有应当排除的证据的,应当依法予以排除,不得作为起诉意见、起诉决定和判决的依据。(2)违反严格遵守法律程序原则,可能导致诉讼行为无效。第二审人民法院发现第一审人民法院的审理有违反有关公开审判的规定、违反回避制度等情形的,应当裁定撤销原判,发回原审人民法院重新审判。

第四节 人民法院、人民检察院依法独立行使职权

我国《刑事诉讼法》第5条规定:"人民法院依照法律规定独立行使审判权,人民检察院依照法律规定独立行使检察权,不受行政机关、社会团体和个人的干涉。"这就是人民法院、人民检察院依法独立行使职权原则。具体而言,该原则的主要内容有:

一、人民法院行使审判权和人民检察院行使检察权不受非法干涉

人民法院、人民检察院依法独立行使审判权、检察权,不受行政机关、社会团体和个人的干涉。准确理解这一规定,应当处理好三个方面的关系:

第一,人民法院、人民检察院依法独立行使职权和社会对审判工作以及检察工作的监督。依法独立行使职权并不意味着社会不能对人民法院和人民检察院的工作进行监督。社会舆论和人民群众对司法的监督是保证司法公正、防止司法腐败的重要条件,听取社会各方面对审判和检察工作的意见是人民法院和人民检察院日常工作的重要内容。人民法院和人民检察院应当自觉接受社会的监督,并对工作中的疏漏及时改进。刑事诉讼法所反对的是行政机关、社会团体和个人"以言代法""以权压法"等影响司法机关正常工作的非法干涉。

第二,人民法院、人民检察院依法独立行使职权,但必须接受人民代表大会及其常务委员会的监督并向其报告工作。根据我国《宪法》第2条、第3条、第128条和第133条的规定,我国各级人民法院和人民检察院都是由同级人民代表大会选举产生,并对其负责。

因此，各级人民法院和人民检察院应向同级人民代表大会报告工作，自觉接受人民代表大会的监督。人民代表大会对人民法院和人民检察院的监督，不同于一般社会监督，而是一种法律监督。它以法律规定为后盾，对人民法院和人民检察院而言具有法律效力。但是，必须注意，人民代表大会对人民法院和人民检察院工作的监督，应当依照法定程序进行，不得以监督为由干扰人民法院、人民检察院的正常办案，更不能代替人民法院、人民检察院行使审判权、检察权。

第三，人民法院、人民检察院依法独立行使职权，但是必须接受中国共产党的领导。我国《宪法》规定，中国共产党是我国的执政党，必须坚持中国共产党的领导。中国共产党对司法工作的领导是其领导地位的重要体现，人民法院、人民检察院必须自觉服从中国共产党的领导。坚持党的领导是人民法院、人民检察院依法独立行使职权的前提。但是，党对司法工作的领导，应当是一种宏观领导，即党通过制定政策、路线、方针，从政治、思想、组织等方面对司法工作进行宏观指导。各级党的组织及党的领导人个人不能干预人民法院和人民检察院关于个案的审判和检控工作，更不能由党委代替人民法院、人民检察院行使审判权和检察权。

二、依法独立行使审判权的含义

根据《宪法》第 127 条、《人民法院组织法》第 16 条的规定，我国人民法院上下级法院之间是监督与被监督的事后监督关系，所以人民法院独立行使审判权是指各个法院独立，上级法院不得对下级法院正在审理的案件发布指示、命令，下级法院也不得对自己正在审理的案件向上级法院请示、汇报。另外，根据我国《刑事诉讼法》第 180 条、最高法《解释》第 178 条和《人民法院组织法》第 9 条的规定，合议庭和独任审判员应当执行审判委员会的决定。因此，我国人民法院依法独立行使审判权，是指法院独立而不是指法官个人独立和合议庭独立，这与国外司法独立的基点在于法官个人独立是不同的。

三、依法独立行使检察权的含义

根据我国《宪法》第 132 条，最高检《规则》第 6 条、第 7 条等的规定，人民检察院上下级之间的关系是：最高人民检察院领导地方各级人民检察院和专门人民检察院的工作，上级人民检察院领导下级人民检察院的工作；在刑事诉讼中，上级人民检察院对下级人民检察院作出的决定，有权予以撤销或者变更，发现下级人民检察院办理的案件有错误的，有权指令下级人民检察院予以纠正。因此，从上下级检察院之间的关系来看，人民检察依法独立行使检察权是指检察院作为一个整体依法独立或者作为一个系统依法独立行使职权，而不是指各个检察院独立依法行使职权。另外，根据《人民检察院组织法》第 3 条、最高检《规则》第 4 条的规定，检察长统一领导检察院的工作；人民检察院办理刑事案件，由检察人员承办，办案部门负责人审核，检察长或者检察委员会决定。因此，人民检察院依法独立行使职权原则不是指"检察官个人独立"。

第五节 依靠群众

我国《刑事诉讼法》第6条规定:"人民法院、人民检察院和公安机关进行刑事诉讼,必须依靠群众……"依靠群众原则是我国近、现代司法实践经验的总结,是中国共产党群众路线思想在刑事诉讼中的体现,是我国刑事诉讼的特点之一。

一、依靠群众原则在刑事诉讼法中的体现

依靠群众原则在我国《刑事诉讼法》中的体现,主要有:(1)我国《刑事诉讼法》第50条规定,必须保证一切与案件有关或者了解案情的公民,有客观地充分地提供证据的条件,除特殊情况外,并且可以吸收他们协助调查。(2)我国《刑事诉讼法》第82条规定,对于现行犯、通缉在案的人、越狱逃跑的人或者正在被追捕的人,任何公民都可以立即将其扭送至公安机关、人民检察院和人民法院处理。(3)在刑事审判中,可以吸收公民参加陪审,允许公民依照相关规定旁听公开审判的案件。(4)在执行阶段,对被判处管制、宣告缓刑、假释或者暂予监外执行的罪犯,依法实行社区矫正,由社区矫正机构负责执行。

二、专门机关办案与依靠群众的关系

贯彻依靠群众原则,必须正确处理好专门机关办案与依靠群众的关系:(1)群众是公安机关、人民检察院、人民法院智慧和力量的源泉,在侦查、检察、审判工作中必须相信群众,尊重群众,宣传发动群众,虚心听取群众的意见,为群众参加诉讼提供方便并接受群众监督,不能脱离群众。专门机关应当组织群众依法揭露犯罪嫌疑人和犯罪事实,积极同犯罪分子作斗争。(2)必须将依靠群众与专门机关办案相结合。刑事案件具有复杂性的特点,单纯依靠群众是不能完成刑事诉讼任务的。公安司法机关是专门同犯罪作斗争的国家机关,其工作人员不仅熟悉法律、政策,掌握着现代化、高效的刑事侦查技术,了解犯罪的规律和犯罪分子的思想动态、活动特点,而且专门机关拥有一套系统、科学的工作方式和程序,可以有力地发现犯罪、打击犯罪。因此,在刑事诉讼中应该发挥公安司法机关的主导作用,加强公安司法机关的思想、组织、业务建设,提高公安司法机关工作人员的政治、业务素质,使之成为群众同犯罪分子作斗争的坚强后盾。(3)侦查权、检察权、审判权只能由公安司法机关依法行使,群众不能行使侦查权、检察权、审判权。

第六节 以事实为根据,以法律为准绳

我国《刑事诉讼法》第6条规定:"人民法院、人民检察院和公安机关进行刑事诉讼……必须以事实为根据,以法律为准绳。对于一切公民,在适用法律上一律平等,在法律面前,不允许有任何特权。"这项原则的目的是,使司法机关所处理的案件真正做到事实清楚,法律适用准确,以保证准确地惩罚犯罪,保障无罪的人不受刑事追究,尊重和保障

人权。

一、以事实为根据的要求

以事实为根据,就是坚持实事求是,重证据、重调查研究,一切从案件的具体情况出发。公安机关、人民检察院、人民法院进行刑事诉讼,认定犯罪嫌疑人、被告人行为的性质是否属于犯罪及确定刑事责任时,应当忠实于案件事实;不能以主观臆测、想象为根据,没有证据证明案件事实,就不能对犯罪嫌疑人、被告人立案、侦查、起诉和定罪量刑。需要特别指出的是,这里的"事实",是指根据现有证据所能认定的"事实",并且作为认定案件事实的证据必须具有证据资格,尤其是作为法院裁判认定事实的证据必须经过法庭调查和质证。

二、以法律为准绳的要求

以法律为准绳,是指公安机关、人民检察院、人民法院应该在依据证据查明案件事实的基础上,严格依照法律的规定对案件作出正确处理。这里的法律既包括实体法也包括程序法,依照实体法正确认定犯罪和适用刑罚,依照程序法规定的原则、制度和程序进行刑事诉讼。另外,以法律为准绳,要求对一切公民在适用法律上一律平等,必须坚持"法律面前人人平等"。法律面前没有特权,任何社会成员,不管他是什么人,不管涉及谁,只要违反和触犯了法律,就必然受到法律的惩处。同时,对于所有涉讼的诉讼参与人,不论其社会地位如何,都应当遵守相同的程序规则。

三、二者的关系

以"事实为根据"和"以法律为准绳"是紧密联系、相辅相成的。依据证据所认定的事实是正确适用法律的基础,如果不以事实为根据适用法律,就会丧失客观标准,会对案件作出不正确的处理。以法律为准绳是查明案件事实的保障。坚持"以事实为根据"和"以法律为准绳"二者相结合,既能准确惩罚犯罪、打击犯罪分子,又能有效地保障人权,实现刑事诉讼的双重任务。

第七节　分工负责、互相配合、互相制约

我国《刑事诉讼法》第 7 条规定:"人民法院、人民检察院和公安机关进行刑事诉讼,应当分工负责,互相配合,互相制约,以保证准确有效地执行法律。"这一规定确立了我国刑事诉讼中各专门机关关系的指导性准则,也是我国配置侦查权、检察权、审判权三项刑事司法权力的基本原则。

一、"分工负责"的要求和体现

"分工负责",是指人民法院、人民检察院和公安机关在进行刑事诉讼活动时,应当分

别按照法律的规定行使职权,各司其职、各尽其责,既不能互相取代,也不应互相推诿。任何超越职权的诉讼行为都违反了该项原则。

"分工负责"在刑事诉讼中具体体现在:(1)诉讼职能分工,即公检法三机关分别承担不同的诉讼职能,公安机关承担侦查职能,人民检察院承担部分(自侦案件)侦查职能、控诉职能、监督职能,人民法院则承担审判职能。(2)职能管辖分工,即公安机关、人民检察院、人民法院在直接受理刑事案件上的权限划分。

二、"互相配合"的要求和体现

"互相配合",是指公安机关、人民检察院、人民法院在进行刑事诉讼时,应当在分工负责的基础上,相互支持,协调一致,通力合作,共同完成刑事诉讼法惩罚犯罪和保障人权的双重任务。各个专门机关不能各行其是、画地为牢,甚至互相抵消力量。在"分工负责"的基础上强调"互相配合",是基于各专门机关的同向性,"分工负责"是公安机关、人民检察院、人民法院更好地完成共同的诉讼任务而做的必要的分工。

从制度设计上看,"互相配合"在刑事诉讼中主要体现有:(1)检、警配合,公安机关的立案、侦查,应当为人民检察院审查批准逮捕、提起公诉收集证据;人民检察院对于公安机关提请逮捕而又符合逮捕条件的,应及时批准逮捕;人民检察院直接受理的自侦案件,需要拘留、逮捕犯罪嫌疑人的,应当由人民检察院作出决定后,送交公安机关执行;人民检察院需要通缉犯罪嫌疑人并作出通缉决定后,应当送交公安机关并由公安机关发布通缉令。(2)检、法配合,人民检察院的审查起诉应当为法院审判做好准备,法院对检察院提起公诉的案件,只要起诉书中有明确的犯罪事实的,就应当及时开庭审判;人民法院审理公诉案件,人民检察院应当派员出席法庭支持公诉。

三、"互相制约"的要求和特征

"互相制约",是指公安机关、人民检察院、人民法院应当在分工负责、互相配合的基础上,相互制约、平衡,认真履行自己的职责,对其他机关发生的错误予以纠正,防止刑事司法权滥用而导致冤假错案和司法腐败,以保证准确实施法律、正确惩罚犯罪、保障无辜公民不受刑事追究。

在我国,公安机关、人民检察院、人民法院三机关互相制约具有两个特征:第一,制约的双向性。承担侦查、控诉、审判职能的公、检、法三机关之间的制约具有相互性,每一个机关都对其他机关形成一定制约,同时它也成为其他机关制约和监督的对象。第二,制约形式的多样性。根据我国刑事诉讼法的规定,公安机关和人民检察院之间的相互制约主要包括立案、逮捕、不起诉权限方面的制约。人民检察院和人民法院之间的相互制约是:一方面,人民法院经过审理,认为人民检察院起诉指控的事实清楚,证据确实、充分,依据法律认定被告人有罪的,应当作出有罪判决;依据法律认定被告人无罪的,应当作出无罪判决。另一方面,人民检察院对人民法院的判决、裁定认为有错误时,有权按照第二审程序或审判监督程序提出抗诉。

四、分工负责、互相配合、互相制约之间的关系

分工负责、互相配合、互相制约是一个完整的、统一的整体,三者相辅相成,任何一项均不可偏废。"分权"原则是现代社会通行的权力制约机制。"分权"是为了"制约",不实现权力的分立,就不能防止权力的高度集中而导致腐败。同时,只有分权与分工,才能有"配合"。因此,互相配合、互相制约是分工负责的落实和保障。只有实行互相配合,才能协调各个专门机关的工作,有效地同犯罪作斗争;只有实现互相制约,才能保证准确查明案件事实,正确适用法律,完成刑事诉讼法惩罚犯罪和保障人权的双重任务。

第八节 人民检察院依法对刑事诉讼实行法律监督

我国《刑事诉讼法》第8条规定:"人民检察院依法对刑事诉讼实行法律监督。"因此,我国的人民检察院既是刑事诉讼的参与者,又是刑事诉讼程序的监督者。我国《刑事诉讼法》将"人民检察院依法对刑事诉讼实行法律监督"规定为刑事诉讼法的基本原则的意义主要有两个方面:一方面,人民检察院的监督为公安机关依法行使侦查权、人民法院依法行使审判权等提供了一种制约和监督,从而有利于保障刑事案件得到公正、正确的处理;另一方面,它又为纠正公安机关、人民法院等可能出现的程序违法和实体法律适用错误增设了一条重要途径,从而有利于保障公民的合法权益和社会公共利益。人民检察院的法律监督,主要有刑事立案监督、侦查活动监督、审判活动监督和执行监督等。

一、对公安机关立案活动的监督

根据我国《刑事诉讼法》第111条,最高检《规则》第553条、第555条、第558条等的规定,人民检察院对公安机关立案活动的监督包括对公安机关应当立案而不立案的案件的监督和对公安机关不应当立案而立案的案件的监督。

(1)对公安机关应当立案而不立案的案件的监督。人民检察院认为公安机关对应当立案侦查的案件而不立案侦查的,或者被害人认为公安机关对应当立案侦查的案件而不立案侦查,向人民检察院提出的,人民检察院应当要求公安机关说明不立案的理由。人民检察院认为公安机关不立案理由不能成立的,经检察长或者检委会讨论决定,应当通知公安机关立案。公安机关应当在接到立案通知书后15日立案,并将立案决定书及时送到人民检察院。

(2)对公安机关不应当立案而立案的案件的监督。有证据证明公安机关可能存在违法动用刑事手段插手民事、经济纠纷,或者利用立案实施报复陷害、敲诈勒索以及谋取其他非法利益等违法立案情形,尚未提请批准逮捕或者移送审查起诉的,经检察长批准,应当要求公安机关书面说明立案理由。人民检察院认为公安机关者立案理由不能成立的,经检察长或者检察委员会讨论决定,应当通知公安机关撤销案件。公安机关对通知撤销案件书没有异议的,应当立即撤销案件,并将撤销案件决定书及时送达人民检察院。

二、对公安机关侦查活动的监督

根据我国《刑事诉讼法》第89条、第93条、第115条、第173条等的规定,人民检察院对公安机关侦查活动的监督主要表现为对提请逮捕案件的审查、审查起诉及对违法侦查申诉的处理等方面。

(1) 审查批捕。人民检察院对于公安机关提请批准逮捕犯罪嫌疑人,经过审查,认为不符合逮捕条件的,应当作出不批准逮捕的决定。人民检察院不批准逮捕的,公安机关应当在接到通知后立即释放或者变更强制措施,并且将执行情况及时通知人民检察院。对于人民检察院批准逮捕的决定,公安机关应当立即执行,并将执行回执及时送达作出批准决定的人民检察院;如果未能执行,也应当将回执送达人民检察院,并写明未能执行的原因。

(2) 人民检察院对公安机关侦查终结移送审查起诉的案件进行审查时,应当审查侦查活动是否合法。

(3) 对违法侦查申诉的处理。当事人和辩护人、诉讼代理人、利害关系人对于侦查机关违法采取强制措施、违法查封、扣押财物等行为有权向该机关申诉或者控告。受理申诉或者控告的机关应当及时处理。对处理不服的,可以向同级人民检察院申诉。人民检察院对申诉应当及时进行审查,情况属实的,通知有关机关予以纠正。

三、对审判活动的监督

根据我国《刑事诉讼法》第203条、第221条、第240条第2款、第243条第3款,最高检《规则》第604条等的规定,人民检察院对人民法院审判活动的监督包括对刑事判决、裁定的监督和对审判过程的监督。

(1) 对刑事判决、裁定的监督。人民检察院对刑事判决、裁定的监督包括对第一审未生效判决、裁定的监督和对已经发生法律效力的判决、裁定的监督,监督的形式是依法提起抗诉,即第二审程序中的抗诉和审判监督程序中的抗诉。

(2) 对审判过程的监督。人民检察院发现人民法院审理案件违反法律规定的诉讼程序,有权向人民法院提出纠正意见;最高人民检察院依法对最高人民法院的死刑复核活动实行法律监督。

四、对执行活动的监督

根据我国《刑事诉讼法》第265条、最高检《规则》第651条等的规定,人民检察院对执行活动的监督包括两个方面:一是监督刑事判决、裁定的实施;二是监督执行过程中的刑罚变更。

(1) 监督刑事判决、裁定的实施。人民检察院对生效判决、裁定所确定内容的实施监督,包括对无罪判决、死刑判决等所有生效判决、裁定所确定内容的实施进行监督。

(2) 对变更刑罚的监督。人民检察院对暂予监外执行、减刑、假释等刑罚执行中的变更活动有权进行监督。在暂予监外执行的申请和决定过程中,相关机关应当将暂予监外执行书面意见的副本或者暂予监外执行的决定抄送人民检察院。人民检察院认为暂予监外执行不当的,应当向相关机关提出书面意见,相关机关接到人民检察院的书面意见后,应当立即对该决定进行重新核查。对于刑罚执行过程中的减刑、假释,由执行机关提出建议书,报请人民法院审核裁定,并将建议书副本抄送人民检察院;人民检察院可以向人民法院提出书面意见。

第九节 各民族公民有权使用本民族语言文字进行诉讼

我国《刑事诉讼法》第9条规定:"各民族公民都有用本民族语言文字进行诉讼的权利……"这就是各民族公民有权用本民族语言文字进行诉讼原则。

一、各民族公民有权使用本民族语言文字进行诉讼原则的含义

各民族公民有权使用本民族语言文字进行诉讼原则的含义有三个方面:(1)各民族公民,无论是当事人还是其他诉讼参与人,在刑事诉讼中都有权使用本民族语言文字从事诉讼行为,包括使用本民族语言回答公安司法人员的询问、讯问、发表质证、辩论意见,有权用本民族文字书写自诉状、上诉状、申诉书等法律文书。(2)公安司法机关应当为不通晓当地通用语言文字的诉讼参与人提供翻译。(3)在少数民族聚居或者多民族杂居的地区,公安司法机关应当用当地通用的语言进行审讯,用当地通用的文字发布判决书、布告和其他文件。

二、各民族公民有权使用本民族语言文字进行诉讼原则的意义

保障各民族公民使用本民族语言文字进行诉讼的权利,具有重要的意义:(1)根据我国《宪法》第4条的规定,中华人民共和国各民族一律平等,各民族都有使用和发展自己的语言文字的自由,都有保持或者改革自己的风俗习惯的自由。因此,在刑事诉讼中贯彻该原则,有利于实现民族平等、巩固民族团结。(2)有利于各民族诉讼参与人有效行使诉讼权利,切实维护自己的合法权益。(3)有助于公安司法机关准确、及时查明案件事实,对案件作出正确处理。(4)有利于当地群众了解案情和诉讼情况,使当地群众受到法律教育,增长法律知识,提高法治意识,同时加强对公安司法机关刑事司法权的监督。

第十节 审判公开

《刑事诉讼法》第11条规定:"人民法院审判案件,除本法另有规定的以外,一律公开进行……"这就是审判公开原则。

一、审判公开的含义

审判公开,是指人民法院审理案件和宣告判决都必须公开进行。包括三方面的内容:一是审判信息的公开,即在开庭前要将开庭的时间、地点、当事人姓名告知社会公众;二是审理过程的公开,即法庭审理的全过程(除合议庭评议之外)都要公开进行,允许社会公众旁听,允许新闻媒体依法采访、报道;三是审判结果的公开,即公开宣告判决。

二、审判公开的价值

审判公开原则有三个方面的价值:(1) 监督价值。将审理和判决置于社会公众的监督之下,有利于保障诉讼的民主性,防止不同程度的"暗箱操作",增加诉讼的透明度,确保案件审理和判决的正确性。(2) 宣示价值。将审理和判决向社会公开,有利于向社会宣示正义。此种功能的实质是为实现程序正义发挥重要作用,使正义不仅能够实现,而且能够以"看得见"的方式实现。(3) 教育价值。审判公开也是对公民进行法制教育的良好形式。通过公开审判,使社会了解案情,增强社会公众的法治意识,自觉守法,敢于同犯罪行为作斗争。同时,审判公开也会震慑社会危险分子,使他们不敢轻举妄动,有利于预防犯罪。

三、不公开审理的情形及注意事项

尽管审判公开有上述重大价值,因而应当作为一条重要原则予以遵守,但是也有一些特殊情况,公开审理案件可能会对当事人甚至对社会造成不利影响,为此,我国《刑事诉讼法》第183条、第274条规定了四类不公开审理的案件:(1) 涉及国家秘密的案件,不公开审理。这是为了防止泄露国家秘密,危害国家安全。(2) 有关个人隐私的案件,不公开审理。这是为了保护当事人的名誉和防止对社会产生不良影响。(3) 审判的时候被告人不满18周岁的案件,不公开审理。但是,经未成年被告人及其法定代理人同意,未成年被告人所在学校和未成年人保护组织可以派代表到场。这是为了防止公开审判可能对未成年人的精神造成创伤,影响未成年人健康成长。(4) 涉及商业秘密的案件,当事人申请不公开审理的,可以不公开审理。这是为了保障当事人的商业秘密,维护其正常的生产经营活动。

对于不公开审理的案件应当注意以下几个问题:(1) 不公开审理的案件,应当当庭宣布不公开审理的理由;(2) 不公开审理仅指不对社会公开,对当事人和诉讼参与人仍必须公开,他们均有权参加全部法庭审理活动;(3) 前三种情形的不公开审理依职权决定,当事人没有选择权,第四种情形的不公开审理依申请决定,当事人有选择权,但最终是否公开审理要由法院决定;(4) 共同犯罪案件中,如果有的被告人符合不公开审理的情形,有的被告人不符合不公开审理的情形,则全案均不能公开审理;(5) 不公开审理的案件,宣告判决一律公开进行。

第十一节 犯罪嫌疑人、被告人有权获得辩护

我国《刑事诉讼法》第 11 条规定:"……被告人有权获得辩护,人民法院有义务保证被告人获得辩护。"我国《宪法》第 125 条也规定了相同的内容。因此,犯罪嫌疑人、被告人有权获得辩护,既是一条刑事诉讼原则,又是宪法的基本要求。

一、犯罪嫌疑人、被告人有权获得辩护原则的含义

辩护,是指刑事案件的犯罪嫌疑人、被告人及其辩护人依据相关材料和法律,反驳控诉方对被追诉人的指控,提出有利于被追诉人的事实和理由,论证被追诉人无罪、罪轻或者应当减轻、免除刑事责任,以维护被追诉人合法权益的诉讼活动。犯罪嫌疑人、被告人有权获得辩护原则包括两层含义:一是犯罪嫌疑人、被告人在刑事诉讼过程中既可以自行辩护,也可以委托辩护,特定情况下还有权要求相关机关指定律师为其提供辩护;二是公、检、法等专门机关在刑事诉讼过程中,有义务保证犯罪嫌疑人、被告人获得辩护。

二、犯罪嫌疑人、被告人有权获得辩护原则的要求

根据《刑事诉讼法》第 35 条、《律师法》第 31 条的规定,犯罪嫌疑人、被告人有权获得辩护原则的要求有两个方面:(1) 有权获得实体性辩护,即关于犯罪嫌疑人、被告人刑事责任方面的辩护,也就是根据相关材料和法律,论证犯罪嫌疑人、被告人无罪、罪轻或者应当减轻、免除刑事责任。(2) 有权获得程序性辩护,即维护犯罪嫌疑人、被告人的诉讼权利和其他合法权益,包括为犯罪嫌疑人、被告人申请取保候审、申请变更解除强制措施、申请排除非法证据以及代为申诉、控告、提起上诉等。

三、犯罪嫌疑人、被告人有权获得辩护原则的意义

保证犯罪嫌疑人、被告人获得有效的辩护,具有三个方面的积极意义:(1) 确保犯罪嫌疑人、被告人充分参与刑事诉讼活动,有效地对抗公安机关、检察机关和自诉人的刑事追诉活动,影响法院制作裁判的过程;(2) 促使公安机关、人民检察院和人民法院严格依法进行诉讼活动,避免使犯罪嫌疑人、被告人的实体性权利和程序性权利受到侵犯,以尊重和保障人权;(3) 确保犯罪嫌疑人、被告人以及社会公众对国家专门机关的诉讼活动保持最大限度的信任和尊重,增强他们对刑事诉讼程序和刑罚的认同感,加强司法权威,有效预防犯罪。

第十二节 未经人民法院依法判决不得确定有罪

我国《刑事诉讼法》第 12 条规定:"未经人民法院依法判决,对任何人都不得确定有罪。"这就是未经人民法院依法判决不得确定有罪原则。

一、未经人民法院依法判决不得确定有罪原则的含义

根据我国《刑事诉讼法》的规定,未经人民法院依法判决不得确定有罪原则有五个方面的含义:(1)确定被告人有罪的权力由人民法院统一行使,其他任何机关、团体和个人都无权行使。(2)人民法院确定任何人有罪,必须依法判决。(3)在人民法院作出的有罪判决生效前,不得将被追诉人称为"罪犯"。公诉案件中在人民检察院提起公诉前,被追诉人称为"犯罪嫌疑人",提起公诉后才称为"被告人"。(4)控诉方承担犯罪嫌疑人、被告人有罪的举证责任。(5)疑罪从无。即出现"疑罪"的时候,应当作出有利于被追诉人的推论。根据《刑事诉讼法》第 171 条第 4 款、第 195 条第 3 项的规定,当证据不足时,在审查起诉阶段,人民检察院作出不起诉决定;在审判阶段,人民法院应当作出指控罪名不能成立,被告人无罪的判决。

二、与无罪推定原则的关系

未经人民法院依法判决不得确定有罪原则,在确定法院定罪专属权、尊重和保障被追诉者的尊严和人权、控方承担证明责任等方面,均体现了无罪推定原则的基本精神。但是,该原则与联合国《公民权利和政治权利国际公约》所确立的无罪推定原则的表述相比较,仍存在差异。该《公约》第 14 条第 2 款规定:"凡受刑事控告者,在未依法证实有罪之前,应有权被视为无罪。"这里"被视为无罪"与我国《刑事诉讼法》第 12 条规定的"不得确定有罪"在对被追诉人权利保障的内涵上是有区别的。

第十三节 保障诉讼参与人诉讼权利

我国《刑事诉讼法》第 14 条第 1 款规定:"人民法院、人民检察院和公安机关应当保障犯罪嫌疑人、被告人和其他诉讼参与人依法享有的辩护权和其他诉讼权利。"这就是保障诉讼参与人诉讼权利原则。

一、保障诉讼参与人诉讼权利原则的内容

保障诉讼参与人诉讼权利原则有四个方面的内容:(1)在刑事诉讼中,公安司法机关必须切实保障所有诉讼参与人的诉讼权利,对于任何诉讼参与人的每一项权利,都不得以任何借口和方式加以限制和剥夺。(2)公安司法机关必须采取必要的措施以方便诉讼参与人依法行使诉讼权利,例如告知诉讼参与人诉讼权利的具体内容,说明行使权利的注意事项等。(3)对未成年人等特殊诉讼参与人的诉讼权利,公安司法机关应当给予特殊保护。(4)对审判人员、检察人员和侦查人员侵犯其诉讼权利和人身侮辱的行为,诉讼参与人有权控告。(5)对侵犯诉讼参与人诉讼权利的行为,应当依法予以制裁。

二、保障诉讼参与人诉讼权利原则的意义

保障诉讼参与人依法享有的诉讼权利是我国刑事诉讼法确定的一项重要的基本原则,是社会主义民主在刑事诉讼中的具体体现。只有切实保障诉讼参与人的诉讼权利,特别是犯罪嫌疑人、被告人的辩护权,才能使诉讼参与人受到有尊严的对待,才能为诉讼参与人参加诉讼提供必要的条件,从而积极参加诉讼。同时,该原则也有助于促进公安司法机关文明、合法地进行刑事诉讼,使刑事诉讼更加文明、民主。

第十四节 具有法定情形不追究刑事责任

根据我国《刑事诉讼法》第15条规定,具有法定情形的,不追究刑事责任,已经追究的,应当撤销案件,或者不起诉,或者终止审理,或者宣告无罪。这就是具有法定情形不追究刑事责任原则。

一、不追究刑事责任的法定情形

不追究刑事责任的法定情形有六种:(1)情节显著轻微、危害不大,不认为是犯罪的;(2)犯罪已过追诉时效期限的;(3)经特赦令免除刑罚的;(4)依照刑法告诉才处理的犯罪,没有告诉或者撤回告诉的;(5)犯罪嫌疑人、被告人死亡的;(6)其他法律规定免予追究刑事责任的。

二、各程序阶段的处理方式

根据《刑事诉讼法》第15条、第110条,最高法《解释》第241条,最高检《规则》第401条、第402条的规定,对以上六种情形,公安司法机关在不同诉讼阶段应当作出不同的处理:(1)在立案审查阶段应当作出不立案的决定。(2)在侦查阶段,应当作出撤销案件的决定。(3)在起诉阶段,人民检察院对于公安机关移送审查起诉的案件,发现犯罪嫌疑人具有上述六种情形之一的,应当作出不起诉决定;对于本院侦查部门移送审查起诉的案件,发现具有上述六种情形之一的,应当退回本院侦查部门,建议作出撤销案件的处理。(4)在审判阶段,第一种情形应宣判无罪,其余五种情形应当裁定终止审理。被告人在审判阶段死亡的,一般情况下应当裁定终止审理;但是,根据已查明的案件事实和认定的证据,能够确认无罪的,应当判决宣告被告人无罪。

第十五节 追究外国人刑事责任适用我国刑事诉讼法

我国《刑事诉讼法》第16条规定:"对于外国人犯罪应当追究刑事责任的,适用本法的规定。对于享有外交特权和豁免权的外国人犯罪应当追究刑事责任的,通过外交途径解决。"这就是追究外国人刑事责任适用我国刑事诉讼法原则。确立该原则,是国家主权

在刑事司法领域的体现,既能保护我们国家和公民的利益,维护我国的法律尊严,又可以妥善处理我国与外国的关系。

一、追究外国人刑事责任适用我国刑事诉讼法原则的内容

无论是在我国领域内犯罪的外国人(包括无国籍人,下文同),还是在我国领域外对我们国家和公民犯罪的外国人,只要根据我国《刑法》的规定应当追究其刑事责任,就应当适用我国《刑事诉讼法》的规定进行追究,由我国的公安司法机关进行立案、侦查、起诉和审判,不应对外国人实行差别对待。外国人在刑事诉讼中承担与我国公民一样的诉讼义务,也享有我国公民根据刑事诉讼法所享有的诉讼权利。但是,对于享有外交特权和豁免权的外国人应当追究刑事责任的,通过外交途径解决。

二、享有外交特权和豁免权的人员范围

享有外交特权和豁免权的人员包括:(1)外国驻中国使馆的外交代表以及与他们共同生活的配偶和未成年子女;(2)来中国访问的外国国家元首、政府首脑、外交部长及其他具有同等身份的官员;(3)途经中国的外国驻第三国的外交代表和与其共同生活的配偶及未成年子女;(4)持有中国外交签证或者持有外交护照来中国的外交官员;(5)经中国政府同意给予外交特权和豁免的其他来中国访问的外国人。所谓"通过外交途径解决",其方式包括:建议派遣国将其召回,依法予以处理;宣布为不受欢迎的人,令其限期出境;由我国政府宣布将其驱逐出境等。

思考题:

1. 刑事诉讼基本原则的特点是什么?国际通行的刑事诉讼原则主要有哪些?
2. 什么是控审分离原则?控审分离原则的主要内容有哪些?
3. 什么是无罪推定原则?无罪推定原则的要求有哪些?
4. 什么是禁止强迫自证其罪原则?禁止强迫自证其罪原则有哪些内涵?
5. 人民法院、人民检察院依法独立行使职权要处理好哪三个方面的关系?"依法独立行使审判权"有哪些含义?"依法独立行使检察权"有哪些含义?
6. 什么是审判公开原则?审判公开有哪些例外?审判公开原则的价值有哪些?
7. 犯罪嫌疑人、被告人有权获得辩护原则的意义是什么?
8. 未经人民法院依法判决不得确定有罪原则的含义是什么?
9. 具有法定情形不追究刑事责任原则的"法定情形"有哪些?在各个程序阶段出现法定情形之一如何处理?
10. 哪些人是享有外交特权和豁免权的人?

第三章 刑事诉讼主体

第一节 概 述

刑事诉讼主体,是指依法参加刑事诉讼,并享有一定的诉讼权利(力)、承担一定的诉讼义务的国家专门机关或者诉讼参与人。

刑事诉讼主体总体上可分为两大类:第一类是行使国家刑事追究权的专门办案机关,主要包括人民法院、人民检察院和公安机关(含国家安全机关、军队保卫部门、监狱、海关走私犯罪侦查部门);第二类是诉讼参与人。

诉讼参与人通过行使诉讼权利,承担诉讼义务,对刑事诉讼的进程和结局发挥着不同程度的影响和作用,保证刑事诉讼活动得以顺利进行。根据诉讼参与人对刑事诉讼的进程和结局影响程度的不同,可将诉讼参与人分为两大类:一类是当事人,他们与刑事案件有直接的利害关系,而且其行为对刑事诉讼的进程和结局会发生重大影响。我国刑事诉讼法规定的当事人包括犯罪嫌疑人、被告人、被害人、自诉人、附带民事诉讼原告、被告;另一类是其他诉讼参与人,这一类主体参加刑事诉讼主要是为涉讼的当事人提供服务,或者基于专门机关办案的需要而被要求或者邀请参与刑事诉讼,他们虽然与刑事案件没有直接的利害关系,但是其行为对刑事诉讼的进程和结局也会发生影响。其他诉讼参与人的范围包括法定代理人、诉讼代理人、辩护人、证人、鉴定人、翻译人员。

第二节 人 民 法 院

一、人民法院的性质、任务和职责

根据我国《宪法》第 123 条和《人民法院组织法》第 1 条的规定,人民法院是国家的审判机关。人民法院的任务是审判刑事案件、民事案件和行政案件,并且通过审判活动,惩办一切犯罪分子,解决民事、行政纠纷,以保卫无产阶级专政制度,维护社会主义法制和社会秩序,保护社会主义的全民所有的财产、劳动群众集体所有的财产,保护公民私人所有的合法财产,保护公民的人身权利、民主权利和其他权利,保障国家的社会主义革命和社会主义建设事业的顺利进行,教育公民忠于社会主义祖国,自觉地遵守宪法和法律。

我国《刑事诉讼》第 3 条规定,"审判由人民法院负责"。第 12 条规定,"未经人民法院依法判决,对任何人都不得确定有罪"。因此,刑事诉讼中的审判权由人民法院行使,法院是刑事诉讼中享有定罪量刑权的唯一主体;审判活动是刑事诉讼活动的核心阶段,只有经过人民法院的审判活动,才能确定对被告人是否定罪处刑。

为保障刑事审判活动的顺利进行,人民法院享有以下职权:(1) 依法受理人民检察院提起的刑事公诉案件,对其进行审理和作出裁判;(2) 依法直接受理刑事自诉案件和刑事附带民事诉讼案件,对其进行审理和作出裁判;(3) 对犯罪嫌疑人、被告人决定拘传、逮捕、取保候审和监视居住;(4) 在必要的时候,可以进行勘验、检查、查封、扣押、鉴定和查询、冻结,以调查核实证据,查明案件的事实真相,保证审判的顺利进行;(5) 在审理附带民事诉讼案件中,必要时可以查封、扣押被告人的财产;(6) 依法主持和指挥审判活动,对违反法庭秩序的人,有权予以警告制止,强行带出法庭、罚款、拘留,直至追究刑事责任;(7) 收缴和处理赃款、赃物及其孳息;(8) 行使某些判决和裁定的执行权;(9) 对确有错误的生效判决,依法按照审判监督程序进行再审;(10) 向有关单位提出司法建议。

二、人民法院的组织体系

根据《人民法院组织法》第 2 条的规定,我国的人民法院组织体系由最高人民法院、地方各级人民法院和专门人民法院组成。

最高人民法院是国家最高审判机关,它除了对地方各级人民法院和专门人民法院的审判工作进行监督以外,有权依法审判全国性的重大第一审案件,负责死刑案件的核准工作,并对审判工作中如何具体适用法律问题进行解释。

地方各级人民法院包括高级人民法院、中级人民法院和基层人民法院。高级人民法院按省、自治区、直辖市各设一个。中级人民法院在省、自治区内按地区、自治州、地级市各设一个,在直辖市根据需要设立若干个。基层人民法院在县、自治县、县级市、市辖区设立。根据《人民法院组织法》的规定,基层人民法院根据地区、人口和案件情况可以设立若干人民法庭。人民法庭是基层人民法院的派出工作机构,不是一级审判机关,而是基层人民法院的组成部分,它的判决和裁定就是基层人民法院的判决和裁定。

专门人民法院不按行政区划而是根据业务系统和实际需要设立,目前我国的专门法院包括军事法院和海事法院,但海事法院不办理刑事案件,因此刑事诉讼中的专门法院仅指军事法院。

上下级人民法院之间的关系不是领导和被领导关系,而是审级监督关系,即上级法院不能就下级法院正在审判的案件作出有约束力的指示和命令,而只能通过第二审或者审判监督程序,对下级法院已经审判的案件经重新审判进行审查和监督。

三、审判组织

审判组织,是指人民法院审判案件的具体组织形式。根据我国《刑事诉讼法》和《人民法院组织法》的规定,我国刑事诉讼中的审判组织包括独任庭、合议庭两种形式。此外,审判委员会虽然不是审判组织,但是由于其对一些重大、疑难、复杂案件有讨论和决定权,在此一并予以介绍。

1. 独任庭

独任庭是由 1 名审判员独自审判案件的审判组织。根据我国《刑事诉讼法》第 178 条、第 210 条和相关司法解释的规定,基层人民法院适用简易程序的案件可以由审判员一人独任审判。其中,适用简易程序审理案件,对可能判处 3 年有期徒刑以下刑罚的,可以组成合议庭进行审判,也可以由审判员一人独任审判;对可能判处的有期徒刑超过 3 年的,应当组成合议庭进行审判;适用简易程序独任审判过程中,发现对被告人可能判处的有期徒刑超过 3 年的,应当转由合议庭审理。案件是否独任审判以及独任法官的指定,由院长或庭长决定。

2. 合议庭

合议庭是由 3 名以上审判人员组成的审理案件的审判组织。根据我国《人民法院组织法》的规定,人民法院审判案件实行合议制。除法律规定可以独任审判的案件外,其他案件均应由合议庭审判。合议制是人民法院审判案件的基本组织形式。

合议庭的人员组成,因审判程序和法院级别的不同而有所区别。根据《刑事诉讼法》第 178 条、第 238 条和第 245 条的规定,合议庭的组成有以下几种情况:

(1) 基层人民法院和中级人民法院审判第一审案件,应当由审判员 3 人或者由审判员和人民陪审员共 3 人组成合议庭;

(2) 高级人民法院、最高人民法院审判第一审案件,应当由审判员 3 人至 7 人或者由审判员和人民陪审员 3 人至 7 人组成合议庭;

(3) 人民法院审理上诉和抗诉案件,应当由审判员 3 人至 5 人组成合议庭;

(4) 最高人民法院复核死刑案件,高级人民法院复核死刑缓期 2 年执行的案件,应当由审判员 3 人组成合议庭;

(5) 按照审判监督程序重新审判的案件的审判组织,应当分别依照第一审程序或第二审程序另行组成合议庭,原来参加审判的审判人员不能成为该合议庭的成员。

合议庭的成员人数应当是单数。合议庭进行评议时,如果意见分歧,应当按多数人的意见作出决定,但是少数人的意见应当写入笔录。评议笔录由合议庭的组成人员签名。

审判长主持和组织合议庭的活动并指挥法庭审判的进行。审判长由院长或者庭长指定一人担任,院长或庭长参加合议庭时,由院长或庭长担任审判长。人民陪审员不能担任案件的审判长。

3. 审判委员会

审判委员会是人民法院内部对审判实行集体领导的组织形式。根据我国《人民法院组织法》第 10 条的规定,各级人民法院设立审判委员会,实行民主集中制。审判委员会的任务是总结审判经验,讨论重大的或者疑难的案件和其他有关审判工作的问题。地方各级人民法院审判委员会的委员,由院长提请本级人民代表大会常务委员会任免;最高人民法院审判委员会委员,由最高人民法院院长提请全国人民代表大会常务委员会任免。

根据我国《刑事诉讼法》第 180 条和最高法《解释》第 178 条规定,拟判处死刑的案件、人民检察院抗诉的案件,合议庭应当提请院长决定提交审判委员会讨论决定;对合议庭成员意见有重大分歧的案件、新类型案件、社会影响重大的案件以及其他疑难、复杂、重大的案件,合议庭认为难以作出决定的,可以提请院长决定提交审判委员会讨论决定。人民陪审员可以要求合议庭将案件提请院长决定是否提交审判委员会讨论决定。独任审判的案件,审判员认为有必要的,也可以提请院长决定提交审判委员会讨论决定。审判委员会的决定,合议庭、独任审判员应当执行;有不同意见的,可以建议院长提交审判委员会复议。

审判委员会评议案件采用会议的方式。审判委员会会议由院长主持,院长因故不能主持时,可以委托副院长主持。本级人民检察院检察长可以列席审判委员会会议,对讨论事项可以发表意见,但不参加表决。审判委员会讨论案件的情况和决定,应当记入笔录,并由参加讨论的审判委员会委员签名。审判委员会讨论案件实行民主集中制,各委员享有平等的权利,多数人意见为审判委员会的意见,合议庭应当据以作出判决或裁定,但审判委员会委员在裁判文书上不署名,而由审理该案的合议庭成员署名。

四、人民陪审员制度

根据《人民法院组织法》和《刑事诉讼法》的规定,参加合议庭的审判人员既包括职业法官,也包括人民陪审员。人民陪审员在人民法院执行职务期间,是其所参加的审判庭的组成人员,与审判员有同等权利。

对人民陪审员的任职条件、任免程序、审理案件的范围、人民陪审员的挑选、权利和义务、任职保障等问题,全国人大常委会《关于完善人民陪审员制度的决定》中作出了比较明确的规定。

1. 任职条件

公民担任人民陪审员,应当具备下列条件:(1)拥护中华人民共和国宪法;(2)年满23周岁;(3)品行良好、公道正派;(4)身体健康。担任人民陪审员,一般应当具有大学专科以上文化程度。人民代表大会常务委员会的组成人员,人民法院、人民检察院、公安机关、国家安全机关、司法行政机关的工作人员,执业律师,因犯罪受过刑事处罚的人员,被开除公职的人员等不得担任人民陪审员。

2. 任免程序

人民陪审员的名额,由基层人民法院根据审判案件的需要,提请同级人民代表大会常务委员会确定。符合担任人民陪审员条件的公民,可以由其所在单位或者户籍所在地的基层组织向基层人民法院推荐,或者本人提出申请,由基层人民法院会同同级人民政府司法行政机关进行审查,并由基层人民法院院长提出人民陪审员人选,提请同级人民代表大会常务委员会任命。人民陪审员的任期为5年。

人民陪审员有下列情形之一,经所在基层人民法院会同同级人民政府司法行政机关查证属实的,应当由基层人民法院院长提请同级人民代表大会常务委员会免除其人民陪审员职务:(1)本人申请辞去人民陪审员职务的;(2)无正当理由,拒绝参加审判活动,影响审判工作正常进行的;(3)经查证是人民代表大会常务委员会的组成人员,人民法院、人民检察院、公安机关、国家安全机关、司法行政机关的工作人员,执业律师,因犯罪受过刑事处罚的人员或者被开除公职的人员的;(4) 违反与审判工作有关的法律及相关规定,徇私舞弊,造成错误裁判或者其他严重后果的。

3. 审理案件的范围

人民法院审判下列第一审案件,由人民陪审员和法官组成合议庭,适用简易程序审理的案件和法律另有规定的案件除外:(1) 社会影响较大的刑事案件;(2) 刑事案件被告人申请由人民陪审员参加合议庭审判的案件。

人民陪审员和法官组成合议庭审判案件时,合议庭中人民陪审员所占人数比例应当不少于1/3。

4. 遴选办法

基层人民法院审判案件依法应当由人民陪审员参加合议庭审判的,应当在人民陪审员名单中随机抽取确定。中级人民法院、高级人民法院审判案件依法应当由人民陪审员参加合议庭审判的,在其所在城市的基层人民法院的人民陪审员名单中随机抽取确定。

5. 权利和义务

人民陪审员依法参加人民法院的审判活动,除不得担任审判长外,同法官享有同等权利。人民陪审员参加合议庭审判案件,对事实认定、法律适用独立行使表决权。合议庭评议案件时,实行少数服从多数的原则。人民陪审员同合议庭其他组成人员意见分歧的,应当将其意见写入笔录;必要时,人民陪审员可以要求合议庭将案件提请院长决定是否提交审判委员会讨论决定。

人民陪审员参加审判活动,应当遵守法官履行职责的规定,保守审判秘密、注重司法礼仪、维护司法形象。

6. 任职保障

人民法院应当依法保障人民陪审员参加审判活动。人民陪审员所在单位或者户籍所在地的基层组织应当保障人民陪审员依法参加审判活动。

人民陪审员因参加审判活动而支出的交通、就餐等费用,由人民法院给予补助。有工作单位的人民陪审员参加审判活动期间,所在单位不得克扣或者变相克扣其工资、奖金及其他福利待遇。无固定收入的人民陪审员参加审判活动期间,由人民法院参照当地职工上年度平均货币工资水平,按实际工作日给予补助。人民陪审员因参加审判活动应当享受的补助,人民法院和司法行政机关为实施陪审制度所必需的开支,列入人民法院和司法行政机关业务经费,由同级政府财政予以保障。

基层人民法院会同同级人民政府司法行政机关对人民陪审员进行培训,提高人民陪审员的素质。对于在审判工作中有显著成绩或者有其他突出事迹的人民陪审员,给予表彰和奖励。

第三节 人民检察院

一、人民检察院的性质、任务和职责

根据我国《宪法》第129条和《人民检察院组织法》第1条的规定,人民检察院是国家的法律监督机关。人民检察院的任务是通过行使检察权,镇压一切叛国的、分裂国家的和其他危害国家安全的活动,打击犯罪分子,维护国家的统一,维护无产阶级专政制度,维护社会主义法制,维护社会秩序、生产秩序、工作秩序、教学科研秩序和人民群众生活秩序,保护社会主义的全民所有的财产和劳动群众集体所有的财产,保护公民私人所有的合法财产,保护公民的人身权利、民主权利和其他权利,保卫社会主义现代化建设的顺利进行。另外,人民检察院通过检察活动,教育公民忠于社会主义祖国,自觉地遵守宪法和法律,积极同违法行为作斗争。

我国《刑事诉讼法》第3条规定:"……检察、批准逮捕、检察机关直接受理的案件的侦查、提起公诉,由人民检察院负责……"第8条规定:"人民检察院依法对刑事诉讼实行法律监督。"根据上述规定,人民检察院在刑事诉讼中的职责主要体现在以下三个方面:

第一,人民检察院是国家的侦查机关之一。根据《刑事诉讼法》第18条第2款的规定,以下案件由人民检察院负责立案侦查:贪污贿赂犯罪,国家工作人员的渎职犯罪,国家机关工作人员利用职权实施的非法拘禁、刑讯逼供、报复陷害、非法搜查的侵犯公民人身权利的犯罪以及侵犯公民民主权利的犯罪;对于国家机关工作人员利用职权实施的其他重大的犯罪案件,需要由人民检察院直接受理时,经省级以上人民检察院决定,可以由人民检察院立案侦查。

第二,人民检察院是国家公诉机关。除自诉案件外,所有的刑事案件均须由人民检察院向人民法院提起公诉,并派检察官出庭支持公诉。人民检察院有权对侦查机关侦查终结、移送起诉的案件进行审查,符合起诉条件的案件,依法提起公诉;不符合起诉条件的案件,作出补充侦查、不起诉或移送有关主管机关处理的决定。

第三,人民检察院是诉讼监督机关。人民检察院对立案、侦查、审判和生效裁判的执行是否合法有效实行法律监督,履行法律监督职责。

二、人民检察院的组织体系

根据我国《人民检察院组织法》第2条的规定,人民检察院的组织体系包括最高人民检察院、地方各级人民检察院和军事检察院等专门检察院。

最高人民检察院是国家最高检察机关,领导地方各级检察院和专门检察院的工作。地方各级人民检察院包括:(1) 省、自治区、直辖市人民检察院;(2) 省、自治区、直辖市人民检察院分院,自治州、省辖市人民检察院;(3) 县、市、自治区和市辖区人民检察院。省一级人民检察院和县一级人民检察院,根据工作需要,提请本级人民代表大会常务委员会

批准,可以在工矿区、农垦区、林区等区域设置人民检察院,作为派出机构。根据工作需要,各地检察机关还可以设立驻监狱、看守所的检察室,乡镇检察室等,作为派出机构。我国目前的专门检察院仅有军事检察院,它是设立在中国人民解放军中的专门法律监督机关,对现役军人所犯违反职责罪和其他刑事案件依法行使检察权。

人民检察院上下级之间的关系是领导与被领导的关系。根据《人民检察院组织法》的规定,上、下级人民检察院之间的关系是领导和被领导关系,最高人民检察院领导地方各级人民检察院和专门人民检察院的工作,上级人民检察院领导下级人民检察院的工作。最高人民检察院对地方各级人民检察院、上级人民检察院对下级人民检察院正在处理的案件,有权作出有约束力的指示和命令,下级检察院应当执行。在人民检察院内部实行检察长负责制,各级人民检察院的检察长领导本院工作。检察院内部设立若干检察业务部门,在检察长的统一领导下,各个部门互相分工、互相配合,完成侦查、审查逮捕、起诉、控告申诉等检察业务。

三、检察委员会

各级人民检察院设立检察委员会。检察委员会的委员由检察长提请同级人民代表大会常务委员会任免。检察委员会实行民主集中制,在检察长的主持下,讨论决定重大案件和其他重大问题。如果检察长在重大问题上不同意多数人的决定,可以报请本级人民代表大会常务委员会决定。

第四节 公安机关和其他侦查机关

一、公安机关的性质、任务和职责

公安机关是国家的治安保卫机关,是各级人民政府的职能部门,是武装性质的行政执法机关。公安机关的任务是维护社会治安秩序,预防犯罪,侦查和打击危害国家安全犯罪和其他刑事犯罪,保护国家、集体和个人所有的合法财产,保护公民的人身财产安全和其他合法权益,保卫人民民主专政,保卫社会主义制度,保障社会主义现代化建设的顺利进行。

公安机关既行使行政管理职能,也是刑事诉讼中的重要专门机关。在刑事诉讼中,公安机关的职责主要包括以下三个方面:

第一,公安机关是主要的侦查机关。除法律另有规定的特殊案件外,大部分刑事案件的侦查活动都由公安机关负责。在侦查中,公安机关的主要职责是负责刑事案件的侦查、预审。公安机关的侦查是检察机关起诉和人民法院审判的前提和基础,是刑事诉讼的重要环节。

第二,公安机关是强制措施的主要执行机关。公安机关对于自己立案侦查案件的犯罪嫌疑人,有权作出拘留、取保候审或者监视居住的决定,自行执行;公安机关对于自己立案侦查案件的犯罪嫌疑人,经过人民检察院的批准,有权执行逮捕;对于人民检察院、人民法院批准、决定采取的拘留、逮捕、取保候审、监视居住等强制措施,由公安机关负责执行。

第三,公安机关是刑罚的执行机关之一。公安机关担负着对拘役、剥夺政治权利等刑罚的执行职责。

二、公安机关的组织体系

在组织体系上,公安机关是各级人民政府的组成部分和职能部门。中华人民共和国中央政府设立公安部,负责领导和指挥全国各级公安机关的工作,并根据协议与国际刑警组织和国外、境外的警察机构,共同打击跨国、跨境的犯罪活动。地方人民政府设置相应的公安机关,包括在省、自治区、直辖市一级设立的公安厅、局;在地区、自治州和省辖市一级设立公安处(局);在县、县级市、自治县设立公安局;在直辖市和中等城市的市辖区设公安分局。根据需要,在乡、镇、城市街道和其他必要的地方设立公安派出所,作为基层公安机关的派出机关,履行基层公安机关的部分职责。

公安机关实行双重领导体制。其一,公安机关应接受同级人民政府的领导。由于公安机关是同级人民政府的职能部门,因此应当受同级人民政府的领导。其二,下级公安机关应接受上级公安机关的领导。上下级公安机关之间是领导和被领导的关系,上级公安机关可以直接领导和指挥下级公安机关的侦查和其他业务活动,也可以调动下级侦查机关的力量参与上级公安机关负责侦查的案件。不同地区、不同系统的公安机关互不隶属,在办案过程中是配合、协作的关系。

三、其他侦查机关

除公安机关外,刑事诉讼中负责侦查的专门机关还包括国家安全机关、军队保卫部门、监狱、海关走私犯罪侦查部门,它们与公安机关具有同等的诉讼地位,享有相同的侦查权力。根据《国家安全法》第6条和《刑事诉讼法》第4条的规定,国家安全机关依照法律规定,办理危害国家安全的刑事案件,行使侦查、拘留、预审和执行逮捕以及法律规定的其他职权,与公安机关具有相同的职权。根据《刑事诉讼法》第290条、《全国人民代表大会常务委员会关于中国人民解放军保卫部门对军队内部发生的刑事案件行使公安机关的侦查、拘留、预审和执行逮捕的职权的决定》以及《监狱法》第60条之规定,军队保卫部门对军队内部发生的刑事案件行使侦查权;对罪犯在监狱内犯罪的案件由监狱进行侦查。军队保卫部门、监狱办理刑事案件,适用刑事诉讼的有关规定,可以行使宪法和法律规定公安机关享有的侦查、拘留、预审和执行逮捕的职权。《中华人民共和国海关法》第4条规定,国家在海关总署设立专门侦查走私犯罪的公安机构,配备专职缉私警察,负责对其管辖的走私犯罪案件的侦查、拘留、执行逮捕、预审。海关侦查走私犯罪公安机构履行侦查、拘留、执行逮捕、预审职责,应当按照《刑事诉讼法》的规定办理。

第五节　当事人

根据《刑事诉讼法》第106条的规定,我国刑事诉讼中的当事人包括:被害人、自诉人、犯罪嫌疑人、被告人、附带民事诉讼的原告人和被告人。其中,附带民事诉讼的原告人和被告人将在第九章中专门介绍,本节从略。

一、犯罪嫌疑人、被告人

"犯罪嫌疑人"和"被告人"是对涉嫌犯罪而受到刑事追诉的人在不同诉讼阶段的两种称谓。在公诉案件中,受刑事追诉者在检察机关向法院提起公诉以前,被称为"犯罪嫌疑人",在检察机关正式向法院提起公诉以后,被称为"被告人"。在自诉案件中,自诉人直接向人民法院提起自诉,案件一经人民法院受理即直接进入审判程序,因此不存在"犯罪嫌疑人",只有被告人。

犯罪嫌疑人、被告人的诉讼地位比较复杂,可以从四个方面理解:

其一,犯罪嫌疑人、被告人在刑事诉讼中处于被追诉的地位。国家专门机关发动刑事诉讼的直接目的在于通过对犯罪嫌疑人、被告人实施追诉,使那些在法律上构成犯罪的人受到定罪、判刑,从而剥夺其政治权利、财产、自由乃至生命。作为被追诉者,犯罪嫌疑人、被告人在一定程度上负有承受强制措施和强制性侦查行为,协助国家专门机关进行刑事诉讼的义务。

其二,犯罪嫌疑人、被告人是重要的当事人。他与刑事案件有直接的利害关系,其行为对刑事诉讼的过程和结局具有重大影响。例如,犯罪嫌疑人、被告人在诉讼过程中死亡,刑事诉讼程序应终止,在相应的诉讼阶段应当撤销案件,或者不起诉,或者终止审理;如果犯罪嫌疑人、被告人在诉讼过程中潜逃,或者患有精神病及其他严重疾病不能接受讯问、审判,侦查、起诉、审判活动应当中止。在案件审理过程中,如果被告人自愿认罪,可以使用简易程序进行审理;否则,只能按照普通程序进行审理。在特定案件中,如果被告人向被害人赔礼道歉、赔偿损失,获得被害人的谅解,双方自愿达成和解协议的,公检法机关在各自的诉讼阶段可以作出相应的轻缓处理措施。

其三,犯罪嫌疑人、被告人是诉讼的主体而非客体。在刑事诉讼中,犯罪嫌疑人、被告人处于尚未被定罪的状态,按照无罪推定原则他们并非罪犯,在法律上是无罪之人。因此,立法上应赋予其广泛的诉讼权利,司法中也应充分保障其诉讼权利的实现。

其四,犯罪嫌疑人、被告人本身还可以成为重要的证据来源。犯罪嫌疑人、被告人的供述和辩解是《刑事诉讼法》规定的证据种类之一。犯罪嫌疑人、被告人因涉嫌犯罪而被追诉,其本身对于犯罪事实是否发生、犯罪过程中的具体情节最为清楚,因此他们所做的供述和辩解对于准确认定案件事实往往至关重要。为此,《刑事诉讼法》规定了包括不得强迫自证其罪在内的一系列措施,以保障犯罪嫌疑人、被告人供述和辩解的真实性和自愿性。

基于犯罪嫌疑人、被告人的上述诉讼地位。我国《刑事诉讼法》和相关法律解释为其确立了一系列诉讼权利。按性质和作用不同,可分为防御性权利和救济性权利两大类。

所谓防御性权利,是指犯罪嫌疑人、被告人为对抗追诉方的指控、抵消其控诉效果所享有的诉讼权利,主要有:(1) 有权使用本民族语言文字进行诉讼,犯罪嫌疑人、被告人系聋、哑人的,有权要求通晓聋、哑手势的人参加;(2) 有权及时获知被指控的内容和理由,获知所享有的诉讼权利;(3) 有权自行或在辩护人协助下获得辩护;(4) 有权拒绝回答侦查人员提出的与本案无关的问题,不被强迫证实自己有罪;(5) 有权核对侦查人员对其讯问所做的讯问笔录,如果记载有遗漏或者差错,有权提出补充或者改正;(6) 对于侦查机关用作证据的鉴定意见有权要求向其告知,并有权申请补充鉴定或者重新鉴定;(7) 有权在开庭前10日收到起诉书副本;(8) 被告人获得法院通知时参加庭前会议时,有权就管辖、回避、开庭审理、证据调取、出庭人员名单、排除非法证据等问题发表意见;(9) 有权参加法庭调查和辩论;(10) 有权申请通知新的证人到庭,调取新的物证,申请重新鉴定或者勘验;(11) 有权向法庭作最后陈述;(12) 自诉案件的被告人有权对自诉人提出反诉。

所谓救济性权利,是指犯罪嫌疑人、被告人针对国家专门机关所作的对其不利的行为、决定或裁判,要求另一专门机关予以审查并改变或撤销的诉讼权利,主要有:(1) 有权申请侦查人员、检察人员、审判人员、书记员、鉴定人、翻译人员回避,对驳回申请回避的决定,有权申请复议;(2) 对审判人员、检察人员和侦查人员侵犯公民诉讼权利和人身侮辱的行为,有权提出控告;(3) 对于人民法院、人民检察院和公安机关采取强制措施违法,以及侦查机关采取的强制性侦查行为违法,有权申诉和控告;(4) 对于人民检察院依照《刑事诉讼法》第173条第2款的规定作出的不起诉决定,有权向人民检察院申诉;(5) 对于非法收集的证据,有权要求予以排除;(6) 对地方各级人民法院的第一审的判决、裁定,有权用书状或者口头方式向上一级人民法院上诉;(7) 对各级人民法院已经发生法律效力的判决、裁定,有权向人民法院、人民检察院提出申诉。

为了保障诉讼顺利进行,确保法院的生效判决得到有效执行,我国《刑事诉讼法》在赋予犯罪嫌疑人、被告人一系列诉讼权利的同时,也规定了一定的诉讼义务。对于这些诉讼义务,犯罪嫌疑人、被告人应当履行,否则必须承担相应的法律后果或法律责任。根据我国《刑事诉讼法》的规定,犯罪嫌疑人、被告人所应承担的法律义务主要有:(1) 在符合法定条件的情况下,承受拘传、取保候审、监视居住、拘留、逮捕等强制措施;(2) 接受侦查人员的讯问、搜查、扣押、查封、冻结、体液采集等侦查行为;(3) 对侦查人员的讯问,应当如实回答;(4) 承受检察机关的起诉,依法按时出席并接受法庭审判,遵守法庭秩序;(5) 对于生效的裁定和判决,有义务执行或协助执行;等等。

二、被害人

被害人,是指正当权利或者合法权益遭受犯罪行为直接侵害并因此而参加刑事诉讼,要求追究犯罪嫌疑人、被告人刑事责任的诉讼参与人。刑事被害人是一个程序法上的概念,它不同于一般意义上的刑事被害人。因此,只有当刑事被害人参加刑事诉讼,行使诉讼权利,承担诉讼义务时,才有可能转化为刑事诉讼中的被害人。在实践中,有的被害人已经死亡,虽然其作为刑事被害人的地位并没有改变,但由于他已无法参加刑事诉讼,也就不可能成为刑事诉讼中的被害人。

被害人在刑事诉讼中的地位比较复杂。在自诉案件中,被害人是自诉人;在附带民事诉讼中,被害人是附带民事诉讼的原告;在公诉案件中,被害人是承担部分控诉职能的控方诉讼参与人。这里所介绍的专指第三种意义上的被害人。

与很多国家仅仅将被害人视为证人不同,我国刑事诉讼法中赋予被害人以当事人地位,这主要是考虑到被害人与刑事案件有直接的利害关系,而且其行为可能对诉讼的进程产生重大影响。赋予其以当事人地位,更有利于保护其权益。同时,被害人陈述也是法定的证据种类之一,在提供陈述方面又与证人具有相似的地位。

基于被害人诉讼地位的上述特点,我国《刑事诉讼法》规定被害人可以行使部分当事人的诉讼权利。主要有:(1) 有权使用本民族语言文字进行诉讼;(2) 有权依法申请审判人员、检察人员、侦查人员以及鉴定人员、翻译人员、书记员回避;(3) 对于审判人员、检察人员和侦查人员侵犯其诉讼权利和人身侮辱的行为,有权提出控告;(4) 有权参加法庭调查和辩论;(5) 有权申请通知新的证人到庭,调取新的物证,申请重新鉴定和勘验;(6) 有权对已发生法律效力的判决、裁定,向人民法院或人民检察院提出申诉。

此外,为了体现对被害人的特殊保护,我国《刑事诉讼法》还赋予被害人许多特殊诉讼权利,主要有:(1) 对于侵犯其人身、财产权利的犯罪事实或者犯罪嫌疑人,有权向公安机关、人民检察院或人民法院报案或者控告,要求有关机关立案;对于人民法院、人民检察院、公安机关不立案的决定,有权获知原因,并可申请复议;对于公安机关应当立案侦查的案件而不立案侦查的,有权向人民检察院提出,由后者要求公安机关说明理由,并予以纠正。(2) 被害人有证据证明对被告人侵犯自己人身、财产权利的行为应当依法追究刑事责任,而公安机关或者人民检察院不予追究被告人刑事责任的案件,被害人有权向人民法院提起自诉。(3) 有权自案件移送审查起诉之日起,委托诉讼代理人。人民检察院自收到移送审查起诉的案件材料之日起3日以内,应当告知被害人及其法定代理人、近亲属有权委托诉讼代理人。(4) 对于人民检察院所作的不起诉决定,有权获得不起诉决定书,并向上一级人民检察院申诉,要求提起公诉;对于人民检察院维持不起诉决定的,有权向人民法院起诉;也可以不经申诉,直接向人民法院起诉。(5) 对地方各级人民法院第一审的判决不服的,有权请求人民检察院抗诉;人民检察院在收到这一请求后5日内,应作出是否抗诉的决定并答复请求人。

被害人在享有上述诉讼权利的同时,还须在诉讼过程中承担一些法定的诉讼义务,这些义务主要包括:(1) 如实向公安司法机关陈述案件事实的义务;(2) 接受公安司法机关传唤的义务;(3) 在法庭上接受询问和回答问题的义务;(4) 遵守法庭秩序的义务。

三、自诉人

自诉人,是指在自诉案件中依法直接向人民法院提起诉讼,要求追究被告人刑事责任的当事人。通常情况下,刑事诉讼中的自诉人是被害人,但是在被害人死亡或者丧失行为能力时,被害人的法定代理人、近亲属有权向人民法院提起诉讼。

自诉人在诉讼中的地位相当于原告,承担控诉职能,具有独立、完整的诉讼地位。自诉人的起诉、撤诉、与被告人和解、上诉等行为,足以导致诉讼程序的启动、发展和终止。如果自诉案件中的被告人提起反诉,自诉人便具有双重身份:在其自行提起的自诉程序中,处于原告地位、承担控诉职能;在反诉中处于被告地位、承担辩护职能。

基于自诉人的上述诉讼地位,《刑事诉讼法》规定自诉人享有如下诉讼权利:(1)有权向人民法院提起自诉;(2)有权委托诉讼代理人;(3)有权申请审判人员、书记员、鉴定人和翻译人员回避;(4)有权参加法庭调查和辩论,申请人民法院调取新的证据、传唤新的证人,申请重新鉴定和勘验;(5)在人民法院宣告判决前,自诉人有权同被告人自行和解或者撤回自诉;依法告诉才处理的案件和被害人有证据证明的轻微刑事案件中,自诉人有权在人民法院主持之下与被告人调解;(6)有权阅读或听取审判笔录,并有权请求补充或者改正;(7)如不服一审判决或者裁定,有权提出上诉;(8)对已经发生法律效力的判决或者裁定认为确有错误的,有权提出申诉。

自诉人在享有诉讼权利的同时,也要承担必要的诉讼义务,主要包括:(1)承担举证责任,自诉人对自己的主张和请求应当提供证据证明。(2)如实提供案件真实情况的义务。如故意伪造证据陷害他人,必须承担法律责任。(3)按时出庭、遵守法庭秩序的义务。自诉人经两次合法传唤,无正当理由拒不到庭,或者未经法庭许可中途退庭的,按撤诉处理。(4)执行人民法院生效的调解协议、判决或者裁定的义务。

四、单位当事人

当事人一般情况下是自然人,但在单位犯罪的案件中,单位也可以直接成为刑事诉讼的当事人。我国《刑事诉讼法》对单位参与刑事诉讼的方式没有作出明确规定,但是最高法《解释》已有专门规定。

(一)单位犯罪嫌疑人、被告人

在刑事诉讼中,单位作为犯罪嫌疑人、被告人参加诉讼的方式具有特殊性。根据最高法《解释》第279条、第280条规定,开庭审理单位犯罪案件,应当通知被告单位的诉讼代表人出庭;没有诉讼代表人参与诉讼的,应当要求人民检察院确定。被告单位的诉讼代表人,应当是法定代表人或者主要负责人;法定代表人或者主要负责人被指控为单位犯罪直接负责的主管人员或者因客观原因无法出庭的,应当由被告单位委托其他负责人或者职工作为诉讼代表人。但是,有关人员被指控为单位犯罪的其他直接责任人员或者知道案件情况、负有作证义务的除外。

该《解释》还规定,诉讼代表人系被告单位的法定代表人或者主要负责人,接到出庭通知后无正当理由拒不出庭的,可以拘传其到庭;因客观原因无法出庭,或者下落不明的,应当要求人民检察院另行确定诉讼代表人。诉讼代表人系被告单位的其他人员的,应当要求人民检察院另行确定诉讼代表人出庭。在审理单位犯罪案件过程中,被告单位的诉讼代表人享有《刑事诉讼法》规定的有关被告人的诉讼权利。被告单位有权委托辩护人。开庭时,诉讼代表人席位置于审判台前左侧,与辩护人席并列。

人民法院审理单位犯罪案件,被告单位被撤销、注销、吊销营业执照或者宣告破产,对单位犯罪直接负责的主管人员和其他直接责任人员应当负刑事责任的,应当继续审理。审判期间,被告单位合并、分立的,应当将原单位列为被告单位,并注明合并、分立情况;对被告单位所判处的罚金以其在新单位的财产及收益为限。

(二) 单位被害人

单位不仅可能成为公安司法机关追诉、审判的对象,而且可能成为受犯罪行为侵害的被害人,单位被害人也应当具有当事人的主体地位。其一,单位被害人与诉讼结局具有直接利害关系。单位被害人被犯罪行为所侵害的,不仅有经济上的利益,还有名誉、信誉机会乃至生存能力等方面的权益,因此受害的单位有着强烈的追诉犯罪和使加害者受到应有的惩罚的愿望和要求。公安司法机关在刑事诉讼过程中的裁判,对于犯罪嫌疑人、被告人的追诉和审理结果,将直接关系单位被害人的利益实现。那么,被害单位必须拥有诉讼主体的资格,充分、有效地参与诉讼,以维护自身的合法权益。其二,单位被害人拥有进行刑事诉讼活动的权利能力和行为能力,能够行使当事人的诉讼权利,履行当事人的诉讼义务。刑事案件中的被害单位也可以通过其代表人实施追诉活动,行使诉讼权利,并承担相应的法律义务和法律后果,具备参与诉讼活动的能力。

单位作为被害人参与刑事诉讼,与自然人的方式有所不同。一般而言,单位被害人应通过其法定代表人来行使诉讼权利、承担诉讼义务。单位的法定代表人事实上具有被害单位的"诉讼代表人"的身份。他在诉讼中拥有独立的诉讼地位,有权行使被害人的一切诉讼权利,其行为后果应由单位承担。

第六节 其他诉讼参与人

其他诉讼参与人,是指与案件的结局不具有直接的利害关系,但是对于刑事诉讼进程具有一定的影响,在刑事诉讼中享有一定权利、承担一定义务的当事人以外的诉讼参与人。根据《刑事诉讼法》第106条的规定,其他诉讼参与人包括法定代理人、诉讼代理人、辩护人、证人、鉴定人和翻译人员。由于辩护人、诉讼代理人将在第六章中专门介绍,本节从略。

一、法定代理人

法定代理人是依照法律规定对无行为能力或限制行为能力人负有保护义务的人。我国《刑事诉讼法》第106条第3项规定,法定代理人是指被代理人的父母、养父母、监护人和负有保护责任的机关、团体的代表。法定代理人参加刑事诉讼活动,是在被代理人为未成年人或者无行为能力、限制行为能力人的情况下,根据法律规定直接参加诉讼活动。法定代理人在诉讼过程中具有独立的地位,不受被代理人意志的约束,在进入诉讼和行使代理权利时无须经过被代理人同意或者授权;当法定代理人和被代理人在是否行使某项共同享有的诉讼权利意见不一致时,法定代理人的行为独立有效。而且,法定代理人的行为视为被代理人的行为,与之具有相同的法律效果。另外,法定代理人在不同的诉讼案件和不同的被代理人之间形成复杂的关系,其诉讼地位主要取决于被代理人的诉讼地位。

法定代理人参与刑事诉讼的主要职责是依法保护未成年人、无行为能力人或者限制行为能力人的合法权益,因此其享有与被代理人相同的广泛的诉讼权利。例如,《刑事诉讼法》中增加了未成年人刑事案件诉讼程序,其中详细规定了法定代理人享有的诉讼权利。在未成年人刑事案件的侦查讯问和审判中,专门机关应当通知未成年犯罪嫌疑人、被告人的法定代理人到场;到场的法定代理人可以代为行使未成年犯罪嫌疑人、被告人的诉讼权利;如果认为办案人员在讯问、审判中侵犯未成年人合法权益的,法定代理人可以提出意见;讯问笔录、法庭笔录应当交给到场的法定代理人阅读或者向他宣读;对于人民检察院作出的附条件不起诉决定,未成年犯罪嫌疑人的法定代理人有权提出异议;审判的时候被告人不满18周岁的案件,不公开审理,但经未成年被告人及其法定代理人同意,未成年被告人所在学校和未成年人保护组织可以派代表到场;审判程序中,未成年被告人最后陈述后,其法定代理人可以进行补充陈述;对未成年人刑事案件,人民法院决定适用简易程序审理的,应当征求未成年被告人法定代理人的意见。当然,从理论角度而言,法定代理人不能代替被代理人实施与其人身不可分离的特定行为,比如不得代替被代理人供述、辩解或者陈述,也不能代替被代理人承担与人身自由相关联的义务。

二、证人

证人是向公安司法机关提供自己在诉讼之外了解到的案件情况的当事人以外的人。刑事诉讼中的证人需要具备一定的条件:(1) 证人必须是自然人。证人需要根据自己的感知情况提供证据,并且需要出庭作证,在庭审中接受控辩双方的询问、质证,自然人以外的单位、组织不具备作为证人的条件。(2) 证人需要通过诉讼以外的途径了解案件情况,具有不可替代性。(3) 证人必须是能够辨别是非、能够正确表达的人。根据《刑事诉讼法》第60条第2款规定,生理上、精神上有缺陷或者年幼,不能辨别是非、不能正确表达的人,不能作证人。

证人与案件结局不具有利害关系,但是其证言可能会影响被告人或者被害人的权益,为保障证人客观、准确地提供证言,《刑事诉讼法》中规定了证人享有如下权利:(1) 有权使用本民族语言文字进行诉讼;(2) 有权查阅证言笔录,并予以补充或者更改;(3) 有权要求补偿因履行作证义务而支出的交通、住宿、就餐等费用;(4) 有权拒绝作伪证;(5) 有权要求在侦查阶段为其姓名保密;(6) 有权要求保障自身及近亲属的安全;(7) 作为证人的被告人的配偶、父母、子女,有权拒绝出庭作证。

与此同时,证人应当承担以下义务:(1) 如实提供证言,如果有意作伪证或者隐匿罪证,应当承担法律责任;(2) 有义务回答公安司法人员以及当事人和其他诉讼参与人的询问,并接受质证;(3) 有义务出庭作证,法律另有规定的除外;(4) 对于公安司法人员询问的内容予以保密。

三、鉴定人

鉴定人是接受公安司法机关的指派或聘请,利用自己的专门知识或技能,对案件中的专门性问题进行鉴别和判断,并提出鉴定意见的人。一般来说,鉴定人应当具备以下条件:(1) 鉴定人必须是自然人;(2) 鉴定人必须具备某项专门的知识或者技能;(3) 鉴定人受到专门机关的指派或者聘请,当事人及其代理人不得自行聘请鉴定人进行鉴定;(4) 鉴定人必须与案件当事人没有利害关系,否则有关人员有权申请其回避。

根据我国《刑事诉讼法》第192条第2款和第4款的规定,公诉人、当事人和辩护人、诉讼代理人可以申请法庭通知有专门知识的人出庭,就鉴定人作出的鉴定意见提出意见。有专门知识的人出庭,适用鉴定人的有关规定。关于这类人的地位,立法上不明确,学理上有争论,本教材认为这类人员虽然在出庭时适用鉴定人的有关规定,但其不是鉴定人,而是专家辅助人。因为其意见本身并不是鉴定意见,而是对鉴定意见进行质证。

鉴定人与证人都是提供证据的主体,但是两者存在明显的区别,体现在以下几个方面:(1) 与案件是否具有利害关系。如果与案件具有利害关系,鉴定人应当回避,但并不影响证人的作证资格。(2) 了解案件事实的途径。证人是通过诉讼以外的途径了解案件事实,而鉴定人则是在接受公安司法机关的指派或者聘请后,通过参加诉讼了解案件事实。(3) 是否具有可替代性。证人通过亲身感知了解案件情况,因此具有不可替代性,但是鉴定人则可以替代、更换。(4) 是否具有专门的知识或者技能。鉴定人必须具备专门的知识或者技能,以此提出专业性的鉴定意见,但证人不需要具备专门的知识、技能,只要具备辨别是否、正确表达的能力即可。

为了保障鉴定意见的科学、客观,刑事诉讼法中为鉴定人规定了下列诉讼权利:(1) 有权查阅与鉴定事项有关的案卷材料,必要时,经侦查人员、审判人员同意,可以参加勘验、检查;(2) 有权要求指派或者聘请的机关提供足够的鉴定材料,在提供的鉴定材料不充分、不具备作出鉴定意见的条件时,有权要求有关机关补充材料;(3) 同一个专门性问题由两个以上鉴定人鉴定时,可以共同写出一个鉴定意见,也可以分别出具鉴定意见;(4) 有权要求补充鉴定或者重新鉴定,有权根据鉴定结果重新提供鉴定意见;(5) 鉴定条件不具备时,有权拒绝鉴定;(6) 有权收取鉴定费用。

同时,鉴定人承担如下诉讼义务:(1) 如实作出鉴定,不得故意作出虚假鉴定意见;(2) 对于因鉴定而了解的案件情况和有关人员的隐私,应当保密;(3) 出庭接受审判人员、公诉人、辩护人、被告人及其他人员的询问,并回答有关问题。

四、翻译人员

翻译人员是指在刑事诉讼过程中接受公安司法机关的指派或者聘请,为参与诉讼的外国人、少数民族人员、盲人、聋人、哑人等进行语言、文字或者手势翻译的人。翻译信息的客观、准确,对案件事实的准确认定和诉讼活动的顺利进行具有重要影响,因此如果翻译人员与案件或者当事人有法律规定的利害情形时,应当回避。

为确保翻译工作的客观准确,翻译人员有权了解同翻译内容有关的案件情况;有权查阅记载其翻译内容的笔录,如果笔录与实际翻译内容不符,有权要求修改或者补充;有权获得相应的报酬和经济补偿。同时,翻译人员有义务按语言文字的原意如实翻译,不得隐瞒、歪曲或者伪造,如果有弄虚作假者应承担法律责任。翻译人员对翻译活动中所获知的案件情况和他人的隐私,应当保密。

思考题:
1. 刑事诉讼主体具体有哪些种类?
2. 如何理解人民法院的性质和职责?
3. 请分析人民法院的组织体系。
4. 如何理解上下级人民法院之间的关系?
5. 刑事诉讼中有哪些审判组织?
6. 试论述人民陪审员制度。
7. 如何理解人民检察院的性质和职责?
8. 请分析人民检察院的组织体系。
9. 如何理解上下级检察院之间的关系?
10. 请论述公安机关在刑事诉讼中的职责。
11. 试分析公安机关的双重领导制。
12. 如何理解犯罪嫌疑人、被告人的诉讼地位?
13. 请论述犯罪嫌疑人、被告人的诉讼权利和义务。
14. 如何理解被害人的诉讼地位?
15. 试分析被害人的诉讼权利和义务。
16. 未成年人刑事案件诉讼程序中的法定代理人有哪些诉讼权利?
17. 如何理解证人的条件?
18. 试分析证人与鉴定人的区别。

第四章 管 辖

第一节 概 述

一、刑事诉讼管辖的含义

刑事诉讼中的管辖,是指人民法院、人民检察院和公安机关依照法律规定立案受理刑事案件,以及人民法院系统内审判第一审刑事案件的分工制度。

刑事诉讼的管辖制度主要规定两个方面的问题:第一,人民法院、人民检察院以及公安机关在直接受理刑事案件上的权限划分,即立案管辖。第二,人民法院系统内部,各级人民法院之间、普通人民法院与专门人民法院之间以及专门人民法院之间在审判第一审刑事案件上的分工,即审判管辖。

管辖是进行刑事诉讼活动首先要解决的问题。一起刑事案件发生之后,首先必须明确应当由哪一公安、司法机关处理,否则刑事诉讼无法启动。公安、司法机关受理刑事案件的范围,称为管辖范围。公安、司法机关在一定范围内受理刑事案件的职权,称为管辖权。

刑事诉讼管辖相对于民事诉讼和行政诉讼而言更具有复杂性。因为民事诉讼和行政诉讼的管辖制度仅仅涉及法院之间的权限分工,而刑事诉讼管辖除了包含法院之间的分工之外,还包括法院与检察院和公安机关之间的分工制度。

二、刑事诉讼管辖的意义

明确、合理地规定刑事诉讼管辖制度,对于保障刑事诉讼活动的顺利进行、促进实体正义与程序正义的实现具有重要意义。具体而言体现在以下几个方面:

第一,通过明确、严格的法律规则确定管辖制度,实现管辖的法定化,可以防止以人为选择案件处理机关的方式左右案件处理结果,维护刑事司法的客观性和中立性。

第二,明确规定管辖,也就明确了各公安、司法机关的权限与职责范围,使他们在刑事案件发生后能够迅速立案侦查或审理,防止因管辖不明而拖延诉讼,有利于准确及时地查明案件事实,有效地打击犯罪活动。同时可以加强司法人员的责任心,防止互相推诿,做到各司其职,各尽其责,从而保障刑事诉讼高效有序进行。

第三,明确管辖分工,有利于公民有效利用司法资源,有关单位和个人在发现犯罪事实和犯罪嫌疑人时,可以直接向有管辖权的机关报案、控告和举报,从而避免或减少不必要的移送环节,使有关机关可以及时受理案件,及时调查取证。

三、刑事诉讼管辖的原则

确定刑事诉讼中的管辖,应当根据刑事案件的性质、情节轻重、案情复杂程度、发生地点、影响大小等因素,以及公安司法机关在刑事诉讼中的职能确定。我国刑事诉讼管辖的基本原则主要包括以下几点:

(一) 管辖法定原则

管辖法定原则,是指管辖制度应当以法律明文规定的形式加以确定,原则上不得等到案件发生之后再根据具体情况确定管辖机关。惟其如此方可排除人为因素的影响,保障刑事诉讼的公正性。因此,在世界各国的刑事诉讼法中,管辖制度都是一个非常重要的组成部分。

当然,管辖法定原则也存在例外,《刑事诉讼法》第26条规定,上级人民法院可以指定下级人民法院审判管辖不明的案件,也可以指定下级人民法院将案件移送其他人民法院审判。指定管辖作为管辖法定原则的例外,必须严格依照法律规定的条件和程序进行,其目的只能是确保案件得到更加公正的处理,而不能为了影响案件处理结果而滥用指定管辖制度。

(二) 准确及时原则

刑事诉讼法关于刑事案件管辖的规定,应充分考虑到各机关的性质和职能,平衡各司法机关的工作负荷,保证它们高效地履行各自职责,充分发挥它们的职能作用,保证它们能准确及时地查明案件事实,使案件能得到公正、高效的处理。比如,根据《刑事诉讼法》有关立案管辖的规定,危害国家安全的案件由国家安全机关立案侦查,就是考虑到国家安全机关的性质;军队内部发生的刑事案件由军队保卫部门负责侦查,罪犯在监狱内犯罪的案件,由监狱负责侦查,则很大程度上是为了实现便捷、高效的目的。

(三) 便利诉讼原则

刑事诉讼法关于管辖的规定,应当有利于诉讼参与人参加诉讼,节省财力和时间,有利于群众旁听案件,接受群众对审判工作的监督,从而扩大办案的社会效果。比如,根据《刑事诉讼法》规定,刑事案件原则上由犯罪地的人民法院审判,就是考虑到主要的证人、案件被害人等大多集中在犯罪地,由犯罪地人民法院管辖有利于上述各诉讼参与人出庭参加诉讼,减少不必要的开支。另外,犯罪地的群众对本地发生的犯罪案件普遍关注,在当地审判也便利于他们到庭旁听。

第二节 立案管辖

立案管辖又称职能管辖或部门管辖,是指人民法院、人民检察院和公安机关各自直接受理刑事案件的职权范围。

一、公安机关直接受理的刑事案件

《刑事诉讼法》第 18 条第 1 款规定："刑事案件的侦查由公安机关进行,法律另有规定的除外。"根据这一规定,绝大多数刑事案件均由公安机关立案侦查。公安机关是我国刑事案件最主要的侦查机关。该款所讲"法律另有规定"的情况是指:

(1)《刑事诉讼法》第 18 条第 3 款和第 204 条规定的由人民法院直接受理的案件;

(2)《刑事诉讼法》第 18 条第 2 款规定的人民检察院自行侦查的刑事案件;

(3)《刑事诉讼法》第 4 条规定的国家安全机关依法办理的危害国家安全的案件;

(4)《刑事诉讼法》第 290 条第 1 款规定的军队保卫部门负责侦查的军队内部发生的刑事案件;

(5)《刑事诉讼法》第 290 条第 2 款规定的监狱负责侦查的罪犯在监狱内犯罪的案件;

(6)《中华人民共和国海关法》第 4 条规定的缉私警察部门负责侦查的走私案件。

公安机关是国家的治安保卫机关,具有同犯罪作斗争的丰富经验和必要的专门侦查手段。因此,法律把绝大多数需要侦查的刑事案件交由公安机关立案侦查,是与公安机关的性质、职能和办案条件相适应的;同时,也完全符合同犯罪作斗争的需要。

二、人民检察院直接受理的刑事案件

《刑事诉讼法》第 18 条第 2 款规定:"贪污贿赂犯罪,国家工作人员的渎职犯罪,国家机关工作人员利用职权实施的非法拘禁、刑讯逼供、报复陷害、非法搜查的侵犯公民人身权利的犯罪以及侵犯公民民主权利的犯罪,由人民检察院立案侦查。对于国家机关工作人员利用职权实施的其他重大的犯罪案件,需要由人民检察院直接受理的时候,经省级以上人民检察院决定,可以由人民检察院立案侦查。"

根据该款规定,由人民检察院行使立案管辖权的案件包括以下三类。

(一)贪污贿赂犯罪案件

人民检察院立案侦查的贪污贿赂犯罪包括《刑法》分则第八章规定的各种贪污贿赂犯罪,以及其他各章中明确规定依照第八章相关条文定罪处罚的犯罪案件。

(二)国家工作人员渎职犯罪

此类案件是指《刑法》分则第九章规定的各类渎职犯罪案件。如滥用职权、玩忽职守、泄露国家秘密、国家机关工作人员签订、履行合同失职被骗等。

(三)国家机关工作人员利用职权实施的侵犯公民人身权利和民主权利的犯罪案件

根据《刑法》规定,符合上述条件的案件较多,但是最高检《规则》第 8 条第 4 款,将此类案件明确限定为七种,即《刑法》第 238 条规定的非法拘禁案、第 245 条规定的非法搜查案、第 247 条规定的刑讯逼供案和暴力取证案、第 248 条规定的虐待被监管人案、第 254 条规定的报复陷害案、第 256 条规定的破坏选举案。除上述七类案件之外,人民检察院一般不行使立案管辖权。

除上述三类案件之外,《刑事诉讼法》第 18 条第 2 款还规定:"……国家机关工作人员利用职权实施的其他重大犯罪案件,需要由人民检察院直接受理的时候,经省级以上人民检察院决定,可以由人民检察院立案侦查。"这是检察院直接受理案件的一类特殊情况。根据最高检《规则》第 10 条的规定,此类案件,区县人民检察院或者分、州、市人民检察院需要直接立案侦查的,应当层报省级人民检察院决定。分、州、市人民检察院对于基层人民检察院层报省级人民检察院的案件,应当进行审查,提出是否需要立案侦查的意见,报请省级人民检察院决定。省级人民检察院应当在收到提请批准直接受理书后的 10 日以内作出是否立案侦查的决定。省级人民检察院可以决定由下级人民检察院直接立案侦查,也可以决定直接立案侦查。

三、人民法院直接受理的刑事案件

《刑事诉讼法》第 18 条第 3 款规定:"自诉案件,由人民法院直接受理。"根据这一规定,人民法院立案管辖的案件范围仅限于自诉案件。所谓自诉案件,是指由被害人本人或者其近亲属向人民法院起诉的案件。根据我国《刑事诉讼法》第 204 条的规定,自诉案件包括以下三类。

(一) 告诉才处理的案件

所谓告诉才处理,是指只有经被害人或其法定代理人告诉,人民法院才立案受理。根据我国《刑法》规定,告诉才处理的案件共有四种:《刑法》第 246 条第 1 款规定的侮辱、诽谤案件(严重危害社会秩序或国家利益的除外);第 257 条第 1 款规定的暴力干涉婚姻自由案件(导致被害人死亡的除外);第 260 条第 1 款规定的虐待案件(造成被害人重伤、死亡的除外);第 270 条规定的侵占他人财物案件。

告诉才处理的案件属于"绝对的自诉案件",即只能通过自诉程序予以处理,而不存在公诉的可能性。因为此类案件犯罪情节通常比较轻微、案情较为简单,且往往发生于特定人员之间,是否追诉,须尊重受害人本人的意见。

(二) 被害人有证据证明的轻微刑事案件

此类案件有两个特征:一是属于轻微的刑事案件,即案件性质和情节轻微;二是被害人有相应的证据证明自己的指控。根据有关司法解释的规定,这类案件主要包括:

(1)《刑法》第 234 条第 1 款规定的故意伤害案;

(2)《刑法》第 245 条规定的非法侵入住宅案;

(3)《刑法》第 252 条规定的侵犯通信自由案;

(4)《刑法》第 258 条规定的重婚案;

(5)《刑法》第 261 条规定的遗弃案;

(6)《刑法》分则第三章第一节规定的生产、销售伪劣商品案,但严重危害社会秩序和国家利益的除外;

(7)《刑法》分则第三章第七节规定的侵犯知识产权案,但严重危害社会秩序和国家利益的除外;

(8)《刑法》分则第四章、第五章规定的,对被告人可能判处 3 年有期徒刑以下刑罚的案件。

上述八类案件,被害人直接向人民法院起诉的,人民法院应当依法受理。对其中证据不足、可由公安机关受理的,或者认为被告人可能判处 3 年有期徒刑以上刑罚的,应当告知被害人向公安机关报案,或者移送公安机关立案侦查。

(三)被害人有证据证明对被告人侵犯自己人身、财产权利的行为应当依法追究刑事责任,而公安机关或者人民检察院不予追究被告人刑事责任的案件

此类案件又称"公诉转自诉"的案件。从其性质来讲,原本应当是公诉案件,但是公安机关或人民检察院基于各方面理由不予追究刑事责任,为保障被害人合法权益,法律允许被害人以自诉的方式进行追诉。法律规定此类自诉案件之目的在于加强对公安机关、检察机关立案管辖工作的制约,维护被害人的合法权益,解决司法实践中存在的"告状难"问题。

此类自诉案件成立须满足以下条件:第一,被害人必须能够提供证据证明;第二,被害人遭到侵犯的是人身权利或财产权利,对于侵犯其他权利的犯罪不得公诉转自诉;第三,根据最高法《解释》第 1 条第 3 项规定,被害人提起此类自诉,必须有证据证明对于该犯罪行为曾经提出过控告,而公安机关或者人民检察院不予追究被告人刑事责任。

四、关于立案管辖的几个具体问题

(1)公安机关、人民检察院或者人民法院对于报案、控告、举报,都应当接受。对于不属于自己管辖的,应当移送主管机关处理,并且通知报案人、控告人、举报人;对于不属于自己管辖而又必须采取紧急措施的,应当先采取紧急措施,然后移送主管机关。

(2)公安机关或人民检察院在侦查过程中,如果发现犯罪嫌疑人还犯有属于人民法院直接受理的罪行的,应分别情况处理:对于属于告诉才处理的案件,可以告知被害人直接向人民法院提起诉讼。对于属于另外两类自诉案件的,可以立案进行侦查,然后在人民检察院提起公诉时,随同公诉案件移送人民法院,由人民法院合并审理。侦查终结后不提起公诉的,则应直接移送人民法院处理。

人民法院在审理自诉案件过程中,如果发现被告人还犯有必须由人民检察院提起公诉的罪行的,应将新发现的罪行另案移送有管辖权的公安机关或者人民检察院处理。

(3)公安机关侦查刑事案件涉及人民检察院管辖的贪污贿赂案件时,应当将贪污贿赂案件移送人民检察院;人民检察院侦查贪污贿赂案件涉及公安机关管辖的刑事案件,应当将属于公安机关管辖的刑事案件移送公安机关。在上述情况中,如果涉嫌主罪属于公安机关管辖,以公安机关为主侦查,人民检察院予以配合;如果涉嫌主罪属于人民检察院管辖,以人民检察院为主侦查,公安机关予以配合。

第三节 审判管辖

刑事诉讼中的审判管辖,是指人民法院审判第一审刑事案件的职权范围,包括各级人民法院之间、普通人民法院与专门人民法院之间,以及同级人民法院之间,在审判第一审刑事案件上的权限划分。从诉讼角度讲,审判管辖所要解决的是某个刑事案件由哪个人民法院作为第一审进行审判的问题。审判管辖分为级别管辖、地区管辖与专门管辖。

一、级别管辖

级别管辖,是指各级人民法院审判第一审刑事案件的职权范围。根据我国《刑事诉讼法》的规定,我国四级人民法院均享有第一审的权力,只是案件范围不同。

(一) 基层人民法院管辖的第一审刑事案件

基层人民法院管辖第一审普通刑事案件,但是依法由上级人民法院管辖的除外。

(二) 中级人民法院管辖的第一审刑事案件

1. 危害国家安全、恐怖活动案件

危害国家安全案件性质严重,对国家危害极大;恐怖活动犯罪案件,往往涉案人员众多,涉及面广,较多存在跨国、跨境的情况,案情复杂,这两类刑事案件由中级人民法院作为第一审法院,有利于保证案件审判质量。

2. 可能判处无期徒刑、死刑的案件

根据这一规定,基层人民法院在量刑上,没有判处无期徒刑、死刑的权力。因此,基层人民法院对可能判处无期徒刑、死刑的第一审刑事案件,应当移送中级人民法院审判。但是,如果人民检察院认为可能判处无期徒刑、死刑,向中级人民法院提起公诉的案件,中级人民法院受理后,认为不需要判处无期徒刑、死刑的,应当依法审判,不再交基层人民法院审判。

中级人民法院除担任一审任务之外,尚承担对上诉抗诉案件的二审职责,以及审判监督任务。因此,划归中级人民法院管辖的第一审刑事案件不宜过多,应只限于上述两类刑事案件。

(三) 高级人民法院管辖的第一审刑事案件

高级人民法院管辖的第一审刑事案件是全省(自治区、直辖市)性的重大刑事案件。

高级人民法院是一个省(自治区、直辖市)的最高一级审判机关,它的主要任务是审判对中级人民法院裁判的上诉、抗诉案件,复核死刑案件,核准死刑缓期二年执行的案件,以及监督全省(自治区、直辖市)的下级人民法院的审判工作。所以高级人民法院管辖的第一审刑事案件范围不宜过宽。况且,高级人民法院管辖的第一审刑事案件的多少,又直接关系着最高人民法院二审的负荷。法律规定高级人民法院只管辖为数极少的全省(自治区、直辖市)性的重大刑事案件,这样既可以保证这种重大案件的正确处理,又有利于它全面行使自己的职权,集中更多的力量来监督、指导下级人民法院的审判工作。

（四）最高人民法院管辖的第一审刑事案件

最高人民法院管辖的第一审刑事案件，是全国性的重大复杂案件。

最高人民法院是全国的最高审判机关，由最高人民法院作为第一审审判的刑事案件，只应当是极个别的、在全国范围内具有重大影响的、性质及情节都特别严重的刑事案件。只有这样，才有利于它集中主要精力监督、指导全国人民法院的审判工作。而且，最高人民法院审判第一审刑事案件会剥夺被告人的上诉权，因此应极为慎重。

（五）级别管辖中的两个问题

1. 管辖权转移

《刑事诉讼法》第23条规定："上级人民法院在必要的时候，可以审判下级人民法院管辖的第一审刑事案件；下级人民法院认为案情重大、复杂，需要由上级人民法院审判的第一审刑事案件，可以请求移送上一级人民法院审判。"

本条规定情形属于管辖权转移，或称"管辖权变通"，它是指案件的级别管辖由下级人民法院转移至上级人民法院。但是，在刑事诉讼中，依法应当由上级人民法院管辖的案件不得交下级人民法院管辖。比如，中级人民法院不得将涉嫌危害国家安全的案件交基层人民法院审判。

上级人民法院审理下级人民法院的案件必须在下级人民法院第一审判决作出之前进行，特别是对于那些一审判决已经作出，只有被告人一方提出上诉的情况下，不能通过这种改变级别管辖的方式来规避上诉不加刑原则。

最高法《解释》中，规定了以下两种发生管辖权转移的情况。

（1）基层人民法院对下列第一审刑事案件，可以请求移送中级人民法院审判：第一，重大、复杂案件；第二，新类型的疑难案件；第三，在法律适用上具有普遍指导意义的案件。

需要将案件移送中级人民法院审判的，应当在报请院长决定后，至迟于案件审理期限届满15日前书面请求移送。中级人民法院应当在接到申请后10日内作出决定。不同意移送的，应当下达不同意移送决定书，由请求移送的人民法院依法审判；同意移送的，应当下达同意移送决定书，并书面通知同级人民检察院。

（2）有管辖权的人民法院因案件涉及本院院长需要回避等原因，不宜行使管辖权的，可以请求移送上一级人民法院管辖。上一级人民法院可以管辖，也可以指定与提出请求的人民法院同级的其他人民法院管辖。

2. 合并管辖

合并管辖是指一人犯数罪、共同犯罪或其他需要并案审理的案件，只要其中一人或者一罪属于上级人民法院管辖的，全案由上级人民法院管辖。

合并管辖是出于提高诉讼效率，有利于查明案件事实等目的，而将有关联关系的案件并案处理。一旦并案处理，那么在级别管辖的确定上应当采取就高不就低的原则，全案由上级人民法院管辖。

根据六部门《规定》第3条，具有下列情形之一的，人民法院、人民检察院、公安机关可以在其职责范围内并案处理：（1）一人犯数罪的；（2）共同犯罪的；（3）共同犯罪的犯罪嫌疑人、被告人还实施其他犯罪的；(4) 多个犯罪嫌疑人、被告人实施的犯罪存在关联，并案处理有利于查明案件事实的。

二、地区管辖

地区管辖，是指同级人民法院之间在审判第一审刑事案件上的权限划分。《刑事诉讼法》第 24 条和第 25 条分别规定了地区管辖的一般原则以及解决地区管辖争议的办法。

（一）地区管辖的一般原则

《刑事诉讼法》第 24 条规定："刑事案件由犯罪地的人民法院管辖。如果由被告人居住地的人民法院审判更为适宜的，可以由被告人居住地的人民法院管辖。"该条确定了我国刑事案件地区管辖的一般原则，即"以犯罪地人民法院管辖为主，被告人居住地人民法院管辖为辅"。

犯罪地一般是犯罪证据最集中的地方，也是当事人及其他诉讼参与人所在的地方，由犯罪地的法院审判有利于更好地查明案件真相，对诉讼参与人参加诉讼更为便利。因此，刑事案件以犯罪地人民法院管辖为主，但是如果出现某些特殊情况，由被告人居住地法院审判更为适宜的，也可以由被告人居住地法院管辖。所谓"更为适宜"应结合案件具体情况判断。如被告人流窜作案，犯罪地不确定；被告人在居住地民愤极大，当地群众强烈要求在其居住地审判；等等。

所谓犯罪地包括犯罪的行为发生地和结果发生地。犯罪行为发生地，包括犯罪行为的实施地以及预备地、开始地、途经地、结束地等与犯罪行为有关的地点；犯罪行为有连续、持续或者继续状态的，犯罪行为连续、持续或者继续实施的地方都属于犯罪行为发生地。犯罪结果发生地，包括犯罪对象被侵害地、犯罪所得的实际取得地、藏匿地、转移地、使用地、销售地。

另外，有关司法解释还特别针对计算机犯罪这类特殊案件的犯罪地作了专门规定。针对或者利用计算机网络实施的犯罪，犯罪地包括犯罪行为发生地的网站服务器所在地，网络接入地，网站建立者、管理者所在地，被侵害的计算机信息系统及其管理者所在地，被告人、被害人使用的计算机信息系统所在地，以及被害人财产遭受损失地。

被告人居住地一般是其户籍所在地。经常居住地与户籍所在地不一致的，经常居住地为其居住地。经常居住地为被告人被追诉前已连续居住 1 年以上的地方，但住院就医的除外。被告单位登记的住所地为其居住地。主要营业地或者主要办事机构所在地与登记的住所地不一致的，主要营业地或者主要办事机构所在地为其居住地。

（二）优先管辖与移送管辖

《刑事诉讼法》第 25 条规定："几个同级人民法院都有权管辖的案件，由最初受理的人民法院审判。在必要的时候，可以移送主要犯罪地的人民法院审判。"该条规定了两种解决地区管辖争议的办法，一为优先管辖，一为移送管辖。本条适用的前提条件是，发生争议的几个同级人民法院对于案件都享有法定管辖权，即都是犯罪地。但是究竟由哪一所法院管辖产生不同意见。对于此种争议，原则上应当由最初受理案件的人民法院审判，即优先管辖,在必要的时候可以移送管辖,即移送主要犯罪地的人民法院审判。因此,本条可以概括为,几个同级人民法院都有管辖权的案件,"以最初受理的人民法院审判为主,以主要犯罪地的人民法院审判为辅"。

以最初受理的人民法院审判为主,是为了避免人民法院之间发生管辖争议而拖延案件的审判,同时,也由于最初受理的人民法院往往已经对案件进行了一些工作,由它进行审判,有利于及时审结案件。但在必要的时候,最初受理的人民法院可以把案件移送主要犯罪地的人民法院审判。这里的主要犯罪地应当解释为案件涉及多个地点时对该犯罪的成立起主要作用的行为地,以及一人犯数罪时,主要罪行的实施地。

(三) 特殊情况下的地区管辖

刑事案件错综复杂,有些案件尚不能完全适用上述地区管辖的法律规定,有关司法解释对这些情况设有下列特殊规定:

(1) 对中华人民共和国缔结或者参加的国际条约所规定的罪行,中华人民共和国在所承担条约义务的范围内,行使刑事管辖权的,由被告人被抓获地的人民法院管辖。

(2) 在中华人民共和国领域外的中国船舶内的犯罪,由该船舶最初停泊的中国口岸所在地的人民法院管辖。

(3) 在中华人民共和国领域外的中国航空器内的犯罪,由该航空器在中国最初降落地的人民法院管辖。

(4) 在国际列车上的犯罪,根据我国与相关国家签订的协定确定管辖;没有协定的,由该列车最初停靠的中国车站所在地或者目的地的铁路运输法院管辖。

(5) 中国公民在中国驻外使、领馆内的犯罪,由其主管单位所在地或者原户籍所在地的人民法院管辖。

(6) 中国公民在中华人民共和国领域外的犯罪,由其入境地或者离境前居住地的人民法院管辖;被害人是中国公民的,也可由被害人离境前居住地的人民法院管辖。

(7) 外国人在中华人民共和国领域外对中华人民共和国国家或者公民犯罪,根据《中华人民共和国刑法》应当受处罚的,由该外国人入境地、入境后居住地或者被害中国公民离境前居住地的人民法院管辖。

(8) 正在服刑的罪犯在判决宣告前还有其他罪没有判决的,由原审地人民法院管辖;由罪犯服刑地或者犯罪地的人民法院审判更为适宜的,可以由罪犯服刑地或者犯罪地的人民法院管辖。罪犯在服刑期间又犯罪的,由服刑地的人民法院管辖。罪犯在脱逃期间犯罪的,由服刑地的人民法院管辖。但是,在犯罪地抓获罪犯并发现其在脱逃期间的犯罪的,由犯罪地的人民法院管辖。

三、指定管辖

《刑事诉讼法》第26条规定:"上级人民法院可以指定下级人民法院审判管辖不明的案件,也可以指定下级人民法院将案件移送其他人民法院审判。"

该条规定情形被称为指定管辖,它是相对于法定管辖而言的,是对法定管辖的补充。

指定管辖一般适用于两种情况:一类是地区管辖不明的刑事案件,如果某刑事案件发生在两县交界处,犯罪地属于哪个人民法院管辖区域不明确。在这种情况下,指定管辖可以避免案件无人管辖或者因管辖争议而延误案件的处理。另一类是原来有管辖权的法院由于各种原因而不适宜或者不能行使管辖权的案件,为了排除干扰,保证审判活动的顺利进行,由上级人民法院指定下级人民法院将其管辖的某一案件移送至其他法院审判。

根据相关司法解释规定,管辖权发生争议的,应当在审理期限内协商解决;协商不成的,由争议的人民法院分别层报共同的上级人民法院指定管辖。

上级人民法院指定管辖,应当将指定管辖决定书分别送达被指定管辖的人民法院和其他有关的人民法院。原受理案件的人民法院在收到上级人民法院改变管辖决定书、同意移送决定书或者指定其他人民法院管辖决定书后,对公诉案件,应当书面通知同级人民检察院,并将案卷材料退回,同时书面通知当事人;对自诉案件,应当将案卷材料移送被指定管辖的人民法院,并书面通知当事人。

四、专门管辖

专门管辖,是指专门人民法院之间,专门人民法院与普通人民法院之间,以及各类专门人民法院系统内部在受理第一审刑事案件上的权限分工。

由于铁路运输法院已经撤销,我国与刑事案件有关的专门法院仅存军事法院。因此专门管辖实质上就是解决军事法院受理刑事案件的范围。

军事法院管辖的刑事案件主要是现役军人(含军队内的在编职工)犯罪的案件,既包括军人违反职责罪,也包括其他各类犯罪。

现役军人和非军人共同犯罪的案件,分别由军事法院和地方法院管辖;涉及国家军事秘密的,全案由军事法院管辖。

但是,下列案件由地方人民法院管辖:(1)非军人、随军家属在部队营区内犯罪的;(2)军人在办理退役手续后犯罪的;(3)现役军人入伍前犯罪的(需与服役期内犯罪一并审判的除外);(4)退役军人在服役期内犯罪的(犯军人违反职责罪的除外)。

思考题:
1. 什么是管辖?如何理解立案管辖与审判管辖的关系?
2. 如何理解刑事诉讼管辖的意义?
3. 人民检察院直接受理的案件范围有哪些?
4. 人民法院直接受理的三类刑事案件之间的区别有哪些?
5. 公安机关、人民检察院和法院之间出现管辖权竞合时应如何处理?
6. 我国刑事诉讼中地区管辖的一般原则应如何理解?
7. 刑事诉讼中法院之间出现管辖权争议时应当如何解决?
8. 指定管辖的意义体现在哪些方面?
9. 刑事诉讼法中管辖权的转移与民事诉讼法中的相关规定有何区别?

第五章 回 避

第一节 概 述

一、回避的概念

刑事诉讼中的回避,是指依照法律规定,与刑事案件有利害关系或者其他关系可能影响对案件公正处理的审判人员、检察人员、侦查人员以及书记员、鉴定人、翻译人员不得参与办理该案件的一项诉讼制度。根据我国《刑事诉讼法》的规定,所谓"不得参与办理该案件",是指不得参与该案件的立案、侦查、批捕、预审、审查起诉、提起公诉、出庭支持公诉、诉讼监督、审判、记录、翻译与鉴定等项工作。

二、回避的意义

回避是一项重要的诉讼制度,为当今世界各国普遍采用,对刑事诉讼的进行具有重要意义。

(一)回避制度是刑事诉讼公正进行的制度保障

要保证案件得到公正处理,仅凭办案人员的思想觉悟、职业道德的要求是不够的,还必须有一定的制度保障。实行回避制度,可以有效地避免司法人员先入为主、主观臆断或者因与本案有利害关系或其他关系而可能产生的弄虚作假、徇私舞弊、枉法裁判等不公正的现象,从而使案件能够得到客观、公正的处理。

(二)回避制度有利于当事人诉讼权利的行使和接受案件处理结果

申请回避是当事人的一项诉讼权利,它使当事人能够积极参加诉讼活动,充分行使其诉讼权利,推动诉讼活动的顺利和公正进行。而且,实行回避制度,可以减少当事人和公民的疑虑,增强当事人对司法机关及司法人员的信任。如果办案人员与案件或案件当事人有利害关系或者其他特殊关系,即使案件处理得非常公正,也难免引起当事人不必要的猜疑,从而增加不必要的上诉或申诉。实行回避制度可以使办案人员摆脱处事不公的嫌疑,有利于当事人接受案件的处理结果,并进而服判息诉。

(三)回避制度有利于维护公安、司法机关的权威

实行回避制度,同案件或案件当事人有利害关系及其他关系的司法人员不在本案诉讼中履行职务,这就能使公安、司法机关及其工作人员在刑事诉讼中处于公正无私的中立地位,也使得当事人更加信赖公安司法机关及其工作人员。因而回避制度显然有利于维

护公安、司法机关在诉讼中的权威地位,使公安司法机关对案件的处理结果更有权威性。

第二节 回避的种类、理由和人员范围

一、回避的种类

我国《刑事诉讼法》及相关司法解释中规定的回避共有三种,即自行回避、申请回避和指令回避。

自行回避,是指侦查人员、检察人员、审判人员以及其他人员,在刑事诉讼过程中,如果遇有法律规定的应当回避的情形,认为自己不应当参与案件的处理时,主动提出的回避。

申请回避,是指案件的当事人、法定代理人、辩护人、诉讼代理人,如果认为处理案件的侦查人员、检察人员、审判人员以及其他人员具有法律规定的应当回避的情形时,有权向司法机关提出申请,要求他们回避。申请回避是当事人及其法定代理人、辩护人、诉讼代理人的一种重要的诉讼权利,司法机关应当重视并切实保障该权利的实现。

指令回避,是指应当回避的人员,本人没有自行回避,当事人、法定代理人、辩护人、诉讼代理人也没有申请其回避的,有权决定的院长、审判委员会、检察长、检察委员会或者侦查机关负责人作出决定,指令其回避。

二、回避的理由

回避的理由就是法律规定的应当回避的具体情形。根据《刑事诉讼法》第28条和第29条以及相关司法解释的规定,回避的理由有以下几项:

(一) 本人是本案的当事人或当事人的近亲属的

这是指办案人员本人是本案的被害人、自诉人、犯罪嫌疑人、被告人、附带民事诉讼的原告人和被告人中的情形之一;或者是本案当事人的夫、妻、父、母、子、女、同胞兄弟姐妹中的情形之一。

(二) 本人或者他的近亲属和本案有利害关系的

办案人员本人或者他的近亲属和本案有利害关系,意味着案件的处理结果将会对办案人员本人或者其近亲属产生影响,因此在这种情况下也不应当参与案件的处理。

(三) 本人担任过本案的证人、鉴定人、辩护人、诉讼代理人的

证人、鉴定人、辩护人、诉讼代理人由于其诉讼地位和职能,已经参与了本案的诉讼活动,因而对案件事实和案件应当如何处理已经形成了一定的立场,如果再担任案件的侦查、检察、审判工作,则可能产生先入为主的效果,影响其处理案件时的客观中立性。

需要注意的是根据最高法《解释》第23条第3项规定,除了上述四种角色之外,审判人员若担任过翻译人员的,也应当回避。但是由于最高检《规则》与公安部《规定》中均无

同样规定,因此该规定仅约束审判人员。

(四) 本人与本案当事人有其他关系,可能影响公正处理案件的

这里所说的其他关系,是指上述三种情况之外的某种关系,比如邻居、同学、师生等关系,存在这些关系的办案人员是否回避,要结合个案具体情形分析,若此种关系可能影响其公正处理案件时,应当回避。

(五) 本人曾接受当事人及其委托的人的请客送礼,或者违反规定会见当事人及其委托的人的

司法人员代表国家进行刑事诉讼,应当严格依照法律,公正无私地处理案件,特别是不能与一方当事人有不正当接触。司法人员接受当事人及其委托的人的请客送礼,或者违反规定会见当事人及其委托的人的,就可能使案件得不到公正处理,还会给司法机关的威信带来极为不良的影响。

根据相关司法解释的规定,此种情形主要体现为索取、接受本案当事人及其委托人的财物或者其他利益;接受本案当事人及其委托人的宴请,或者参加由其支付费用的活动;向本案当事人及其委托人借用款物;违反规定会见本案当事人、辩护人、诉讼代理人;为本案当事人推荐、介绍辩护人、诉讼代理人,或者为律师、其他人员介绍办理本案等。

(六) 与本案的辩护人、诉讼代理人有近亲属关系的

此种回避情形规定在最高法《解释》第 23 条第 4 项。据此,审判人员若存在此种情形,一律应当回避。但是最高检《规则》以及公安部《规定》中并无类似规定,这意味着检察人员和侦查人员若有此种情形的话,则应具体分析案件情况,若上述关系影响案件公正处理的话,则应当回避。

(七) 参加过本案侦查、起诉、审判的有关司法人员以及在一个审判程序中参与过本案审判工作的合议庭组成人员

参与过本案侦查、审查起诉工作的侦查、检察人员,调至人民法院工作的,不得担任本案的审判人员。在一个审判程序中参与过本案审判工作的合议庭组成人员或者独任审判员,不得再参与本案其他程序的审判。

三、回避适用的人员范围

根据《刑事诉讼法》第 28 条和第 31 条的规定,在刑事诉讼中适用回避的人员包括以下几类:

(一) 审判人员

这里的审判人员包括直接审理案件的审判员、助理审判员和人民陪审员,还应当包括对本案参与讨论、审查和作出处理决定的院长、副院长、庭长、副庭长以及审判委员会的委员。

(二) 检察人员

这里的检察人员包括直接负责案件的审查批准逮捕、审查决定起诉、出庭支持公诉的

检察人员,还包括对本案参与讨论、审查和作出处理决定的检察长、副检察长以及检察委员会委员。

(三) 侦查人员

这里的侦查人员不仅包括直接负责案件侦查的公安人员和检察人员,还应当包括参与本案讨论和作出处理决定的公安机关负责人与检察机关的检察长、副检察长以及检察委员会委员。

(四) 其他人员

其他人员是指书记员、翻译人员和鉴定人,包括在侦查、审查起诉和审判各个阶段担任记录、翻译和鉴定工作的人员。

第三节 回避的程序

一、回避的提起

回避的提起包括回避的提出和回避的申请两种途径。

(一) 回避的提出

回避的提出,是指在自行回避中,公安、司法人员自己提出回避。审判人员、检察人员、侦查人员及其他人员,如果具有法律规定应当回避的情形,需要自行回避的,可以口头或者书面提出,并且说明理由,口头提出的,应当记录在案。

(二) 回避的申请

回避的申请,是指当事人及其法定代理人、辩护人、诉讼代理人提出申请,要求公安、司法人员回避。

根据《刑事诉讼法》的规定,在刑事诉讼中有权提出回避申请的人是当事人及其法定代理人、辩护人、诉讼代理人。为保障申请回避的权利能够得到有效行使,相关司法解释规定,人民法院、人民检察院应当告知当事人及其法定代理人有依法申请回避的权利,并告知办理相关案件的合议庭组成人员、独任审判员、检察人员、书记员等的姓名、职务等有关情况。

当事人及其法定代理人、辩护人、诉讼代理人申请司法人员回避的,可以口头或者书面提出,并且说明理由,口头提出的,应当记录在案。当事人及其法定代理人、辩护人、诉讼代理人以《刑事诉讼法》第29条,即"接受当事人及其委托的人的请客送礼,或者违反规定会见当事人及其委托的人"为由申请回避,应当提供证明材料。

二、回避的审查决定

回避问题要经法定的组织或人员进行审查并作出决定。根据《刑事诉讼法》第30条的规定,审判人员、检察人员、侦查人员的回避,应当分别由人民法院院长、人民检察院检察长以及公安机关负责人决定。

院长自行申请回避,或者当事人及其法定代理人申请院长回避的,由本院审判委员会决定,审判委员会讨论时,由副院长主持,院长不得参加。检察长和公安机关负责人的回避由同级人民检察院检察委员会决定,检察委员会讨论检察长回避问题时,由副检察长主持,检察长不得参加。其中院长、检察长不应包括副职。但是在正职不在岗位,由副职代行正职职权时,得适用正职的回避审查决定程序。

书记员、鉴定人、翻译人员的回避应当根据其所处的诉讼阶段,分别由院长、检察长和公安机关负责人决定。

需要回避的人员在有决定权的人员或组织作出决定之前,就应当暂停参与本案的办理,但是根据《刑事诉讼法》的规定,侦查人员在回避决定作出之前,不能停止本案的侦查。

因符合《刑事诉讼法》第28条或者第29条规定的情形之一而回避的检察人员,在回避决定作出以前所取得的证据和进行的诉讼行为是否有效,由检察委员会或者检察长根据案件具体情况决定。

被决定回避的公安机关负责人、侦查人员、鉴定人、记录人和翻译人员,在回避决定作出以前所进行的诉讼活动是否有效,由作出决定的机关根据案件情况决定。

三、对驳回申请回避决定的复议

根据《刑事诉讼法》规定,对驳回申请回避的决定,当事人及其法定代理人可以申请复议一次。

公安机关作出驳回申请回避决定之后,当事人及其法定代理人对驳回申请回避的决定不服的,可以在收到驳回申请回避决定书后5日以内向作出决定的公安机关申请复议。公安机关应当在收到复议申请后5日以内作出复议决定书并书面通知申请人。

人民检察院作出驳回申请回避的决定后,应当告知当事人及其法定代理人如不服本决定,有权在收到驳回申请回避的决定书后5日以内向原决定机关申请复议一次。当事人及其法定代理人申请复议的,决定机关应当在3日以内作出复议决定书并书面通知申请人。

法院作出驳回申请回避决定后,当事人及其法定代理人可以在接到决定时申请复议一次。但是,不属于《刑事诉讼法》第28条、第29条规定情形的回避申请,由法庭当庭驳回并不得申请复议。

思考题:

1. 回避的意义体现在哪些方面?
2. 担任过证人、鉴定人、辩护人、诉讼代理人的人为什么不得参与案件的审查、起诉和审判?

3. 为什么对于侦查人员的回避申请提出后,在决定作出之前,侦查人员不停止本案的侦查工作?

4. 审判人员被决定回避之后,此前的审判行为是否有效?为什么?

5.《刑事诉讼法》有关回避决定权的规定与《民事诉讼法》有何区别?

第六章 辩护与代理

第一节 辩 护

一、辩护、辩护权和辩护制度

辩护,是指刑事案件的被追诉人及其辩护人反驳对被追诉人的指控,提出有利于被追诉人的事实和理由,论证被追诉人无罪、罪轻或者应当减轻、免除处罚,维护被追诉人的程序性权利,以保障被追诉人合法权益的诉讼活动。

辩护权是法律赋予犯罪嫌疑人、被告人的一项专属的诉讼权利,即犯罪嫌疑人、被告人针对指控进行辩解,以维护自己合法权益的一种诉讼权利,它在犯罪嫌疑人、被告人各项诉讼权利中,居于核心地位。犯罪嫌疑人、被告人行使辩护权的具体方式有两种:一种是自行辩护,即犯罪嫌疑人、被告人本人进行辩护;另一种是通过辩护人进行辩护,即由犯罪嫌疑人、被告人委托的辩护人或者在必要的时候由法律援助机构指派的律师进行辩护。本章重点介绍辩护人辩护。

辩护制度,是法律规定的关于辩护权、辩护种类、辩护方式、辩护人的范围、辩护人的责任、辩护人的权利与义务等一系列规则的总称。它是犯罪嫌疑人、被告人有权获得辩护原则在刑事诉讼中的体现和保障,是现代国家法律制度的重要组成部分。在我国,《刑事诉讼法》是辩护制度的主要法律渊源,此外,《宪法》《律师法》以及司法解释中也有大量的有关辩护制度的规定,成为辩护制度的辅助法律渊源。

辩护、辩护权和辩护制度三者之间的关系是:辩护权是辩护制度产生的基础,不承认犯罪嫌疑人、被告人的辩护权就不可能有辩护制度;辩护制度是辩护权的保障,各种辩护制度都是为了保障犯罪嫌疑人、被告人充分、正确行使辩护权而设立的;辩护是辩护权的外在表现形式,即辩护权是通过各种具体的辩护活动实现的。

二、辩护的种类

根据我国《刑事诉讼法》第32条、第33条和第34条的规定,我国刑事诉讼中的辩护种类有三种:

1. 自行辩护

指犯罪嫌疑人、被告人自己针对指控进行反驳、申辩和解释的行为。自行辩护权与国家追诉权是同时产生的,任何公民一旦被追诉,进入刑事诉讼程序,就自动享有自行辩护权,进行上述辩护行为。

2. 委托辩护

指犯罪嫌疑人、被告人依法委托律师或其他公民担任辩护人，协助其进行辩护。根据《刑事诉讼法》第33条的规定，犯罪嫌疑人、被告人委托辩护人的时间具体又可分为两种情况：(1) 犯罪嫌疑人自被侦查机关第一次讯问或者采取强制措施之日起，有权委托律师作为辩护人；(2) 被告人有权随时委托辩护人。

为了保障犯罪嫌疑人、被告人委托辩护权的充分实现，《刑事诉讼法》第33条还规定了三项重要的程序保障：(1) 权利告知。侦查机关在第一次讯问犯罪嫌疑人或者对犯罪嫌疑人采取强制措施的时候，应当告知犯罪嫌疑人有权委托辩护人。人民检察院自收到移送审查起诉的案件材料之日起3日以内，应当告知犯罪嫌疑人有权委托辩护人。人民法院自受理案件之日起3日以内，应当告知被告人有权委托辩护人。犯罪嫌疑人、被告人在押期间要求委托辩护人的，人民法院、人民检察院和公安机关应当及时转达其要求。(2) 代为委托。犯罪嫌疑人、被告人在押的，也可以由其监护人、近亲属代为委托辩护人。(3) 受托辩护人告知。辩护人接受犯罪嫌疑人、被告人委托后，应当及时告知办理案件的机关。

上述规定表明，我国《刑事诉讼法》对于犯罪嫌疑人、被告人在辩护人的选择问题上遵循意思自治的原则，即要否委托辩护人、委托何人作辩护人，均由犯罪嫌疑人、被告人自行决定。从法律规定和司法实践的做法来看，只存在四条限制：其一，只能在法律规定的可以充当辩护人的人员范围内进行选择；其二，犯罪嫌疑人在侦查阶段只能委托律师作为其辩护人；其三，委托的辩护人数最多为两人；其四，一名辩护人不得为两名以上的同案犯罪嫌疑人、被告人辩护，不得为两名以上的未同案处理但实施的犯罪存在关联的犯罪嫌疑人、被告人辩护。

3. 法律援助辩护

指犯罪嫌疑人、被告人没有委托辩护人，存在法定的情形，而由法律援助机构指派律师为其提供辩护。因此，法律援助辩护是以犯罪嫌疑人、被告人没有委托辩护人为前提的，如果犯罪嫌疑人、被告人已经委托辩护人，那么在任何情况下都不存在法律援助辩护的问题。我国《刑事诉讼法》第34条对法律援助辩护的情形和程序进行了专门规定，总体上讲分为申请指派援助和法定指派援助两种情形，具体内容详见本章第三节。

关于指派律师进行法律援助辩护以后，犯罪嫌疑人、被告人拒绝法律援助机构指派的辩护律师，应当如何处理的问题，《刑事诉讼法》中没有作出明确规定。根据多年司法实践中的做法，应分两种情况区别对待：对于依申请酌定法律援助辩护的，如果在指派律师以后，犯罪嫌疑人、被告人拒绝的，应当准许；对于依职权法定法律援助辩护的，如果在指派律师以后，被告人拒绝的，则要告知其另行委托辩护人或者为其另行指派辩护律师。今后此问题如何进行处理，有待法律或者司法解释作出明确规定。

三、辩护人的范围

辩护人的范围，是指哪些人可以接受犯罪嫌疑人、被告人的委托，担任他们的辩护人。

我国《刑事诉讼法》第 32 条第 1 款对此作了明确规定,下列人员可以担任辩护人:

(1) 律师。律师是具备律师资格,取得律师执业证书,为社会提供法律服务的执业人员。我国现在已经建立了全国统一的司法考试制度,只有通过司法考试,并在律师事务所实习 1 年以上的,方可取得律师执业证书。

(2) 人民团体或者犯罪嫌疑人、被告人所在单位推荐的人。这里的人民团体是指工会、妇联、共青团等群众性团体。

(3) 犯罪嫌疑人、被告人的监护人、亲友。所谓监护人,是指对未成年人和无行为能力或限制行为能力的精神病人承担保护其人身、财产和其他合法权益责任的人或单位。根据《民法通则》第 16 条和第 17 条的规定,监护人一般由被监护人的亲属担任,没有亲属的,也可由有关的机关、团体或单位担任。所谓亲友,是指犯罪嫌疑人、被告人的亲戚朋友。

《刑事诉讼法》第 32 条除了对辩护人的范围进行了上述正面规定以外,还在第 2 款作出了禁止性规定,六部门《规定》第 4 条、最高法《解释》第 35 条以及最高检《规则》第 38 条对此问题进行了更为详细的规定。根据上述规定,下列人员不得担任辩护人:(1) 正在被执行刑罚或者处于缓刑、假释考验期间的人;(2) 依法被剥夺、限制人身自由的人;(3) 无行为能力或者限制行为能力的人;(4) 人民法院、人民检察院、公安机关、国家安全机关、监狱的现职人员;(5) 人民陪审员;(6) 与本案审理结果有利害关系的人;(7) 外国人或者无国籍人。但上述人员中的第(4)项至第(7)项,如果本人是被告人的监护人、近亲属,由被告人委托担任辩护人的,可以允许。

此外,根据《律师法》第 41 条、最高法《解释》第 36 条以及最高检《规则》第 39 条的规定,审判人员、检察人员从人民法院、人民检察院离任后 2 年以内,不得以律师身份担任辩护人;审判人员和人民法院其他工作人员从人民法院离任后,不得担任原任职法院所审理案件的辩护人,检察人员从人民检察院离任后,不得担任原任职检察院办理案件的辩护人,但作为被告人、犯罪嫌疑人的监护人、近亲属进行辩护的除外;人民法院审判人员及其他工作人员的配偶、子女或者父母不得担任其任职法院所审理案件的辩护人,检察人员的配偶、子女不得担任该检察人员所任职检察院办理案件的辩护人。

上述有关辩护人范围的限制性规定,有的是从保证辩护质量的角度考虑的,有的是从保证司法公正的角度考虑的,还有的是从维护辩护制度的严肃性角度考虑的。除了上述法律规定外,在学术界还对辩护人的其他禁止范围进行了有益的探讨,普遍认为本案的证人、鉴定人、翻译人员不宜同时担任本案的辩护人。因为这些人与辩护人的诉讼地位、诉讼权利和诉讼义务是互相矛盾的。

四、辩护人的责任

辩护人参加诉讼的目的就是帮助犯罪嫌疑人、被告人依法行使辩护权,维护犯罪嫌疑人、被告人的合法权益。为此,我国《刑事诉讼法》第 35 条规定:"辩护人的责任是根据事实和法律,提出犯罪嫌疑人、被告人无罪、罪轻或者减轻、免除其刑事责任的材料和意见,

维护犯罪嫌疑人、被告人的诉讼权利和其他合法权益。"根据这一规定,辩护人的责任主要有三项:

(1) 从实体上为犯罪嫌疑人、被告人进行辩护。即根据事实和法律,提出犯罪嫌疑人、被告人无罪、罪轻或者减轻、免除其刑事责任的材料和意见,反驳对犯罪嫌疑人、被告人不正确的指控,帮助司法机关全面了解案情,正确适用法律,依法公正处理案件。这是辩护人的首要任务。

(2) 从程序上为犯罪嫌疑人、被告人进行辩护。即帮助犯罪嫌疑人、被告人依法正确行使自己的诉讼权利,并在发现犯罪嫌疑人、被告人的诉讼权利受到侵犯或剥夺时,向司法机关提出意见,要求依法制止,或者向有关单位提出控告。

(3) 为犯罪嫌疑人、被告人提供其他法律帮助。辩护人应当解答犯罪嫌疑人、被告人提出的有关法律问题,为犯罪嫌疑人、被告人代写有关文书,案件宣判后,应当了解被告人的态度,征求其对判决的意见以及是否进行上诉等。

五、辩护人的诉讼地位

一般来讲,辩护人的诉讼地位可以概括为:辩护人是犯罪嫌疑人、被告人合法权益的专门维护者。辩护人的这一诉讼地位包括两个不可分割的方面。一方面,辩护人在刑事诉讼中所维护的是犯罪嫌疑人、被告人的合法权益,而不是非法权益。因此辩护人只能依据事实和法律为犯罪嫌疑人、被告人进行辩护,而不能为其当事人谋取非法利益,更不得教唆犯罪嫌疑人、被告人翻供,引诱证人作伪证或者进行其他妨碍司法的行为。另一方面,辩护人在刑事诉讼中的唯一职能就是辩护,除此以外没有别的职能。在我国,司法机关也具有维护犯罪嫌疑人、被告人合法权益的职责,但只是在履行其他诉讼职能的过程中,兼顾犯罪嫌疑人、被告人的合法权益,只有辩护人才是犯罪嫌疑人、被告人合法权益的专门维护者。所以,辩护人在刑事诉讼中绝对不能充当第二控诉人,去检举、揭发犯罪嫌疑人、被告人已经实施的犯罪行为,即使这种行为是没有被司法机关所掌握的。我国法律虽然没有像许多国家那样规定律师的拒绝作证特权,但是从法律规定的辩护人的责任和职能来看,也不应该这样做。

六、辩护人的诉讼权利和诉讼义务

辩护人依法享有诉讼权利、承担诉讼义务,是辩护人顺利开展辩护活动的重要保证。为此,我国《刑事诉讼法》和《律师法》对辩护人的诉讼权利和诉讼义务进行了明确的规定。

(一) 辩护人的诉讼权利

1. 职务保障权

辩护人依法履行职责,受国家法律保护。辩护律师在执业活动中的人身权利不受侵犯。律师在法庭上发表的代理、辩护意见不受法律追究。但是,发表危害国家安全、恶意诽谤他人、严重扰乱法律秩序的言论除外。(《律师法》第36条,第37条第1、2款)

辩护人、诉讼代理人认为公安机关、人民检察院、人民法院及其工作人员阻碍其依法行使诉讼权利的,有权向同级或者上一级人民检察院申诉或者控告。人民检察院受理申诉或者控告后,应当在10日以内将处理情况书面答复提出申诉或者控告的辩护人、诉讼代理人。(《刑事诉讼法》第47条、六部门《规定》第10条)

2. 会见、通信权

根据《刑事诉讼法》第37条、《律师法》第33条、六部门《规定》第7条、最高检《规则》第45条及公安部《规定》第51条、第52条的规定,关于会见、通信权有以下基本内容:

辩护律师可以同在押的以及被监视居住犯罪嫌疑人、被告人会见和通信。其他辩护人经人民法院、人民检察院许可,也可以同在押的以及被监视居住的犯罪嫌疑人、被告人会见和通信。

辩护律师持律师执业证书、律师事务所证明和委托书或者法律援助公函要求会见在押的犯罪嫌疑人、被告人的,看守所应当及时安排会见,至迟不得超过48小时,即保证辩护律师在48小时以内见到在押的犯罪嫌疑人、被告人。

危害国家安全犯罪、恐怖活动犯罪、特别重大贿赂犯罪案件,在侦查期间辩护律师会见在押的和被监视居住的犯罪嫌疑人,应当经侦查机关许可。所谓"特别重大贿赂犯罪案件"是指具有下列情形之一的案件:(1)涉嫌贿赂犯罪数额在50万元以上,犯罪情节恶劣的;(2)具有重大社会影响的;(3)涉及国家重大利益的。上述案件,侦查机关应当事先通知看守所。对于特别重大贿赂犯罪案件,人民检察院在侦查终结前应当许可辩护律师会见犯罪嫌疑人。

辩护律师会见在押的和被监视居住的犯罪嫌疑人、被告人,可以了解案件有关情况,提供法律咨询等;自案件移送审查起诉之日起,可以向犯罪嫌疑人、被告人核实有关证据。

辩护律师会见犯罪嫌疑人、被告人时不被监听。既指不被技术手段的监听,又指不被侦查人员和其他在场人员的监听。

3. 阅卷权

辩护律师自人民检察院对案件审查起诉之日起,可以查阅、摘抄、复制本案的案卷材料。其他辩护人经人民法院、人民检察院许可,也可以查阅、摘抄、复制上述材料。这里的案卷材料包括案件的诉讼文书和证据材料,但不包括合议庭、审判委员会的讨论记录以及其他依法不公开的材料。辩护人查阅、摘抄、复制案卷材料的,人民法院应当提供方便,并保证必要的时间。复制案卷材料可以采用复印、拍照、扫描等方式。辩护人复制案卷材料的,人民法院、人民检察院只收取工本费;法律援助律师复制必要的案卷材料的,应当免收或者减收费用。(《刑事诉讼法》第38条、《律师法》第34条,最高法《解释》第47条、第59条,最高检《规则》第47条)

4. 获取证据权

辩护律师经证人或者其他有关单位和个人同意,可以向他们收集与本案有关的材料,也可以申请人民检察院、人民法院收集、调取证据,或者申请人民法院通知证人出庭作证。辩护律师经人民检察院或者人民法院许可,并且经被害人或者其近亲属、被害人提供的证人同意,可以向他们收集与本案有关的材料,人民法院认为确有必要的,应当签发允许调查书。人民法院根据辩护律师的申请收集、调取证据材料后,应当及时通知辩护律师查阅、摘抄、复制,并告知人民检察院。(《刑事诉讼法》第41条、最高法《解释》第50—53条、最高检《规则》第50—53条)

辩护人认为在侦查、审查起诉期间公安机关、人民检察院收集的证明犯罪嫌疑人、被告人无罪或者罪轻的证据材料未提交的,有权申请人民检察院、人民法院调取。(《刑事诉讼法》第39条、《律师法》第35条)

5. 依法提供辩护的权利

辩护律师在侦查期间可以为犯罪嫌疑人提供法律帮助;代理申诉、控告;申请变更强制措施;向侦查机关了解犯罪嫌疑人涉嫌的罪名和案件有关情况,提出意见(《刑事诉讼法》第36条)。六部门《规定》进一步规定,辩护律师在侦查期间可以向侦查机关了解犯罪嫌疑人涉嫌的罪名及当时已查明的该罪的主要事实,犯罪嫌疑人被采取、变更、解除强制措施的情况,侦查机关延长侦查羁押期限等情况。

人民检察院审查批准逮捕,可以听取辩护律师的意见;辩护律师提出要求的,应当听取辩护律师的意见。(《刑事诉讼法》第86条第2款、最高检《规则》第54条)

人民检察院审查批准逮捕未成年犯罪嫌疑人和人民法院决定逮捕未成年被告人,应当听取辩护律师的意见。(《刑事诉讼法》第269条第1款)

在案件侦查终结前,辩护律师提出要求的,侦查机关应当听取辩护律师的意见,并记录在案。辩护律师提出书面意见的,应当附卷。(《刑事诉讼法》第159条、公安部《规定》第55条第1款)

人民检察院审查案件,应当听取辩护人的意见,并记录在案。辩护人提出书面意见的,应当附卷。(《刑事诉讼法》第170条)

辩护人有权在开庭3日以前获得法院的出庭通知书(《刑事诉讼法》第182条第3款)。

辩护人有权在开庭审理前向人民法院提出排除非法证据的申请,人民法院经审查,对证据收集的合法性有疑问的,应当召开庭前会议,了解情况,听取意见。(《刑事诉讼法》第182条第2款、最高法《解释》第99条)

在法庭调查阶段,辩护人在公诉人讯问被告人后经审判长许可,可以向被告人发问;经审判长许可,可以对证人、鉴定人发问,对其他证据发表意见;可以申请法庭通知有专门知识的人出庭,就鉴定人作出的鉴定意见提出意见;有权申请通知新的证人到庭,调取新的物证,重新鉴定或者勘验。在法庭辩论阶段,辩护人可以对证据和案件情况发表意见并且可以和控方展开辩论。(《刑事诉讼法》第186条、第189条、第190条、第192条、第193条)

对第一审公诉案件,起诉指控的事实清楚、证据确实、充分,指控的罪名与审理认定的罪名不一致的,人民法院应当在按照审理认定的罪名作出有罪判决前听取控辩双方的意见,保障被告人、辩护人充分行使辩护权。必要时,可以重新开庭,组织控辩双方围绕被告

人的行为构成何罪进行辩论。(最高法《解释》第241条)

最高人民法院复核死刑案件,辩护律师提出要求的,应当听取辩护律师的意见。(《刑事诉讼法》第240条第1款、最高法《解释》第356条)

6. 其他权利

辩护人有权申请回避并对驳回回避的决定申请复议。(《刑事诉讼法》第31条第2款)

辩护人对审判人员、检察人员和侦查人员侵犯公民诉讼权利和人身侮辱的行为,有权提出控告。(《刑事诉讼法》第14条第2款)

辩护人在征得被告人同意后,可以对第一审判决、裁定提出上诉。(《刑事诉讼法》第216条第1款)

辩护人有权得到与其行使辩护权有关的法律文书,如人民检察院的起诉书副本,人民法院的判决书、裁定书副本等。(《刑事诉讼法》第182条第1款、第196条第2款)

辩护律师对在执业活动中知悉的委托人的有关情况和信息,有权予以保密。(《刑事诉讼法》第46条、公安部《规定》第54条)

(二) 辩护人的诉讼义务

1. 认真履行职务义务

辩护律师在接受委托或被指定担任辩护人以后,有义务为犯罪嫌疑人、被告人进行辩护,并应当负责到底,无正当理由,不得拒绝辩护。但是委托事项违法、委托人利用律师提供的服务从事违法活动或者委托人故意隐瞒与案件有关的重要事实的,律师有权拒绝辩护或者代理。(《律师法》第32条第2款)

受法律援助机构指派,进行法律援助的律师应当为受援人提供符合标准的法律服务,维护受援人的合法权益。(《律师法》第42条)

2. 依法辩护义务

辩护人不得帮助犯罪嫌疑人、被告人隐匿、毁灭、伪造证据或者串供,不得威胁、引诱证人作伪证以及进行其他干扰司法机关诉讼活动的行为。违反本项义务的,应当依法追究刑事责任,由办理辩护人所承办案件的侦查机关以外的侦查机关办理。辩护人是律师的,应当及时通知其所在的律师事务所或者所属的律师协会(《刑事诉讼法》第42条、《律师法》第37条第2款)。六部门《规定》进一步规定,公安机关、人民检察院发现辩护人涉嫌犯罪,或者接受报案、控告、举报、有关机关的移送,依照侦查管辖分工进行审查后认为符合立案条件的,应当按照规定报请办理辩护人所承办案件的侦查机关的上一级侦查机关指定其他侦查机关立案侦查,或者由上一级侦查机关立案侦查。不得指定办理辩护人所承办案件的侦查机关的下级侦查机关立案侦查。

辩护律师不得私自接受委托、收取费用,接受委托人的财物或者其他利益;不得利用提供法律服务的便利谋取当事人争议的权益;不得接受对方当事人的财物或者其他利益,与对方当事人或者第三人恶意串通,侵害委托人的权益;不得违反规定会见法官、检察官及其他有关工作人员;不得向法官、检察官以及其他有关工作人员行贿,介绍贿赂或者指使、诱导当事人行贿,或者以其他不正当方式影响法官、检察官以及其他有关工作人员依法办理案件;不得故意提供虚假证据或者威胁、利诱他人提供虚假证据,妨碍对方当事人合法取得证据;不得煽动、教唆当事人采取扰乱公共秩序、危害公共安全等非法手段解决争议;不得扰乱法庭,干扰诉讼、仲裁活动的正常进行。(《律师法》第40条)

3. 部分证据展示义务

辩护人收集的有关犯罪嫌疑人不在犯罪现场、未达到刑事责任年龄、属于不负刑事责任的精神病人的证据,应当及时告知公安机关、人民检察院。(《刑事诉讼法》第40条)

4. 保守秘密义务

律师应当保守在执业活动中知悉的国家秘密、商业秘密,不得泄露当事人的隐私。辩护律师对在执业活动中知悉的委托人和其他人不愿泄露的情况和信息,应当予以保密。但是,辩护律师在执业活动中知悉委托人或者其他人,准备或者正在实施危害国家安全、公共安全以及严重危害他人人身安全的犯罪的,应当及时告知司法机关。受理告知的人民法院或者人民检察院应当记录在案,立即转告主管机关依法处理,并为反映有关情况的辩护律师保密。(《刑事诉讼法》第46条、《律师法》第38条、最高法《解释》第60条、最高检《规则》第59条)

5. 遵守诉讼纪律义务

辩护人有义务遵守诉讼纪律,如按出庭通知中告知的开庭的时间、地点准时出席法庭进行辩护,在法庭上服从审判长的指挥,会见在押犯罪嫌疑人、被告人时遵守看管场所的规定等。

第二节 代 理

一、刑事代理和刑事代理制度

刑事诉讼中的代理,是指代理人接受公诉案件的被害人及其法定代理人或者近亲属、自诉案件的自诉人及其法定代理人、附带民事诉讼的当事人及其法定代理人的委托,以被代理人名义参加诉讼,由被代理人承担代理行为的法律后果的一项诉讼活动。

刑事代理制度,是法律关于刑事诉讼中的代理权、代理人的范围、代理的种类与方式、代理人的职责、代理人的权利与义务等一系列法律规范的总称。《刑事诉讼法》是刑事代理制度的主要法律渊源。此外,我国《律师法》和最高人民法院、最高人民检察院、司法部、公安部《关于律师参加诉讼的几项具体规定的联合通知》《关于律师参加诉讼的几项补充规定》中都对律师的刑事代理活动作了具体的规定。

二、刑事代理的种类

我国刑事诉讼中的代理包括三种情况:一是公诉案件中被害人的代理;二是自诉案件中自诉人的代理;三是刑事附带民事诉讼中原告人和被告人的代理。自诉人、被害人及其法定代理人委托的诉讼代理人，特别是代理律师，在其同时提起附带民事诉讼时，可以兼作附带民事诉讼原告人的代理律师，一般无须另办法律手续。而刑事被告人或对被告人的行为负有赔偿责任的机关、团体，可以委托刑事被告人的辩护律师做诉讼代理人，但要征得该律师的同意，并应另行办理有关法律手续。

（一）公诉案件中的代理

公诉案件中的代理，是指诉讼代理人接受公诉案件的被害人及其法定代理人或者近亲属的委托，代理被害人参加诉讼，以维护被害人的合法权益。

根据我国《刑事诉讼法》第44条第1款的规定，公诉案件的被害人及其法定代理人或者近亲属，附带民事诉讼的当事人及其法定代理人，自案件移送审查起诉之日起，有权委托诉讼代理人。同时为了保证被害人知悉这一权利，《刑事诉讼法》第44条第2款还规定人民检察院自收到移送审查起诉的案件材料之日起3日内应当告知被害人及其法定代理人或其近亲属、附带民事诉讼的当事人及其法定代理人有权委托诉讼代理人。

被害人的诉讼代理人参加刑事诉讼，同公诉人的诉讼地位是平等的，双方都在刑事诉讼过程中执行控诉职能。但是两者的诉讼地位又不完全相同，公诉人除了执行控诉职能外，还执行法律监督职能，因此，公诉人的意见同被害人的诉讼代理人的意见不同甚至冲突，属于正常现象。在法庭审判过程中，应当允许被害人的诉讼代理人独立发表代理意见，并允许诉讼代理人同辩护人、公诉人进行辩论。

对于公诉案件被害人的诉讼代理人应享有哪些权利，我国法律没有作出明确的规定。总的来看，公诉案件中被害人的代理人应当享有与辩护人大体相同的诉讼权利，但又略有区别。这包括两方面的内容：首先，辩护人享有的绝大多数权利被害人的诉讼代理人都应当享有。因为被害人和被追诉人分别是刑事案件中的受害者和加害者，他们在刑事诉讼中构成对立统一的关系，为了有效保护被害人的合法权利，防止公诉机关举证不足可能对被害人权利造成的损害，辩护人享有的诉讼权利，如查阅、摘抄、复制案卷材料，调查收集证据等，原则上都应当赋予被害人的诉讼代理人。其次，被害人的诉讼代理人与辩护人所维护的利益毕竟有所不同，辩护人维护的是被追诉人的利益，而被害人的诉讼代理人维护的是被害人的利益，因而辩护人所享有的有些基于被追诉人与辩护人之间的信任关系以及为维护被追诉人利益的特殊需要而产生的权利，如会见犯罪嫌疑人的权利等，被害人的诉讼代理人是不应当享有的。

（二）自诉案件中的代理

自诉案件中的代理，是指代理人接受自诉人及其法定代理人的委托参加诉讼，以维护自诉人的合法权益。

自诉案件的自诉人可以随时委托诉讼代理人，我国《刑事诉讼法》第44条第2款还规定，法院自受理案件之日起3日内，应当告知自诉人及其法定代理人有权委托诉讼代理人，这就使自诉人委托代理人的诉讼权利得到了程序上的保障。

自诉人委托诉讼代理人应当同诉讼代理人签订委托合同，载明代理事项、代理权限、代理期间等重大事项。

对于自诉人的诉讼代理人应享有哪些权利,我国法律也没有作出明确规定。由于自诉人的代理人像公诉案件被害人的代理人一样,也是行使控诉职能的,因而自诉人的代理人享有的诉讼权利原则上应当与被害人的诉讼代理人享有的诉讼权利相同。自诉人的诉讼代理人也应当以事实和法律为依据,正确地行使控诉权。但是,由于自诉案件通常危害性较小,主要涉及的是公民个人的利益,我国法律赋予自诉人对自己的利益进行处分的权利,因而自诉人的代理人的权利应当受到自诉人权利的约束,未经自诉人同意,自诉人的代理人不得撤回起诉,不得与对方和解、接受法院调解和提出反诉。

(三) 附带民事诉讼中的代理

附带民事诉讼中的代理,是指诉讼代理人接受附带民事诉讼的当事人及其法定代理人的委托,在所受委托的权限范围内,代理参加诉讼,以维护当事人及其法定代理人的合法权益。

我国《刑事诉讼法》规定,附带民事诉讼案件的当事人及其法定代理人,自案件移送审查起诉之日起,有权委托诉讼代理人,同时还规定检察院自收到案件审查起诉的案件材料之日起3日内应当告知双方当事人及其法定代理人有权委托诉讼代理人。

诉讼代理人接受委托的,应同附带民事诉讼当事人及其法定代理人签订委托代理合同,并由被代理人填写授权委托书,注明代理的权限。虽然我国法律也未对附带民事诉讼当事人的诉讼代理人的权利作出明确规定,但由于附带民事诉讼本质上是民事诉讼,因而双方当事人的诉讼代理人在附带民事诉讼中应当行使与其在一般民事诉讼中同样的权利,应当有权收集、调查证据,全面了解案情,在法庭上可以参与附带民事诉讼部分的调查和辩论,并提出代理意见。在诉讼中,如果当事人授予了和解权、撤诉权、反诉权等诉讼权利,还可以行使上述诉讼权利。

第三节 刑事法律援助制度

一、法律援助制度的建立和发展

法律援助制度是国家在司法制度运行的各个环节和各个层次上,对因经济困难或者其他因素而难以通过一般意义上的法律救济手段保障自身权利的社会弱者,减免收费,提供法律帮助的一项法律保障制度。它作为实现社会正义和司法公正、保障公民基本权利的国家行为,在国家的司法体系中占有十分重要的地位。[①]

法律援助制度起源于西方国家,先后经历了慈善事业阶段(18、19世纪)、个人权利阶段(20世纪前半段)和福利国家政策阶段("二战"以后)。自20世纪六七十年代以后,法律援助制度逐渐被一些发展中国家接受。我国虽然在1979年《刑事诉讼法》中就已经有了指定辩护的规定,但严格意义上的法律援助制度,到20世纪90年代后才开始建立。我

---

① 参见张耕主编:《法律援助制度比较研究》,法律出版社1997年版,第4页。

国《律师法》第 42 条的规定,是法律援助制度的直接法律渊源。此外,在《未成年人保护法》《老年人权益保障法》《妇女权益保障法》和《残疾人保障法》颁布后,司法部都及时联合中央有关部门发出了在这些特殊群体中建立法律援助制度的通知,进一步扩大了我国法律援助制度的范围。国务院于 2003 年 7 月 16 日通过了《法律援助条例》,标志着我国系统的法律援助制度正式建立。

二、刑事法律援助制度

刑事法律援助制度,是法律援助制度的最初形式,也是法律援助制度中最重要的组成部分,因为同其他法律帮助相比较,被牵涉进刑事诉讼的人最需要法律帮助。刑事诉讼事关公民的生命与自由,在大力倡导人权保障,辩护制度高度发达的今天,刑事法律援助制度就显得尤为重要。

(一) 刑事法律援助的范围

刑事法律援助的范围,同一国的经济发展水平和法制状况密切相关。与西方发达国家相比较,受经济发展水平的限制,我国刑事法律援助的范围经历了一个逐渐扩大的过程。早期的法律援助仅限于少数几种特殊情况下的指定辩护,现在已逐渐扩大到其他领域。即使就指定辩护来说,早期仅限于审判阶段,修正后的《刑事诉讼法》已经提前到了侦查阶段。

根据我国《刑事诉讼法》第 34 条和第 267 条的规定,对被追诉人的法律援助,分为申请指派律师援助和法定指派律师援助两种情形:

根据《刑事诉讼法》第 34 条第 1 款的规定,申请指派律师援助的情形,是指犯罪嫌疑人、被告人因经济困难或者其他原因①没有委托辩护人的,本人及其近亲属可以向法律援助机构提出申请。人民法院收到在押被告人提出的法律援助申请,应当在 24 小时以内转交所在地的法律援助机构(最高法《解释》第 41 条)。对符合法律援助条件的,法律援助机构应当指派律师为其提供辩护。

根据《刑事诉讼法》第 34 条第 2、3 款及第 267 条的规定,法定指派律师援助是指在下列情形中,犯罪嫌疑人、被告人没有委托辩护人的,人民法院、人民检察院和公安机关应当通知法律援助机构指派律师为其提供辩护:(1) 犯罪嫌疑人、被告人是盲、聋、哑人,或者是尚未完全丧失辨认或者控制自己行为能力的精神病人;(2) 犯罪嫌疑人、被告人是未成年人;(3) 犯罪嫌疑人、被告人可能被判处无期徒刑、死刑。对于这几种情形,法律援助机构只要收到人民法院、人民检察院或者公安机关的通知,就应当指派律师提供法律援助,

---

① 关于经济困难和其他原因而没有委托辩护人的具体情形,《刑事诉讼法》中尚无具体规定。根据《法律援助条例》第 13 条的规定,公民经济困难的标准,由省、自治区、直辖市人民政府根据本行政区域经济发展状况和法律援助事业的需要规定。申请人住所地的经济困难标准与受理申请的法律援助机构所在地的经济困难标准不一致的,按照受理申请的法律援助机构所在地的经济困难标准执行。对其他原因如何掌握,最高法《解释》第 43 条规定,具有下列情形之一,被告人没有委托辩护人的,人民法院可以通知法律援助机构指派律师为其辩护:(1) 共同犯罪案件中,其他被告人已经委托辩护人;(2) 有重大社会影响的案件;(3) 人民检察院抗诉的案件;(4) 被告人的行为可能不构成犯罪;(5) 有必要指派律师提供辩护的其他情形。

无须对被告人进行经济状况的审查。

除了上述对刑事被追诉者的法律援助之外,根据《法律援助条例》第11条的规定,刑事诉讼中有下列情形之一的,公民可以向法律援助机构申请法律援助:(1)公诉案件中的被害人及其法定代理人或者近亲属,自案件移送审查起诉之日起,因经济困难没有委托诉讼代理人的;(2)自诉案件的自诉人及其法定代理人,自案件被人民法院受理之日起,因经济困难没有委托诉讼代理人的。这两种情况在理论上应属于依申请酌定指派法律援助的情形。

(二)刑事法律援助的机构

《法律援助条例》对法律援助的机构作出了统一规定。按照规定,司法行政部门是法律援助的监督部门,国务院司法行政部门监督管理全国的法律援助工作,县级以上地方各级人民政府司法行政部门监督管理本行政区域的法律援助工作。中华全国律师协会和地方律师协会应当按照律师协会章程对依据本条例实施的法律援助工作予以协助。直辖市、设区的市或者县级人民政府司法行政部门根据需要确定本行政区域的法律援助机构。法律援助机构负责受理、审查法律援助申请,指派或者安排人员为符合本条例规定的公民提供法律援助。

(三)刑事法律援助的程序

对于法定指派律师援助的情形,法律援助机构只要接到人民法院、人民检察院或者公安机关的通知,就应当及时指派律师进行援助,并将指派进行援助的律师名单回复上述机关,无须进行资格审查。六部门《规定》第5条专门规定,人民法院、人民检察院、公安机关,对于符合法定指派律师援助的情形,而"通知法律援助机构指派律师提供辩护或者法律帮助的,法律援助机构应当在接到通知后3日以内指派律师,并将律师的姓名、单位、联系方式书面通知人民法院、人民检察院、公安机关"。因此,这里的刑事法律援助程序,主要是有关申请指派律师援助的程序。

根据《法律援助条例》的规定,犯罪嫌疑人、被告人申请法律援助的,应当向审理案件的人民法院所在地的法律援助机构提出申请。被羁押的犯罪嫌疑人的申请由看守所在24小时内转交法律援助机构,申请法律援助所需提交的有关证件、证明材料由看守所通知申请人的法定代理人或者近亲属协助提供。

公民申请代理、刑事辩护的法律援助应当提交下列证件、证明材料:(1)身份证或者其他有效的身份证明,代理申请人还应当提交有代理权的证明;(2)经济困难的证明;(3)与所申请法律援助事项有关的案件材料。申请应当采用书面形式,填写申请表;以书面形式提出申请确有困难的,可以口头申请,由法律援助机构工作人员或者代为转交申请的有关机构工作人员作书面记录。

法律援助机构收到法律援助申请后,应当进行审查;认为申请人提交的证件、证明材料不齐全的,可以要求申请人作出必要的补充或者说明,申请人未按要求作出补充或者说明的,视为撤销申请;认为申请人提交的证件、证明材料需要查证的,由法律援助机构向有关机关、单位查证。对符合法律援助条件的,法律援助机构应当及时决定提供法律援助;

对不符合法律援助条件的,应当将理由书面告知申请人。

申请人对法律援助机构作出的不符合法律援助条件的通知有异议的,可以向确定该法律援助机构的司法行政部门提出,司法行政部门应当在收到异议之日起5个工作日内进行审查,经审查认为申请人符合法律援助条件的,应当以书面形式责令法律援助机构及时对该申请人提供法律援助。

法律援助机构可以指派律师事务所安排律师或者安排本机构的工作人员办理法律援助案件;也可以根据其他社会组织的要求,安排其所属人员办理法律援助案件,但是根据《刑事诉讼法》第34条规定的精神,对于犯罪嫌疑人、被告人的法律援助,只能安排律师进行。

受指派进行法律援助义务的律师,应当认真负责地履行法律援助义务,我国《律师法》第42条专门规定:"律师、律师事务所应当按照国家规定履行法律援助义务,为受援人提供符合标准的法律服务,维护受援人的合法权益。"

受指派办理法律援助案件的律师或者接受安排办理法律援助案件的社会组织人员在案件结案时,应当向法律援助机构提交有关的法律文书副本或者复印件以及结案报告等材料。法律援助机构收到前款规定的结案材料后,应当向受指派办理法律援助案件的律师或者接受安排办理法律援助案件的社会组织人员支付法律援助办案补贴。法律援助办案补贴的标准由省、自治区、直辖市人民政府司法行政部门会同同级财政部门,根据当地经济发展水平,参考法律援助机构办理各类法律援助案件的平均成本等因素核定,并可以根据需要调整。

办理法律援助案件的人员遇有下列情形之一的,应当向法律援助机构报告,法律援助机构经审查核实的,应当终止该项法律援助:(1)受援人的经济收入状况发生变化,不再符合法律援助条件的;(2)案件终止审理或者已被撤销的;(3)受援人又自行委托律师或者其他代理人的;(4)受援人要求终止法律援助的。

思考题:

1. 什么是辩护?怎样理解辩护、辩护权和辩护制度三者之间的关系?
2. 法律援助辩护的情形有哪些?
3. 根据我国《刑事诉讼法》和有关司法解释的规定,哪些人能当辩护人?哪些人不能当辩护人?
4. 刑事辩护人在刑事诉讼中的责任是什么?
5. 如何理解辩护人的诉讼地位?
6. 辩护律师和其他辩护人在诉讼权利上有哪些差别?
7. 我国刑事诉讼中的代理有哪些?
8. 刑事法律援助的对象有哪些?
9. 刑事法律援助的机构是如何设置的?
10. 法律对刑事法律援助的程序是如何规定的?

第七章 证 据

第一节 概 述

一、证据的概念

《刑事诉讼法》第48条规定:"可以用于证明案件事实的材料,都是证据。证据包括:(一)物证;(二)书证;(三)证人证言;(四)被害人陈述;(五)犯罪嫌疑人、被告人供述和辩解;(六)鉴定意见;(七)勘验、检查、辨认、侦查实验等笔录;(八)视听资料、电子数据。证据必须经过查证属实,才能作为定案的根据。"这是我国刑事诉讼法对于证据这一概念所做的立法界定。

围绕上述规定应当如何理解,如何从理论上对刑事证据的概念进行合理界定,我国刑事诉讼法学界存在不同的意见。本教材编写组认为,刑事证据的概念应当界定为:在刑事诉讼过程中由当事人及其法定代理人、辩护人和诉讼代理人依法提出或者由司法机关依法收集,以其法定形式证明案件真实情况的一切材料。

二、证据的属性

刑事诉讼证据具有两大属性,一是证据能力,二是证明力。在刑事诉讼中,只有同时具备这两个属性的材料,才能成为刑事诉讼证据,成为认定案件事实的依据。

(一)证据能力

证据能力,是指证据资料在法律上允许其在诉讼中作为证据使用的资格,因此也被称为证据资格或证据的适格性。在英美证据法上,证据能力又被称为证据的可采性。证据能力源于法律明确规定,是一种法律上的资格。证据能力这一属性意味着并非所有与案件事实有关联性的证据材料都能在诉讼中作为证据使用,某些即使与案件有相关性且真实可靠的材料,如果不符合法律规定的条件,也要排除于定案依据之外。证据法最为核心的内容便是有关证据能力的规定。如英国证据法学家史蒂芬即认为,证据法的核心无非是"一套以政策为依据的管制性和排除性箴言,对哪些证人,哪类有证据力的事实得向陪审团提出,哪些类型的事实可以或必须予以证明,制定某些人为的拘束"。[①]

从世界范围来看,各国法律对于证据能力的规定,一般是基于以下两个方面的考虑:

第一,技术性因素。导致刑事证据能力规范产生的技术性因素是指在特定的审判模

---

① 沈达明:《英美证据法》,中信出版社1996年版,第10页。

式之下,基于更加准确和便捷地查明案件事实之目的,而对刑事证据能力提出的要求。美国学者魏格摩尔将此类因素称为"立证资格",也有学者将其称为"内部排除规则"。比如,在英美陪审团审判模式之下,由于事实认定由陪审团负责,而陪审团成员均为不具备法律知识和司法裁判经验的普通民众,为防止陪审员轻信一些实质上不大可信的证据,而设有一系列技术性的证据能力规则。此类规则中较具代表性的有意见证据规则、品格证据规则等。意见证据规则要求,证人只能就其自身感知的事实提供证言,一般情况下,不得发表意见,即证人以其感知、观察得出的推断或意见不具有证据能力。品格证据规则是指,有关一个人品格特征的证据不得用来证明这个人于特定环境之下实施了与此品格相一致的行为。而在传统大陆法系国家,由于事实认定由职业法官负责,裁判者受不良信息影响的可能性较小,因此此类证据能力规范也比较少。

第二,政策性因素。导致刑事证据能力规则产生的政策性因素是指,基于某些与正确认定案件事实无关的其他方面的政策性目的,而对刑事证据能力提出的要求。魏格摩尔将此类证据能力规则称为基于"外部政策"而设的规则。之所以要考虑政策性因素,是基于刑事诉讼活动价值取向的多元性。刑事诉讼的价值并不仅仅在于查明案件事实,并在此基础上正确适用实体法,而是还要考虑其他诸多政策性目标。比如,如果某项证据的获得和使用可能导致不公正时就应当被排除,因此,以非法手段取得的证据没有证据能力。非法证据排除规则即是一项基于维护程序公正这样一个政策性目标而建立的证据能力规范。又如,西方各主要法治国家普遍设有复杂的证人特权规则,允许基于与被告人之间的特定亲属关系、职业关系等原因而拒绝作证,无视此类特权取得的证言不具有证据能力。特权规则旨在保障某些构成整个社会存在和稳定发展之基础的社会关系,防止刑事诉讼的运行对这些关系造成破坏。总之,虽然刑事诉讼所要解决的是犯罪这种对国家造成重大危害的问题,但它毕竟只是社会生活的一个方面,法律在对它的运作提供足够空间的同时,也要注意为其划定界限,使之适可而止,防止以不计代价、不择手段的方式实现国家刑罚权。这是证据能力规则的一个重要功能。

在我国传统证据法学理论中,证据能力通常被称为证据的合法性或法律性,它是指诉讼证据除了要与案件事实之间存在关联性,具有证明价值之外,还必须符合法律规定的一系列要求,否则不能作为证据使用。结合我国现行《刑事诉讼法》及相关司法解释,一个证据要具备证据能力,必须符合以下几个方面的要求:

第一,诉讼证据必须符合法定形式。

《刑事诉讼法》第48条规定了证据的八种形式,分别为物证,书证,证人证言,被害人陈述,犯罪嫌疑人、被告人供述和辩解,鉴定意见,勘验、检查、辨认、侦查实验等笔录,视听资料、电子数据。凡不属于这八种形式的事实材料,即使与案件有关,也不具有证据能力,不得作为认定案件事实的依据,充其量只能作为办案的线索或者案件处理时的参考。比如,测谎是刑事诉讼过程中使用的一种检验言词证据真实性的方法,但是测谎结论并非《刑事诉讼法》规定的法定证据形式之一,因此,根据最高人民检察院1999年9月10日作出的《关于CPS多道心理测试鉴定结论能否作为诉讼证据使用问题的批复》,人民检察院在办理案件中,可以使用 CPS 多道心理测试(俗称测谎)结论帮助审查、判断证据,但不能将其作为证据使用。

第二,诉讼证据的取得不得违反法定诉讼程序。

《刑事诉讼法》第 54 条规定了非法证据排除规则,根据这一规定,以刑讯逼供、暴力、威胁等非法手段取得的被告人供述、被害人陈述以及证人证言,不得作为定案依据;以违反法定程序手段收集的物证、书证,可能严重影响司法公正,且不能作出补正或者作出合理解释的,对该证据应当予以排除。因此,证据材料要具备证据能力,必须由司法机关以符合刑事诉讼法规定的程序手段而获得。

在此需要指出的是,根据《刑事诉讼法》第 52 条第 2 款的规定,行政机关在行政执法和查办案件过程中收集的物证、书证、视听资料、电子数据等证据材料,在刑事诉讼中可以作为证据使用。这主要是考虑到在司法实践中,许多案件首先是由有关行政机关在行政执法和查办具体案件过程中依法调查后,再移送公安机关、人民检察院立案侦查的,为加强行政执法与刑事司法之间的衔接,提高诉讼效率,更好地证明案件事实,2012 年修改《刑事诉讼法》时作出了上述规定。因此,这些证据材料的收集尽管并非依据刑事诉讼法,刑事诉讼法也承认其证据能力。但是,这些证据的收集程序必须符合有关法律、行政法规的规定,且必须经司法机关查证属实,否则也不得作为认定案件事实的依据。

第三,诉讼证据必须经法定程序查证属实。

根据《刑事诉讼法》第 48 条和第 53 条的规定,据以定案的证据必须经过法定程序查证属实,否则不得作为定案依据。比如,原则上所有的证据必须在法庭调查阶段接受控辩双方的质证,证人在法律规定的情况之下,必须出庭作证,物证必须当庭出示,让当事人辨认,书证、勘验检查笔录等书面材料必须当庭宣读,听取各方意见等,这些均属对证据调查程序的要求。未经法定程序调查的证据材料不具有证据能力。

总之,我国刑事诉讼法对刑事诉讼证据之证据能力的要求,可以概括为三个方面,即形式合法、取得合法、调查程序合法。在上述三方面中的任何一点不符合法律规定时,均不具有证据能力。

(二) 证明力

证明力,是指证据对于案件事实的证明所具有的实质上的价值,即证据对于案件事实的存在,有没有以及有多大程度的证明作用。当人们在科学研究或是日常生活中试图以某一事实证明另一事实的存在时,往往首先关注的就是前一事实对其所要证明的事实是否具有足够的说服力,这里所涉及的便是证明力的问题。证明力存在的依据是证据事实与待证事实之间实质上的关联关系。证据就是凭借这种关联关系发挥其证明作用的。这种关联关系具有以下几个方面的特点:

第一,客观性。它是一种不以人的意志为转移的客观存在,人们只能通过自己的智慧去认识它,却不能企图以任何形式的规则将其任意规定和变更。比如,公诉人向法庭提交一把菜刀,主张这把菜刀是被告人的杀人凶器。诚然,菜刀有可能作为凶器,但是它必须与案件之间存在一定的客观联系,否则没有任何证明力,而这种联系必须是能够被证实的。比如,如果经现场目击者辨认之后确认被告人杀人时的确手持这把菜刀,或者这把菜刀上沾有死者的血迹,此时,这把菜刀才有可能具有证明力。

第二,多样性。事物之间的联系是多种多样的,这种多样性使人们无法对其作出一个一言以蔽之的概括性论断,而必须具体问题具体分析。比如,在一起绑架案件中,公诉人向法庭提交一封被告人署名的勒索信,该信件的内容是要求受害人家属提供赎金。单看信的内容,显然属于一个非常有力的有罪证据。但是被告人申请对该信件上的笔迹进行鉴定,鉴定意见显示该笔迹与被告人书写习惯完全不一致。在这种情况下,这封信似乎又成为一个对被告人有利的证据。可见司法实践中的情况错综复杂,同一证据与案件事实之间的联系也是多种多样的。

第三,隐蔽性。即这种关联关系并非都以能够让人一目了然的方式存在,它常常与许多伪装以及干扰因素并存。由于人的认识能力有限以及刑事诉讼中经常会出现的一些毁灭、伪造证据的情形,使得证明力的判断很容易出现偏差。这就要求人们在认识它的时候能够由表及里、去伪存真,避免可能受到的误导。

正是因为上述特点的存在,在现代刑事诉讼中,法律不可能对各种证据的证明力作出详尽严格的规定,而必须授权法官在具体案件中对证明力进行个案判断。比如,目击证人的证言在刑事案件中往往是很关键的证据,但是对于认定案件事实,一名目击证人证言的证明力究竟有多大,法律不可能预先作出精确的判断。因为其证明力要依赖于该证人的感知能力、记忆能力、表达能力、与案件处理结果的利害关系等诸多因素,这些因素只能通过具体的审判活动才能最终确定。正是基于上述理由,最高法《解释》第104条规定:"对证据的真实性,应当综合全案证据进行审查。对证据的证明力,应当根据具体情况,从证据与待证事实的关联程度、证据之间的联系等方面进行审查判断。证据之间具有内在联系,共同指向同一待证事实,不存在无法排除的矛盾和无法解释的疑问的,才能作为定案的根据。"

三、证据的意义

证据作为恢复和再现案件事实的手段,是刑事诉讼的中心环节,它对于刑事诉讼任务的完成,具有非常重要的意义,主要表现在以下几个方面:

(1) 证据是准确认定案件事实的基本手段。刑事诉讼的过程首先就是运用证据认定案件事实的过程,而案件事实发生在过去,这就决定了刑事诉讼对案件事实的认定只能是再现,而不可能是现场表演。因此,司法人员只有通过证据,才能使过去发生的案件事实全景或片段地在自己面前近似地呈现。

(2) 证据是实现司法公正的重要保障。这一作用体现在实体和程序两个方面,从实体上来说,只有运用证据才能准确认定案件事实,在此基础上才能正确适用法律,使案件得到正确处理,从而实现实体公正;从程序上来看,围绕证据而建立的一系列程序和证据规则,对于限制国家权力,保障个人权利也有重要作用,从而实现程序公正。

(3) 证据是当事人维护合法权益的关键依据。这一作用可以从被害人和被追诉人两个角度理解。就被害人而言,证据能使真正的犯罪分子受到应有的惩罚,抚平被害人及其家属的心灵创伤,并使其因犯罪造成的财产损失得到赔偿;就被追诉人而言,通过证据,既可以避免其被无辜冤枉,也可以防止国家专门机关对其滥用权力。

(4) 证据是进行法制教育的有效工具。通过证据查明案件事实,既可以使已然的犯罪得到证实,促使犯罪分子认罪服法,又可以对未然的犯罪起到震慑作用,使其不敢实施,还可以提升司法的公信力,有利于当事人服判息讼。

四、运用证据的原则

运用证据认定案件事实是一个非常复杂的过程,为保证科学运用证据,应当坚持如下原则:

(1) 证据裁判原则。证据裁判原则,又称为证据裁判主义,指对于案件争议事实的认定应当依据证据。它包含以下三个方面的要求:首先,裁判所认定的案件事实必须以证据为依据;其次,裁判所依据的证据是具有证据能力的证据;最后,作为综合裁判所依据的证据,必须达到法律规定的证明标准。如《刑事诉讼法》第 53 条第 1 款规定:"对一切案件的判处都要重证据,重调查研究,不轻信口供……"最高法《解释》第 61 条规定:"认定案件事实,必须以证据为根据"等,都体现了证据裁判原则的精神。

(2) 不得强迫任何人证实自己有罪原则。不得强迫任何人证实自己有罪原则,是指不得采用刑讯逼供等强制手段迫使任何人在刑事诉讼中作出不利于己的陈述,以证实其有罪。该原则的目的在于保证供述的自愿性和任意性,以尊重和保障刑事被追诉者的人格尊严和诉讼主体地位。我国《刑事诉讼法》第 50 条明确规定:"……严禁刑讯逼供和以威胁、引诱、欺骗以及其他非法方法收集证据,不得强迫任何人证实自己有罪……"

(3) 客观全面原则。客观全面原则要求办案人员忠于案件的事实真相,要遵循从已有证据到案件事实的办案模式,而不是从预设事实到寻找证据的办案模式。同时,对案内所有证据要公平对待,不得偏听偏信。为此,《刑事诉讼法》第 50 条规定:"审判人员、检察人员、侦查人员必须依照法定程序,收集能够证实犯罪嫌疑人、被告人有罪或者无罪、犯罪情节轻重的各种证据……"

(4) 综合运用原则。综合运用原则要求运用证据认定案件事实时,要对全案证据进行综合判断,注意分析各种证据的证明力及其与证明对象之间的关系,正视各种证据之间的矛盾,并对矛盾进行合理排除或解释,重视经验和逻辑法则对诉讼证明的检验。因此,根据《刑事诉讼法》第 53 条的规定,对刑事案件事实的认定要达到"综合全案证据,对所认定事实已排除合理怀疑"的程度。

第二节 证据种类

证据种类是指刑事诉讼法根据性质和特点对证据所做的类型划分。《刑事诉讼法》第 48 条第 2 款规定了八种证据类型,分别为:(1) 物证;(2) 书证;(3) 证人证言;(4) 被害人陈述;(5)犯罪嫌疑人、被告人供述和辩解;(6)鉴定意见;(7)勘验、检查、辨认、侦查实验等笔录;(8)视听资料、电子数据。在我国刑事诉讼中,证据种类的划分具有法律效力,凡不属于《刑事诉讼法》第48条第2款所规定的八种证据种类之中的材料,不得作为定案依据使用,而只能作为办案的线索。

一、物证

(一)物证的概念

物证是指以自身属性、外部特征或存在状况证明案件事实的物品或物质痕迹。从表现形式来看,物证可以分为物品物证与痕迹物证两种,物品物证如赃物、凶器、尸体等;痕迹物证如血迹、笔迹、指纹、足迹等。无论是物品物证还是痕迹物证,从物证发挥证明作用之方式来看,可以分为三种类型:第一,以自身属性证明案件事实,如现场遗留血迹凭借血型证明案件真实情况;第二,以外部特征证明案件事实,如作为凶器的匕首凭借其形状、长短、锋利程度证明案件真实情况;第三,以存在状况证明案件事实,如在犯罪现场发现嫌疑人的遗留物,则可凭借其存在于犯罪现场这一状况证明其很可能去过现场。

(二)物证的特点

物证在刑事诉讼中是一种非常重要且常见的证据,具有其鲜明特点。具体而言主要体现在以下几个方面:

第一,客观性。由于物证是以其自身属性、外部特征或存在状况发挥证明作用,与其他证据相比较,特别是同一些用人的语言表述为表现形式的证据,如证人证言、被害人陈述、鉴定意见等相比,物证不易受人主观因素的影响。

第二,间接性。物证对案件事实的证明作用具有间接性。任何一个物证所包含的信息内容都只能反映案件事实的某个片段,而不能单独直接证明案件主要事实,必须与其他证据相结合才能体现证明作用,有的物证还必须通过鉴定才能发挥证明作用。因此,在判断物证证明力的时候要与其他证据一起综合判断。

第三,易失性。物证虽然不易受人的主观因素影响,但容易受到自然因素的影响,所以物证很容易灭失,一旦收集不及时,或收集的方法不得当,就不能获取物证。例如,犯罪现场的各种痕迹,很有可能因为一场大雨而被冲洗掉,或因为对犯罪现场的保护不周,而被人为破坏掉。

(三)物证的收集与审查判断

鉴于物证的上述特点,《刑事诉讼法》与相关司法解释对于物证的收集、使用和审查判断制定了一系列有针对性的规则。

根据最高法《解释》的规定,据以定案的物证应当是原物。原物不便搬运,不易保存,依法应当由有关部门保管、处理,或者依法应当返还的,可以拍摄、制作足以反映原物外形和特征的照片、录像、复制品。物证的照片、录像、复制品,不能反映原物的外形和特征的,不得作为定案的根据。物证的照片、录像、复制品,经与原物核对无误、经鉴定为真实或者以其他方式确认为真实的,可以作为定案的根据。

在勘验、检查、搜查过程中提取、扣押的物证,未附笔录或者清单,不能证明物证来源的,不得作为定案的根据。

物证的收集程序、方式有下列瑕疵,经补正或者作出合理解释的,可以采用:(1)勘验、检查、搜查、提取笔录或者扣押清单上没有侦查人员、物品持有人、见证人签名,或者对物品的名称、特征、数量、质量等注明不详的;(2)物证的照片、录像、复制品未注明与原件核对无异,无复制时间,或者无被收集、调取人签名、盖章的;(3)物证的照片、录像、复制品没有制作人关于制作过程和原物、原件存放地点的说明,或者说明中无签名的;(4)有其他瑕疵的。对物证的来源、收集程序有疑问,无法补正或者不能作出合理解释的,该物证不得作为定案的根据。

二、书证

(一)书证的概念与特点

书证,是指以其记载的内容或反映的思想证明案件真实情况的书面材料或其他材料。书证在刑事诉讼中是一种比较常见的证据,特别是在一些贪污案件以及商业犯罪案件中,书证往往占据了所有证据中的一大部分。

从表现形式来看,书证多以文字表达,但亦可以符号、图画等方式表达;其载体多为纸张,但亦可以布帛、皮革、金石、竹木等为物质载体;书证的形成方式可以是手写、刀刻、印刷、剪贴,也可以用拼凑法、堆砌法或火烙法等多种方式。总之,只要是以内容或者反映的思想来证明案件事实的材料即为书证。

书证与物证之间的区别需特别加以注意。若在一起绑架案件中,犯罪嫌疑人用于勒索赎金的书信,其内容与案件有关,故属于书证。但如果对该勒索信上的笔迹予以比对,发现与犯罪嫌疑人书写习惯一致,此时该书信则属于痕迹物证。一个证据究竟属于书证还是物证,关键区别标准在于其证明作用发挥的方式。以记载内容或反映思想证明案件事实的是书证,以自身属性、外部特征或存在状况证明案件事实的是物证。

(二)书证的审查判断

根据最高法《解释》的规定,据以定案的书证应当是原件。取得原件确有困难的,可以使用副本、复制件。书证有更改或者更改迹象不能作出合理解释,或者书证的副本、复制件不能反映原件及其内容的,不得作为定案的根据。书证的副本、复制件,经与原件核对无误、经鉴定为真实或者以其他方式确认为真实的,可以作为定案的根据。

在勘验、检查、搜查过程中提取、扣押的书证,未附笔录或者清单,不能证明书证来源的,不得作为定案的根据。

书证的收集程序、方式有下列瑕疵,经补正或者作出合理解释的,可以采用:(1)勘验、检查、搜查、提取笔录或者扣押清单上没有侦查人员、物品持有人、见证人签名,或者对物品的名称、特征、数量、质量等注明不详的;(2)书证的副本、复制件未注明与原件核对无异,无复制时间,或者无被收集、调取人签名、盖章的;(3)书证的副本、复制件没有制作人关于制作过程和原物、原件存放地点的说明,或者说明中无签名的;(4)有其他瑕疵的。

对书证的来源、收集程序有疑问,无法补正或者不能作出合理解释的,该书证不得作为定案的根据。

三、证人证言

(一) 证人证言的概念

证人证言是刑事诉讼当事人以外的第三人就自己所感知的案件事实向公安司法机关作出的陈述。关于证人证言的概念,需要强调以下两点:

第一,证人是刑事诉讼当事人以外的第三人。

西方一些国家的证据法,如英、美等国将被害人、被告人也视为证人,他们所作的陈述都属于证人证言。但在我国刑事诉讼中,证人是指当事人以外的第三人,这意味着,被害人陈述、犯罪嫌疑人被告人供述与辩解和证人证言均属彼此独立的证据种类,所适用的规则存在差异。这一点是我国证据制度相对于西方一些国家证据法之间的一个重要区别。但是,也不能排除在司法实践中会出现证人与案件处理结果或者与案件当事人之间存在利害关系的情况。如某一案件的唯一目击者为犯罪嫌疑人的未婚妻,在此类情况下,对于相关证人证言的判断必须格外慎重。最高法《解释》第109条特别规定,与被告人有亲属关系或者其他密切关系的证人所作的有利被告人的证言,或者与被告人有利害冲突的证人所作的不利被告人的证言在有其他证据印证的情况下,才可以采信。换言之,此类证言不得单独作为认定案件事实的依据,而必须有其他证据对其证明力加以补充强化。

第二,证人证言的内容必须是证人亲自感知的案件事实。

证人证言必须是证人凭借其五种感知能力,即视觉、嗅觉、味觉、触觉、听觉所感知到的案件事实,而不能是证人对案件事实的分析和推断。在刑事诉讼中,根据证据对案件事实进行分析和推断是司法人员的权力,而证人只能就其感知到的案件事实作出陈述。这一点在诉讼法学理论上被称为"意见证据规则"。

最高法《解释》第75条第2款规定:"证人的猜测性、评论性、推断性的证言,不得作为证据使用,但根据一般生活经验判断符合事实的除外。"因此,对于证人向司法机关的陈述既有客观的案件情况内容,又有主观的分析评价内容的,要注意从中分离出作为客观案件情况陈述的证人证言部分。

上述规定中对于意见证据规则设定了一个例外,即"根据一般生活经验判断符合事实的除外"。这一例外主要针对的是,在日常生活交流中,某些信息的传递只能以意见的形式进行,否则很难准确表述。比如证人作证说:"他当时跑得很快","他看上去似乎很生气","当时我闻到了一种像是火药一样的味道",等等。从上述各种表述的形式来看,似乎都是证人作出的判断性意见,但这种判断是体验性判断,而不是推理性判断。如果查证属实的话,是可以作为证据使用的。

(二) 证人资格

《刑事诉讼法》第60条规定:"凡是知道案件情况的人,都有作证的义务。生理上、精神上有缺陷或者年幼,不能辨别是非、不能正确表达的人,不能作证人。"根据这一规定,在刑事诉讼中担任证人的一个基本前提条件是"知道案件情况",并且能够"辨别是非""正确表达",原则上,凡是满足这一条件的人都向国家承担作证的义务。只有当了解案件情况的人在生理上、精神上存在缺陷或年幼,以至于丧失了辨别是非和正确表达的能力时方可免除作证的义务。另外,根据最高法《解释》第75条第1款规定,处于明显醉酒、中毒或者麻醉等状态,不能正常感知或者正确表达的证人所提供的证言,不得作为证据使用。

由上述规定可知,生理上、精神上有缺陷或者年幼者并非绝对不得作为证人,只有当这些缺陷或特点达到致使其"不能辨别是非,不能正确表达"的程度时,才不能做证人,否则其证言仍然具备证据能力。根据最高法《解释》第109条规定,生理上、精神上有缺陷,对案件事实的认知和表达存在一定困难,但尚未丧失正确认知、表达能力的被害人、证人和被告人所作的陈述、证言和供述,有其他证据印证的,可以采信。某一生理上、精神上有缺陷或者年幼的人对于相关案件事实是否具备辨别是非与正确表达的能力,需要个案判断,公安、司法人员必须综合全案情况作出认定。

(三) 证人出庭作证

证人证言必须在法庭上经过公诉人、被害人和被告人、辩护人双方质证并且查实之后,才能作为定案的根据。法庭查明证人有意作伪证或者隐匿罪证的时候,应当依法处理。

为保障充分、有效的质证,证人应当依法亲自出庭作证。根据《刑事诉讼法》第187条第1款的规定,证人在符合以下三个条件的情况下,必须亲自出庭作证:第一,公诉人、当事人或者辩护人、诉讼代理人对证人证言有异议;第二,该证人证言对案件定罪量刑有重大影响;第三,人民法院认为证人有必要出庭作证。

需要强调的是,根据《刑事诉讼法》第187条第2款规定,人民警察就其执行职务时目击的犯罪情况作为证人出庭作证,也适用上述三个条件。根据这一规定,警察在执行职务时,如果目击了犯罪情况,则该警察便被视为具有了证人的身份,与普通证人遵守同样的规则。但是这一规定仅限于警察作为目击者的情形;如果警察在办理案件中通过其他途径了解案件情况的话,则其身份依然是侦查人员,其了解到的案情一般是通过勘验、检查笔录、讯问笔录等形式提交法庭。

证人具有下列情形之一,无法出庭作证的,人民法院可以准许其不出庭:(1) 在庭审期间身患严重疾病或者行动极为不便的;(2) 居所远离开庭地点且交通极为不便的;(3) 身处国外短期无法回国的;(4) 有其他客观原因,确实无法出庭的。在上述情形下证人不出庭的,可以通过视频等方式作证。

经人民法院通知,证人没有正当理由不出庭作证的,人民法院可以强制其到庭,但是对于被告人的配偶、父母、子女不得强制。证人没有正当理由拒绝出庭或者出庭后拒绝作证的,法庭可以予以训诫,情节严重的,经院长批准,处以10日以下的拘留。被处罚人对拘留决定不服的,可以向上一级人民法院申请复议。复议期间不停止执行。

证人因履行作证义务而支出的交通、住宿、就餐等费用,应当给予补助。证人作证的补助列入司法机关业务经费,由同级政府财政予以保障。有工作单位的证人作证,所在单位不得克扣或者变相克扣其工资、奖金及其他福利待遇。

(四) 证人保护

人民法院、人民检察院和公安机关应当保障证人及其近亲属的安全。对证人及其近亲属进行威胁、侮辱、殴打或者打击报复,构成犯罪的,依法追究刑事责任;尚不够刑事处罚的,依法给予治安管理处罚。

对于危害国家安全犯罪、恐怖活动犯罪、黑社会性质的组织犯罪、毒品犯罪等案件,证人、鉴定人、被害人因在诉讼中作证,本人或者其近亲属的人身安全面临危险的,人民法院、人民检察院和公安机关应当采取以下一项或者多项保护措施:(1) 不公开真实姓名、住址和工作单位等个人信息;(2) 采取不暴露外貌、真实声音等出庭作证措施;(3) 禁止特定的人员接触证人、鉴定人、被害人及其近亲属;(4) 对人身和住宅采取专门性保护措施;(5) 其他必要的保护措施。

证人、鉴定人、被害人认为因在诉讼中作证,本人或者其近亲属的人身安全面临危险的,可以向人民法院、人民检察院、公安机关请求予以保护。人民法院、人民检察院、公安机关依法采取保护措施,有关单位和个人应当配合。

(五) 证人证言的审查判断

对证人证言应当着重审查以下内容:(1) 证言的内容是否为证人直接感知;(2) 证人作证时的年龄,认知、记忆和表达能力,生理和精神状态是否影响作证;(3) 证人与案件当事人、案件处理结果有无利害关系;(4) 询问证人是否个别进行;(5) 询问笔录的制作、修改是否符合法律、有关规定,是否注明询问的起止时间和地点,首次询问时是否告知证人有关作证的权利义务和法律责任,证人对询问笔录是否核对确认;(6) 询问未成年证人时,是否通知其法定代理人或者有关人员到场,其法定代理人或者有关人员是否到场;(7) 有无以暴力、威胁等非法方法收集证人证言的情形;(8) 证言之间以及与其他证据之间能否相互印证,有无矛盾。

证人证言具有下列情形之一的,不得作为定案的根据:(1) 询问证人没有个别进行的;(2) 书面证言没有经证人核对确认的;(3) 询问聋、哑人,应当提供通晓聋、哑手势的人员而未提供的;(4) 询问不通晓当地通用语言、文字的证人,应当提供翻译人员而未提供的。

证人证言的收集程序、方式有下列瑕疵,经补正或者作出合理解释的,可以采用;不能补正或者作出合理解释的,不得作为定案的根据:(1) 询问笔录没有填写询问人、记录人、法定代理人姓名以及询问的起止时间、地点的;(2) 询问地点不符合规定的;(3) 询问笔录没有记录告知证人有关作证的权利义务和法律责任的;(4) 询问笔录反映出在同一时段,同一询问人员询问不同证人的。

证人当庭作出的证言,经控辩双方质证、法庭查证属实的,应当作为定案的根据。证人当庭作出的证言与其庭前证言矛盾,证人能够作出合理解释,并有相关证据印证的,应当采信其庭审证言;不能作出合理解释,而其庭前证言有相关证据印证的,可以采信其庭前证言。

四、被害人陈述

被害人陈述,是指被害人就其遭受犯罪行为侵害的事实以及有关犯罪分子的情况向公安、司法机关所做的叙述。在司法实践中,被害人向公安、司法机关所做陈述的内容一般包括三个方面:一是叙述犯罪分子侵害自己的事实经过;二是提供有关犯罪分子的情况;三是提出有关维护自己合法权益的要求。作为刑事证据的被害人陈述只应包括前两项内容,而不能包括有关维护自己合法权益的要求。因为证据是用以证明案情的事实根据,至于被害人对案件处理所提出的要求等,可以视为是其请求,而不能看做是刑事诉讼的证据。此外,有些案件中被害人还有可能揭发、举报一些与本案无关的其他犯罪行为,这些内容从证据学角度讲,也不应属于被害人陈述,而具有了证人证言的性质和特点。

被害人陈述是刑事诉讼中一种重要的证据,由于被害人被害后,急切寻求法律保护,控告犯罪行为人的罪行,所以被害后一般都能主动地向司法机关进行陈述,被害人陈述也是刑事诉讼中广泛采用的一种证据。被害人一般对案件事实了解得比较清楚、具体,而且记忆深刻。特别是在强奸、仇杀、伤害、诈骗等案件中,被害人与犯罪人大都有过直接接触,不仅了解犯罪的事实,而且了解犯罪人的体貌特征。因此,被害人陈述对于公安、司法机关查清犯罪事实和查获犯罪人,都具有重要的意义。但在强调被害人陈述的作用时,也要看到此种证据的弱点,被害人出于对犯罪的愤恨,有可能出现夸大事实,甚至捏造事实的做法。所以对于被害人陈述这类证据,一定要进行认真的审查判断,只有查证属实的被害人陈述才能作为定案依据。

五、犯罪嫌疑人、被告人供述和辩解

（一）犯罪嫌疑人、被告人供述和辩解的概念

犯罪嫌疑人、被告人供述和辩解,是指犯罪嫌疑人、被告人在刑事诉讼过程中,就与案件有关的事实情况向公安司法机关所做的陈述,简称犯罪嫌疑人、被告人口供。它是刑事诉讼中一种独立的诉讼证据。口供主要包含两个方面的内容:一是犯罪嫌疑人、被告人承认自己犯罪事实的供述;二是犯罪嫌疑人、被告人说明自己无罪或者罪轻的辩解。

（二）犯罪嫌疑人、被告人供述和辩解的特点

刑事诉讼中的证明对象,主要是犯罪嫌疑人、被告人有无犯罪行为,以及在有犯罪行为的情况下,犯罪的具体过程和情节。犯罪嫌疑人、被告人本人对于自己是否犯罪以及犯罪的具体过程和情节,犯罪前后的主观心态是最清楚的,因此犯罪嫌疑人、被告人供述和辩解最有可能全面反映案件真实情况。但与此同时,由于犯罪嫌疑人、被告人是有可能被追究刑事责任的人,诉讼结果与他有切身的利害关系,在诉讼中是供述还是辩解,以及如何供述和辩解,都直接影响到司法机关对他的处理,因此犯罪嫌疑人、被告人在供述犯罪事实时往往会有隐瞒事实、避重就轻等倾向。这就导致犯罪嫌疑人、被告人供述和辩解存在较大的虚假可能性。另外,犯罪嫌疑人、被告人在刑事诉讼中,思想会受多种因素影响,极易起伏波动,从而导致其供述和辩解具有极不稳定性,常常时供时翻、屡供屡翻,使案情

复杂化。

正是因为犯罪嫌疑人、被告人供述与辩解的上述特点,我国刑事诉讼法历来强调重证据、重调查研究,不轻信口供的原则。根据《刑事诉讼法》第53条第1款的规定,只有被告人供述,没有其他证据的,不能认定被告人有罪和处以刑罚;没有被告人供述,证据确实、充分的,可以认定被告人有罪和处以刑罚。由此可知,供述既非定罪的必要条件,亦非定罪的充分条件,能够认定有罪和处以刑罚,必须综合全案证据判断是否达到确实充分的程度。

需要注意的是,在共同犯罪案件中,同案犯罪嫌疑人、被告人均作出有罪供述,但无其他任何证据的情况下,能否认定被告人有罪和处以刑罚?关于这个问题学界存在争论。主流观点认为,在这种情况下也不能认定有罪和处以刑罚。

(三) 犯罪嫌疑人、被告人供述与辩解的审查判断

根据《刑事诉讼法》与相关司法解释的规定,对犯罪嫌疑人、被告人供述和辩解应当着重审查以下内容:(1) 讯问的时间、地点,讯问人的身份、人数以及讯问方式等是否符合法律及有关规定;(2) 讯问笔录的制作、修改是否符合法律、有关规定,是否注明讯问的具体起止时间和地点,首次讯问时是否告知犯罪嫌疑人、被告人相关权利和法律规定,犯罪嫌疑人、被告人是否核对确认;(3) 讯问未成年犯罪嫌疑人、被告人时,是否通知其法定代理人或者有关人员到场,其法定代理人或者有关人员是否到场;(4) 犯罪嫌疑人、被告人的供述有无以刑讯逼供等非法方法收集的情形;(5) 犯罪嫌疑人、被告人的供述是否前后一致,有无反复以及出现反复的原因;犯罪嫌疑人、被告人的所有供述和辩解是否均已随案移送;(6) 犯罪嫌疑人、被告人的辩解内容是否符合案情和常理,有无矛盾;(7) 犯罪嫌疑人、被告人的供述和辩解与同案犯罪嫌疑人、被告人的供述和辩解以及其他证据能否相互印证,有无矛盾。

犯罪嫌疑人、被告人供述具有下列情形之一的,不得作为定案的根据:(1) 讯问笔录没有经被告人核对确认的;(2) 讯问聋、哑人,应当提供通晓聋、哑手势的人员而未提供的;(3) 讯问不通晓当地通用语言、文字的被告人,应当提供翻译人员而未提供的。

讯问笔录有下列瑕疵,经补正或者作出合理解释的,可以采用;不能补正或者作出合理解释的,不得作为定案的根据:(1) 讯问笔录填写的讯问时间、讯问人、记录人、法定代理人等有误或者存在矛盾的;(2) 讯问人没有签名的;(3) 首次讯问笔录没有记录告知被讯问人相关权利和法律规定的。

由于在刑事诉讼中,犯罪嫌疑人、被告人的供述和辩解往往不止一份,审查犯罪嫌疑人、被告人供述和辩解,应当结合控辩双方提供的所有证据以及全部供述和辩解进行。被告人在庭审中翻供,但不能合理说明翻供原因或者其辩解与全案证据矛盾,而其庭前供述与其他证据相互印证的,可以采信其庭前供述。被告人庭前供述和辩解存在反复,但庭审中供认,且与其他证据相互印证的,可以采信其庭审供述;被告人庭前供述和辩解存在反复,庭审中不供认,且无其他证据与庭前供述印证的,不得采信其庭前供述。

六、鉴定意见

（一）鉴定意见的概念

鉴定意见是指，受司法机关指派或聘请，具有专门知识或技能的人，运用科学知识、技术或技能对刑事案件中某些专门性问题进行鉴别、分析和判断之后所得出的书面意见。

（二）鉴定意见的特点

作为法定证据种类之一的鉴定意见，具有如下特点：

（1）鉴定意见所证明的事实为专门性的事实。在刑事诉讼过程中，所需证明的事实可以分为普通性事实和专门性事实。前者是指运用人所具有的五种感知能力，即视觉、听觉、触觉、味觉、嗅觉即可感知到的事实信息；后者则是指凭借上述五种感知能力无法感知，而必须运用专业知识、技术或技能才能加以判断的事实问题。只有针对专门性的事实问题，才可以指派或聘请鉴定人出具鉴定意见，而普通性事实问题则须通过其他证据种类予以证明。在司法实践中常见的解决专门性事实问题的鉴定主要有：法医鉴定、司法精神病鉴定、痕迹鉴定、会计鉴定、文书鉴定、化学鉴定等。

（2）鉴定意见是在刑事诉讼启动之后，由司法机关指派或聘请的鉴定人作出的。鉴定意见的作出必须经过司法机关的指派聘请程序，这也意味着，鉴定人是在刑事诉讼启动之后才了解到相关的案件事实，而普通的证人则是在案件发生过程中了解案件事实，这一点是鉴定人与证人的重要区别之一。所谓指派，是指公安、司法机关指派本机关内设鉴定机构中的鉴定人进行鉴定，而聘请则是指公安、司法机关聘请本机关以外的鉴定机构中的鉴定人进行鉴定。根据人大常委会《司法鉴定管理决定》规定，有侦查权的机关根据侦查工作的需要可以设立鉴定机构，但这些鉴定机构不能面向社会接受委托从事司法鉴定业务。人民法院和司法行政部门不得设立鉴定机构。

无论指派还是聘请，鉴定意见均应以鉴定人个人名义作出。鉴定实行鉴定人负责制，鉴定人应在鉴定意见上签名或盖章，多数人参加鉴定，对鉴定意见有不同意见的，应当注明。鉴定人如果具有《刑事诉讼法》第28条、第29条规定情形时，应当依法回避。在审判过程中，公诉人、当事人或者辩护人、诉讼代理人对鉴定意见有异议，人民法院认为鉴定人有必要出庭的，鉴定人应当出庭作证。经人民法院通知，鉴定人拒不出庭作证的，鉴定意见不得作为定案的根据。

（三）鉴定意见的审查判断

对鉴定意见应当着重审查以下内容：（1）鉴定机构和鉴定人是否具有法定资质；（2）鉴定人是否存在应当回避的情形；（3）检材的来源、取得、保管、送检是否符合法律、有关规定，与相关提取笔录、扣押物品清单等记载的内容是否相符，检材是否充足、可靠；（4）鉴定意见的形式要件是否完备，是否注明提起鉴定的事由、鉴定委托人、鉴定机构、鉴定要求、鉴定过程、鉴定方法、鉴定日期等相关内容，是否由鉴定机构加盖司法鉴定专用章并由鉴定人签名、盖章；（5）鉴定程序是否符合法律、有关规定；（6）鉴定的过程和方法是否符合相关专业的规范要求；（7）鉴定意见是否明确；（8）鉴定意见与案件待证事实有无关联;(9) 鉴定意见与勘验、检查笔录及相关照片等其他证据是否矛盾;(10) 鉴定意见是否依法及时告知相关人员,当事人对鉴定意见有无异议。

鉴定意见具有下列情形之一的,不得作为定案的根据:(1) 鉴定机构不具备法定资质,或者鉴定事项超出该鉴定机构业务范围、技术条件的;(2) 鉴定人不具备法定资质,不具有相关专业技术或者职称,或者违反回避规定的;(3) 送检材料、样本来源不明,或者因污染不具备鉴定条件的;(4) 鉴定对象与送检材料、样本不一致的;(5) 鉴定程序违反规定的;(6) 鉴定过程和方法不符合相关专业的规范要求的;(7) 鉴定文书缺少签名、盖章的;(8) 鉴定意见与案件待证事实没有关联的;(9) 违反有关规定的其他情形。

七、勘验、检查、辨认、侦查实验等笔录

(一) 勘验、检查笔录

勘验、检查笔录,是指公安、司法人员对于犯罪有关的场所、物品、尸体和人身进行勘验、检查所做的实况记录。勘验、检查笔录不仅包括勘验、检查过程中发现的与案件有关的一切真实情况的文字记录,而且包括绘图、照片等附件。在司法实践中,勘验、检查笔录主要包括现场勘察笔录、物证检验笔录、尸体检验笔录、人身检查笔录。

勘验、检查笔录不同于鉴定意见,因为它是公安、司法机关的公安、司法人员对与案件有关的场所、物品、尸体、人身进行观察,就观察所做的如实记录,其内容并非专门性的事实问题。勘验、检查笔录虽然是凭借其内容证明案件事实的证据,在这一点上类似于书证,但它是案件发生之后,由司法机关的工作人员对勘验、检查所见而做的一种诉讼记录,因此也不同于书证。勘验、检查笔录虽然要详细记载现场、物品、人身、尸体的情况,并常附加绘图、照片等,使物证的某些情况得以固定,但它并不是物证本身。总之,勘验、检查笔录是刑事诉讼中一种独立的证据形式。

对勘验、检查笔录应当着重审查以下内容:(1) 勘验、检查是否依法进行,笔录的制作是否符合法律、有关规定,勘验、检查人员和见证人是否签名或者盖章;(2) 勘验、检查笔录是否记录了提起勘验、检查的事由,勘验、检查的时间、地点,在场人员、现场方位、周围环境等,现场的物品、人身、尸体等的位置、特征等情况,以及勘验、检查、搜查的过程;(3) 文字记录与实物或者绘图、照片、录像是否相符;现场、物品、痕迹等是否伪造、有无破坏;(4) 人身特征、伤害情况、生理状态有无伪装或者变化等;(5) 补充进行勘验、检查的,是否说明了再次勘验、检查的原由,前后勘验、检查的情况是否矛盾。

勘验、检查笔录存在明显不符合法律、有关规定的情形,不能作出合理解释或者说明的,不得作为定案的根据。

(二) 辨认笔录

辨认,是指侦查机关为了查明案件事实,在必要的时候让被害人、犯罪嫌疑人对于犯罪有关的物品、文件、尸体、场所或者犯罪嫌疑人进行辨别、确认的侦查活动。辨认笔录是侦查机关对辨认经过和结果所做的客观记载。

对辨认笔录应当着重审查辨认的过程、方法,以及辨认笔录的制作是否符合有关规

定。辨认笔录具有下列情形之一的,不得作为定案的根据:(1)辨认不是在侦查人员主持下进行的;(2)辨认前使辨认人见到辨认对象的;(3)辨认活动没有个别进行的;(4)辨认对象没有混杂在具有类似特征的其他对象中,或者供辨认的对象数量不符合规定的;(5)辨认中给辨认人明显暗示或者明显有指认嫌疑的;(6)违反有关规定、不能确定辨认笔录真实性的其他情形。

(三)侦查实验笔录

侦查实验,是指在侦查过程中为了查明案件在某种条件下的某种情况或者某种行为能否发生,而按照原来的条件进行模拟实验的一种侦查行为。侦查实验笔录是对侦查实验过程与结果的客观记载。

对侦查实验笔录应当着重审查实验的过程、方法,以及笔录的制作是否符合有关规定。侦查实验的条件与事件发生时的条件有明显差异,或者存在影响实验结论科学性的其他情形的,侦查实验笔录不得作为定案的根据。

八、视听资料、电子数据

(一)视听资料

视听资料,是指以录音、录像设备所存储的信息资料来证明刑事案件真实情况的各种音像制品。

视听资料与其他证据一样,都能够证明案件真实情况,它们有某些共同的属性。但是视听资料作为科学技术发展并运用到一定阶段的产物,又具有不同于其他种类的证据的特点:

第一,视听资料所包含的证据信息需要特定的仪器设备才能存储和展现。与传统证据相比,视听资料的信息载体在记录、储存和展现案件情况过程中,因受各种主客观因素的影响而失真的可能性较小。因此,视听资料作为一种证据具有较强的客观性。

第二,视听资料具有各种言词证据所不具有的直观性。各种言词证据都是以语言方式来再现保存在意识中的案件情况信息,不能以直观形象和声迹来显现案件情况。而视听资料通过运用一系列科技手段,再现与案件有关的形象和声迹,可以使人产生直观感受。

第三,视听资料具有各种物证都不具备的动态连续性。各种物证都是以静态的方式来反映案件情况的,因此,每一个物证只能反映案件的个别片段。而视听资料则能够连续性地反映案件情况,是一个动态连续的过程。因此,物证只能是间接证据,而视听资料则可能成为直接证据。

对视听资料应当着重审查以下内容:(1)是否附有提取过程的说明,来源是否合法;(2)是否为原件,有无复制及复制份数;是复制件的,是否附有无法调取原件的原因、复制件制作过程和原件存放地点的说明,制作人、原视听资料持有人是否签名或者盖章;(3)制作过程中是否存在威胁、引诱当事人等违反法律、有关规定的情形;(4)是否写明制作人、持有人的身份,制作的时间、地点、条件和方法;(5)内容和制作过程是否真实,有无剪辑、增加、删改等情形;(6)内容与案件事实有无关联。对视听资料有疑问的,应当进行鉴定。

视听资料经审查无法确定真伪,或者制作、取得的时间、地点、方式等有疑问,不能提供必要证明或者作出合理解释的,不能作为定案的根据。

(二) 电子数据

电子数据,是指与案件事实有关的电子邮件、电子数据交换、网上聊天记录、手机短信、电子签名、域名等电子形式的证据。

电子数据作为2012年《刑事诉讼法》新增的一种独立证据种类,具有以下一些特点:第一,电子数据具有特殊的物质载体。电子数据必须固定在各级计算机存储介质等电子化的物质载体里。如果没有这些有形物质做依托,这些信息就无法被人使用。第二,电子数据信息量大、内容丰富。由于电子证据的科技含量高,储藏的信息量极为丰富,巨大的信息量为侦破案件提供了丰富的材料来源。第三,电子数据具有易篡改性。由于电子数据是以编码形式存在的,这些编码容易被篡改,而且一旦数据被人为篡改,如果没有可以比照的副本,将很难判断电子数据的真实性。

根据《刑事诉讼法》及相关司法解释的规定,对电子邮件、电子数据交换、网上聊天记录、博客、微博客、手机短信、电子签名、域名等电子数据,应当着重审查以下内容:(1)是否随原始存储介质移送;在原始存储介质无法封存、不便移动或者依法应当由有关部门保管、处理、返还时,提取、复制电子数据是否由二人以上进行,是否足以保证电子数据的完整性,有无提取、复制过程及原始存储介质存放地点的文字说明和签名。(2)收集程序、方式是否符合法律及有关技术规范;经勘验、检查、搜查等侦查活动收集的电子数据,是否附有笔录、清单,并经侦查人员、电子数据持有人、见证人签名;没有持有人签名的,是否注明原因;远程调取境外或者异地的电子数据的,是否注明相关情况;对电子数据的规格、类别、文件格式等注明是否清楚。(3)电子数据内容是否真实,有无删除、修改、增加等情形。(4)电子数据与案件事实有无关联。(5)与案件事实有关联的电子数据是否全面收集。对电子数据有疑问的,应当进行鉴定或者检验。

电子数据经审查无法确定真伪,或者制作、取得的时间、地点、方式等有疑问,不能提供必要证明或者作出合理解释的,不能作为定案的根据。

第三节 证据的分类

证据分类,是指根据一定的标准,对刑事诉讼证据在理论上所做的划分。与证据种类不同,证据分类不具有法律效力,而是一种理论上的区分。证据分类的目的在于从不同角度对刑事诉讼证据进行科学的研究,揭示各类证据的特点,提出正确运用各类证据的一般规律,有利于证据规则的科学建立,有利于证据收集和审查判断工作的正确进行。我国刑事诉讼理论中,常见的证据分类方法有:言词证据与实物证据;原始证据与传来证据;不利于犯罪嫌疑人、被告人的证据与有利于犯罪嫌疑人、被告人的证据;直接证据与间接证据。

一、言词证据与实物证据

根据证据的存在和表现形式,可以将证据区分为言词证据与实物证据。

言词证据,是指以人的语言陈述形式表现证据事实的各种证据。证人证言、被害人陈述、犯罪嫌疑人、被告人供述和辩解属于言词证据。鉴定意见虽然采取书面形式,但其实质是鉴定人就案件中某些专门性问题进行鉴定之后作出的判断,而且在法庭审理过程中,当事人等有权对鉴定人就鉴定意见发问,鉴定人有义务对这些问题作出口头回答,以阐明或补充其鉴定意见,所以鉴定意见也属于言词证据。

实物证据是指以客观存在的实体物质形态作为证据事实表现形式的证据。物证、书证、视听资料、电子数据属于实物证据。勘验、检查笔录、辨认笔录、侦查实验笔录并非对人的语言表述的记载,而是对勘验、检查、辨认、侦查实验之过程与结果的固定,因此也属于实物证据的范畴。

区分言词证据与实物证据的必要性在于,二者特点具有明显差别,在司法实践中应当密切关注二者各自的特点,正确收集和运用各类证据。

言词证据和实物证据的特点呈互补性。

首先,实物证据比较客观,不容易受人的主观因素的干扰,而且一经收集和固定就具有比较强的稳定性。言词证据则与此相反,由于言词证据的形成要经过感知、记忆和表达三个阶段,任何一个阶段上出现故障,都有可能影响证据的可靠性;另外,由于其他人为原因,如基于不良动机或外部压力而故意做虚伪陈述,也会使言词证据失真;同时,言词证据还具有不稳定性,时供时翻、时证时翻的现象经常发生。

其次,实物证据的收集往往比较困难,因为实物证据容易受到自然因素的影响而灭失,如果收集不及时,就可能收集不到。言词证据与此相反,由于言词证据可以通过人的记忆功能保留一段时间,所以言词证据收集的时间不像实物证据那样紧迫。

再次,从证据的信息量和证明程度来看,两者也呈互补性。言词证据的信息量较大,犯罪的主客观方面要件均可以证明,因此言词证据很多情况下可以成为认定案件事实的直接证据;但是言词证据在客观性上常常受到陈述者主观因素的影响。实物证据是客观存在的实体物,具有可触性、可视性,但是实物证据毕竟是"哑巴证据",往往不能直接表达它对案件事实的证明作用,而必须与其他证据相结合才能证明案件事实。

正是由于言词证据和实物证据的上述不同特点,所以对这两类证据在收集和审查判断上要采取不同的方法:第一,从收集证据的角度看,对言词证据一般要采用讯问或询问的方式,而对实物证据则要采用勘验、检查、搜查、扣押等手段。第二,从审查判断证据角度看,一是审查的重点不同,对实物证据要着重审查是否因为自然因素的影响而使其实体物质形态遭到破坏,而对言词证据则要审查其是否受到人的主观因素的干扰而失真。二是在审查方法上,言词证据多采用审查证据本身前后是否矛盾,与其他证据相印证,审查言词证据的主体的感知、记忆、表达能力是否正常,是否受到人为因素的影响,法庭审理时的讯问、质证等方法,而对实物证据的审查则多采用鉴定、辨认、侦查实验等方法。

二、原始证据与传来证据

根据证据的来源,可以将证据区分为原始证据与传来证据。

凡是来源于第一手的证据就是原始证据,例如被告人的供述、目击证人的证言、物证的原物、书证的原件等。凡是来源于第二手或第二手以上的证据就是传来证据,例如转述他人的陈述、物证的复制品、书证的复印件等。

原始证据的证明力大于传来证据。传来证据由于技术设备、人的理解、转述能力等因素的影响,可能使经过转述、传抄、复制的内容发生误差。传来证据的可靠程度同传递次数呈不规则反比,所谓不规则反比是指一般来讲,传递的次数越多,证据可靠程度越小。

正是基于原始证据和传来证据的上述特点,司法机关在刑事诉讼过程中,要尽可能收集原始证据,在掌握传来证据的情况下,要本着探本求源的精神,通过传来证据收集原始证据,即使在收集不到原始证据的情况下,也要尽可能收集同原始证据最接近的传来证据,同时还应注意审查原始证据在转述、传抄、复制过程中是否发生错误。

强调原始证据的重要性,并不等于否定传来证据的意义。传来证据的作用主要体现在:(1)有利于发现和收集原始证据,在刑事诉讼中,有很多案件都是先发现传来证据,然后再以此为线索发现原始证据的。(2)有助于验证、核实原始证据。例如,某一目击证人回家后,同时向家里的数人讲述了目击犯罪发生的过程,那么他的家人在刑事诉讼过程中,将目击证人向其讲述的内容,作为一个传来证据提供给司法机关,就可以对该目击证人的证言起到核实作用。(3)在无法收集原始证据的情况下,经查证属实的传来证据,同样可以用作认定案件事实的依据。(4)在某些案件中,传来证据是提取和固定原始证据的手段。如在物证的原物不便搬运、不易保存,或者依法应当由有关部门保管,或者依法应当返还被害人时,可以制作复制品、复制件或证明文件作为证据使用。

三、不利于犯罪嫌疑人、被告人的证据与有利于犯罪嫌疑人、被告人的证据

根据证据的内容对犯罪嫌疑人、被告人的犯罪事实所起的证明作用,可以将证据区分为不利于犯罪嫌疑人、被告人的证据和有利于犯罪嫌疑人、被告人的证据。凡是能够证明犯罪嫌疑人、被告人有罪或者罪重的证据就是不利于犯罪嫌疑人、被告人的证据;凡是证明犯罪嫌疑人、被告人无罪或者罪轻的证据就是有利于犯罪嫌疑人、被告人的证据。

这种证据分类的意义在于要求公安、司法人员在诉讼过程中一定要注意客观全面地收集证据,即既要收集能够证明犯罪嫌疑人、被告人有罪和罪重的证据,又要收集能够证明犯罪嫌疑人、被告人无罪和罪轻的证据,只有这样才能使案件的认定更加全面准确。为此,《刑事诉讼法》第50条规定:"审判人员、检察人员、侦查人员必须依照法定程序,收集能够证实犯罪嫌疑人、被告人有罪或者无罪、犯罪情节轻重的各种证据。严禁刑讯逼供和以威胁、引诱、欺骗以及其他非法方法收集证据,不得强迫任何人证实自己有罪。必须保证一切与案件有关或者了解案情的公民,有客观地充分地提供证据的条件,除特殊情况外,可以吸收他们协助调查。"

在诉讼理论上,对于这种证据的分类还有别的分类法,有的分为控诉证据和辩护证据,有的分为有罪证据和无罪证据。这些分类方法不甚科学,因为,控诉证据和辩护证据划分,使得公诉人提出的有利于犯罪嫌疑人、被告人的证据无法归类;有罪证据和无罪证据的划分则只有定性分析,而无定量分析,对运用证据的实践指导作用不大。

四、直接证据与间接证据

根据证据与刑事案件主要事实之间的证明关系,可以将证据区分为直接证据与间接证据。

凡是能够单独直接证明刑事案件主要事实的证据是直接证据;凡是不能单独直接证明刑事案件主要事实,而必须结合其他证据才可以证明刑事案件主要事实的证据是间接证据。

所谓刑事案件的主要事实,是指犯罪嫌疑人、被告人是否实施了所指控的犯罪行为,它包括两方面内容:一是是否发生了犯罪;二是该犯罪事实是不是犯罪嫌疑人、被告人实施的。直接证据可以对上述两方面内容直接作出回答,而间接证据则不可以。犯罪嫌疑人、被告人供述、目击案发全过程的证人证言、被害人指控犯罪嫌疑人实施犯罪行为的陈述均属直接证据。而仅仅感知案件事实某些片段的证人证言、仅能证明损害结果的被害人陈述、物证等属于间接证据。

直接证据包括肯定性的直接证据与否定性的直接证据,前者是指能够单独直接证明案件主要事实存在的证据,而后者则是指能够单独直接证明案件主要事实不存在的证据。因此,某纵火案中,证明大火系因电器短路而引发的录像属于否定性的直接证据,此外,犯罪嫌疑人、被告人否认犯罪的辩解、不在犯罪现场的证明等也属于直接证据。

需要强调的是,直接证据与间接证据的划分与证据证明力无必然联系。不能想当然地认为直接证据比间接证据更可靠。无论是直接证据还是间接证据都要经过查证属实才能作为定案的根据。我国刑事司法实践长期以来严格贯彻"孤证不能定案"的原则,即仅凭一个直接证据,不能认定相应的案件事实。坚持该原则的理由在于:第一,任何一个证据都不能自己证明自己是真实的,直接证据也必须依赖其他证据查证属实,才能作为定案根据。第二,不同的直接证据能证明的情况范围是不同的,有的多些,有的少些。因此,不能仅靠一个直接证据认定案件事实,而必须与其他直接证据或间接证据相结合,才能正确认定案件事实。

尽管从理论上讲单独一个间接证据所包含的信息量要比直接证据少得多,尤其是间接证据没有自然地包含案件主要事实的信息,但这并不等于说间接证据就没有证明作用。对于间接证据在刑事诉讼中的作用可以从以下几个方面把握:

第一,间接证据是确定侦查、调查方向的向导。在实践中,除了犯罪人自首、被害人或目击证人扭送犯罪人之外,一般案件总是先有间接证据,然后通过分析间接证据,确定侦查的方向。

第二,通过间接证据可以获取直接证据。刑事案件的侦破工作,一般总是开始从收集间接证据入手,一步步扩大战果,在取得了大量的间接证据后,才逐步地集中指向犯罪嫌疑人,然后对他采取必要的强制措施,进而正面接触,通过预审,犯罪嫌疑人供述作案经过,取得直接证据,这是办理刑事案件的普遍规律。

第三,运用间接证据可以鉴别直接证据的真伪。如根据被告人的供述、指认提取到了隐蔽性很强的物证、书证,且被告人的供述与其他证明犯罪事实发生的证据相互印证,并排除串供、逼供、诱供等可能性的,可以认定被告人有罪。

第四,在直接证据无法取得的情况下,依靠确实、充分的间接证据,也可以认定案件事实。最高法《解释》第 105 条规定:"没有直接证据,但间接证据同时符合下列条件的,可以认定被告人有罪:(一)证据已经查证属实;(二)证据之间相互印证,不存在无法排除的矛盾和无法解释的疑问;(三)全案证据已经形成完整的证明体系;(四)根据证据认定案件事实足以排除合理怀疑,结论具有唯一性;(五)运用证据进行的推理符合逻辑和经验。"

第四节 证 明

一、证明对象

（一）证明对象的概念和特点

证明对象又称待证事实,是指在刑事诉讼过程中需要运用证据加以证明的事实。证明对象和证据是一对相对应的范畴,它们处在证明的两端。刑事诉讼中的证明对象具有如下特点:

(1) 证明对象必须是与刑事诉讼相关的诸事实,这些事实涉及具体的刑事法律关系,关系到刑事案件能否得到正确的处理,所以既是当事人提出主张或进行反驳的对象,也是司法机关、特别是人民法院审理的内容和作出裁判的基础。与正在办理的刑事案件无关的事实,不能成为本案的证明对象。

(2) 证明对象是由法律所规定的事实。在刑事诉讼中,证明对象包括两个方面:一是刑事实体法中规定的认定犯罪构成,以及与定罪量刑有关的一切事实,另一方面是刑事程序法中所规定的,为查明刑事诉讼中某些程序问题,并就这些程序问题作出决定所依据的事实。

(3) 证明对象必须是运用证据进行证明才能确认的事实。否则,如果属于众所周知等不证自明的一些事实,不能成为刑事诉讼中的证明对象。

（二）证明对象的范围

最高法《解释》第 64 条规定:"应当运用证据证明的案件事实包括:(一) 被告人、被害人的身份;(二) 被指控的犯罪是否存在;(三) 被指控的犯罪是否为被告人所实施;(四) 被告人有无刑事责任能力,有无罪过,实施犯罪的动机、目的;(五) 实施犯罪的时间、地点、手段、后果以及案件起因等;(六) 被告人在共同犯罪中的地位、作用;(七) 被告人有无从重、从轻、减轻、免除处罚情节;(八) 有关附带民事诉讼、涉案财物处理的事实;(九) 有关管辖、回避、延期审理等的程序事实;(十) 与定罪量刑有关的其他事实。"根据上述规定,可以将刑事证明对象大致区分为刑事实体法上的事实和刑事程序法上的事实。

1. 实体法事实

刑事实体法上的事实是刑事诉讼最基本的证明对象。它是指由刑事实体法所规定的,能够产生刑事实体法上法律效果的事实。从理论上可以将作为证明对象的刑事实体法事实归纳为以下几个方面:

第一,犯罪构成要件的诸事实。

这是刑事诉讼中主要的证明对象,是刑事证明对象的核心部分。办理刑事案件,必须根据刑法规定,查明有关犯罪构成要件诸事实,包括:犯罪客体,即被犯罪行为侵害的刑事法律所保护的社会关系;犯罪主体,即实施了危害社会的行为,依法应负刑事责任的人;犯罪客观方面要件,即行为人所实施的危害社会的犯罪行为和与行为相关的各项客观事实;犯罪主观方面要件,即犯罪人的主观心理状态。

为了便于掌握和指导办案的实践活动,上述应予证明的犯罪构成要件事实往往被概括为"七何"要素,即:何人;基于何种动机、目的;何时;何地;用何种手段;实施了何种犯罪行为;产生了何种危害后果。在刑事诉讼过程中准确查清了上述关于"七何"方面的案件事实,也就解决了某一案件是否具备犯罪构成要件的问题。

第二,作为从重、从轻、减轻或者免除处罚理由的事实。

我国刑法依据罪刑相适应原则,对需要从重、从轻、减轻或者免除处罚的量刑情节都规定了事实条件,某一案件能否适用这些量刑情节,就必须查明相应的事实条件是否满足。例如,刑法规定对主犯要从重处罚,那么在审理共同犯罪的案件时,就必须查明,哪一个犯罪嫌疑人、被告人在共同犯罪中起主要作用。另外,根据刑法规定,犯罪人犯罪后的表现往往也是量刑的重要参考,因此,这些事实也属于证明对象,如犯罪后是否有自首、坦白、立功等悔罪表现,或者是否有逃跑、毁灭证据、串供等行为。

第三,各种犯罪阻却事由的事实。

我国刑法规定的犯罪阻却事由主要有正当防卫、紧急避险等。当发现犯罪嫌疑人、被告人可能存在相应的犯罪阻却事由时,相应阻却事由的构成要件事实就成为证明对象。例如在认定行为人的行为是否属于正当防卫时,就要查明防卫的目的是否正确,防卫的对象是否合适,防卫的时机是否符合要求,防卫的限度是否适当等。

2. 程序法事实

关于刑事程序法事实能否成为刑事诉讼的证明对象,理论界存在不同看法。肯定说认为刑事诉讼法是从程序的角度保证刑事实体法的正确实施,对有关程序法事实亦须查证属实,因此程序法事实也属于刑事诉讼的证明对象。否定说认为刑事诉讼证明对象只应包括那些若不查明就不能对案件正确进行实体处理的事实,即那些具有实体法意义的事实,而程序法事实不应当属于证明对象。肯定说为当前学界通说,本书亦采通说立场。因为案件的正确处理既要从实体法上看,又要从程序法上看,如果仅仅是实体上正确,而程序上错误,甚至对公正审判产生严重影响,同样应当认为这个案件没有得到正确处理。

根据我国《刑事诉讼法》的规定,作为证明对象的程序法事实主要包括以下几个方面:

(1) 关于回避理由方面的事实,即需要运用证据证明被申请回避的人员是否符合《刑事诉讼法》规定的应当回避的法定情形。

(2) 关于当事人耽误诉讼期间原因的事实,即需要运用证据证明当事人耽误诉讼期间是否由于不可抗拒的原因或者有无其他正当理由。

(3) 采取强制措施的事实,如查明保证人是否符合保证人条件,以决定是否同意犯罪嫌疑人可以由该人做保证人而被取保候审;又如被逮捕的犯罪嫌疑人是否确实患有严重疾病或者是否属于正在怀孕或正在哺乳自己婴儿的妇女。

(4) 取证过程是否存在违反法定程序的事实,如在讯问犯罪嫌疑人时,侦查人员是否实施了刑讯逼供等行为,搜查、扣押的过程是否遵守了《刑事诉讼法》规定的相关程序等。

(5) 审判过程是否违反法定程序的事实。如《刑事诉讼法》第 227 条规定:"第二审人民法院发现第一审人民法院的审理有下列违反法律规定的诉讼程序的情形之一的,应当裁定撤销原判,发回原审人民法院重新审判:(一) 违反本法有关公开审判的规定的;(二) 违反回避制度的;(三) 剥夺或者限制了当事人的法定诉讼权利,可能影响公正审判的;(四) 审判组织的组成不合法的;(五) 其他违反法律规定的诉讼程序,可能影响公正审判的。"本条规定情形是否存在都是二审法院应当运用证据证明的,因而也属于刑事诉讼的证明对象。

(6) 执行中的某些事实,如是否具备监外执行条件,是否具备应当停止执行死刑的条件等。

(三) 免证事项

免证事项又称无须证明的事实,是指在刑事诉讼中不需要运用证据证明,可由法院直接认定的事实。关于免证事项,我国《刑事诉讼法》并未涉及,但是在某些司法解释中作出了相应的规定。如最高检《规则》第 437 条规定:"在法庭审理中,下列事实不必提出证据进行证明:(一) 为一般人共同知晓的常识性事实;(二) 人民法院生效裁判所确认的并且未依审判监督程序重新审理的事实;(三) 法律、法规的内容以及适用等属于审判人员履行职务所应当知晓的事实;(四) 在法庭审理中不存在异议的程序事实;(五) 法律规定的推定事实;(六) 自然规律或者定律。"需要指出的是,这一规定中所称的"法律、法规的内容以及适用等属于审判人员履行职务所应当知晓的事实",其实从性质上来讲根本就不是事实,而属于法律的解释适用问题,将其作为免证事项是不合适的,因为免证事项首先必须是一种事实。而程序性事实只有在不存在争议的情况下才可以直接认定,当控辩双方就某一程序性事实存在争议时,依然需要证明,因此将程序性事实作为免证事项也不合适。在理论上,典型的免证事项主要有三种,即众所周知的事实、预决的事实和推定的事实。

1. 众所周知的事实

众所周知的事实是指具有一般常识的人都知道的事实,如饥思食,渴思饮;鸟在空中飞,鱼在水里游;国家的著名山川各在何处,法定的度量衡标准;等等,这些事实皆为众人了解,不致产生疑问。众所周知的事实无须证明的理由是,这种事实的客观实在性是显著的,再要求搜集证据证明显然多此一举。

当然,这里所讲的众所周知的事实,是相对而言的。有的事实不仅为全国甚至全世界的众多人所知晓,有的事实则只为某一地区范围内的人所了解。比如对于北京市民来讲,北京市的某条主干道位于何处可能属于众所周知的事实,但是对于上海市民来讲则不一定达到众所周知的程度。所以,对"众所周知"的理解不能绝对化。

另外,最高检《规则》中还将自然规律或者定律作为一种独立的免证事项,但实际上这一规定值得商榷。因为自然规律或者定律在是否需要证明这一点上并不能一概而论。诸如万有引力定律、阿基米德定律等常识性问题,可以归入众所周知的事实,而对于其他专业性较强等自然规律和定律,则不能成为免证事项,而必须通过专家的鉴定意见予以证明。

2. 预决的事实

预决的事实,是指已经发生法律效力的法院判决所确定的事实。这类事实对以后审理的其他案件发生预决效力,即后一个案件中不需要再收集证据证明,而可以直接加以认定。例如,被告人甲盗窃某物后又将赃物卖给了乙,乙明知是赃物而购买。如果甲的犯罪事实经审理后作出判决并生效,那么接下来对乙进行另案审理时,关于涉案财产为赃物的事实就不需要再举证证明。

预决的事实之所以无须证明,是因为这种事实已经由法院生效判决所确认,没有必要再进一步去查证,同时还可以避免法院就同一事实在两个判决中作出相互矛盾的认定。这里需要注意的是,这种预决关系,仅存在于两个判决之间,至于行政机关和侦查机关所认定的事实,对法院的审判活动是没有预决效力的。

3. 推定的事实

推定,是指在法律上予以明确规定,当某一事实被确认时,即可据此推定另一事实存在。其中前一个事实被称为基础事实,后一个事实被称为推定的事实。当作为推定之依据的基础事实得到证明时,如果没有提出相反的证据,推定的事实就不需要证明,而可以直接依据法律规定作出认定。因此,推定的事实属于免证事项,但作为推定依据的基础事实则必须证明。

二、证明责任

(一) 证明责任的概念

证明责任又称举证责任,是指在刑事诉讼中提供证据证明案件事实的责任。对于某一事实,如果不能提供证据,或虽然提出了证据,但是达不到法定证明标准,将由对该事实承担证明责任的一方承担该事实不能成立的法律后果。理解证明责任的概念,需要明确以下几个关键点：

（1）证明责任是与不利后果联系在一起的。刑事诉讼中每一个证明对象都有相应证明责任的承担者，如果该证明对象最终没有得到证明，将由对其承担证明责任的一方承担该事实不能成立的不利后果。

（2）对某一证明对象承担证明责任的一方必须提供证据，将该事实证明到法定证明标准之后，才能解除其证明责任。

（3）在刑事诉讼中，法院不承担证明责任。因为证明责任是与不利后果联系在一起的，法院无论如何裁判，其裁判结果要么是对控方不利，要么是对辩方不利，而对于法院则无所谓是否有利。因此法院不是证明责任的承担者。根据《刑事诉讼法》规定，法院承担职权调查的义务，但是该义务与证明责任是不同的两个概念。

（4）对于某一证明对象，应当由哪一方承担证明责任，原则上须由法律明确规定，法官不得在个案中自由裁量。法律对证明责任的明确规定，在理论上被称为证明责任的分配。我国《刑事诉讼法》第49条规定："公诉案件中被告人有罪的举证责任由人民检察院承担，自诉案件中被告人有罪的举证责任由自诉人承担。"该规定即为我国刑事诉讼中证明责任分配的一般原则。

（二）证明责任的分配

结合《刑事诉讼法》第49条以及相关法律的规定，我国刑事诉讼中证明责任的分配原则可以概括为：控方承担证明被告人有罪的责任，被告人除法律有明确规定之外不承担证明自己无罪的责任。其中，控方是指公诉案件中的人民检察院和自诉案件中的自诉人。

控方承担证明责任是无罪推定原则的基本要求。这一原则意味着控方必须对各个犯罪构成要件的存在提供证据加以证明，而且其证明必须达到法定的证明标准，即"事实清楚，证据确实、充分"，否则控方将承担指控不能成立的不利后果。被告人原则上无须提供证据证明自己无罪，只要控方未能就指控提供证据，或控方提供的证据无法达到法定证明标准时，被告人应当被宣告无罪。这一点在理论上又被称为"疑罪从无"原则。

在司法实践中，有时由于条件的限制或出于各种主、客观原因，有些案件不可能查得水落石出，或者因案件错综复杂，一时难以查清。对于这些证据不足、"处断难明"的"疑案"，在实行有罪推定的封建专制主义刑事诉讼中，是按照"疑罪从有"来处理的，这充分暴露了封建社会刑事诉讼的专制、黑暗和对人权的践踏。与有罪推定相对立的无罪推定原则要求对疑难案件应当从有利于被告人的角度来解释和处理。即：被告人有罪无罪难以确定，按被告人无罪处理；被告人罪重罪轻难以确定，按被告人罪轻处理。

被告人不承担证明自己无罪的责任作为一项原则，也存在例外。即当法律有明确规定要求被告人就某些事实承担证明责任时，若该事实最终未能证明，则应当由被告人承担不利后果。《刑法》第395条第1款规定的巨额财产来源不明罪中便确定了一项被告人承担证明责任的例外。该款规定："国家工作人员的财产、支出明显超过合法收入，差额巨大的，可以责令该国家工作人员说明来源，不能说明来源的，差额部分以非法所得论，处5年以下有期徒刑或者拘役；差额特别巨大的，处5年以上10年以下有期徒刑。财产差额部分予以追缴。"根据该款规定,在涉嫌巨额财产来源不明罪的案件中,差额部分的来源这一事实应当由被告人承担证明责任,若被告人不能证明,则承担不利后果,即"差额部分以非法所得论"。但需要特别注意的是,即使是在巨额财产来源不明案件中,被告人承担证明责任的范围也仅限于差额部分的来源这一个事实,本罪的其他构成要件事实,如被告人的国家工作人员身份、被告人的合法收入数额、支出数额等,依然要由控方承担证明责任。

三、证明标准

(一) 证明标准的概念

证明标准又称证明要求,是指运用证据证明案件事实所需要达到的程度。换句话说,证明标准所要解决的问题就是,在诉讼中,案件事实在什么情况下就算是被证明了。达到证明标准之后,对该事实承担证明责任的一方可以卸除证明责任,即完成了证明的任务,而法官则应当认定该事实成立。

承认证明标准这个概念,也就意味着承认在诉讼中证明案件事实不可能达到确定无疑的程度,而只能满足于一定程度的盖然性,在事实问题上,所有的判决都是建立在一定的盖然性基础之上的。

(二) 证明标准的层次

诉讼中,因诉讼阶段的不同,证明对象的不同,以及证明主体的不同,决定了证明标准不可能是单一的,而是一个由不同标准构成的体系。比如,在英美法上,证明标准共有9个等级组成。① 我国《刑事诉讼法》中规定的证明标准尽管没有达到英美证据法那样的细致程度,但是,针对不同的问题,在不同的诉讼阶段,依然体现出了非常明显的层次性特征。具体而言,我国《刑事诉讼法》主要规定了以下几个层次的证明标准。

1. 事实清楚、证据确实充分

"事实清楚,证据确实、充分"是刑事诉讼中最为重要的一个证明标准,这一标准主要适用于侦查终结、提起公诉和给被告人定罪这三个环节,它也是我国法律体系中最高的一个证明标准。根据《刑事诉讼法》第53条第2款的规定,事实清楚,证据确实、充分是指同时满足以下三个方面的条件。

(1) 定罪量刑的事实都有证据证明。各个犯罪的构成要件和各种量刑情节在刑法中都有明确、详尽的规定,这些要件和情节所对应的具体事实必须均有证据能够证明,否则不得对被告人定罪量刑。这是刑事实体法对于证据在量上的要求。

(2) 据以定案的证据均经法定程序查证属实。刑事诉讼法关于在不同诉讼阶段的证据调查程序均作出了明确规定,要满足证据、确实充分的要求,就必须保证对证据的调查

---

① 九个等级从高到低依次为:(1) 绝对的确定性——任何法律目的均不作此要求;(2) 排除合理怀疑——刑事案件中为有罪认定所必需;(3) 明晰且有说服力的证明——适用于某些民事案件以及某些管辖法院对死刑案件中保释请求的驳回;(4) 优势证明——适用于多数民事案件以及刑事诉讼中被告人的积极性抗辩;(5) 可成立的理由——适用于逮捕令状的签发、无证逮捕、搜查及扣留、控诉书和起诉书的发布、缓刑及假释的撤销,以及对公民逮捕的执行;(6) 合理相信——适用于"阻截和搜身";(7) 有合理怀疑——足以宣布被告人无罪;(8) 怀疑——适用于调查的开始;(9) 没有信息——对任何法律目的均不充分。

活动应遵守这些程序。比如,在审判阶段,证据必须在法庭调查阶段接受各方诉讼主体的质证,证人、鉴定人在法定情况下,必须出庭作证,否则不足以确保达到确实、充分的程度。这是刑事程序法对于证据在调查程序上的要求。

(3) 综合全案证据,对所认定事实已排除合理怀疑。所谓"排除合理怀疑"是指证据之间、证据与案件事实之间不存在任何合理怀疑。

排除合理怀疑不等于排除一切怀疑,根据《美国加利福尼亚刑法典》的界定,合理怀疑"不仅仅是一个可能的怀疑,而是指该案的状态在经过对所有证据的综合比较和考虑之后,陪审团的心理处于这种状态,他们不能说他们感到对指控罪行的真实性得出永久的已达到内心确信的程度"。因此,某些无任何事实基础的单纯的怀疑不在排除之列。

在某一具体案件中,证据是否已经达到排除合理怀疑的程度,并不存在完全固定的公式,而必须综合全案证据,根据经验法则和逻辑法则进行衡量。这是一个关于全案证据的实质性判断标准。

2. 其他证明标准

除"事实清楚,证据确实、充分"这一定案标准之外,我国《刑事诉讼法》还针对立案和逮捕两个环节规定了不同的证明标准。

根据《刑事诉讼法》第 110 条规定,立案需要达到的证明标准为"有犯罪事实",据此,只要根据现有证据足以判断有一个犯罪行为发生即达到这一标准,甚至无须查明犯罪人是谁。这是我国刑事诉讼中最低的一个证明标准。

根据《刑事诉讼法》第 79 条规定,逮捕所需达到的证明标准是"有证据证明有犯罪事实"。公安部《规定》第 130 条第 1 款进一步规定:"有证据证明有犯罪事实,是指同时具备下列情形:(一) 有证据证明发生了犯罪事实;(二) 有证据证明该犯罪事实是犯罪嫌疑人实施的;(三) 证明犯罪嫌疑人实施犯罪行为的证据已有查证属实的。"可见,这一标准比立案的证明标准更高,但低于"事实清楚,证据确实、充分"的定案标准。

第五节 非法证据排除规则

一、非法证据排除规则的含义与意义

非法证据排除,是指在刑事诉讼中,对于以违反法定程序手段取得的证据,应当予以排除,不得作为认定被告人有罪的依据。非法证据排除规则便是有关规定非法证据的范围,以及非法证据排除程序的规则的总称。非法证据排除规则最早产生于美国,并迅速在西方两大法系国家产生重大影响,目前各主要法治发达国家均设有不同程度的非法证据排除规则。

非法证据排除在我国立法中出现较晚,1996 年《刑事诉讼法》第 43 条规定"严禁刑讯逼供和以威胁、引诱、欺骗以及其他非法方法收集证据"。但是,立法并未进一步明确以非法手段取得的证据是否具有证据能力。1998 年最高人民法院《关于执行〈中华人民共和

国刑事诉讼法〉若干问题的解释》第61条首次明确:"严禁以非法的方法收集证据,凡经查证属实属于采用刑讯逼供或者威胁、引诱、欺骗等非法方法取得的证人证言、被害人陈述、被告人供述,不能作为定案的根据。"此后,1999年最高人民检察院颁布的《人民检察院刑事诉讼规则》第265条也作出了同样的规定。由此,非法证据排除规则的雏形才得以出现在我国法律法规当中。但是,上述规定过于简单,缺乏实际可操作性,在司法实践中还不足以防止非法取证现象的发生。一方面,它仅针对证人证言、被害人陈述、被告人供述这三类言词证据作出规定,而未能明确以非法手段取得的实物证据能否作为定案依据使用。另一方面,它对于证据合法性的调查程序以及相应的证明责任、证明标准规则没有作出进一步的明确规定。

鉴于此,2010年,最高人民法院、最高人民检察院、公安部、国家安全部、司法部联合发布了《关于办理刑事案件排除非法证据若干问题的规定》,该规定对非法证据排除问题作出了系统规范,内容涉及非法证据的范围、证据排除的方式、排除程序的启动、证据合法性调查程序、证明责任、证明标准、救济方式等,这使得我国非法证据排除规则向前跨进了一大步。2012年修改《刑事诉讼法》时,将该规定的主要内容纳入其中。至此,非法证据排除规则首次出现在我国《刑事诉讼法》当中。随后,最高法《解释》和最高检《规则》对于非法证据排除规则的具体适用又作出了进一步细化的规定。

非法证据排除规则的确立具有非常重要的意义:

第一,有利于遏制刑讯逼供等非法取证行为,切实保障人权。2012年《刑事诉讼法》修改将尊重和保障人权作为刑事诉讼法的基本任务之一,而非法证据排除规则就是保障这一任务贯彻落实的一项重要举措。因为非法证据排除规则将以非法手段取得的证据排除于定案根据之外,最大限度地打消了办案人员实施非法取证行为的动机,从而实现保障人权的目的。非法证据排除规则的存在意味着,国家不能为了追究犯罪而不择手段,不得采取刑讯逼供、非法搜查等践踏人权的方式实现刑罚权。

第二,有利于确保证据的真实可靠性,防止冤假错案的发生。实践证明,一系列骇人听闻的冤假错案无不伴随着刑讯逼供等非法取证行为的实施。而这些非法取证行为不仅严重侵犯了公民的基本权利,而且往往对所获证据的真实可靠性也造成重大损害。特别是针对被告人供述、证人证言等言词证据,非法证据排除规则可以保障这些证据的自愿性,进而保障判决结果的准确性。

第三,有利于提升刑事司法的权威性。司法作为社会公平正义的最后一道防线,要有效发挥作用,必须具有高度的权威性。而办案人员的刑讯逼供等违法取证行为严重损害了司法的权威地位。为了维护法律的尊严,增进民众对法律的信心,提升司法权威,必须以文明、合法的手段获取证据,实现国家刑罚权,而将非法取得的证据排除于定案依据之外。

二、非法证据排除规则的适用范围

《刑事诉讼法》第54条第1款规定:"采用刑讯逼供等非法方法收集的犯罪嫌疑人、

被告人供述和采用暴力、威胁等非法方法收集的证人证言、被害人陈述,应当予以排除。收集物证、书证不符合法定程序,可能严重影响司法公正的,应当予以补正或者作出合理解释;不能补正或者作出合理解释的,对该证据应当予以排除。"

根据该款规定,我国非法证据排除规则的适用范围包括两种情况,一是以非法手段取得的言词证据,二是违反法定程序取得的实物证据。

(一) 非法言词证据

以非法手段取得的言词证据包括采用刑讯逼供等非法方法收集的犯罪嫌疑人、被告人供述,和以暴力、威胁等非法方法收集的证人证言、被害人陈述。根据《刑事诉讼法》规定,此类非法证据必须排除,法官不存在自由裁量的余地,此种排除模式在理论上被称为绝对排除。但需要注意的是,采取绝对排除模式的仅限于以刑讯逼供、暴力、威胁等非法手段取得的上述证据,如果仅仅是讯问或询问过程中存在一定的程序瑕疵,如讯问笔录制作不完善,缺少讯问人员签名等情形下取得的证据,则不一定排除。

1. 以刑讯逼供等非法方法收集的犯罪嫌疑人、被告人供述

根据最高法《解释》第95条第1款和最高检《规则》第65条的规定,使用肉刑或者变相肉刑,或者采用其他使犯罪嫌疑人、被告人在肉体上或者精神上遭受剧烈疼痛或者痛苦的方法,迫使犯罪嫌疑人、被告人违背意愿供述的,应当认定为《刑事诉讼法》第54条规定的"刑讯逼供等非法方法"。此外,最高人民法院2013年11月21日发布的《关于建立健全防范刑事冤假错案工作机制的意见》第2条第8项更为明确地规定:"采用刑讯逼供或者冻、饿、晒、烤、疲劳审讯等非法方法收集的被告人供述,应当排除。"

需要强调的是,以此种方法取得的犯罪嫌疑人、被告人供述应当排除,但是对于犯罪嫌疑人、被告人面对指控所做的辩解,即使讯问过程中存在上述违反法定程序的情形,依然可以作为证据使用。此外,以上述违法手段收集的犯罪嫌疑人、被告人供述应当排除,是指不得作为认定犯罪嫌疑人、被告人有罪的根据,但是其可以作为证据来证明侦查机关对犯罪嫌疑人、被告人实施了刑讯逼供等违法取证行为。

2. 以暴力、威胁等非法方法收集的证人证言、被害人陈述

所谓暴力方法,是指司法工作人员采用肉刑或变向肉刑获取证据的方法,而威胁方法是指司法工作人员虽未采用暴力手段,但是对证人、被害人进行心理上的强制获取证据的方法。威胁的内容,既可以是针对被害人、证人及其亲友的人身暴力内容,也可以是揭发其隐私,破坏其人格、名誉等威胁内容。① 采用此种方法取得的证人证言与被害人陈述不得作为认定被告人有罪的证据。

(二) 非法实物证据

收集物证、书证不符合法定程序,可能严重影响司法公正的,应当予以补正或者作出合理解释;不能补正或者作出合理解释的,对该证据应当予以排除。非法实物证据的排除在我国《刑事诉讼法》中采取相对排除模式,即单纯收集证据不符合法定程序并不一定导

---

① 张军、江必新主编:《新刑事诉讼法及司法解释适用问答》,人民法院出版社2013年版,第112页。

致该证据被排除,而需要根据个案情况进行综合判断。根据《刑事诉讼法》的规定,非法取得的物证、书证的排除必须同时满足三个方面条件:第一,该物证、书证的收集过程不符合法定程序。第二,这一程序违法可能严重影响司法公正。这里所讲的司法公正既包括实体公正也包括程序公正,但主要是指程序公正。第三,不能对该证据作出补正或合理解释。其中所谓补正是指对取证程序上的非实质性瑕疵进行补救;合理解释是指对取证程序的瑕疵作出符合常理及逻辑的解释。

我国《刑事诉讼法》之所以对非法取得的实物证据采用相对排除模式,是因为实物证据具有不同于言词证据的特点。实物证据具有不以人的意志为转移的客观性,而且在很多案件中,实物证据具有唯一性,能够比较真实可靠地反映案件事实;此外,实践中非法收集实物证据的情形比较复杂,违法程度各异,对于一些比较轻微的违法情形,完全可以通过补正或作出合理解释的方法予以弥补。因此如果对实物证据一律排除是不切实际的,不能满足刑事诉讼法惩罚犯罪目的的实现。从世界范围来看,各主要法治发达国家大多也对非法取得的实物证据采用相对排除的模式。

三、非法证据排除的义务主体

《刑事诉讼法》第54条第2款规定:"在侦查、审查起诉、审判时发现有应当排除的证据的,应当依法予以排除,不得作为起诉意见、起诉决定和判决的依据。"另外,最高检《规则》第65条第1款规定:"对采用刑讯逼供等非法方法收集的犯罪嫌疑人供述和采用暴力、威胁等非法方法收集的证人证言、被害人陈述,应当依法排除,不得作为报请逮捕、批准或者决定逮捕、移送审查起诉以及提起公诉的依据。"由此可知,我国刑事诉讼中,应在四个程序环节中排除非法证据,即逮捕、侦查终结并移送审查起诉、提起公诉和定罪;在上述四个环节中,侦查机关、检察机关和审判机关均承担排除非法证据的义务。这一点是我国非法证据排除规则的一个特色,从其他国家相关立法来看,承担排除非法证据义务的机关仅为法院,而我国除法院之外,还包括侦查和检察机关。

根据我国《刑事诉讼法》和相关司法解释,在侦查阶段,侦查机关发现有应当排除的证据的,经县级以上公安机关负责人批准,应当依法予以排除,不得作为批准逮捕、移送审查起诉的依据。人民检察院认为可能存在以非法方法收集证据情形,要求公安机关进行说明的,公安机关应当及时进行调查,并向人民检察院作出书面说明。

人民检察院在审查批捕或审查起诉过程中,发现存在《刑事诉讼法》第54条规定的非法取证行为,依法对该证据予以排除后,其他证据不能证明犯罪嫌疑人实施犯罪行为的,应当不批准或者决定逮捕,已经移送审查起诉的,可以将案件退回侦查机关补充侦查或者作出不起诉的决定。

人民检察院接到报案、控告、举报或者发现侦查人员以非法方法收集证据的,应当进行调查核实。对于确有以非法方法收集证据情形的,应当提出纠正意见;构成犯罪的,依法追究刑事责任。

四、审判阶段非法证据的排除程序

尽管我国刑事诉讼中在侦查、审查起诉和审判阶段均可能出现排除非法证据的问题，但在侦查和审查起诉阶段实质解决的是证据的准入问题而不是证据的排除问题，即不将相关的非法证据作为指控犯罪的证据使用，因而该证据没有进入证据库中，所以这两个阶段不需要建立专门的证据排除程序。而在审判阶段，相关非法证据已经进入到指控犯罪的证据库中，排除这些证据，就需要一个非常复杂的程序。为此，我国《刑事诉讼法》也主要是规定审判阶段的证据排除程序。

（一）非法证据排除程序的启动

《刑事诉讼法》第56条规定："法庭审理过程中，审判人员认为可能存在本法第54条规定的以非法方法收集证据情形的，应当对证据收集的合法性进行法庭调查。当事人及其辩护人、诉讼代理人有权申请人民法院对以非法方法收集的证据依法予以排除。申请排除以非法方法收集的证据的，应当提供相关线索或者材料。"根据这一规定，审判阶段非法证据排除程序的启动方式有两种：一种为法院依职权启动；另一种为依当事人及其辩护人、诉讼代理人的申请而启动。

当事人及其辩护人、诉讼代理人申请法庭排除非法证据，既可以在开庭审理前提出，也可以在开庭审理过程中提出。人民法院向被告人及其辩护人送达起诉书副本时，应当告知其如果申请排除非法证据的话，其申请应当在开庭审理前提出。但是，如果是在庭审期间才发现相关线索或者材料的可以在法庭审理过程中随时提出。

开庭审理前，当事人及其辩护人、诉讼代理人申请人民法院排除非法证据的，人民法院应当在开庭前及时将申请书或者申请笔录及相关线索、材料的复制件送交人民检察院。对于当事人及其辩护人、诉讼代理人在开庭前提出的排除非法证据的申请，人民法院经审查，对证据收集的合法性有疑问的，应当依照《刑事诉讼法》第182条第2款的规定召开庭前会议，就非法证据排除等问题了解情况，听取意见。人民检察院可以通过出示有关证据材料等方式，对证据收集的合法性加以说明。

法庭审理过程中，当事人及其辩护人、诉讼代理人申请排除非法证据的，法庭应当进行审查。经审查，对证据收集的合法性有疑问的，应当进行调查；没有疑问的，应当当庭说明情况和理由，继续法庭审理。当事人及其辩护人、诉讼代理人以相同理由再次申请排除非法证据的，法庭不再进行审查。对证据收集合法性的调查，根据具体情况，可以在当事人及其辩护人、诉讼代理人提出排除非法证据的申请后进行，也可以在法庭调查结束前一并进行。

在第二审程序中，具有下列情形之一的，第二审人民法院也应当对证据收集的合法性进行审查，并根据《刑事诉讼法》及相关司法解释的规定作出处理：(1) 第一审人民法院对当事人及其辩护人、诉讼代理人排除非法证据的申请没有审查，且以该证据作为定案根据的；(2) 人民检察院或者被告人、自诉人及其法定代理人不服第一审人民法院作出的有关证据收集合法性的调查结论，提出抗诉、上诉的；(3) 当事人及其辩护人、诉讼代理人在第一审结束后才发现相关线索或者材料,申请人民法院排除非法证据的。

(二) 证据合法性的证明

1. 证明责任与证明标准

在对证据收集的合法性进行法庭调查的过程中,人民检察院应当对证据收集的合法性加以证明。换言之,在证据合法性的调查程序启动之后,由人民检察院对证据收集的合法性承担证明责任,如果不能证明,将由人民检察院承担不利后果。此处所谓的不利后果即相关证据应当被排除。

人民检察院承担证据合法性的证明责任,应当与被告人及其辩护人、诉讼代理人申请启动证据合法性调查程序时所承担的提供"线索或者材料"的责任区分开来。《刑事诉讼法》第56条第2款规定:"……申请排除以非法方法收集的证据的,应当提供相关线索或者材料。"这里讲的线索或者材料具体是指涉嫌非法取证的人员、时间、地点、方式、内容等相关线索或者材料。这一责任与人民检察院承担的证明责任存在以下两点重要区别:

第一,承担责任的时间不同。申请人提供线索或材料是非法证据排除程序启动的条件之一,若申请人未履行这一责任,则视为相关证据的合法性不存在异议,只有当其提供了相关的线索或材料时,才能使证据的合法性成为诉讼中的一个争议点,才需要启动相应的调查程序。因此,申请人提供线索或者材料的责任在理论上被称为"形成争点"的责任。这一责任与人民检察院所承担的证明取证行为合法性的证明责任不同,后者是在非法证据排除程序启动之后才承担的责任。

第二,需要达到的证明标准不同。《刑事诉讼法》第58条规定:"对于经过法庭审理,确认或者不能排除存在本法第54条规定的以非法方法收集证据情形的,对有关证据应当予以排除。"可见,当确认存在非法方法收集证据情形,以及不能排除存在非法方法收集证据情形这两种情况下,相应证据都应当予以排除,换言之,只有当人民检察院确实、充分地证明取证行为合法的情况下,证据才可以作为定案依据使用。这显然意味着人民检察院对取证行为合法性的证明应当达到"事实清楚,证据确实、充分"的程度。但是被告人及其辩护人、诉讼代理人形成争点的责任则不需要达到这么高的程度,而只需要提供线索或材料,使法官对取证程序的合法性产生一定的合理怀疑即可。

2. 证明方法

法庭对证据收集合法性的调查可以采用多种证明方法,如出示、宣读讯问笔录或者其他证据,有针对性地播放讯问过程的录音录像等。除此之外,根据《刑事诉讼法》及相关司法解释的规定,还可以采用另外两种特殊的形式。

第一,侦查人员或者其他人员出庭作证。

侦查人员或者其他人员出庭作证,是指当证据合法性出现疑问时,由法庭传唤被指控采取刑讯逼供等非法取证手段的侦查人员或者其他了解相关事实的人员,亲自出庭就证据合法性提供证言。《刑事诉讼法》第57条第2款规定:"现有证据材料不能证明证据收集的合法性的,人民检察院可以提请人民法院通知有关侦查人员或者其他人员出庭说明情况;人民法院可以通知有关侦查人员或者其他人员出庭说明情况。有关侦查人员或者其他人员也可以要求出庭说明情况。经人民法院通知,有关人员应当出庭。"

第二,取证过程合法的说明材料。

向法庭提交取证过程合法的说明材料,是司法实践中广泛存在的一种证明方式。对于此种方式,刑事诉讼法学界大多数学者均持批判意见,因为此种证明方式与其他证明方式相比,证明力较弱。因此,根据最高法《解释》第101条第2款规定,公诉人提交的取证过程合法的说明材料,应当经有关侦查人员签名,并加盖公章。未经有关侦查人员签名的,不得作为证据使用。而且这种说明材料不能单独作为证明取证过程合法的根据,而必须有其他证据印证。

人民法院对证据收集的合法性进行调查后,应当将调查结论告知公诉人、当事人和辩护人、诉讼代理人。

思考题:

1. 刑事诉讼证据与一般意义上的证据有何区别?
2. 证据能力与证明力的区别体现在哪里?
3. 如何理解证据的意义?
4. 我国刑事证据运用中应当遵守哪些原则?
5. 物证与书证如何区分?
6. 证人出庭作证的必要性体现在哪里?
7. 鉴定意见与证人证言的区别是什么?
8. 什么是意见证据规则?
9. 为什么不能仅凭被告人供述定案?
10. 如何理解不能作为证人的条件?
11. 直接证据的证明力是否大于间接证据?为什么?
12. 为什么说物证一定是间接证据?
13. 在没有直接证据的情况下,仅凭间接证据可否认定被告人有罪?
14. 程序法事实是不是刑事诉讼的证明对象?为什么?
15. 什么是预决的事实?预决的事实为什么无需证明?
16. 如何理解证明责任的概念?
17. 我国刑事诉讼中的证明责任是如何分配的?
18. 刑事诉讼中被告人是否一定不承担证明责任?
19. 如何理解证明标准的层次性?我国《刑事诉讼法》中证明标准的层次性是如何体现的?
20. 何为非法证据排除规则?非法证据排除规则的意义体现在哪里?
21. 我国《刑事诉讼法》关于非法言词证据和非法实物证据的排除规定有何区别?作出这种区别的理由是什么?
22. 如何理解证据的"补正"与"合理解释"?

23. 在审判阶段非法证据的排除程序中,证据合法性的证明责任由谁承担?其证明所需达到的证明标准是什么?

24. 如何理解当事人及其辩护人、诉讼代理人申请排除非法证据时,应承担的提供"线索或者材料"的责任?

第八章 强制措施

第一节 概述

一、强制措施的概念和特点

刑事诉讼中的强制措施,是指公安机关、人民检察院和人民法院为了保证刑事诉讼的顺利进行,依法对犯罪嫌疑人、被告人的人身自由进行限制或者剥夺的各种强制性方法。

我国刑事诉讼中的强制措施具有以下几个特点:

第一,有权适用强制措施的主体是公安机关(包括其他侦查机关)、人民检察院和人民法院,其他任何国家机关、团体或个人都无权采取强制措施。

第二,强制措施的适用对象是犯罪嫌疑人、被告人,对于诉讼参与人和案外人不得采用强制措施。

第三,强制措施的内容是限制或者剥夺犯罪嫌疑人、被告人的人身自由,而不包括对物的强制处分和对隐私权的干预。

第四,强制措施的性质是预防性措施,而不是惩戒性措施。即适用强制措施的目的是为了保证刑事诉讼的顺利进行。

第五,强制措施是一种法定措施。我国《刑事诉讼法》对各种强制措施的适用机关、适用条件和程序都进行了严格的规定。

第六,强制措施是一种临时性措施。随着刑事诉讼的进程,强制措施应当根据案件的进展情况而予以变更或者解除。

上述特点决定了刑事强制措施同刑罚、行政处罚等无论在适用主体、性质、适用对象、适用条件、适用程序和期限等方面都有很大区别。

二、强制措施的体系

我国刑事诉讼中的强制措施由拘传、取保候审、监视居住、拘留、逮捕构成。这是一个由轻到重、层次分明、结构合理、互相衔接的体系,形成了一个有机联系的整体,能够适应刑事诉讼的各种不同情况。

对于我国刑事诉讼中的强制措施的体系,还有一个相关问题需要明确,即公民的扭送问题。根据《刑事诉讼法》第82条的规定,对于有下列情形的人,任何公民都可以立即扭送公安机关、人民检察院或者人民法院处理:(1)正在实行犯罪或者在犯罪后即时被发觉的;(2)通缉在案的;(3)越狱逃跑的;(4)正在被追捕的。这一规定是法律赋予公民同刑事犯罪斗争的一种手段,对于鼓励公民自觉地行动起来,积极协助公安司法机关捉拿犯罪分子,从而有效地帮助公安司法机关抓获犯罪嫌疑人、被告人和查明犯罪人,具有重要意义,体现了我国刑事诉讼依靠群众,实行专门机关和人民群众相结合的原则。但是,公民扭送在本质上不属于强制措施,而只是配合公安司法机关采取强制措施的一种辅助手段,对于被公民扭送的人要否采取强制措施以及采取何种强制措施,仍然要由公安司法机关依照法定条件和法定程序决定和执行,对于不需要采取强制措施的,公安司法机关应当将被扭送人释放。

三、强制措施的适用原则

适用强制措施的目的在于保障刑事诉讼的顺利进行,在客观上会不同程度地限制甚至剥夺被适用者的人身自由,如果适用不当势必造成对公民合法权利的侵犯。因此在适用强制措施时,必须坚持惩治犯罪与保障人权、严肃与谨慎相结合的方针。强制措施的适用要遵循以下几项原则:

第一,合法性原则。即各种强制措施的采用,必须严格按照法律规定的批准权限、适用对象、条件、程序和期限适用。

第二,必要性原则。即各种强制措施,只有在为保证刑事诉讼的顺利进行而有必要时才能采取,不得随意适用强制措施,更不能将强制措施作为一种处罚予以适用。

第三,相当性原则。又称比例性原则,即适用何种强制措施,要与行为人的人身危险性程度和犯罪的轻重程度相适用。

第四,变更性原则。即任何强制措施,随着诉讼的进展和案情的变化要及时进行变更或解除。

四、强制措施的意义

强制措施是一项重要的刑事诉讼制度,对于保证刑事诉讼的顺利进行、规范公安司法机关的行为具有重要的意义,具体来说,表现在以下几个方面:第一,可以防止犯罪嫌疑人、被告人逃避侦查、起诉和审判;第二,可以防止犯罪嫌疑人、被告人可能进行妨害迅速查明案情的活动;第三,可以防止犯罪嫌疑人、被告人继续进行犯罪活动;第四,可以防止犯罪嫌疑人、被告人自杀以及发生其他意外事件;第五,可以震慑犯罪分子,鼓励群众积极同犯罪行为作斗争,起到预防犯罪的作用;第六,可以严格规范公安司法机关的诉讼行为,使他们按照法律规定的条件和程序对公民的自由进行处分,防止滥用权力、侵犯人权的现象发生。

第二节 拘 传

一、拘传的概念、特点

拘传,是指公安机关、人民检察院和人民法院对未被羁押的犯罪嫌疑人、被告人,依法强制其到案接受讯问的一种强制方法,它是我国刑事诉讼强制措施体系中最轻的一种。《刑事诉讼法》第64条、第117条,最高法《解释》第113—115条、第280条,最高检《规则》第78—82条,以及公安部《规定》第74—76条对拘传作了规定。

拘传的特点是:(1)拘传的适用对象是未被羁押的犯罪嫌疑人、被告人。对于已经被拘留、逮捕的犯罪嫌疑人,可以直接进行讯问,不需要经过拘传程序;对于其他诉讼参与人也不能适用拘传,其中,自诉人起诉以后,如果无正当理由拒不到庭或者中途退庭的,按撤诉处理。(2)拘传的目的是强制就讯,而不是强制待侦、待诉、待审,因此拘传没有羁押的效力,在讯问后,如果没有转为其他强制措施,就应当将被拘传人立即放回。

二、拘传的程序

根据我国《刑事诉讼法》第64条、第117条的规定,以及司法实践中的一般做法,拘传应按下列程序进行:

(1)由案件的经办人提出申请,填写《呈请拘传报告书》经本部门负责人审核后,由公安局长、人民检察院检察长、人民法院院长批准,签发《拘传证》(法院称为《拘传票》,下同)。《拘传证》上应载明被拘传人的姓名、性别、年龄、籍贯、住址、工作单位、案由、接受讯问的时间和地点,以及拘传的理由。

(2)拘传应当在被拘传人所在的市、县内进行。公安机关、人民检察院或人民法院在本辖区以外拘传犯罪嫌疑人、被告人的,应当通知当地的公安机关、人民检察院或人民法院,当地的公安机关、人民检察院、人民法院应当予以协助。

(3)拘传时,应当向被拘传人出示《拘传证》。执行拘传的侦查人员或者司法工作人员不得少于2人。对于抗拒拘传的,可以使用诸如警棍、警绳、手铐等戒具,强制其到案。

(4)犯罪嫌疑人、被告人到案后,应当责令其在《拘传证》上填写到案时间。然后应当立即进行讯问,讯问结束后,应当由其在《拘传证》上填写讯问结束时间。犯罪嫌疑人拒绝填写的,侦查人员应当在《拘传证》上注明。

(5)讯问结束后,如果被拘传人符合其他强制措施如拘留、逮捕条件的,应当依法采取其他强制措施。如果不需要采取其他强制措施的,应当将其放回,恢复其人身自由。

(6)一次拘传的时间不得超过12小时,案情特别重大、复杂,需要采取拘留、逮捕措施的,拘传的持续时间不得超过24小时,不得以连续拘传的形式变相羁押犯罪嫌疑人、被告人。

(7)在拘传期间,应当保证犯罪嫌疑人的饮食和必要的休息时间。

根据办理案件的需要,可以对犯罪嫌疑人进行多次拘传,但是对于两次拘传之间的间隔时限问题,法律上没有作出明确规定。为了防止以连续拘传的方式变相羁押被拘传人,保证被拘传人有一定的正常的生活和休息时间,两次拘传之间的时间应以不低于24小时为宜。

第三节 取保候审

一、取保候审的概念和种类

取保候审,是指在刑事诉讼过程中,公安机关、人民检察院、人民法院责令犯罪嫌疑人、被告人提出保证人或者交纳保证金,保证犯罪嫌疑人、被告人不逃避或妨碍侦查、起诉和审判,并随传随到的一种强制方法。《刑事诉讼法》第64—71条、第77条,六部门《规定》第13条、第14条,最高法《解释》第113条、第116—124条、第127条、第129条、第382条,以及公安部《规定》第77—104条,对取保候审进行了全面的规定。

我国《刑事诉讼法》规定了两种取保候审方式:一种是保证人保证方式;另一种是保证金保证方式。根据《刑事诉讼法》第66条,保证人保证和保证金保证是选择关系,这两种方式只能根据案件的具体情况(例如,涉嫌犯罪或被指控犯罪的性质,保证人的条件,犯罪嫌疑人、被告人的经济状况等因素),来决定择其一而用之,而不能同时使用。此外,在司法实践中,对于未成年人和无力交纳保证金者,一般应采取保证人保证的方式。

二、取保候审的适用对象

取保候审,只是限制而不是剥夺犯罪嫌疑人、被告人的人身自由,它是一种强度较轻的强制措施,所以根据《刑事诉讼法》第65条的规定,取保候审适用于下列情形:

(1)可能判处管制、拘役或者独立适用附加刑的。这是取保候审中最常见的,由于可能判处的刑罚较轻,犯罪嫌疑人、被告人逃避侦查和审判的可能性就比较小,没有必要采取拘留、逮捕的方法羁押犯罪嫌疑人、被告人。

(2)可能判有期徒刑以上刑罚,采取取保候审不致发生社会危险性的。这种情况在实践中要结合案件的具体情况来考虑,一般来讲,多适用于有可能判处缓刑的,以及初犯、过失犯、未成年人犯罪等。对累犯、犯罪集团的主犯,以自伤、自残办法逃避侦查的犯罪嫌疑人,危害国家安全的犯罪、暴力犯罪,以及其他严重犯罪的犯罪嫌疑人,一般不考虑适用取保候审。

(3)患有严重疾病、生活不能自理,怀孕或者正在哺乳自己婴儿的妇女,采取取保候审不致发生社会危险性的。这种情况主要是基于人道主义考虑,同时这几种情况逃避侦查和审判的可能性也比较小。

(4)羁押期限届满,案件尚未办结,需要采取取保候审的。这种情况主要是为了严格执行羁押期间制度,避免超期羁押。

三、取保候审的程序

取保候审在适用程序上分为两种情形:一是公、检、法机关根据案件具体情况,依职权主动决定取保候审;二是根据犯罪嫌疑人、被告人及其法定代理人、近亲属或者其所委托的律师的申请,决定取保候审。由于第二种情形在程序上更为完整,包含了第一种情形,因而这里仅就第二种情形的适用程序进行介绍。

1. 取保候审的申请

根据《刑事诉讼法》第65条、第36条和第95条的规定,有权提出取保候审申请的人员包括:犯罪嫌疑人、被告人及其法定代理人、近亲属和辩护人。

取保候审的申请,一般应以书面形式提出,只是在特殊情况下,才允许使用口头形式。

2. 保证人和保证金

犯罪嫌疑人、被告人或者其法定代理人、近亲属、被聘请的律师提出取保候审的申请以后,对符合取保候审条件的,公安、司法机关应当责令犯罪嫌疑人、被告人提出保证人或者交纳保证金。

根据《刑事诉讼法》第67条的规定,保证人的条件是:(1)与本案无牵连;(2)有能力履行保证义务;(3)享有政治权利,人身自由未受限制;(4)有固定的住处和收入。公安、司法机关对于保证人的这四个方面的条件要严格审查,只有经审查合格的,才有资格作保证人。

被确定为犯罪嫌疑人、被告人的保证人应当保证承担如下义务:监督被保证人遵守《刑事诉讼法》第69条规定的在取保候审期间应当遵守的规定;发现被保证人可能发生或者已经发生违反该规定的行为的,及时向执行机关报告。保证人确认能够履行上述义务后,要由保证人填写《保证书》,并在《保证书》上签名或者盖章。

对于使用保证金形式保证的,在责令犯罪嫌疑人、被告人交纳保证金前,公安机关、人民检察院、人民法院需要确定保证金的数额。根据《刑事诉讼法》第70条的规定,取保候审的决定机关应当综合考虑保证诉讼活动正常进行的需要,被取保候审人的社会危险性,案件的性质、情节,可能判处刑罚的轻重,被取保候审人的经济状况等情况,确定保证金的数额。现在实践中通常将保证金数额的下限设定为1000元,对于上限数额则没有限定,造成了个别地方保证金过高的现象。本教材编写组认为,取保候审在一般情况下毕竟是适用于罪行较轻的案件的,在强制措施体系中,取保候审较之于拘留、逮捕在强度上比较轻,所以除了经济犯罪案件以外,在其他案件中保证金不宜过重,这也符合有关国际公约的要求。

3. 取保候审的决定

根据《刑事诉讼法》第64条和第66条的规定,人民法院、人民检察院和公安机关在办理案件的过程中均有权决定对犯罪嫌疑人、被告人采取取保候审。具体做法是,由办案人员提出《取保候审意见书》,经办案部门负责人审核后,由县级以上公安局局长、人民检察院检察长或者人民法院院长审批。

批准取保候审的程序是,由办案人员填写《取保候审决定书》和《执行取保候审通知书》,经办案部门负责人审核后,由县级以上公安局局长、人民检察院检察长或者人民法院院长签发。

4. 取保候审的执行

根据《刑事诉讼法》第65条规定,取保候审由公安机关执行。如果是人民检察院和人民法院决定的取保候审,由作出决定的人民检察院或者人民法院向被取保候审人宣布取保候审决定后,将取保候审决定书等相关材料送交当地同级公安机关执行;被告人不在本地居住的,送交其居住地公安机关执行。国家安全机关取保候审的,以及人民检察院、人民法院在办理国家安全机关移送的犯罪案件时决定取保候审的,由国家安全机关执行。

公安机关在执行取保候审时,应当向被取保候审的犯罪嫌疑人、被告人宣读《取保候审决定书》,由犯罪嫌疑人、被告人签名或者盖章。告知被取保候审的人应当遵守的法律规定以及违反规定应负的法律责任。以保证金方式保证的,提供保证金的人应当将保证金存入执行机关指定银行的专门账户。

5. 被取保候审的人在取保候审期间应当遵守的规定以及违反规定的处理

关于被取保候审的人在取保候审期间应当遵守的规定,《刑事诉讼法》第69条分两类情况进行了规定:

一类是所有的被取保候审的人都应当遵守的规定,包括:(1)未经执行机关批准不得离开所居住的市、县;(2)住址、工作单位和联系方式发生变动的,在24小时以内向执行机关报告;(3)在传讯的时候及时到案;(4)不得以任何形式干扰证人作证;(5)不得毁灭、伪造证据或者串供。

另一类是根据案件情况而作的选择性规定,即人民法院、人民检察院和公安机关可以根据案件情况,责令被取保候审的犯罪嫌疑人、被告人遵守以下一项或者多项规定:(1)不得进入特定的场所;(2)不得与特定的人员会见或者通信;(3)不得从事特定的活动;(4)将护照等出入境证件、驾驶证件交执行机关保存。

对于采取保证人取保候审方法的,被取保候审的犯罪嫌疑人、被告人违反取保候审决定中规定的义务,而保证人未履行保证义务的,对保证人处以罚款,构成犯罪的,依法追究刑事责任。根据最高法《解释》第122条的规定,这里的构成犯罪的情形主要是指,根据案件的事实,确已构成犯罪的犯罪嫌疑人、被告人在取保候审期间逃匿的,系保证人协助犯罪嫌疑人、被告人逃匿,或者明知他的藏匿地点但拒绝向司法机关提供。

对于采取保证金取保候审方法的,被取保候审的犯罪嫌疑人、被告人违反取保候审决定中规定的义务的,没收已经交纳的保证金的部分或者全部,并且区别情形,责令犯罪嫌疑人、被告人具结悔过、重新交纳保证金、提供保证人,或者变更为监视居住、予以逮捕。需要予以逮捕的,可以对犯罪嫌疑人、被告人先行拘留。其具体程序最高法《解释》第123条和最高检《规则》第99条作了详细规定。

6. 取保候审的期间及解除

根据《刑事诉讼法》第77条第1款的规定,人民法院、人民检察院和公安机关对犯罪嫌疑人、被告人取保候审最长不得超过12个月。在取保候审期间,不得中断对案件的侦查、起诉和审理。

根据《刑事诉讼法》第77条第2款的规定,取保候审在两种情况下应当解除:一是在取保候审期间,发现被取保候审的人属于不应当追究刑事责任的人;二是取保候审的期限已经届满。出现这两种情况,都应当及时解除取保候审,并及时通知被取保候审人和有关单位。司法实践中的通常做法是,由办案人员填写《撤销取保候审通知书》,经办案部门负责人审核后,由公安局局长、人民法院院长、人民检察院检察长批准签发。如果是通过保证人保证的,应当通知保证人解除保证义务。如果是由人民检察院和人民法院决定以及撤销取保候审的,人民检察院和人民法院还应当通知公安机关。

第四节　监视居住

一、监视居住的概念和性质

监视居住,是指人民法院、人民检察院、公安机关在刑事诉讼过程中对犯罪嫌疑人、被告人采用的,命令其不得擅自离开住处,无固定住不得擅自离开指定的居所,并对其活动予以监视和控制的一种强制方法。《刑事诉讼法》第64条、第72—77条,六部门《规定》第13条、第15条、第40条,最高法《解释》第113条、第125—127条,最高检《规则》第109—128条,以及公安部《规定》第105—119条,对监视居住进行了全面规定。

根据《刑事诉讼法》第72条的规定,监视居住主要是对符合逮捕条件,但具有某些特定情形下采用的,对于符合取保候审的条件,在满足特定条件情况下,也可以采用。从该条规定的精神实质来看,监视居住是逮捕的替代性措施,主要目的在于降低羁押率,是在强制措施问题上贯彻比例原则的重要体现。

二、监视居住的适用对象

根据《刑事诉讼法》第72条第1款的规定,人民法院、人民检察院和公安机关对符合逮捕条件,有下列情形之一的犯罪嫌疑人、被告人,可以监视居住:

(1) 患有严重疾病、生活不能自理的;
(2) 怀孕或者正在哺乳自己婴儿的妇女的;
(3) 系生活不能自理的人的唯一扶养人的;
(4) 因为案件的特殊情况或者办理案件的需要,采取监视居住更为适宜的;
(5) 羁押期限届满,案件尚未办结,需要采取监视居住措施的。

根据《刑事诉讼法》第72条第2款的规定,对符合取保候审条件,但犯罪嫌疑人、被告人不能提出保证人,也不交纳保证金的,可以监视居住。

三、监视居住的适用程序

（一）监视居住的决定

人民法院、人民检察院和公安机关对犯罪嫌疑人、被告人采取监视居住，应当由办案人员提出《监视居住意见书》，经办案部门负责人审核后，由公安局局长、人民检察院检察长、人民法院院长批准，制作《监视居住决定书》和《执行监视居住通知书》。

（二）监视居住的执行

监视居住由公安机关执行。公安机关开始执行监视居住，应当向被监视居住的犯罪嫌疑人、被告人宣读《监视居住决定书》，由犯罪嫌疑人、被告人签名或盖章，并告知被监视居住人应当遵守的法律规定以及违反法律规定应负的法律责任。

对于人民法院和人民检察院决定的监视居住，作出决定的人民法院或者人民检察院向被告人、犯罪嫌疑人宣布监视居住决定后，应当将监视居住决定书等相关材料送交被告人住处或者指定居所所在地的同级公安机关执行。

四、监视居住的场所

根据《刑事诉讼法》第73条的规定，监视居住应当在犯罪嫌疑人、被告人的住处执行；无固定住处的，可以在指定的居所执行。对于涉嫌危害国家安全犯罪、恐怖活动犯罪、特别重大贿赂犯罪，在住处执行可能有碍侦查的，经上一级人民检察院或者公安机关批准，也可以在指定的居所执行。

从以上规定可以看出，《刑事诉讼法》对监视居住的场所非常明确和严格。在一般情况下，监视居住的场所只能在其住处，不在其住处执行的唯一理由是其无固定住处，而不得以有碍侦查作为改变住处监视的理由。对于前述三类特定案件，在侦查和起诉阶段，经上一级人民检察院或者公安机关批准，才可以有碍侦查为理由，在指定的居所进行。对于这三类特定案件指定居所的监视居住，在程序上控制很严：(1) 在适用范围上仅限于这三类案件，不得作任何扩张解释；(2) 在适用主体上，只能是人民检察院和公安机关，人民法院不得适用；(3) 在适用理由上，只能是在住处监视居住有碍侦查；(4) 在批准权限上应当经上一级人民检察院或者公安机关批准。

为了防止司法实践中滥用指定居所的监视居住，防止其演化为变相羁押，《刑事诉讼法》第73条还分几款专门规定了制约机制，主要内容是：(1) 不得在羁押场所、专门的办案场所执行[①]；(2) 在指定居所监视居住的犯罪嫌疑人、被告人有权委托辩护人，并且经侦查机关批准有权同辩护人会见和通信，接受辩护人提供的法律帮助；(3) 指定居所监视居

[①] 最高检《规则》第110条第5款规定："指定的居所应当符合下列条件：(一) 具备正常的生活、休息条件；(二) 便于监视、管理；(三) 能够保证办案安全。"

住的,除无法通知①的以外(不得以有碍侦查为理由),应当在执行监视居住后24小时以内,通知被监视居住人的家属;(4)人民检察院对指定居所监视居住的决定和执行是否合法实行监督。

考虑到指定居所的监视居住,对被监视居住人的人身自由进行了较大限制,《刑事诉讼法》第74条还专条规定,指定居所监视居住的期限应当折抵刑期。被判处管制的,监视居住一日折抵刑期一日;被判处拘役、有期徒刑的,监视居住二日折抵刑期一日。这一规定实际上表明了两层含义:一是指定居所的监视居住虽然比住所监视居住强度要高一些,但比拘留、逮捕的强度要低,因此,不能完全剥夺被监视居住的人的人身自由,在指定的居所内,被监视居住人应当有一定的活动空间,并保证其饮食和休息时间;二是指定居所的监视居住应当慎重使用,只有当确有可能对犯罪嫌疑人、被告人判处刑罚时,才能使用。

五、被监视居住的人应当遵守的规定及违反规定的处理

根据《刑事诉讼法》第75条第1款的规定,被监视居住的犯罪嫌疑人、被告人应当遵守下列规定:(1)未经执行机关批准不得离开执行监视居住的处所;(2)未经执行机关批准不得会见他人或者通信(此处应当不包括同被监视居住人共同生活的家庭成员和一般案件中的辩护律师);(3)在传讯的时候及时到案;(4)不得以任何形式干扰证人作证;(5)不得毁灭、伪造证据或者串供;(6)将护照等出入境证件、身份证件、驾驶证件交执行机关保存。

为了严格监督被监视居住的人遵守上述规定,除了常规监控手段外,《刑事诉讼法》第76条还专门规定:"执行机关对被监视居住的犯罪嫌疑人、被告人,可以采取电子监控、不定期检查等监视方法对其遵守监视居住规定的情况进行监督;在侦查期间,可以对被监视居住的犯罪嫌疑人的通信进行监控。"②

根据《刑事诉讼法》第75条第2款的规定,被监视居住人违反上述规定,情节严重的③,可以予以逮捕;需要予以逮捕的,可以对犯罪嫌疑人、被告人先行拘留。

六、监视居住的期限及解除

根据《刑事诉讼法》第77条第1款的规定,人民法院、人民检察院和公安机关对犯罪嫌疑人、被告人监视居住最长不得超过6个月。在监视居住期间,不得中断对案件的侦查、起诉和审理。对于这一期限,具体应当如何把握,是三个机关可以分别使用6个月,还是三个机关加起来一共使用6个月,《刑事诉讼法》没有作明确规定。过去在实践中通常是按第一种理解来执行。我们不赞成仍然沿用这一做法,因为现在的监视居住是作为逮

---

① 关于何为无法通知的情形,最高检《规则》第114条规定了三种:(1)被监视居住人无家属的;(2)与其家属无法取得联系的;(3)受自然灾害等不可抗力阻碍的。公安部《规定》第109条除了上述三种情形之外,还将"不讲真实姓名、住址、身份不明"也纳入到无法通知的情形之中。

② 关于监控的通信范围,公安部《规定》第112条规定:"在侦查期间,可以对被监视居住的犯罪嫌疑人的电话、传真、信函、邮件、网络等通信进行监控。"

③ 关于何为情节严重,最高检《规则》第121条进行详细规定。

捕的替代性方法而进行规定的,其强度已经大大超过了取保候审,基本上限制了被监视居住人的人身自由,尤其是指定居所的监视居住,控制强度更大,这样如果公、检、法三机关各自可以分别使用6个月的监视居住时间,最长便可达到18个月,将会大大超过侦查羁押的期限,对人权的侵害过大,有违监视居住制度设立的初衷。

根据《刑事诉讼法》第77条第2款的规定,监视居住在两种情况下应当解除:一是在监视居住期间,发现被监视居住的人属于不应当追究刑事责任的人;二是监视居住的期限已经届满。出现这两种情况,都应当及时解除监视居住,并及时通知被监视居住的人和有关单位。司法实践中的通常做法是,由办案人员填写《撤销监视居住通知书》,经办案部门负责人审核后,由公安局局长、人民法院院长、人民检察院检察长批准签发。撤销监视居住的决定,应当通知被监视居住的犯罪嫌疑人、被告人。人民检察院、人民法院撤销监视居住的,应当将《撤销监视居住通知书》送达执行的公安机关。

第五节 拘 留

一、拘留的概念和特点

拘留,是指公安机关、人民检察院在侦查过程中,在紧急情况下,依法临时剥夺某些现行犯或者重大嫌疑分子的人身自由的一种强制措施。《刑事诉讼法》第69、75、80、81、83、84、89、90、163、164、165条,六部门《规定》第16条,最高检《规则》第129—138条,以及公安部《规定》第120—128条,对拘留进行了全面规定。

在我国法律体系中,除了刑事拘留以外,还有行政拘留和民事拘留。行政拘留是根据《治安管理处罚法》而对特定违法人员给予的行政处罚;民事拘留,又称为司法拘留,则是针对诉讼(包括民事诉讼和刑事诉讼)过程中严重违反法庭秩序的诉讼参与人而给予的惩戒性措施。这三种拘留在法律性质、使用的机关、适用对象和条件、适用的期限上都不同,不能混用。

这里所讲的拘留专指作为刑事强制措施的拘留,具有以下几个特点:

第一,有权决定采用拘留的机关一般是公安机关。人民检察院在自侦案件中,对于犯罪后企图自杀、逃跑或者在逃的以及有毁灭、伪造证据或者串供可能的也有权决定拘留,人民法院则无权决定拘留。不管是公安机关决定的拘留,还是人民检察院决定的拘留,都一律由公安机关执行。

第二,拘留是在紧急情况下采用的一种处置办法。只有在紧急情况下,来不及办理逮捕手续而又需要马上剥夺现行犯或者重大嫌疑分子的人身自由的,才能采取拘留;如果没有紧急情况,公安机关、人民检察院有时间办理逮捕的手续,就不必先行拘留。

第三,拘留是一种临时性措施。因此拘留的期限较短,随着诉讼的进程,拘留一定要发生变更,或者转为逮捕,或者转为取保候审或监视居住,或者释放被拘留的人。

二、拘留的条件

刑事拘留必须同时具备两个条件：其一，拘留的对象是现行犯或者是重大嫌疑分子。现行犯是指正在进行犯罪的人，重大嫌疑分子是指有证据证明具有重大犯罪嫌疑的人。其二，具有法定的紧急情形之一。对于何谓紧急情形，《刑事诉讼法》第80条和第163条对公安机关的拘留和人民检察院的拘留作出了不同的规定。

根据《刑事诉讼法》第80条的规定，公安机关对于具备下列紧急情形之一的，可以先行拘留：

(1) 正在预备犯罪、实行犯罪或者在犯罪后即时被发觉的。所谓预备犯罪是指为了犯罪准备工具，制造条件的。所谓实行犯罪是指正在进行犯罪的活动。应当有一定的证据证明现行犯、重大嫌疑分子正在预备犯罪、实施犯罪，或者犯罪后立刻被发觉。

(2) 被害人或者在场亲眼看见的人指认他犯罪的。即遭受犯罪行为直接侵害的人或者在犯罪现场亲眼看到犯罪活动的人指认某人是犯罪嫌疑人。

(3) 在身边或者住处发现有犯罪证据的。所谓身边指其身体、衣服、随身携带的物品等。所谓住处包括永久性住处和临时居所、办公地点等。

(4) 犯罪后企图自杀、逃跑或者在逃的。犯罪后有一定证据证明其有自杀、逃跑的企图或迹象，或者犯罪后已经逃跑的。

(5) 有毁灭、伪造证据或者串供可能的。

(6) 不讲真实姓名、住址，身份不明的。指其本人拒不说明其姓名、住址、职业等基本情况的。

(7) 有流窜作案、多次作案、结伙作案重大嫌疑的。

根据《刑事诉讼法》第163条的规定，人民检察院在直接受理的案件的侦查过程中，对于具备上述第(4)和第(5)种情形的，有权决定拘留犯罪嫌疑人。

三、拘留的程序

(一) 拘留的决定

在司法实践中，公安机关如果依法需要拘留现行犯或者重大嫌疑分子，由承办单位填写《呈请拘留报告书》，由县级以上公安机关负责人批准，签发《拘留证》，然后由提请批准拘留的单位负责执行。

人民检察院决定拘留的案件，应当由办案人员提出意见，经办案部门负责人审核后，由检察长决定。决定拘留的案件，人民检察院应当将拘留的决定书送交公安机关，由公安机关负责执行。

根据《全国人民代表大会组织法》和《地方各级人民代表大会和地方各级人民政府组织法》以及有关的司法解释，公安机关、人民检察院在决定拘留下列有特殊身份的人员时，需要报请有关部门批准或者备案：(1) 被决定拘留的人如果是县级以上各级人民代表大会的代表，决定拘留的机关应当立即向其所在的人民代表大会主席团或者常务委员会报告,经过该人民代表大会主席团或者常务委员会批准后,方可执行;(2)决定对不享有外交特权和豁免权的外国人、无国籍人采用刑事拘留时,要报有关部门审批,西藏、云南及其他边远地区来不及报告的,可以边执行边报告,同时要征求省、直辖市、自治区外事办公室和外国人主管部门的意见;(3)对外国留学生采用刑事拘留时,在征求地方外事办公室和高教厅、局的意见后,报公安部或国家安全部审批。

(二)拘留的执行

拘留,由公安机关负责执行[①],根据《刑事诉讼法》第81、83、84、89、164条的规定,执行拘留时,应当遵守下列程序:

(1)执行拘留的时候,必须向被拘留人出示《拘留证》,宣布拘留,并责令被拘留人在《拘留证》上签名或按手印。执行拘留时,如遇有反抗,可以使用武器和戒具等强制方法,但应当适度,以使其就缚为限度。

(2)公安机关在异地执行拘留的时候,应当通知被拘留人所在地的公安机关,被拘留人所在地的公安机关应当予以配合。

(3)拘留后,应当立即将被拘留人送看守所羁押,至迟不得超过24小时。

(4)除无法通知或者涉嫌危害国家安全犯罪、恐怖活动犯罪通知可能有碍侦查的情形以外,应当在拘留后24小时以内,通知被拘留人的家属。有碍侦查的情形消失以后,应当立即通知被拘留人的家属。[②]此外,根据《律师法》第37条的规定,律师在参与诉讼活动中因涉嫌犯罪的,侦查机关应当及时通知其所在的律师事务所或者所属的律师协会;被依法拘留、逮捕的,侦查机关应当依照《刑事诉讼法》的规定通知该律师的家属。

(5)公安机关对于被拘留的人,以及人民检察院对直接受理的案件中被拘留的人,均应当在24小时以内进行讯问。在发现不应当拘留的时候,必须立即释放,发给释放证明。

(6)公安机关决定拘留的案件,在执行拘留后,认为需要逮捕的,应当在拘留后3日以内,提请人民检察院审查批准。在特殊情况下,提请审查批准的时间可以延长1日至4日。对于流窜作案、多次作案、结伙作案的重大嫌疑分子,提请审查批准的时间可以延长至30日。

(7)人民检察院对直接受理侦查的案件中被拘留的人,认为需要逮捕的,应当在14日以内作出决定。在特殊情况下,可以延长1日至3日。对于不需要逮捕的,应当立即释放;对需要继续侦查,并且符合取保候审、监视居住条件的,依法取保候审或者监视居住。

---

① 根据六部门《规定》第16条的规定,对于人民检察院直接受理的案件,人民检察院作出的拘留决定,应当送达公安机关执行,公安机关应当立即执行,人民检察院可以协助公安机关执行。

② 公安部《规定》第123条和第109条第2款分别对"无法通知"和"有碍侦查"的情形作了列举式规定。

第六节 逮 捕

一、逮捕的概念和意义

逮捕,是指公安机关、人民检察院和人民法院,为防止犯罪嫌疑人或者被告人逃避侦查、起诉和审判,进行妨碍刑事诉讼的行为,或者发生社会危险性,而依法剥夺其人身自由,予以羁押的一种强制措施。《刑事诉讼法》第78、79、81、85—98条,六部门《规定》第13—17条,最高法《解释》第128—136条,最高检《规则》第139—146条,以及公安部《规定》第129—143条,对逮捕进行了全面规定。

逮捕是刑事诉讼强制措施中最严厉的一种,它不仅剥夺了犯罪嫌疑人、被告人的人身自由,而且逮捕后除发现不应当追究刑事责任和符合变更强制措施的条件的以外,对被逮捕人的羁押期间一般要到人民法院判决生效为止。正确、及时地使用逮捕措施,可以发挥其打击犯罪、维护社会秩序的重要作用,有效地防止犯罪嫌疑人或者被告人串供、毁灭或者伪造证据、自杀、逃跑或继续犯罪,有助于全面收集证据、查明案情、证实犯罪,保证侦查、起诉、审判活动的顺利进行。所以逮捕是同犯罪作斗争的重要手段。但是如果用得不好,错捕滥捕,就会伤害无辜,侵犯公民的人身权利和民主权利,破坏社会主义法制的尊严和权威,损害公安司法机关的威信。因此,必须坚持"少捕"和"慎捕"的刑事政策,切实做到不枉不纵,既不能该捕不捕,也不能以捕代侦,任意逮捕。对无罪而错捕的,要依照《国家赔偿法》的规定对受害人予以赔偿。

二、逮捕的权限

根据《宪法》第37条和《刑事诉讼法》第78条的规定,逮捕犯罪嫌疑人、被告人,必须经过人民检察院批准或者人民法院决定,由公安机关进行。由此可见,在我国刑事诉讼中,逮捕的批准或者决定权和执行权是分离的,这主要是为了发挥公安、司法机关之间的相互制约和监督,保证逮捕的质量,防止出现错捕、滥捕等侵犯公民人身权利的现象。

人民检察院批准逮捕,是指公安机关侦查的案件需要逮捕犯罪嫌疑人的,提请人民检察院审查批准或者人民检察院的自侦案件需要逮捕犯罪嫌疑人的,提请人民检察院的批捕部门审查批准。人民法院决定逮捕,是指人民法院在审理刑事案件的过程中,根据案件的需要而自行作出决定的逮捕。这种情况一般是指人民法院受理的公诉案件,被告人未被羁押,在审理过程中发现有逮捕必要的,以及人民法院在审理自诉案件的过程中,对于可能判处有期徒刑以上的被告人,发现其确实企图自杀、逃跑或者可能毁灭、伪造证据或者继续犯罪等,而确有逮捕必要的。

三、逮捕的条件

根据我国《刑事诉讼法》第79条的规定,逮捕需要具备三个条件:一是证据条件;二是罪责条件；三是社会危险性条件。逮捕犯罪嫌疑人、被告人的这三个条件相互联系、缺一不可。犯罪嫌疑人、被告人只有同时具备这三个条件，才能对其逮捕。只有严格掌握逮捕条件，才能够防止错捕和滥捕现象的发生。

（一）证据条件

逮捕的证据条件，是有证据证明有犯罪事实。何谓有证据证明有犯罪事实，《刑事诉讼法》中没有明确规定，司法实践中一般要求同时具备下列情形：(1) 有证据证明发生了犯罪事实；(2) 有证据证明犯罪事实是犯罪嫌疑人实施的；(3) 证明犯罪嫌疑人实施犯罪行为的证据已有查证属实的。此外，如果犯罪嫌疑人犯有数罪，只要有一个犯罪事实有证据证明，就可以逮捕。

我国刑事诉讼中的逮捕与西方国家的逮捕在含义上不尽相同。西方国家的逮捕仅指逮捕行为，而不必然引起羁押，我国刑事诉讼中的逮捕，则既包括逮捕行为又包括逮捕以后的羁押状态。所以，在理解逮捕的证据条件时，应当从严掌握，不管对逮捕的证据条件作何种解释，都必须达到能够证明被逮捕人有重大犯罪嫌疑的程度，否则容易造成错捕、滥捕。

（二）罪责条件

逮捕的罪责条件，是可能判处有期徒刑以上刑罚。即根据已有证据证明的案件事实，比照《刑法》的有关规定，衡量对其所犯罪行，最低也要判处有期徒刑以上的刑罚。如果只可能判处管制、拘役、独立适用附加刑，不可能判处徒刑以上的刑罚的，就不能采用逮捕。司法实践中，对于那些可能判处有期徒刑缓刑的犯罪嫌疑人或被告人，一般也不采用逮捕。这一条件表明，逮捕作为一种最为严厉的强制措施只能对一些罪行比较严重的犯罪嫌疑人、被告人采用，对一些罪行较轻的就不宜采用。这主要是考虑到，逮捕实质上剥夺了犯罪嫌疑人、被告人的人身自由，其强度已经达到了徒刑的程度，强调本条件，可以使逮捕的羁押期限折抵在判处的刑期之内，将逮捕的负面效应减小到最低程度。

（三）社会危险性条件

逮捕的社会危险性条件，是采取取保候审、监视居住等方法，不足以防止发生社会危险性，而有逮捕必要。在司法实践中，在考察犯罪嫌疑人、被告人的社会危险性时，一般要考虑以下几点因素：(1) 案件的性质。一般来说，案件性质越严重，作案人的主观恶性越大，其社会危险性也越大。(2) 犯罪嫌疑人、被告人自身情况。主要指多次犯罪还是偶然犯罪；故意犯罪还是过失犯罪；一贯表现如何；有无固定职业；犯罪时的年龄；犯罪后有无悔罪表现等。(3) 案件的其他情况。包括：同案人是否被抓获；案件中重要的证据是否已收集在案；犯罪嫌疑人、被告人是否知道举报人、证人姓名和住址，等等。

《刑事诉讼法》第79条基于对犯罪嫌疑人、被告人社会危险性的判定，分别规定了应当予以逮捕的几种情况：

(1) 对有证据证明有犯罪事实，可能判处10年以上有期徒刑刑罚的，应当予以逮捕；

(2) 对有证据证明有犯罪事实，可能判处徒刑以上刑罚，曾经故意犯罪或者身份不明的，应当予以逮捕；

(3) 对有证据证明有犯罪事实,可能判处徒刑以上刑罚,采取取保候审尚不足以防止发生下列危险性的,应当予以逮捕:① 可能实施新的犯罪的;② 有危害国家安全、公共安全或者社会秩序的现实危险的;③ 可能毁灭、伪造证据,干扰证人作证或者串供的;④ 可能对被害人、举报人、控告人实施打击报复的;⑤ 企图自杀或者逃跑的。

此外,本条还规定,被取保候审、监视居住的犯罪嫌疑人违反取保候审、监视居住规定,情节严重的,可以予以逮捕。① 对于这一问题,全国人大常委会 2014 年 4 月 24 日作出的《关于〈中华人民共和国刑事诉讼法〉第七十九条第三款的解释》进一步指出:"对于被取保候审、监视居住的可能判处徒刑以下刑罚的犯罪嫌疑人、被告人,违反取保候审、监视居住规定,严重影响诉讼活动正常进行的,可以予以逮捕。"

最高检《规则》第 144 条基于对犯罪嫌疑人社会危险性的判断,还规定了可以作出不批准逮捕的决定或者不予逮捕的情形。该条规定,犯罪嫌疑人涉嫌的罪行较轻,且没有其他重大犯罪嫌疑,具有以下情形之一的,可以作出不批准逮捕的决定或者不予逮捕:(1) 属于预备犯、中止犯,或者防卫过当、避险过当;(2) 主观恶性较小的初犯,共同犯罪中的从犯、胁从犯,犯罪后自首、有立功表现或者积极退赃、赔偿损失,确有悔罪表现的;(3) 过失犯罪的犯罪嫌疑人,犯罪后有悔罪表现,有效控制损失或者积极赔偿损失的;(4) 犯罪嫌疑人与被害人双方根据《刑事诉讼法》的有关规定达成和解协议,经审查,认为和解系自愿、合法且已经履行或者提供担保的;(5) 犯罪嫌疑人系已满 14 周岁未满 18 周岁的未成年人或者在校学生,本人有悔罪表现,其家庭、学校或者所在社区、居民委员会、村民委员会具备监护、帮教条件的;(6) 年满 75 周岁以上的老年人。

四、逮捕的程序

(一) 逮捕的批准、决定程序

1. 人民检察院对公安机关提请逮捕犯罪嫌疑人的批准程序

公安机关认为需要逮捕犯罪嫌疑人时,由立案侦查的单位制作《提请批准逮捕书》,经县级以上公安机关负责人签署后,连同案卷材料和证据,一并移送同级人民检察院,提请批准。

人民检察院接到公安机关的报捕材料后,一般先由办案人员阅卷,然后由审查批捕部门负责人审核,最后由检察长决定,重大案件应当提交检察委员会讨论决定。

根据《刑事诉讼法》第 86 条的规定,人民检察院审查批准逮捕,除了审查公安机关移送的报捕材料以外,还可以采用下列方法:(1) 可以讯问犯罪嫌疑人,有下列情形之一的,则应当讯问犯罪嫌疑人:① 对是否符合逮捕条件有疑问的;② 犯罪嫌疑人要求向检察人员当面陈述的;③ 侦查活动可能有重大违法行为的。(2) 可以询问证人等诉讼参与人;(3) 可以听取辩护律师的意见,辩护律师提出要求的,应当听取辩护律师的意见。

---

① 关于"违反取保候审、监视居住规定,情形严重"应当如何界定,最高法《解释》第 129 条、最高检《规则》第 139 条第 1 款以及公安部《规定》第 131 条作出了详细明确的规定。

检察机关应当自接到公安机关提请批准逮捕书后的7日以内,分别作出以下决定:(1)对于符合逮捕条件的,作出批准逮捕的决定,制作批准逮捕决定书;(2)对于不符合逮捕条件的,作出不批准逮捕的决定,制作不批准逮捕决定书,说明不批准逮捕的理由。

对于不批准逮捕的,公安机关在接到人民检察院不批准逮捕的通知后,应当立即释放已被拘留的犯罪嫌疑人。对于需要继续侦查,并且符合取保候审、监视居住条件的,依法取保候审或者监视居住。如果公安机关不同意人民检察院不批准逮捕的决定,可以要求人民检察院复议。如果公安机关的意见不被接受,可以向上一级人民检察院提请复核。上级人民检察院应当立即复核,作出是否变更的决定,通知下级人民检察院和公安机关执行。

2. 人民检察院决定逮捕的程序

人民检察院决定逮捕犯罪嫌疑人有以下几种情况:

(1)省级以下(不含省级)人民检察院直接受理立案侦查的案件,需要逮捕犯罪嫌疑人的,应当报请上一级人民检察院审查决定。下级人民检察院的具体报请程序是,由侦查部门制作报请逮捕书,报检察长或者检察委员会审批后,连同案卷材料、讯问犯罪嫌疑人录音、录像一并报上一级人民检察院审查,报请逮捕时应当说明犯罪嫌疑人的社会危险性并附相关证据材料。侦查部门报请审查逮捕时,应当同时将报请情况告知犯罪嫌疑人及其辩护律师。

(2)最高人民检察院、省级人民检察院办理直接受理立案侦查的案件,需要逮捕犯罪嫌疑人的,由侦查部门填写逮捕犯罪嫌疑人意见书,连同案卷材料、讯问犯罪嫌疑人录音、录像一并移送本院侦查监督部门审查。犯罪嫌疑人已被拘留的,侦查部门应当在拘留后7日以内将案件移送本院侦查监督部门审查。

(3)人民检察院对于公安机关移送起诉尚未逮捕犯罪嫌疑人,认为需要逮捕的,由审查起诉部门填写《逮捕犯罪嫌疑人审批表》,连同案卷材料和证据,移送审查批捕部门审查后,报检察长或者检察委员决定。最高人民检察院和省(自治区、直辖市)级人民检察院自行侦查的案件,尚未逮捕犯罪嫌疑人,审查起诉部门认为需要逮捕犯罪人的,依此程序办理。基层人民检察院,分、州、市人民检察院对直接受理立案侦查的案件进行审查起诉时,发现需要逮捕犯罪嫌疑人的,应当报请上一级人民检察院审查决定逮捕。报请工作由公诉部门负责。

3. 人民法院决定逮捕的程序

人民法院决定逮捕被告人有两种情况:

(1)对于直接受理的自诉案件,认为需要逮捕被告人时,由办案人员提交法院院长决定,对于重大、疑难、复杂案件的被告人的逮捕,提交审判委员会讨论决定。

(2)对于检察机关提起公诉时未予逮捕的被告人,人民法院认为符合逮捕条件应予逮捕的,也可以决定逮捕。

人民法院决定逮捕的,由法院院长签发《决定逮捕通知书》,通知公安机关执行。如果是公诉案件,还应当通知人民检察院。

4. 对几种特殊犯罪嫌疑人进行逮捕的审批程序

根据《全国人民代表大会组织法》和《地方各级人民代表大会和地方各级人民政府组织法》以及最高检《规则》第146条、第312条、第313条的规定,对几种特殊犯罪嫌疑人进行逮捕时,要经过有关部门批准或报请有关部门备案,主要内容如下：

(1) 人民检察院对担任本级人民代表大会代表的犯罪嫌疑人批准或者决定逮捕,应当报请本级人民代表大会主席团或者常务委员会许可。报请许可手续的办理由侦查机关负责。对担任上级人民代表大会代表的犯罪嫌疑人批准或者决定逮捕,应当层报该代表所属的人民代表大会同级的人民检察院报请许可。对担任下级人民代表大会代表的犯罪嫌疑人批准或者决定逮捕,可以直接报请该代表所属的人民代表大会主席团或者常务委员会许可,也可以委托该代表所属的人民代表大会同级的人民检察院报请许可；对担任乡、民族乡、镇的人民代表大会代表的犯罪嫌疑人批准或者决定逮捕,由县级人民检察院报告乡、民族乡、镇的人民代表大会。对担任两级以上的人民代表大会代表的犯罪嫌疑人批准或者决定逮捕,分别依照前述程序规定报请许可。对担任办案单位所在省、市、县(区)以外的其他地区人民代表大会代表的犯罪嫌疑人批准或者决定逮捕,应当委托该代表所属的人民代表大会同级的人民检察院报请许可；担任两级以上人民代表大会代表的,应当分别委托该代表所属的人民代表大会同级的人民检察院报请许可。

(2) 外国人、无国籍人涉嫌危害国家安全犯罪的案件或者涉及国与国之间政治、外交关系的案件以及在适用法律上确有疑难的案件,基层人民检察院或者分、州、市人民检察院经审查认为不需要逮捕的,可以直接依法作出不批准逮捕的决定。认为需要逮捕犯罪嫌疑人的,按照《刑事诉讼法》第19条、第20条的规定,分别由基层人民检察院或者分、州、市人民检察院审查并提出意见,层报最高人民检察院审查。最高人民检察院经审查认为需要逮捕的,经征求外交部的意见后,作出批准逮捕的批复,经审查认为不需要逮捕的,作出不批准逮捕的批复。基层人民检察院或者分、州、市人民检察院根据最高人民检察院的批复,依法作出批准或者不批准逮捕的决定。层报过程中,上级人民检察院经审查认为不需要逮捕的,应当作出不批准逮捕的批复,报送的人民检察院根据批复依法作出不批准逮捕的决定。

外国人、无国籍人涉嫌危害国家安全罪以外的其他犯罪案件,决定批准逮捕的人民检察院应当在作出批准逮捕决定后48小时以内报上一级人民检察院备案,同时向同级人民政府外事部门通报。上一级人民检察院对备案材料经审查发现错误的,应当依法及时纠正。

(3) 人民检察院办理审查逮捕的危害国家安全的案件,应当报上一级人民检察院备案。上一级人民检察院对报送的备案材料经审查发现错误的,应当依法及时纠正。

(二) 逮捕的执行程序

逮捕犯罪嫌疑人、被告人,一律由公安机关执行。公安机关对于人民检察院批准或者决定,人民法院决定逮捕的犯罪嫌疑人、被告人,必须立即执行逮捕,并将执行的情况通知人民检察院或者决定逮捕的人民法院。公安机关执行逮捕,应当遵守下列程序：

（1）执行逮捕的人员不得少于2人。执行逮捕时，必须向被逮捕人出示《逮捕证》，宣布逮捕，并责令被逮捕人在《逮捕证》上签字或按手印，并注明时间。被逮捕人拒绝在《逮捕证》上签字或按手印的，应在《逮捕证》上注明。

（2）逮捕犯罪嫌疑人、被告人，可以采用适当的强制方法，包括使用武器和戒具。

（3）执行逮捕后，应当立即将被逮捕人送看守所羁押。

（4）除无法通知的以外，应当在逮捕后24小时以内，通知被逮捕人的家属。

（5）人民法院、人民检察院对于各自决定逮捕的人，公安机关对于经人民检察院批准逮捕的人，都必须在逮捕后的24小时以内进行讯问。在发现不应当逮捕的时候，必须立即释放，发给释放证明。

（6）到异地逮捕的，公安机关应当通知被逮捕人所在地的公安机关。公安机关到异地执行逮捕时，应携带《批准逮捕决定书》及其副本、《逮捕证》、介绍信以及被逮捕人犯罪的主要材料等，由当地公安机关协助执行。

五、人民检察院对逮捕的监督

《刑事诉讼法》第93条、第94条、第98条赋予了人民检察院对逮捕工作的监督权，主要内容如下：

（1）人民检察院在审查批准逮捕工作中，如果发现公安机关的侦查活动有违法情况，应当通知公安机关予以纠正，公安机关应当将纠正情况通知人民检察院。

（2）犯罪嫌疑人、被告人被逮捕后，人民检察院仍应当对羁押的必要性进行审查。对不需要继续羁押的，应当建议予以释放或者变更强制措施。有关机关应当在10日以内将处理情况通知人民检察院。

（3）公安机关释放被逮捕的人或者变更逮捕措施的，应当通知原批准的人民检察院。

六、逮捕等强制措施的变更、撤销、解除和救济

《刑事诉讼法》第94条、第95条、第96条、第97条对逮捕等强制措施规定了变更、撤销、解除和救济程序，主要内容如下：

（1）人民法院、人民检察院和公安机关如果发现对犯罪嫌疑人、被告人采取强制措施不当的，应当及时撤销或者变更。①

（2）犯罪嫌疑人、被告人及其法定代理人、近亲属或者辩护人有权申请变更强制措

---

① 最高法《解释》第133条规定，被逮捕人具有下列情形之一的，人民法院可以变更强制措施：（1）患有严重疾病、生活不能自理的；（2）怀孕或者正在哺乳婴儿的；（3）系生活不能自理的人的唯一扶养人。第134条规定，第一审人民法院判决被告人无罪、不负刑事责任或者免除刑事处罚，被告人在押的，应当在宣判后立即释放。被逮捕的被告人具有下列情形之一的，人民法院应当变更强制措施或者予以释放：（1）第一审人民法院判处管制、宣告缓刑、单独适用附加刑，判决尚未发生法律效力的；（2）被告人被羁押的时间已足一审人民法院对其判处的刑期期限的；（3）案件不能在法律规定的期限内审结的。第135条规定，人民法院决定变更强制措施或者释放被告人的，应当立即将变更强制措施决定书或者释放通知书送交公安机关执行。第136条规定，对人民法院决定逮捕的被告人，人民检察院建议释放或者变更强制措施的，人民法院应当在收到建议后10日内将处理情况通知人民检察院。

施。人民法院、人民检察院和公安机关收到申请后,应当在 3 日以内作出决定;不同意变更强制措施的,应当告知申请人,并说明不同意的理由。①

(3) 人民法院、人民检察院或者公安机关对被采取强制措施法定期限届满的犯罪嫌疑人、被告人应当予以释放、解除取保候审、监视居住或者依法变更强制措施。犯罪嫌疑人及其法定代理人、近亲属或者辩护人对于人民法院、人民检察院或者公安机关采取强制措施法定期限届满的,有权要求解除强制措施。

(4) 犯罪嫌疑人、被告人被羁押的案件,不能在法定的侦查羁押、审查起诉、一审、二审期限内办结的,对犯罪嫌疑人应当予以释放;需要继续查证、审理的,对犯罪嫌疑人、被告人可以取保候审或者监视居住。

思考题:

1. 什么是强制措施?它有哪些特点?
2. 强制措施的适用应当遵循哪些原则?
3. 什么是拘传?它有哪些特点?
4. 拘传应遵守哪些程序?
5. 什么是取保候审?它有哪些种类?
6. 取保候审的适用对象有哪些?
7. 保证人应当符合哪些条件?
8. 被取保候审人在取保候审期间应当遵守哪些规定?
9. 为什么说监视居住是逮捕的替代性方法?
10. 监视居住的适用对象有哪些?
11. 我国《刑事诉讼法》对监视居住的场所有哪些规定?
12. 什么是拘留?适用拘留的情形有哪些?
13. 如何理解逮捕的条件?
14. 对外籍犯罪嫌疑人和犯罪嫌疑人为人大代表的,在逮捕程序上要遵守哪些特别规定?
15. 人民检察院决定逮捕的情形有哪些?
16. 如何理解捕后羁押必要性审查制度?

---

① 最高法《解释》第 137 条和最高检《规则》第 147 条对具体受理和处理程序进行了详细规定。

第九章 附带民事诉讼

第一节 概　　述

一、附带民事诉讼的概念和特点

附带民事诉讼,是指公安、司法机关在刑事诉讼过程中,在解决被告人刑事责任的同时,附带解决被告人的犯罪行为所造成的物质损失的赔偿问题而进行的诉讼活动。

附带民事诉讼作为一项诉讼制度,是有关附带民事诉讼的当事人、赔偿范围、提起和审理程序等问题的法律规范的总称。《刑事诉讼法》第99条至第102条对附带民事诉讼中的基本问题进行了规定。但是,总的来看,《刑事诉讼法》对附带民事诉讼的规定比较简单,刑事诉讼中的许多具体问题,还有赖于进行理论研究和在实践中不断摸索。最高法《解释》第六章在全面总结司法实践经验和过去有关附带民事诉讼的司法解释的基础上,对附带民事诉讼问题进行了全面的规定,具有很强的可操作性,是司法实践中的重要执法依据。

附带民事诉讼具有以下几个特点:

首先,附带民事诉讼性质的特殊性。附带民事诉讼就其解决问题的性质而言,是经济赔偿问题,和民事诉讼中的损害赔偿是一样的,属于民事诉讼性质。但它和一般的民事诉讼又有不同,因为这种赔偿是由犯罪行为引起的,是在刑事诉讼过程中提起的,由审判刑事案件的审判组织审理,所以它又是刑事诉讼的一部分,是一种特殊的民事诉讼。

其次,附带民事诉讼法律依据的复合性。由于附带民事诉讼所解决的是刑事犯罪行为所引起的民事赔偿责任,所以解决这一问题时的法律依据具有复合性特点。在实体法上,对损害事实的认定,不仅要遵循刑法关于具体案件犯罪构成的规定,而且要受民事法律规范调整;在程序法上,除刑事诉讼法有特殊规定的以外,应当适用民事诉讼法的规定。如诉讼原则、强制措施、诉讼证据、先予执行、诉讼保全、调解、和解、撤诉反诉等,都要遵循民事诉讼法的有关规定。

最后,附带民事诉讼处理程序的附属性。附带民事诉讼以刑事案件的成立为前提,必须在刑事诉讼过程中提起,附带民事诉讼的判决不得同刑事部分的判决相抵触,附带民事诉讼的起诉时效、上诉期限、管辖法院等都取决于刑事案件的情况。因此,附带民事诉讼在处理程序上是依附于刑事诉讼的,它必须以刑事诉讼程序为依托,刑事诉讼不存在,附带民事诉讼就无从谈起。

二、附带民事诉讼的意义

附带民事诉讼,是一项重要的诉讼制度,其意义可以概括为以下几个方面:

(1) 有利于维护被害人的经济利益。刑事犯罪往往给被害人造成经济损失,有的还是严重的经济损失,附带民事诉讼制度的设立,可以使被害人通过附带民事诉讼程序,得到物质损害赔偿。

(2) 有利于打击和制裁犯罪活动。附带民事诉讼制度,从根本上否定了"打了不罚,罚了不打"的陈旧观念,它意味着给他人造成物质损害的犯罪分子不仅要承担刑事责任,而且要承担民事赔偿责任,这对于打击和制裁犯罪活动,教育和改造犯罪分子具有重要意义。

(3) 有利于公安、司法机关全面、正确处理案件。附带民事诉讼制度的设立,要求公安、司法机关在刑事诉讼过程中,要查明被告人的犯罪行为所造成的物质损失情况,查明被告人如何对待其损害赔偿的民事责任,这对于正确认定案件事实,判断被告人认罪态度和悔罪表现,正确定罪量刑,具有重要参考价值。

(4) 有利于保证人民法院审判工作的统一性和严肃性。由于附带民事诉讼是由审理刑事案件的同一审判组织进行审理的,这有利于保证对案件事实认识的统一性,避免因不同审判组织分别进行审判可能对同一违法行为或同一案件事实得出不同的结论,维护法院审判工作的严肃性。

(5) 有利于提高诉讼效率和效益。一方面,附带民事诉讼是在刑事诉讼过程中一并解决的,这就极大地避免了公安、司法机关的重复劳动,节省了司法资源;另一方面,对于当事人来说,附带民事诉讼,可以减少他们重复出庭、重复举证等活动,减轻他们的讼累。

第二节 附带民事诉讼的成立条件

一、附带民事诉讼必须以刑事诉讼的成立为前提条件

附带民事诉讼是由刑事诉讼派生的,是在追究行为人的刑事责任的同时,附带追究行为人的损害赔偿责任。因此,附带民事诉讼必须以刑事诉讼的成立为前提,如果刑事诉讼不成立,附带民事诉讼就失去了存在的基础。这里存在两种情况:一种情况是被告人的行为不是犯罪行为,而是受法律保护的行为,如正当防卫、紧急避险等,因这些行为所引起的损害,当然不能提起附带民事诉讼;另一种情况是被告人的行为虽然不构成犯罪,但却构成民事侵权行为,在此情况下能否提起附带民事诉讼的问题,在理论界有争论。本教材编写组认为,在这种情况下,被害人能否提起附带民事诉讼,要视刑事诉讼的阶段而定,如果在侦查和起诉阶段,刑事诉讼部分作了撤销案件或者不起诉的处理决定,意味着刑事诉讼已经终结,刑事诉讼不存在,附带民事诉讼也就失去了存在的前提,被害人只能向法院民庭提起独立的民事赔偿之诉;如果案件已到法院审判阶段,被害人则可以提起附带民事诉

讼,法庭经过审理,可以就刑事部分作出无罪的刑事判决,附带民事部分作出赔偿损失的附带民事判决,因为如果案件已到法院审判阶段,刑事案件就要经过法庭审理才能作出裁决,刑事诉讼程序尚未终结,附带民事诉讼的基础仍然存在。

二、原告必须具有提起附带民事诉讼的权利能力

依据民事诉讼的一般理论,附带民事诉讼的原告应当具备诉讼权利能力。根据《刑事诉讼法》和最高法《解释》的有关规定,附带民事诉讼的原告比较复杂,具体有以下几种情况:

第一,因为犯罪行为而遭受物质损失的公民。任何公民由于被告人的犯罪行为而遭受物质损失的,在刑事诉讼过程中,都有权提起附带民事诉讼,这是附带民事诉讼中最常见的原告人。

第二,被犯罪分子侵害遭受物质损害的企业、事业单位、机关、团体等。对这一问题,学术界有不同观点。主流的看法是,《刑事诉讼法》第99条中规定的"被害人"作为犯罪侵害的对象,应当既包括自然人,也包括单位,因为二者都是可能受到犯罪侵害的权利主体。

第三,当被害人是未成年人或精神病患者,他们的法定代理人或监护人可以代为提起附带民事诉讼。但此时原告仍应列被害人本人,只不过其作为原告的诉讼权利和义务由其法定代理人或者监护人行使。

第四,当被害人死亡或者丧失行为能力的,被害人的法定代理人、近亲属有权提起附带民事诉讼。

第五,如果是国家财产、集体财产遭受损失的,人民检察院在提起公诉时,可以提起附带民事诉讼。这里的"可以"应当同第二种情况联系起来理解,即当国家财产、集体财产遭受损失,而被害单位没有提起附带民事诉讼时,人民检察院作为国家利益的维护者,有责任提起附带民事诉讼。当检察机关一并提起附带民事诉讼时,它既是公诉机关,又是民事原告人,享有民事原告人的诉讼权利。[①]

三、附带民事诉讼必须有明确的被告和具体的诉讼请求

附带民事诉讼的被告,一般是刑事诉讼的被告人,但在某些特殊情况下,应当赔偿物质损失的附带民事诉讼被告人,却不是承担刑事责任的被告人。根据最高法《解释》第143条的规定,主要是指以下几种情形:

第一,未成年人刑事被告人的监护人。监护人承担民事责任是由其特定的监护关系以及没有尽到监护职责引起的,因此承担赔偿责任不存在罪及他人、株连无辜的问题。但这种情况下附带民事诉讼的被告仍应列刑事被告人本人,只不过其赔偿责任要由其监护人承担。

---

① 参见最高法《解释》第142条第2款的规定。

第二,未被追究刑事责任的其他共同侵害人。这种情形主要是指数人共同犯罪案件中,有的被告人被追究刑事责任而交付人民法院审判,有的被公安机关作出行政处分,有的被人民检察院作出不起诉决定,在这些情况下,被作出其他处理的同案人都可以作为附带民事诉讼的被告人。因为数人共同造成他人物质损失的行为是一个不可分开的整体行为,造成物质损失结果的原因是共同的加害行为,各加害人都应对物质损失共同承担民事赔偿责任。但是,这里的共同致害人不包括在逃的同案犯,根据最高法《解释》第146条的规定,逃跑的同案犯到案后,被害人或者其法定代理人、近亲属可以对其提起附带民事诉讼,但已经从其他共同犯罪人处获得足额赔偿的除外。

第三,死刑罪犯的遗产继承人和共同犯罪案件中案件审结前已死亡的被告人的遗产继承人。因为,在这两种情况下对被害人的经济赔偿应当看做是已经死亡的刑事被告人生前所负的债务,属于遗产的清偿范围。但是,如果该继承人声明放弃继承则不得继续以其为被告。

第四,其他对刑事被告人的犯罪行为依法应当承担民事赔偿责任的单位和个人。这里的单位应作广义的理解,既可以是法人组织,也可以是非法人单位。

原告人提起附带民事诉讼,不仅要求有明确的被告,还必须有具体的诉讼请求,即提出应当赔偿的具体数额,同时对加害事实造成的物质损失,要有事实根据,并应承担举证责任。

四、附带民事诉讼的诉因是刑事被告人的犯罪行为给被害人造成了物质损失

这一诉因,包括两个相互联系的内容:

首先,被害人所遭受的损失是物质性的。所谓物质损失,是相对于精神损失而言的,它是指可以用金钱计算的损失。关于精神损失能否作为附带民事诉讼的诉因问题,在理论界存在很大争议,但最高法《解释》第138条第2款已明确规定:"因受到犯罪侵犯,提起附带民事诉讼或者单独提起民事诉讼要求赔偿精神损失的,人民法院不予受理。"

其次,被害人遭受的物质损失是由被告人的犯罪行为直接造成的。也就是说,被告人的犯罪行为与被害人所遭受的物质损失之间必须存在因果关系,存在着内在的联系。最高人民法院《关于刑事附带民事诉讼范围问题的规定》第2条规定:"被害人因犯罪行为遭受的物质损失是指被害人因犯罪行为已经遭受的实际损失和必然遭受的损失。"

根据上述精神,最高法《解释》第155条对附带民事诉讼的赔偿范围问题规定如下:(1)犯罪行为造成人身损害的,应当赔偿医疗费、护理费、交通费等为治疗和康复支付的合理费用,以及因误工减少的收入。造成被害人残疾的,还应当赔偿残疾生活辅助同等费用;造成被害人死亡的,还应当赔偿丧葬费等费用。(2)驾驶机动车致人伤亡或者造成公私财产重大损失,构成犯罪的,依照《交通安全法》第76条的规定确定赔偿责任。(3)附带民事诉讼当事人就民事赔偿问题达成调解、和解协议的,赔偿范围、数额不受上述规定的限制。

关于犯罪人非法占有和处置被害人财产而使其遭受物质损失的情况,按追缴和退赔

程序处理。最高法《解释》第 139 条规定:"被告人非法占有、处置被害人财产的,应当依法予以追缴或者责令退赔。被害人提起附带民事诉讼的,人民法院不予受理。追缴、退赔的情况,可以作为量刑情节考虑。"这一规定的目的在于提高效率,加强对被害人的及时保护。

第三节 附带民事诉讼的程序

一、附带民事诉讼的提起

(一) 提起附带民事诉讼的期间

关于提起附带民事诉讼的期间包括两个问题:一是提起附带民事诉讼的起始时间;二是提起附带民事诉讼的终结时间。关于这两个问题,根据最高法《解释》第 147 条第 1 款和第 161 条规定的精神,应当明确以下几点:

(1) 提起附带民事诉讼的起始时间,应当是刑事案件立案以后即可提起附带民事诉讼。允许在侦查、起诉阶段向侦查机关、起诉机关提出附带民事诉讼请求,有利于促使侦查和起诉机关在侦查、起诉的过程中注意查明与附带民事诉讼有关的事项,如被害人实际遭受的物质损失、加害人的责任情况、被告人的实际支付能力等。因此,在侦查、审查起诉阶段提起附带民事诉讼的,人民检察院应当记录在案,并将原告人的诉讼请求和有关材料,在提起公诉的同时,一并移送人民法院。

(2) 提起附带民事诉讼的终结时间是第一审判决的宣告。为此,最高法《解释》第 161 条规定:"第一审期间未提起附带民事诉讼,在第二审期间提起的,第二审人民法院可以依法进行调解,调解不成的,告知当事人可以在刑事判决、裁定生效后另行提起民事诉讼。"

总之,附带民事诉讼,应当在刑事案件立案以后第一审判决宣告之前提起。如果刑事案件尚未立案,意味着刑事诉讼能否成立尚不确定,提起附带民事诉讼的前提条件也就不存在;如果刑事案件的第一审判决已经宣告,再允许提起附带民事诉讼,既会造成刑事审判的过分迟延,带来审判秩序的混乱,又因已经失去合并审理的机会,而使附带民事诉讼变得没有意义。

(二) 提起附带民事诉讼的方式

我国《刑事诉讼法》对于提起附带民事诉讼的方式没有作出明确规定。根据最高法《解释》第 147 条第 2 款和第 150 条的规定,提起附带民事诉讼一般应当提交附带民事诉状,书写确有困难的,可以口头起诉。审判人员应当对原告人的口头诉讼请求详细询问,并制作笔录,向原告人宣读;原告人确认无误后,应当签名或者盖章。无论以书面方式还是口头方式,都应当说明附带民事原告、被告的姓名、年龄、职业、住址等个人基本情况,控告的犯罪事实,由于犯罪行为而造成的物质损失及相关证据、具体赔偿请求等。

人民检察院在提起公诉时一并提起附带民事诉讼的,只能采取书面形式,即制作附带民事诉状,该诉状应当写明:被告人的基本情况;被告人的犯罪行为给国家、集体财产造成损失的情况;代表国家、集体要求被告人赔偿损失的诉讼请求和适用的法律根据。

二、附带民事诉讼的保全和先予执行

(一) 附带民事诉讼的保全

附带民事诉讼的保全,是指人民法院为了保证将来发生法律效力的附带民事诉讼判决能够得到切实执行,而对被告人的财产采取一定的强制措施。《刑事诉讼法》第100条规定:"人民法院在必要的时候,可以采取保全措施,查封、扣押或者冻结被告人的财产。附带民事诉讼原告人或者人民检察院可以申请人民法院采取保全措施。人民法院采取保全措施,适用民事诉讼法的有关规定。"最高法《解释》第152条进行了更为详细的规定。

附带民事诉讼的保全应当注意:第一,确实存在因被告人的行为或其他原因使将来的附带民事判决不能执行或难以执行的可能性;第二,附带民事诉讼的保全措施,刑事诉讼法只规定了查封、扣押和冻结三项,而不包括其他保全措施;第三,查封、扣押和冻结的财产,只能以被告人的个人财产为限,不得查封、扣押或者冻结他人包括被告人的近亲属的财产;第四,查封、扣押或者冻结的财产应以足够支付赔偿数额为限,如果赔偿的准确数额暂时难以确定的,可以依请求数额确定,不得任意扩大查封、扣押或者冻结的范围;第五,对于查封、扣押或者冻结的财产,应当妥善保存,在不宜长期保存的情况下,可以变卖,保存价款。

(二) 附带民事诉讼的先予执行

附带民事诉讼的先予执行,是指人民法院受理附带民事诉讼之后、作出判决前,根据民事原告的请求决定民事被告先付给民事原告一定款项或特定物并立即执行的措施。关于附带民事诉讼的先予执行问题,《刑事诉讼法》中没有作出明确规定,但这一制度对于及时救治被害人、解决被害人的困难,殊为必要。当然,附带民事诉讼的先予执行必须具备法定的理由,即由于被告人的犯罪行为给被害人造成了极大的困难。采取先予执行时,既要考虑被害人的需要,又要兼顾被告人的实际支付能力。先予执行的数额应当折抵附带民事判决中所确定的赔偿数额。

三、附带民事诉讼的审判

(一) 附带民事诉讼审判的一般原则

《刑事诉讼法》第102条规定了附带民事诉讼审判中的刑民合并审判原则,即:"附带民事诉讼应当同刑事案件一并审判,只有为了防止刑事案件审判的过分迟延,才可以在刑事案件审判后,由同一审判组织继续审理附带民事诉讼。"根据这一原则,一般情况下,附带民事诉讼应当同刑事诉讼一并审理并作出判决,这样便于全面查清案件事实,也节省人力、物力和时间。但由于刑事案件的审判是有时间限制的,如果附带民事部分同刑事部分一并审判,会影响刑事部分在法定时间内审结时,也可以先审判刑事部分,后审判附带民事部分。但是在分别审判时要注意:第一,只能先审刑事部分,后审附带民事部分,而不能先审附带民事部分,后审刑事部分;第二,必须由审理刑事案件的同一审判组织继续审理附带民事部分,不得另行组成合议庭。但在实践中,如果审理刑事案件中的审判人员因死亡或者患有重大疾病,确实无法继续参加附带民事诉讼审判的,也可以更换其他审判人员。第三,附带民事部分判决对案件事实的认定不得同刑事判决相抵触。第四,附带民事诉讼部分的延期审理,一般不影响刑事判决的生效。

此外,《刑事诉讼法》第101条还规定了附带民事诉讼审判中的调判并用原则,即"人民法院审理附带民事诉讼案件,可以进行调解,或者根据物质损失情况作出判决、裁定"。

(二) 附带民事诉讼的具体审理程序

《刑事诉讼法》中对于附带民事诉讼的审判除了上述原则性规定外,对于具体审理程序没有进行规定。为了规范附带民事诉讼的审理程序,最高法《解释》对此进行了详细规定,主要内容如下:

(1) 人民法院受理刑事案件后,对符合提起附带民事诉讼的条件的,可以告知被害人或者其法定代理人、近亲属有权提起附带民事诉讼。有权提起附带民事诉讼的人放弃诉讼权利的,应当准许,并记录在案。

(2) 在侦查、预审、审查起诉期间,有权提起附带民事诉讼的人提出赔偿要求,经公安机关、人民检察院调解,当事人双方达成协议并已全部履行,被害人或者其法定代理人、近亲属又提起附带民事诉讼的,人民法院不予受理,但有证据证明调解违反自愿、合法原则的除外。

(3) 人民法院收到附带民事诉讼的起诉状,或者接受口头起诉以后,应当进行审查,并在7日以内决定是否立案。符合刑事诉讼法关于附带民事诉讼起诉条件的,应当受理;不符合的,裁定不予受理。

(4) 人民法院受理附带民事诉讼后,应当在5日内向附带民事诉讼的被告人及其法定代理人送达附带民事诉讼起诉状副本,或者将口头起诉的内容及时通知附带民事诉讼的被告人及其法定代理人,并制作笔录。人民法院在送达附带民事起诉状副本,或者通知口头起诉的内容时,应根据刑事案件审理的期限,确定被告人或者其法定代理人提交民事答辩状的时间。

(5) 人民法院开庭审判案件前,要向附带民事诉讼的原告和被告送达传票,传唤他们出庭。这里的被告,是指未被羁押的被告人以及与刑事案件被告人不同的被告。原告无正当理由拒不到庭或者未经法庭许可中途退庭的,按撤诉处理;被告人无正当理由拒不到庭或者未法庭许可中途退庭的,附带民事诉讼部分可以缺席判决。

(6) 附带民事诉讼案件的当事人在法庭上对自己提出的主张,有责任提出证据。

(7) 人民法院审理附带民事诉讼案件,可以根据自愿、合法的原则进行调解。经调解达成协议的,应当制作调解书,调解书经双方当事人签收后,即具有法律效力。调解达成协议并即时执行完毕的,可以不制作调解书,但应当制作笔录,经双方当事人、审判人员、书记员签名或者盖章即发生法律效力。

(8) 调解未达成协议或者调解书签收前当事人反悔的,附带民事诉讼应当同刑事诉讼一并判决。

(9) 人民法院认定公诉案件被告人的行为不构成犯罪的,对已经提起的附带民事诉讼,经调解达不成协议的,应当一并作出刑事附带民事判决。

(10) 人民法院准许人民检察院撤回起诉的公诉案件,对已经提起的附带民事诉讼,可以进行调解,不宜调解或者经调解不能达成协议的,应当裁定驳回起诉,并告知附带民事诉讼原告可以另行提起民事诉讼。

(11) 附带民事诉讼被告的亲友自愿代为赔偿的,应当准许。

(12) 人民检察院提起附带民事诉讼的,人民法院经审理,认为附带民事诉讼被告依法应当承担赔偿责任的,应当判令附带民事被告直接向遭受损失的单位作出赔偿;遭受损失的单位已经终止,有权利义务继受人,应当判令其向继受人作出赔偿;没有权利义务继受人的,应当判令其向人民检察院交付赔偿款,由人民检察院上缴国库。

(13) 人民法院审理刑事附带民事诉讼案件,应当结合被告人赔偿被害人物质损失的情况认定其悔罪表现,并在量刑时予以考虑。

(14) 被害人或者其法定代理人、近亲属在刑事诉讼过程中未提起附带民事诉讼,另行提起民事诉讼,人民法院可以进行调解,或者根据物质损失情况作出判决。

(15) 人民法院审理刑事附带民事诉讼案件,不收取诉讼费。

思考题:

1. 如何理解附带民事诉讼的特点?
2. 附带民事诉讼制度有何意义?
3. 为什么说附带民事诉讼必须以刑事案件的成立为前提条件?
4. 附带民事诉讼原告的情形有哪些?
5. 附带民事诉讼被告的情形有哪些?
6. 如何理解附带民事诉讼的诉因?
7. 如何理解附带民事诉讼的提起时间?
8. 附带民事诉讼的审理程序有哪些特殊规定?

第十章 期间、送达

第一节 期 间

一、期间的概念

刑事诉讼中的期间,是指公安机关、人民检察院、人民法院和诉讼参与人进行刑事诉讼、完成某些诉讼行为所必须遵守的时间限制。期间分为法定期间和指定期间。所谓法定期间是刑事诉讼法明确规定的时间限制,指定期间是指人民法院、人民检察院或公安机关依据案件具体情况指定的时间限制。刑事诉讼中一系列与当事人权利密切相关的期间,如强制措施的期间、审判期间、上诉期间等,均由法律明确规定,指定期间则为例外情况。从所规范的诉讼行为来看,期间又可以分为公安、司法机关应当遵守的期间和诉讼参与人应当遵守的期间。

期间规定在刑事诉讼中的意义体现在以下几个方面:第一,有利于迅速、及时地惩罚犯罪、保护人民,提高刑事诉讼效率。"迟来的正义为非正义",严格的期间制度可以防止刑事案件久拖不决,当事人权益长期处于待定状态,期间规定确保社会得以从犯罪造成的混乱中尽快恢复。第二,有利于保障当事人的合法权利。刑事诉讼中许多重要的法定期间均涉及当事人基本权利的保护,如侦查羁押、取保候审、监视居住、拘传等期间规定必须严格遵守,否则将构成严重的程序违法。第三,有利于维护诉讼活动的严肃性、保障法律的统一正确实施。大多数期间均伴有明确的法律后果,这是刑事诉讼活动严肃性和强制性的重要体现。对于公安、司法机关来说,违反期间规定可能会导致相应程序活动无效或承担相应的国家赔偿责任;对于当事人来说,违反期间规定则可能导致某些诉讼权利的丧失。

在刑事诉讼中,除了期间之外,还存在期日,如法律规定第一审、第二审或审判监督程序的审判期限属于期间,而法院确定的开庭审理的具体日期则属于期日。

二、期间的计算

(一) 期间的计算单位

《刑事诉讼法》第103条第1款规定,期间以时、日、月计算。以时为单位的期间如拘传犯罪嫌疑人、被告人不得超过12小时,逮捕后,除无法通知的以外,应当在24小时以内,通知被逮捕人的家属等。以日为单位计算的期间如公安机关对被拘留的人,认为需要逮捕的,应当在拘留后的3日以内,提请人民检察院审查批准,人民检察院自收到移送审查起诉的案件材料之日起3日以内,应当告知犯罪嫌疑人有权委托辩护人等。以月为单位计算的期间如人民法院审理公诉案件,应当在受理后2个月以内宣判,至迟不得超过3个月等。

(二) 期间的计算方法

1. 期间的起算

期间的起算是指期间应当从什么时候开始计算。《刑事诉讼法》第103条第2款规定,期间开始的时和日不算在期间以内。

但需要注意的是,如果《刑事诉讼法》中有明确规定,期间从某日开始计算的话,则不受上述规定的限制。如《刑事诉讼法》第158条规定:"在侦查期间,发现犯罪嫌疑人另有重要罪行的,自发现之日起依照本法第154条的规定重新计算侦查羁押期限。犯罪嫌疑人不讲真实姓名、住址,身份不明的,应当对其身份进行调查,侦查羁押期限自查清其身份之日起计算……"根据这一规定,发现犯罪嫌疑人另有重要罪行的当日,或者查清犯罪嫌疑人身份的当日,便是期间的第一日,而不得从第二日开始起算。

2. 期间的届满

期间的届满是指期间应当何时终止。期间届满一般情况下不会存在疑问,但是法律和相关司法解释对于一些特殊情况下的期间届满作出了以下特别规定:

(1) 如果期间的最后一日为节假日的,以节假日后的第一日为期满日期,但犯罪嫌疑人、被告人或者罪犯在押期间,应当至期满之日为止,不得因节假日而延长在押期限至节假日后的第一日。

(2) 以月计算的期限,自本月某日至下月同日为1个月。期限起算日为本月最后一日的,至下月最后一日为1个月。下月同日不存在的,自本月某日至下月最后一日为1个月。半个月一律按15日计算。

3. 期间的扣除

期间的扣除,是指在某些法律规定的情况下,特定时间不计入办案期间。主要情形有:

(1) 法定期间不包括路途上的时间。上诉状或者其他文件在期满前已经交邮的,不算过期。

(2) 《刑事诉讼法》第147条规定:"对犯罪嫌疑人作精神病鉴定的期间不计入办案期限。"

(3) 中止审理的期间不计入审理期限。《刑事诉讼法》第200条规定:"在审判过程中,有下列情形之一,致使案件在较长时间内无法继续审理的,可以中止审理:(一) 被告人患有严重疾病,无法出庭的;(二) 被告人脱逃的;(三) 自诉人患有严重疾病,无法出庭,未委托诉讼代理人出庭的;(四) 由于不能抗拒的原因。中止审理的原因消失后,应当恢复审理。中止审理的期间不计入审理期限。"

(4) 人民检察院提出抗诉的案件或者第二审人民法院开庭审理的公诉案件,同级人民检察院都应当派员出席法庭。第二审人民法院应当在决定开庭审理后及时通知人民检察院查阅案卷。人民检察院应当在 1 个月以内查阅完毕。人民检察院查阅案卷的时间不计入审理期限。

(5) 人民法院审理申请没收违法所得案件的期限,参照公诉案件第一审普通程序和第二审程序的审理期限执行。公告期间和请求刑事司法协助的时间不计入审理期限。

(6) 人民检察院对于公安机关移送的没收违法所得案件,经审查认为不符合《刑事诉讼法》第 280 条第 1 款规定条件的,应当作出不提出没收违法所得申请的决定,并向公安机关书面说明理由;认为需要补充证据的,应当书面要求公安机关补充证据,必要时也可以自行调查。公安机关补充证据的时间不计入人民检察院办案期限。

(7) 人民检察院对于公安机关移送的强制医疗案件,经审查认为不符合《刑事诉讼法》第 284 条规定条件的,应当作出不提出强制医疗申请的决定,并向公安机关书面说明理由;认为需要补充证据的,应当书面要求公安机关补充证据,必要时也可以自行调查。公安机关补充证据的时间不计入人民检察院办案期限。

4. 期间的重新计算

期间的重新计算,是指由于出现法定情形,导致已经进行的期间归于无效,从法定情形出现之时,重新依据法律规定计算期间。根据《刑事诉讼法》和相关司法解释的规定,期间重新计算的情形主要包括下列情况:

(1) 在侦查期间,发现犯罪嫌疑人另有重要罪行的,自发现之日起依照《刑事诉讼法》第 154 条的规定重新计算侦查羁押期限。

(2) 人民检察院审查起诉过程中退回公安机关补充侦查的案件,公安机关应当在 1 个月以内补充侦查完毕。补充侦查完毕移送人民检察院后,人民检察院重新计算审查起诉期限。法庭审判过程中,人民检察院撤回补充侦查的案件,补充侦查完毕移送人民法院后,人民法院重新计算审理期限。

(3) 第二审人民法院发回原审人民法院重新审判的案件,原审人民法院从收到发回的案件之日起,重新计算审理期限。

(4) 改变管辖的案件,从案件移送后受案机关收到案件之日起重新计算办案期限。

三、期间的恢复

期间的恢复,是指当事人由于法定原因耽误期间的,可以申请继续进行应当在期间届满前完成的诉讼活动的一种补救措施。《刑事诉讼法》第 104 条规定:"当事人由于不能抗拒的原因或者有其他正当理由而耽误期限的,在障碍消除后 5 日以内,可以申请继续进行应当在期满以前完成的诉讼活动。前款申请是否准许,由人民法院裁定。"

根据上述规定,期间恢复必须满足以下几个条件。

第一,期间的耽误必须是因为不能抗拒的原因或者其他正当理由。例如,因发生地震、洪水、泥石流、台风等不可抗力因素而导致耽误期间;或者是因为当事人患有严重疾病等正当理由而耽误期间。

第二,必须由当事人提出申请。除当事人之外,当事人的法定代理人依法亦可提出恢复期间的申请。除此之外的任何诉讼参与人无权申请。

第三,恢复期间的申请必须在障碍消除后的5日以内提出,超过这一期限,则无权申请。根据期间计算的一般原则,上述的5日期间应当从障碍消除后的第二日开始起算。

第四,恢复期间的申请是否准许,必须经人民法院裁定。

四、法定期间

法定期间,是指由法律作出明确规定的诉讼期间。这种期间开始于某种法律事实的发生。我国《刑事诉讼法》对全部诉讼活动的期间都进行了明确规定,总体上可以概括为八大类,包括:强制措施期间,侦查羁押期间,审查起诉期间,第一审程序期间,上诉、抗诉期间,第二审程序期间,再审程序期间以及执行期间。每一大类中又细分为具体诉讼行为的期间。这些期间规定散见于各具体程序中,本书各相关章节中会详细介绍,此处从略。

第二节 送 达

一、送达的概念

刑事诉讼中的送达,是指公安、司法机关依照法定的程序与方式,将诉讼文书送交诉讼参与人、有关机关和单位的诉讼活动。合法的送达能够产生相应的法律后果。例如,根据《刑事诉讼法》第219条的规定,不服判决的上诉期限是10天,从接到判决书第二日起算。这也就意味着,合法送达是上诉期限开始起算的必备条件之一;同时,如果在上诉抗诉期限内没有上诉抗诉的话,第一审判决生效,因此合法送达也是判决生效的必备条件之一。

作为一种法定的诉讼活动,送达具有以下几个特征:

第一,送达是公安、司法机关履行职责的一种活动。公安、司法机关是送达的主体,受送达人为诉讼参与人和相关的机关、单位。

第二,送达必须按照法律规定的送达方式和程序进行。若违反法律规定的送达方式和程序,送达不产生相应的法律效力。

第三,送达的内容是公安、司法机关制作的法律文书,如传票、开庭通知书、起诉书副本、判决书、裁定书等。当事人向司法机关递交自诉状、上诉状、证据材料等不属于送达。

刑事诉讼法和相关司法解释有关送达的规定,可以督促公安、司法机关及时、正确地履行职责,保障当事人和其他诉讼参与人的合法权利,保障刑事诉讼活动的顺利进行。

二、送达的方式

《刑事诉讼法》第105条规定:"送达传票、通知书和其他诉讼文件应当交给收件人本人;如果本人不在,可以交给他的成年家属或者所在单位的负责人员代收。收件人本人或者代收人拒绝接收或者拒绝签名、盖章的时候,送达人可以邀请他的邻居或者其他见证人到场,说明情况,把文件留在他的住处,在送达证上记明拒绝的事由、送达的日期,由送达人签名,即认为已经送达。"根据本条以及相关司法解释的规定,送达的方式主要有以下几种类型:

(一) 直接送达

直接送达是指公安、司法机关工作人员将诉讼文书直接交给收件人本人或者其成年家属以及所在单位负责人员的送达方式。直接送达要求送达人员将诉讼文书直接交给收件人本人,由收件人本人在送达回证上记明收到日期,并签名盖章。如果收件人本人不在,则可以交给其成年家属或所在单位负责人员代收,代收人在送达回证上记明收到日期,并签名盖章,代收也属于直接送达方式。收件人或代收人在送达回证上记明的日期即为送达的日期。

(二) 留置送达

留置送达,是指收件人本人或者代收人拒绝接收或者拒绝签名、盖章的时候,送达人员将诉讼文书留置在收件人或者代收人住处或单位的一种送达方式。留置送达只有在本人或代收人拒绝签收的时候才可以采用。如果只是收件人或合格的代收人不在住处,或下落不明,不能成为适用留置送达的理由。留置送达必须邀请收件人或代收人的邻居或者其他见证人在场见证送达过程的真实性与合法性,并向见证人说明情况。适用留置送达的,送达人员必须在送达回证上记明收件人或代收人拒绝的事由以及送达日期,并签名。根据最高法《解释》的规定,适用留置送达应当以拍照、录像等方式记录送达过程。留置送达之后产生与直接送达相同的法律效力。

(三) 委托送达

委托送达是指承办案件的司法机关委托收件人所在地的司法机关代为送达的一种方式。接受委托的必须是收件人所在地的司法机关,而不能是其他个人或单位。根据最高法《解释》,直接送达诉讼文书有困难的,可以委托收件人所在地的人民法院代为送达,或者邮寄送达。委托送达的,应当将委托函、委托送达的诉讼文书及送达回证寄送受托法院。受托法院收到后,应当登记,在10日内送达收件人,并将送达回证寄送委托法院;无法送达的,应当告知委托法院,并将诉讼文书及送达回证退回。

(四) 邮寄送达

邮寄送达,是指公安司法机关将诉讼文书以挂号信的形式邮寄给收件人的一种送达方式。挂号回执上注明的日期为送达日期。

(五) 转交送达

转交送达是对特殊的收件人由有关部门转交诉讼文书的送达方式。特殊的收件人主要是指军人、正在服刑的罪犯等人员。根据最高人民法院的司法解释,诉讼文书的收件人是军人的,可以通过其所在部队团级以上单位的政治部门转交。收件人正在服刑的,可以通过执行机关转交。收件人正在被采取强制性教育措施的,可以通过强制性教育机构转交。由有关部门、单位代为转交诉讼文书的,应当请有关部门、单位收到后立即交收件人签收,并将送达回证及时寄送人民法院。

三、送达回证

送达回证,是指公安、司法机关依法将诉讼文书送达收件人的证明文书,即送达活动的凭证。送达回证是证明公安、司法机关是否按照法定程序和方式送达诉讼文书,认定当事人及其他诉讼参与人的诉讼行为是否有效的依据。送达诉讼文书必须要有送达回证。

送达回证的内容包括:送达诉讼文书的机关,收件人姓名,送达诉讼文书的名称,送达的时间、地点、方式,送达人、收件人的签名盖章,签收日期,等等。

公安、司法机关送达诉讼文书时,应当向收件人、代收人出示送达回证,由收件人、代收人在送达回证上记明收到日期,并且签名盖章;遇到拒绝接受或拒绝签名盖章的情况,在实施留置送达时,送达人员应当在送达回证上记明拒绝的事由、送达日期,并由送达人、见证人签名盖章。采用委托送达和转交送达的,也必须按照上述程序进行,并将送达回证返回承办案件的公安司法机关。邮寄送达的,应当将送达回证和诉讼文书一起以挂号信的形式邮寄给收件人,送达回证由收件人返回。当收件人在送达回证上签收的日期与挂号回执上注明的日期不一致时,公安司法机关应当在送达回证上作出说明,并以挂号回执上注明的日期为送达日期。

送达回证应当入卷归档。

四、送达的期限

诉讼文书的送达关系到收件人的诉讼权利之维护以及相应法律后果的实现,因此,公安司法机关送达诉讼文书必须严格遵守刑事诉讼法规定的期限。如《刑事诉讼法》第182条规定,人民法院决定开庭审判后,应当将人民检察院的起诉书副本至迟在开庭10日以前送达被告人及其辩护人。人民法院确定开庭日期后,应当将开庭的时间、地点通知人民检察院,传唤当事人,通知辩护人、诉讼代理人、证人、鉴定人和翻译人员,传票和通知书至迟在开庭3日以前送达。第196条规定,当庭宣告判决的,应当在5日以内将判决书送达当事人和提起公诉的人民检察院;定期宣告判决的,应当在宣告后立即将判决书送达当事人和提起公诉的人民检察院。第253条第1款规定,罪犯被交付执行刑罚的时候,应当由交付执行的人民法院在判决生效后10日以内将有关的法律文书送达公安机关、监狱或者其他执行机关。

思考题:

1. 什么是期间?
2. 《刑事诉讼法》对于期间的起算与届满作出了哪些特殊规定?
3. 期间的扣除与期间的重新计算有何区别?
4. 期间恢复的条件有哪些?
5. 《刑事诉讼法》规定的送达方式有哪些?
6. 送达回证的作用是什么?

第十一章 立 案

第一节 概 述

一、立案的概念与特征

刑事诉讼中的立案,是指公安、司法机关依法接受报案、控告、举报、自首以及自诉人起诉等材料,按照职能管辖范围进行审查后,认为有犯罪事实发生并需要追究刑事责任时,决定将其作为刑事案件进行侦查或审判的一种诉讼活动。根据《刑事诉讼法》的规定,立案具有以下特点:

第一,立案是我国刑事诉讼一个必经的独立诉讼阶段。立案阶段的独立性,是指立案在刑事诉讼中并不依附于侦查、提起公诉或者审判等诉讼阶段,而是与侦查、提起公诉、审判等诉讼阶段相并列,是整个刑事诉讼程序中的独立诉讼阶段。立案阶段是刑事诉讼活动开始的标志,具有启动刑事诉讼程序的功能;公安、司法机关需要依照法定的条件和程序进行审查,确定是否符合立案条件并作出决定。立案阶段的必经性,是指公安、司法机关办理任何刑事案件都必须经过立案阶段。没有经过立案程序,刑事诉讼程序就无法正式启动,侦查、审查公诉或者审判活动也就无法正常进行。

第二,立案是法律赋予公安机关、人民检察院、人民法院特有的权力和职责,其他任何机关和个人都无立案权。我国《刑事诉讼法》第107条规定:"公安机关或者人民检察院发现犯罪事实或者犯罪嫌疑人,应当按照管辖范围,立案侦查。"第112条规定:"对于自诉案件,被害人有权向人民法院直接起诉。被害人死亡或者丧失行为能力的,被害人的法定代理人、近亲属有权向人民法院起诉。人民法院应当依法受理。"这些规定表明,在我国只有公安、司法机关才有权决定将某一事件作为刑事案件纳入诉讼轨道,进而展开侦查或审判活动;除此之外,其他任何机关、团体、企事业单位和个人都不享有立案权,无权启动刑事诉讼程序。

二、立案的意义

《刑事诉讼法》将立案确立为刑事诉讼必经的独立阶段,并将该权力赋予公安、司法机关专属行使,这对于惩罚犯罪、保障人权、提高诉讼效率等都具有重要意义。

第一,准确、及时立案,有助于督促公安司法机关揭露、证实和打击犯罪。立案是刑事诉讼开始的必经程序,具有启动刑事诉讼程序的功能。公安司法机关经过立案程序的审查,认为符合立案条件并作出立案决定后,必须迅速组织力量进行必要的侦查行为,以及时发现、收集和保全案件证据,并采取必要的强制措施,防止犯罪行为继续实施,从而有效地揭露、证实和惩罚犯罪分子,并预防犯罪。公安、司法机关只有及时、有效立案,才能保证一切依法需要追究刑事责任的犯罪行为受到及时有效的追究。

第二,准确、及时立案,是保护公民合法权益不受非法侵犯、保障无罪的人不受刑事追究的重要程序性保障措施。依照刑事诉讼法的要求,对一个公民的刑事追诉,必须以立案的方式启动刑事诉讼程序为前提;公安、司法机关只有在审查有关材料,依法认定有犯罪事实发生并需追究刑事责任而作出立案决定后,其进行的侦查、提起公诉、审判等诉讼行为才具有合法依据,否则便是程序违法。

第三,准确、及时立案,有利于节省司法资源。公安、司法机关通过立案阶段的审查,对符合条件的案件予以立案,对不符合条件的案件作出不立案决定,从而终止刑事诉讼程序,这具有分流案件的功能。使不符合条件的案件退出刑事诉讼程序,这在客观上有利于节省司法资源,提高诉讼效率。

第二节 立案的材料来源和条件

一、立案的材料来源

立案材料,即有关犯罪事实和犯罪嫌疑人情况的材料,是公安司法机关决定是否立案的事实根据。根据我国《刑事诉讼法》第107条至第109条的规定,立案的材料来源主要包括以下几种:

(一) 公安机关或者人民检察院发现的犯罪事实或者犯罪嫌疑人

《刑事诉讼法》第107条规定:"公安机关或者人民检察院发现犯罪事实或者犯罪嫌疑人,应当按照管辖范围,立案侦查。"公安机关、人民检察院,负有发现犯罪事实、查获犯罪嫌疑人、收集犯罪证据、证实犯罪行为的法定职责。因此,在公安机关、人民检察院履行法定职责过程中,如果发现犯罪事实或者犯罪嫌疑人的,应当主动立案侦查,或者移送有管辖权的公安机关、人民检察院进行立案审查。

(二) 单位或者个人的报案或者举报

《刑事诉讼法》第108条第1款规定:"任何单位和个人发现有犯罪事实或者犯罪嫌疑人,有权利也有义务向公安机关、人民检察院或者人民法院报案或者举报。"报案和举报有所不同。报案是指有关单位或者个人发现有犯罪事实发生而向公安机关、人民检察院、人民法院揭露和报告的行为;报案材料提供的案件事实、证据材料较为简单笼统,往往不能明确指出犯罪嫌疑人。而举报是指有关单位或者个人将其发现的犯罪事实及犯罪嫌疑人向公安机关、人民检察院或者人民法院揭发、报告的行为,通常具体地指明了犯罪嫌疑人,提供的犯罪事实和证据材料相对具体和详细。

(三) 被害人的报案或者控告

《刑事诉讼法》第108条第2款规定:"被害人对侵犯其人身、财产权利的犯罪事实或者犯罪嫌疑人,有权向公安机关、人民检察院或者人民法院报案或者控告。"被害人是受到犯罪行为直接侵害的人,其人身权利、财产权利受到的侵害需要通过刑事诉讼程序给予救济,因此具有追究犯罪的强烈愿望。被害人提供立案材料的方式主要为报案和控告,两者都是向公安机关、人民检察院或者人民法院揭发、报告犯罪事实及犯罪嫌疑人,但也存在一定的差别。报案既可以由被害人提出,也可以由与案件无直接利害关系的单位或个人提出,而控告则是由遭受犯罪行为直接侵害的被害人提出;报案材料中往往没有明确的犯罪嫌疑人,而控告则明确提出犯罪嫌疑人,并且具有追究犯罪嫌疑人刑事责任的直接目的。

(四)犯罪人的自首

《刑事诉讼法》第108条第4款规定犯罪人的自首,是重要的立案材料来源。依据刑法规定,自首是指犯罪人在犯罪以后自动投案,如实供述自己的罪行,或者被采取强制措施的犯罪嫌疑人、被告人和正在服刑的罪犯,如实供述公安、司法机关还未掌握的本人的其他罪行的行为。当犯罪嫌疑人、被告人自首后,会如实供述自己的罪行,这为相关案件的立案提供了重要的材料来源。

(五)其他来源

在司法实践中,立案的材料来源除以上四种外,常见的还有以下几种:(1)上级机关交办的案件;(2)行政执法机关移送的案件,如工商、税务、审计、纪检、监察、海关等行政执法机关在执法过程中发现有犯罪行为或者犯罪嫌疑人的,移送公安、司法机关;(3)党的纪检部门查处后移送追究刑事责任的案件;(4)群众的扭送。

二、立案的条件

公安司法机关发现、接受有关犯罪事实和犯罪嫌疑人的上述材料后,应当进行审查,确认是否符合立案的条件,并作出是否立案的决定。我国《刑事诉讼法》第110条规定:"人民法院、人民检察院或者公安机关对于报案、控告、举报和自首的材料,应当按照管辖范围,迅速进行审查,认为有犯罪事实需要追究刑事责任的时候,应当立案;认为没有犯罪事实,或者犯罪事实显著轻微,不需要追究刑事责任的时候,不予立案,并且将不立案的原因通知控告人。控告人如果不服,可以申请复议。"因此,公安、司法机关作出立案决定的条件包括两方面要求:有犯罪事实、需要追究刑事责任。

(一)有犯罪事实

有犯罪事实是作出立案决定的首要条件。"有犯罪事实"应从刑法和证据法两方面进行理解。

从刑法角度来说,立案材料中的事实应当符合刑法规定的犯罪构成要件。公安、司法机关作出立案决定,应当以立案材料中的行为符合刑法规定、需要追究刑事责任为前提。如果相关材料中的事实不符合刑法规定的犯罪构成要件,即使具有一定的社会危害性,也不能启动立案程序。因此,公安、司法机关在对有关材料进行审查、决定是否立案时,必须严格把握立案的先决条件——有无犯罪事实存在,正确区分罪与非罪、刑事责任与党纪、政纪处分、行政处罚的界限,以此约束国家的刑事追诉权力。当然,作出立案决定时,并不要求公安、司法机关掌握全部的犯罪事实和犯罪嫌疑人,更不要求查清全部犯罪情节,只要能够确认存在符合犯罪构成要件的犯罪行为即可。

从证据法的角度来说,作为立案条件的"有犯罪事实"应当有证据材料证明。公安、司法机关作出立案决定时,应当有必要的证据证明犯罪事实存在,证明犯罪事实符合刑法规定的犯罪构成要件,判断是否有犯罪事实发生应建立在客观存在的证据材料基础之上。虽然在立案阶段并不要求公安司法机关掌握案件的全部证据,但没有证据绝对不能立案;只有在掌握了必要的证据证明存在刑法规定的特定犯罪时,公安、司法机关才能作出立案决定。

(二) 需要追究刑事责任

"有犯罪事实"是立案的前提条件,但是并非只要有犯罪事实即可立案。如果根据《刑法》或者《刑事诉讼法》的规定,对于该犯罪事实不需要追究刑事责任,那么同样不能作出立案决定。因此,只有存在犯罪事实,并且依法需要追究刑事责任时,才符合立案条件。

根据我国《刑事诉讼法》第15条的规定,有以下情形之一的,不追究刑事责任,已经追究的应当撤销案件,或者不起诉,或者终止审理,或者宣告无罪。(1) 情节显著轻微、危害不大,不认为是犯罪的;(2) 犯罪已过追诉时效期限的;(3) 经特赦令免除刑罚的;(4) 依照刑法告诉才处理的犯罪,没有告诉或者撤回告诉的;(5) 犯罪嫌疑人、被告人死亡的;(6) 其他法律规定免予追究刑事责任的。上述六种情况属于依法不追究刑事责任的情形,公安、司法机关应当不予立案。

除以上实体要件外,作出立案决定的公安、司法机关,还应当对该案有管辖权,符合本机关受案范围以及级别管辖、地域管辖的规定。

第三节 立案的程序

一、立案材料的接受

公安、司法机关对所有立案材料都应当接受,并实施法定的诉讼行为。在该过程中需要注意以下几方面问题:

(1) 立案材料的接受主体。不论是否具有管辖权,公安、司法机关对于提交给自己的立案材料都应当接受;如果不属于自己管辖,应当接受后移交有管辖权的专门机关。根据《刑事诉讼法》第108条规定,公安机关、人民检察院或者人民法院对于报案、控告、举报,都应当接受。对于不属于自己管辖的,应当移送主管机关处理,并且通知报案人、控告人、举报人;对于不属于自己管辖而又必须采取紧急措施的,应当先采取紧急措施,然后移送主管机关。

(2) 接受立案材料时的告知。为了防止诬告陷害,确保相关材料的真实、客观,接受控告、举报、报案的工作人员应当告知诬告应负的法律责任,同时应正确区分诬告与错告。根据《刑事诉讼法》第109条第2款规定,接受控告、举报的工作人员,应当向控告人、举报人说明诬告应负的法律责任。但是,只要不是捏造事实,伪造证据,即使控告、举报的事实有出入,甚至是错告的,也要和诬告严格加以区别。最高检《规则》第180条规定:"对于属于错告的,如果对被控告人、被举报人造成不良影响的,应当自作出决定之日起1个月以内向其所在单位或者有关部门通报初查结论,澄清事实。对于属于诬告陷害的,应当移送有关部门处理。"

(3) 接受立案材料后制作笔录、进行登记。为方便报案、举报、控告、自首等,报案、控告、举报可以用书面或者口头提出。对于以口头方式报案、控告、举报的,工作人员应当制作笔录,经宣读无误后,由报案人、控告人、举报人签名或者盖章。公安部《规定》第166条和最高检《规则》第158条均有此类规定,对于接受的立案材料,应当问明情况,并制作笔录,经核对无误后,由扭送人、报案人、控告人、举报人、自动投案人签名、捺指印。必要时,应当录音或者录像。

为便于管理,公安、司法机关对于受理的立案材料应当进行登记。公安部《规定》第168条规定,公安机关接受案件时,应当制作受案登记表,并出具回执。最高检《规则》第158条规定,控告检察部门或者举报中心对报案人、控告人、举报人、自首人提供的有关证据材料、物品等应当登记,制作接受证据(物品)清单,并由报案人、控告人、举报人、自首人签名,必要时予以拍照,并妥善保管。第163条规定,人民检察院对于直接受理的要案线索实行分级备案的管理制度。县、处级干部的要案线索一律报省级人民检察院举报中心备案,其中涉嫌犯罪数额特别巨大或者犯罪后果特别严重的,层报最高人民检察院举报中心备案;厅、局级以上干部的要案线索一律报最高人民检察院举报中心备案。

(4) 保障报案人、控告人、举报人及其近亲属的安全,并为他们保密。《刑事诉讼法》第109条第3款规定:"公安机关、人民检察院或者人民法院应当保障报案人、控告人、举报人及其近亲属的安全。报案人、控告人、举报人如果不愿公开自己的姓名和报案、控告、举报的行为,应当为他保守秘密。"对威胁、侮辱、殴打或者打击报复扭送人、报案人、控告人或举报人的不法分子,法律中规定了相应的法律责任和处理措施。例如,最高检《规则》第100条、最高法《解释》第129条规定,对被害人、证人、举报人、控告人及其他人员实施打击报复的被取保候审的人应予以逮捕。最高检《规则》第110条规定,对于涉嫌特别重大贿赂犯罪且可能对举报人、控告人、证人及其他人员等实施打击报复的可以在指定的居所执行监视居住。

二、对立案材料的审查和处理

接受相关立案材料后,公安、司法机关应当立即审查。《刑事诉讼法》第110条规定:"人民法院、人民检察院或者公安机关对于报案、控告、举报和自首的材料,应当按照管辖范围,迅速进行审查⋯⋯"对立案材料的审查主要围绕是否符合立案条件进行,以确认是否有犯罪事实,是否需要追究刑事责任。根据公安部《规定》第171条规定,对于在审查中发现案件事实或者线索不明的，必要时，经办案部门负责人批准，可以进行初查。初查过程中，公安机关可以依照有关法律和规定采取询问、查询、勘验、鉴定和调取证据材料等不限制被调查对象人身、财产权利的措施。

对于立案材料的审查，在人民检察院自行侦查的案件中称为初查。根据最高检《规则》规定，侦查部门对举报中心移交的举报线索进行审查后，认为有犯罪事实需要初查的，应当报检察长或者检察委员会决定。初查由侦查部门负责，在刑罚执行和监管活动中发现的应当由人民检察院直接立案侦查的案件线索，由监所检察部门负责初查。对于重大、复杂的案件线索，监所检察部门可以商请侦查部门协助初查；必要时也可以报检察长批准后，移送侦查部门初查，监所检察部门予以配合。各级人民检察院初查的分工，按照检察机关直接立案侦查案件分级管辖的规定确定。上级人民检察院在必要时，可以直接初查或者组织、指挥、参与下级人民检察院的初查，可以将下级人民检察院管辖的案件线索指定辖区内其他人民检察院初查，也可以将本院管辖的案件线索交由下级人民检察院初查；下级人民检察院认为案情重大、复杂，需要由上级人民检察院初查的案件线索，可以提请移送上级人民检察院初查。初查一般应当秘密进行，不得擅自接触初查对象。公开进行初查或者接触初查对象，应当经检察长批准。在初查过程中，可以采取询问、查询、勘验、检查、鉴定、调取证据材料等不限制初查对象人身、财产权利的措施。不得对初查对象采取强制措施，不得查封、扣押、冻结初查对象的财产，不得采取技术侦查措施。根据初查工作需要，人民检察院可以商请有关部门配合调查，或者委托其他人民检察院协助调查有关事项。

经过对于立案材料的审查，如果认为有犯罪事实需要追究刑事责任的时候，应当立案；认为没有犯罪事实，或者犯罪事实显著轻微，不需要追究刑事责任的时候，不予立案，并且将不立案的原因通知控告人。在该原则性规定之下，公安机关、检察机关和法院的处理方式有所差异。

根据公安部《规定》，公安机关经过对立案材料的审查，采取以下处理措施：

（1）认为有犯罪事实，但不属于自己管辖的案件，应当立即报经县级以上公安机关负责人批准，制作移送案件通知书，移送有管辖权的机关处理。对于不属于自己管辖又必须采取紧急措施的，应当先采取紧急措施，然后办理手续，移送主管机关。

（2）对告诉才处理的案件，公安机关应当告知当事人向人民法院起诉。对被害人有证据证明的轻微刑事案件，公安机关应当告知被害人可以向人民法院起诉；被害人要求公安机关处理的，公安机关应当依法受理。人民法院审理自诉案件，依法调取公安机关已经收集的案件材料和有关证据的，公安机关应当及时移交。

（3）对于不够刑事处罚需要给予行政处理的，依法予以处理或者移送有关部门。

（4）认为没有犯罪事实，或者犯罪事实显著轻微不需要追究刑事责任，或者具有其他依法不追究刑事责任情形的，经县级以上公安机关负责人批准，不予立案。对有控告人的案件，决定不予立案的，公安机关应当制作不予立案通知书，并在3日以内送达控告人；对行政执法机关移送的案件，应将不予立案通知书送达移送案件的行政执法机关，相应退回案件材料。

（5）认为有犯罪事实需要追究刑事责任，且属于自己管辖的，经县级以上公安机关负责人批准，予以立案。

根据最高检《规则》，人民检察院经过对立案材料的审查，采取以下处理措施：

（1）决定立案。人民检察院对于直接受理的案件，经审查认为有犯罪事实需要追究刑事责任的，应当制作立案报告书，经检察长批准后予以立案。在决定立案之日起3日以内，将立案备案登记表、提请立案报告和立案决定书一并报送上一级人民检察院备案。如果上一级人民检察院认为下级人民检察院的立案决定错误的，应当书面通知下级人民检察院纠正，也可以直接作出决定，通知下级人民检察院执行。下级人民检察院应当执行上一级人民检察院的决定。如果下级人民检察院对上一级人民检察院的决定有异议的，可以在执行的同时向上一级人民检察院报告。

（2）决定不予立案。对具有下列情形之一的，经侦查部门提请，人民检察院可以作出不予立案的决定：具有《刑事诉讼法》第15条规定情形之一的；认为没有犯罪事实的；事实或者证据尚不符合立案条件的。对于实名举报，应当自作出不立案决定之日起10日以内答复举报人；如果是被害人控告的，应当制作不立案通知书，在15日以内送达控告人；对于其他机关或者部门移送的案件线索，应当自作出不立案决定之日起10日以内送达移送案件线索的单位。人民检察院认为被举报人的行为未构成犯罪，决定不予立案，但需要追究其党纪、政纪责任的，应当移送有管辖权的主管机关处理。

人民法院直接受理自诉案件，对收到的案件材料经审查不属于自己管辖的，应当将材料移送有管辖权的机关处理；对属于自己管辖的自诉案件，符合《刑事诉讼法》及有关司法解释规定的，决定予以立案受理；不符合有关规定的，应当说服自诉人撤回起诉，或者裁定驳回起诉。

三、对不立案决定的复议

根据《刑事诉讼法》第110条的规定，控告人如果对不予立案的决定不服，可以申请复议。公安部《规定》和最高检《规则》对于不立案决定的复议分别作出规定。

对公安机关作出的不予立案决定，如果控告人不服的，可以在收到不予立案通知书后7日以内向作出决定的公安机关申请复议；公安机关应当在收到复议申请后7日以内作出决定，并书面通知控告人。控告人对不予立案的复议决定不服的，可以在收到复议决定书后7日以内向上一级公安机关申请复核；上一级公安机关应当在收到复核申请后7日以内作出决定。对上级公安机关撤销不予立案决定的，下级公安机关应当执行。如果移送案件的行政执法机关不服的，可以在收到不予立案通知书后3日以内向作出决定的公安机关申请复议；公安机关应当在收到行政执法机关的复议申请后3日以内作出决定，并书面通知移送案件的行政执法机关。

对人民检察院作出的不予立案的决定，如果控告人不服的，可以在收到不立案通知书后10日以内申请复议。对不立案的复议，由人民检察院控告检察部门受理。控告检察部门应当根据事实和法律进行审查,并可以要求控告人、申诉人提供有关材料,认为需要侦查部门说明不立案理由的,应当及时将案件移送侦查监督部门办理。

第四节 立案监督

立案监督,是指人民检察院对于公安机关的立案活动是否合法进行的监督。根据《刑事诉讼法》第111条的规定,人民检察院认为公安机关对应当立案侦查的案件而不立案侦查的,或者被害人认为公安机关对应当立案侦查的案件而不立案侦查,向人民检察院提出的,人民检察院应当要求公安机关说明不立案的理由。人民检察院认为公安机关不立案理由不能成立的,应当通知公安机关立案,公安机关接到通知后应当立案。对于立案监督的具体程序和要求,规定在最高检《规则》以及公安部《规定》中,主要内容有:

一、立案监督的材料来源

总体而言,立案监督的材料来源包括两个途径:一是检察机关通过各种业务活动发现公安机关可能存在应当立案而不立案的情形;二是被害人及其法定代理人、近亲属或者行政执法机关向人民检察院提出,认为公安机关对其控告或者移送的案件应当立案侦查而不立案侦查,或者当事人认为公安机关不应当立案而立案。

二、立案监督的内容

检察机关立案监督的内容,是公安机关对是否立案作出的决定,其中既包括公安机关作出的立案决定,也包括公安机关作出的不立案决定。有证据证明公安机关可能存在违法动用刑事手段插手民事、经济纠纷,或者利用立案实施报复陷害、敲诈勒索以及谋取其他非法利益等违法立案情形,检察机关也可以进行立案监督。

三、立案监督的具体形式和程序规则

根据最高检《规则》的规定,检察机关进行立案监督的具体形式包括两种:一是要求公安机关说明不立案或者立案的理由;二是要求公安机关立案或者撤销案件。

要求公安机关说明不立案或者立案理由的程序规则。在发现或者接受立案监督的材料后,人民检察院应当根据事实和法律进行审查,并可以要求控告人、申诉人提供有关材料。经过调查、核实有关证据材料,包括询问办案人员和有关当事人,查阅、复制公安机关刑事受案、立案、破案等登记表册和立案、不立案、撤销案件、治安处罚等相关法律文书及案卷材料,检察机关认为需要公安机关说明不立案或者立案理由的,经检察长批准,应当要求公安机关书面说明不立案或者立案的理由。人民检察院要求公安机关说明不立案或者立案理由,应当制作要求说明不立案理由通知书或者要求说明立案理由通知书,及时送达公安机关,并且告知公安机关在收到通知书后7日以内,书面说明不立案或者立案的情

况、依据和理由,连同有关证据材料回复人民检察院。对人民检察院要求说明不立案或者立案理由的案件,公安机关应当在收到通知书后7日以内,对不立案或者立案的情况、依据和理由作出书面说明,回复人民检察院。公安机关作出立案决定的,应当将立案决定书复印件送达人民检察院。

要求公安机关立案或者撤销立案的程序规则。公安机关说明不立案或者立案的理由后,人民检察院侦查监督部门应当进行审查,认为公安机关不立案或者立案理由不能成立的,经检察长或者检察委员会讨论决定,应当通知公安机关立案或者撤销案件。侦查监督部门认为公安机关不立案或者立案理由成立的,应当通知控告检察部门,由其在10日以内将不立案或者立案的理由和根据告知被害人及其法定代理人、近亲属或者行政执法机关。人民检察院通知公安机关立案或者撤销案件,应当制作通知立案书或者通知撤销案件书,说明依据和理由,连同证据材料送达公安机关,并且告知公安机关应当在收到通知立案书后15日以内立案,对通知撤销案件书没有异议的应当立即撤销案件,并将立案决定书或者撤销案件决定书及时送达人民检察院。人民检察院通知公安机关立案的,公安机关应当在收到通知书后15日以内立案,并将立案决定书复印件送达人民检察院。

人民检察院通知公安机关立案或者撤销案件的,应当依法对执行情况进行监督。公安机关在收到通知立案书或者通知撤销案件书后超过15日不予立案或者既不提出复议、复核也不撤销案件的,人民检察院应当发出纠正违法通知书予以纠正。公安机关仍不纠正的,报上一级人民检察院协商同级公安机关处理。公安机关立案后3个月以内未侦查终结的,人民检察院可以向公安机关发出立案监督案件催办函,要求公安机关及时向人民检察院反馈侦查工作进展情况。对于由公安机关管辖的国家机关工作人员利用职权实施的重大犯罪案件,人民检察院通知公安机关立案,公安机关不予立案的,经省级以上人民检察院决定,人民检察院可以直接立案侦查。

公安机关申请复议和复核。对于公安机关认为人民检察院撤销案件通知有错误要求同级人民检察院复议的,人民检察院应当重新审查,在收到要求复议意见书和案卷材料后7日以内作出是否变更的决定,并通知公安机关。对于公安机关不接受人民检察院复议决定提请上一级人民检察院复核的,上级人民检察院应当在收到提请复核意见书和案卷材料后15日以内作出是否变更的决定,通知下级人民检察院和公安机关执行。上级人民检察院复核认为撤销案件通知有错误的,下级人民检察院应当立即纠正;上级人民检察院复核认为撤销案件通知正确的,应当作出复核决定并送达下级公安机关。

思考题:

1. 如何理解立案程序是刑事诉讼中一个独立、必经的诉讼阶段?
2. 立案的材料来源包括几种?
3. 请分析立案的条件。
4. 经过立案审查,公安、检察机关应当如何处理?
5. 试论述立案监督。

第十二章 侦 查

第一节 概 述

一、侦查的概念

根据我国《刑事诉讼法》第106条第1项的规定,"侦查"是指公安机关、人民检察院在办理案件过程中,依照法律进行的专门调查工作和有关的强制性措施。侦查具有四个方面的特征:

(1) 侦查权的主体是国家法定机关。

侦查权是一种专属权,为了尊重和保障人权,保护公民的人身权利、财产权利和民主权利等正当权利,我国《刑事诉讼法》和有关法律对行使侦查权的机关及其职权作了明确规定。根据我国《刑事诉讼法》第3条、第4条、第290条等的规定,行使侦查权的机关是公安机关、人民检察院、国家安全机关、军队保卫部门、监狱和海关缉私部门。

(2) 侦查是刑事诉讼的一个独立阶段。

公诉案件,只有通过侦查活动,收集确实、充分的证据,查明犯罪事实和查获犯罪嫌疑人,才能进入起诉阶段。因此,侦查有特定的任务和目的,是公诉案件立案后必须经历的一个独立阶段。

(3) 侦查的内容包括专门调查工作和有关的强制性措施。

"专门调查工作",是指刑事诉讼法所规定的为收集证据、查明犯罪而进行的调查工作,具体包括:讯问犯罪嫌疑人,询问证人、被害人、勘验、检查,侦查实验,搜查,查封、扣押物证、书证,查询、冻结存款、汇款,债券、股票等财产,鉴定,技术侦查等诉讼活动。"有关的强制性措施",是指《刑事诉讼法》所规定的为收集证据、查明犯罪和查获犯罪人而采取的限制、剥夺人身自由,对人身、财物进行强制或缉拿犯罪嫌疑人的措施,具体包括两类:一类是在侦查活动中采用的强制措施,即拘传、取保候审、监视居住、拘留、逮捕;另一类是在进行专门调查工作中必要时采用的强制性方法,如强制检查、强行搜查、强制扣押、通缉等。

(4) 侦查活动必须严格依法进行。

在刑事侦查中,犯罪嫌疑人、被告人的人权随时面临国家侦查机关的威胁,有被侵犯的可能。为了保障公民的合法权益,防止伤害无辜,我国《刑事诉讼法》对侦查的方式、方法、步骤等都作了具体明确的规定。侦查机关和侦查人员在侦查过程中,必须严格遵守法律规定,切实依照法律进行专门调查工作和相关的强制性措施,保证侦查活动的合法性和所收集证据的有效性。

二、侦查的任务

根据我国《刑事诉讼法》第2条、第113条、第114条的规定,侦查的主要任务有三个方面:

(1) 收集证据,查明犯罪事实,查获犯罪嫌疑人。对已经立案的刑事案件,侦查机关既要收集、调取犯罪嫌疑人有罪、罪重的证据,也要收集、调取犯罪嫌疑人无罪、罪轻的证据。对于有罪的案件,侦查机关应当准确地查明犯罪的性质、犯罪的时间和地点、犯罪的动机和目的以及犯罪的手段、结果等案件情况。

(2) 及时制止某些持续进行的犯罪并且预防该犯罪分子继续犯罪。如果发现犯罪分子继续进行犯罪活动,侦查机关必须坚决予以制止,以保护国家、集体利益和公民的合法权益,维护社会的安全和秩序。另外,侦查机关应当根据案件的具体情况采取必要的强制措施,防止犯罪嫌疑人逃避侦查或者毁灭、伪造证据、串供等,保证诉讼活动的顺利进行。

(3) 为提起公诉和审判的顺利进行提供可靠的、充分的证据。对收集、调取的证据材料予以核实,并进行审查判断,为公诉和审判提供可靠的、充分的证据,以便将犯罪嫌疑人顺利交付起诉和审判。

三、侦查的意义

侦查是继刑事立案阶段之后的一个重要的诉讼阶段,它对刑事诉讼的顺利进行具有非常重要的意义,主要表现在以下几个方面:

(1) 侦查是同犯罪作斗争的重要手段。犯罪是一种极其复杂的社会现象,犯罪活动大多是秘密进行的,而且犯罪分子作案后,还会想方设法隐匿、毁灭证据和制造假象等,逃避刑事追究。如果没有强有力的侦查活动,就不可能准确、及时地揭露和打击犯罪。可见,侦查是同犯罪作斗争的重要手段,对于惩罚犯罪和预防犯罪,维护社会治安都具有重要作用。

(2) 侦查是提起公诉和审判的基础。侦查作为刑事诉讼的一个重要阶段,是刑事诉讼程序的第一道"工序"。侦查机关要全面收集证据,揭露和证实犯罪。侦查工作质量,对案件能否得到正确、合法、及时的处理,有着直接的影响。因此,侦查是刑事诉讼的基础环节,同时也是起诉和审判活动顺利进行的重要保证。

(3) 侦查是预防犯罪的重要措施,有助于促进社会治安综合治理。通过侦查,查明犯罪事实,查获犯罪人,进而依法予以惩处,可以有效地打击和震慑犯罪,教育群众,强化群众的法治观念,提高守法的自觉性,增强同犯罪做斗争的积极性,维护社会稳定。另外,通过侦查可以掌握犯罪规律和犯罪动向,发现可能发生犯罪的隐患、漏洞和社会治安管理中的薄弱环节,进而制定对策,防止和减少犯罪的发生,促进社会治安综合治理目标的实现。

第二节 侦查行为

我国《刑事诉讼法》规定的侦查行为，可分为常规侦查行为和特种侦查行为两大类，前者可以在所有案件中使用，后者则只能在特定案件中使用。下面分别进行介绍。

一、常规侦查行为

（一）讯问犯罪嫌疑人

讯问犯罪嫌疑人，是指侦查人员依照法定的程序，以言词的方式，就案件事实和与案件有关的其他问题对犯罪嫌疑人进行讯问的一种侦查活动。讯问犯罪嫌疑人是查明犯罪事实的有效措施，是侦查刑事案件的必经程序。同时，在讯问中，犯罪嫌疑人可以进行无罪或罪轻的辩解，以维护自己的合法权益，也可以坦白交代罪行或检举揭发他人的罪行，从而获得从宽处理的机会。我国《刑事诉讼法》第116条至第121条、最高检《规则》第197条、公安部《规定》第198条等对讯问犯罪嫌疑人所应遵守的程序规则作了详细规定：

1. 讯问人员及人数

根据《刑事诉讼法》第116条第1款的规定，讯问犯罪嫌疑人必须由人民检察院或者公安机关的侦查人员负责进行。讯问的时候，侦查人员不得少于2人。因此，讯问犯罪嫌疑人是侦查人员的专有职权。同时，为了便于侦查人员在讯问时互相配合、互相监督，保证讯问的合法性，保障侦查人员的人身安全，防止犯罪嫌疑人逃跑、自杀等意外事件发生，讯问时，侦查人员不得少于2人。

2. 讯问地点

根据《刑事诉讼法》第116条第2款、第117条第1款的规定，讯问犯罪嫌疑人的地点有：

（1）犯罪嫌疑人被送交看守所羁押以后，侦查人员对其进行讯问，应当在看守所内进行。

（2）对于不需要逮捕、拘留的犯罪嫌疑人，可以传唤到犯罪嫌疑人所在市、县内的指定地点或者到他的住处进行讯问，但是应当出示人民检察院或者公安机关的证明文件。

（3）对在现场发现的犯罪嫌疑人，经出示工作证件，可以口头传唤，但应当在讯问笔录中注明。

3. 讯问的步骤、方法

根据我国《刑事诉讼法》第118条、最高检《规则》第197条、公安部《规定》第198条等规定，侦查人员讯问犯罪嫌疑人的步骤和方法是：

（1）讯问前的告知。侦查人员在讯问犯罪嫌疑人的时候，应当告知犯罪嫌疑人在侦查阶段的诉讼权利和如实供述自己罪行可以依法从宽处理的法律规定。第一次讯问时还应当告知犯罪嫌疑人有权自行辩护或委托律师辩护。

（2）开始讯问的方法。讯问时，侦查人员应当首先讯问犯罪嫌疑人是否有犯罪行为，让他陈述有罪的情节或者无罪的辩解,然后向他提出问题。犯罪嫌疑人对侦查人员的提问,应当如实回答。但是对与本案无关的问题,有拒绝回答的权利。

(3) 严禁使用的方法。严禁采用刑讯逼供、威胁、引诱、欺骗以及其他非法的方法讯问犯罪嫌疑人,不得强制任何人证实自己有罪。

4. 讯问特殊犯罪嫌疑人的规定

《刑事诉讼法》第119条、第270条、最高检《规则》第198条、公安部《规定》第197条第2款、第350条对讯问特殊犯罪嫌疑人的程序作了特别规定:

(1) 讯问同案的犯罪嫌疑人,应当个别进行。

(2) 讯问聋、哑犯罪嫌疑人,应当聘请通晓聋、哑手势且与本案无利害关系的人为其提供翻译。

(3) 讯问不通晓当地通用语言文字的犯罪嫌疑人,应当聘请通晓当地通用语言文字且与本案无利害关系的人为其提供翻译。

(4) 讯问不通晓中国通用语言文字的外国籍犯罪嫌疑人,应当为其提供翻译。

(5) 讯问未成年犯罪嫌疑人,应当通知未成年犯罪嫌疑人的法定代理人到场。无法通知、法定代理人不能到场或者法定代理人是共犯的,也可以通知未成年犯罪嫌疑人的其他成年亲属,所在学校、单位、居住地基层组织或者未成年人保护组织的代表到场,并将有关情况记录在案。到场的法定代理人可以代为行使未成年犯罪嫌疑人的诉讼权利。

(6) 讯问女性未成年犯罪嫌疑人,应当有女工作人员在场。

5. 制作讯问笔录

根据《刑事诉讼法》第120条的规定,讯问犯罪嫌疑人应当制作讯问笔录。讯问笔录应当交犯罪嫌疑人核对,对于没有阅读能力的,应当向他宣读。如果记载有遗漏或者差错,犯罪嫌疑人可以提出补充或者改正。犯罪嫌疑人承认笔录没有错误后,应当签名或者盖章。侦查人员也应当在笔录上签名。犯罪嫌疑人请求自行书写供述的,应当准许。必要的时候,侦查人员也可以要犯罪嫌疑人亲笔书写供词。

6. 对讯问过程的录音、录像

为了保证讯问的合法性,防止刑讯逼供等违法讯问现象,我国《刑事诉讼法》第121条、最高检《规则》第201条、公安部《规定》第203条对讯问过程的录音、录像作了明确规定,主要内容有:

(1) 侦查人员在讯问犯罪嫌疑人的时候,可以对讯问过程进行录音或者录像;对于可能判处无期徒刑、死刑的案件或者其他重大犯罪案件,应当对讯问过程进行录音或者录像。其他重大犯罪案件,是指致人重伤、死亡的严重危害公共安全犯罪、严重侵犯公民人身权利犯罪,以及黑社会性质组织犯罪、严重毒品犯罪等重大故意犯罪案件。

(2) 人民检察院立案侦查职务犯罪案件,在每次讯问犯罪嫌疑人的时候,应当对讯问过程实行全程录音、录像,并在讯问笔录中注明。

(3) 录音或者录像应当全程进行,保持完整性。不得选择性地录制,不得剪接、删改。

(二) 询问证人、被害人

询问证人、被害人,是指侦查人员依照法定的程序,以言词方式,就案件有关情况向证人、被害人进行调查了解的一种侦查活动。我国《刑事诉讼法》第122条至第125条、最高检《规则》第204条、第205条、公安部《规定》第205条、第206条等,对询问证人、被害人的人员、地点、步骤、方法等作了以下规定:

1. 询问证人

(1) 人员、人数。根据最高检《规则》第204条的规定,询问证人,应当由侦查人员进行。询问的时候,侦查人员不得少于二人。

(2) 询问的地点。根据我国《刑事诉讼法》第122条第1款的规定,询问证人的地点有五处:可以在现场进行,也可以到证人所在单位、住处或者证人提出的地点进行,在必要的时候,可以通知证人到人民检察院或者公安机关提供证言。

在现场询问证人,应当出示工作证件,到证人所在单位、住处或者证人提出的地点询问证人,应当出示人民检察院或者公安机关的证明文件。

(3) 询问证人应当个别进行。根据我国《刑事诉讼法》第122条第2款的规定,同一案件有几个证人需要询问的时候,侦查人员应当对每个证人进行单独询问。同理,询问笔录也应单独制作。

(4) 询问证人的步骤、方法。首先,侦查人员应当问明证人的基本情况以及与当事人的关系。其次,侦查人员应当告知证人有如实作证的义务和有意作伪证或者隐匿罪证要负的法律责任。再次,侦查人员询问证人应当首先让他把知道的案件情况连续地陈述出来,然后再就其陈述中不清楚、不全面或者有矛盾的地方以及其他需要查明的事实情节,向他提问,要求他回答。最后,询问时,侦查人员不得向证人泄露案情或者表示对案件的看法,严禁采用暴力、威胁等非法方法询问被害人。

(5) 讯问特殊证人的规定。上述讯问特殊犯罪嫌疑人的规定,适用于询问特殊证人。

(6) 询问笔录的制作。根据《刑事诉讼法》第124条的规定,上述制作讯问犯罪嫌疑人笔录的规定适用于制作询问证人笔录。另外,证人请求自行书写证词的,应当准许;必要的时候,侦查人员也可以要求证人亲笔书写证词。

2. 询问被害人

根据我国《刑事诉讼法》第125条的规定,询问被害人适用询问证人的程序。此外,由于被害人是刑事诉讼的当事人,因此第一次询问被害人时,应当告知其有提起附带民事诉讼的权利。

(三) 勘验、检查

1. 勘验、检查的基本程序

勘验、检查,是指侦查人员对与犯罪有关的场所、物品、人身、尸体进行勘查、检验和检查,以发现和收集犯罪活动所遗留的各种痕迹和物品的一种侦查行为。根据《刑事诉讼法》第126条、第128条、第131条、第132条、最高检《规则》第369条、公安部《规定》第212条等规定,勘验、检查的基本程序规则有:

(1) 主体。勘验、检查由侦查人员进行,必要的时候可以指派或者聘请具有专门知识的人,在侦查人员的主持下进行。同时,侦查人员执行勘验、检查,必须持有人民检察院或者公安机关的证明文件。

(2) 邀请见证人。侦查人员应当邀请与案件没有利害关系的人作为见证人参加勘验、检查工作,以保证勘验、检查的客观性。

(3) 复验、复查。人民检察院审查案件的时候,对公安机关的勘验、检查,认为需要复验、复查的,应当要求公安机关复验、复查,人民检察院可以派员参加;也可以自行复验、复查,商请公安机关派员参加,必要时也可以聘请专门技术人员参加。

(4) 制作笔录。勘验、检查的情况应当写成笔录,由参加勘验、检查的人和见证人签名或者盖章。

2. 现场勘查

现场勘查,是指侦查人员对犯罪分子实施犯罪的地点以及遗留有与犯罪有关的痕迹和物品的场所进行勘查的一种侦查活动。根据我国《刑事诉讼法》的规定,对犯罪现场进行勘查,应当遵守下列程序:

(1) 保护犯罪现场。根据《刑事诉讼法》第127条规定,任何单位和个人,都有义务保护犯罪现场,并且立即通知公安机关派员勘验。发案地派出所、巡警等部门应当妥善保护犯罪现场和证据,控制犯罪嫌疑人,并立即报告公安机关主管部门。

(2) 勘查现场的指挥和执行人员。现场勘查由侦查人员进行;在必要的时候,可以指派或者聘请具有专门知识的人,在侦查人员的主持下进行勘查。执行勘查的侦查人员接到通知后,应当立即赶赴现场。

(3) 现场勘查的步骤。根据最高检《规则》第210条、第211条,公安部《规定》第210条、第211条的规定,勘验现场的步骤:第一,应当邀请二名与案件无关的见证人在场;第二,应当向发现人、报案人、现场保护人了解现场的原始情况,然后划定勘查范围,先外后内,有步骤地进行;第三,应当拍摄现场照片,勘查的情况应当写明笔录并制作现场图,对重大案件的现场,应当录像;第四,在计算机犯罪的现场,应立即停止计算机的应用,并采取措施保护计算机及相关设备。

(4) 制作笔录。现场勘查的笔录应当客观、准确而又全面地反映现场的实际情况和侦查人员的勘查活动,其内容包括:勘查的时间,现场所在的地点、位置及其与周围环境的关系,犯罪嫌疑人遗留在现场的各种痕迹、物品及其位置和特征,提取物品、痕迹等的情况,并附上拍摄的照片和重大案件的现场录像。侦查人员、其他参加勘查的人员和见证人应当在现场勘查笔录上签名或者盖章,并注明时间。

3. 物品检验

物品检验,是指侦查人员对已经收集到的物品和痕迹,依据科学技术和设备,进行鉴别、判断,以确定其与案件有无关联及关联程度的一种侦查活动。侦查人员对物品和痕迹进行检验,应当遵守下列程序:

(1) 查验物品的特征。仔细查验物品的特征;对于在现场收集的物品,要注意它与周围环境的关系,并分析研究物品和痕迹的变化情况。对物品和痕迹的特征,如果侦查人员不能判断时,应当指派或者聘请具有专门知识的人进行鉴定。

(2) 确定物品与案件的关系。通过分析研究,判断该物品及痕迹与案件事实有无关联及关联程度。

(3) 制作笔录。物品检验,应当制作检验笔录,详细记载检验的过程、物品及痕迹的特征。侦查人员、其他参加检验的人员和见证人应当在检验物品的笔录上签名或者盖章,并注明时间。

4. 人身检查

人身检查,是指为了确定被害人、犯罪嫌疑人的某些特征、伤害情况或者生理状态,对其人身进行检查,提取指纹信息或者采集血液、尿液等生物样本的一种侦查活动。根据《刑事诉讼法》第130条,最高检《规则》第213条、第214条,公安部《规定》第212条的规定,人身检查应当遵守下列程序:

(1) 人身检查只能由侦查人员进行,必要时可以聘请医师进行;

(2) 犯罪嫌疑人如果拒绝检查,侦查人员认为必要的时候,可以强制检查,但是对被害人不得强制检查;

(3) 检查妇女的身体,应当由女工作人员或者医师进行;

(4) 不得采用损害被检查人生命、健康或贬低其名誉或人格的方法进行检查;

(5) 在检查过程中知悉的被检查人的个人隐私,检查人员应当保密;

(6) 检查人身的情况应当写成笔录,由参加检查的侦查人员、检查人员和见证人签名或者盖章,并注明时间。

5. 尸体检验

尸体检验,是指通过检验尸表和解剖尸体,以确定死亡的原因,判断死亡的时间、致死的工具、手段和方法等的一种侦查活动。尸体检验,对于查明案情、认定案件的性质、收集证据等都具有重要作用。因此,尸体检验应当及时进行,以防止尸体上的痕迹或现象因尸体的变化和腐烂而消失。尸体检验分为尸表检验和尸体解剖两种。尸表检验,是指对尸体在现场的位置、姿势、尸体上的伤痕、衣着、附着物及尸体的变化情况等进行检验的一种侦查活动。尸体解剖,是指对尸体的内部器官进行检验的一种侦查活动。根据我国《刑事诉讼法》第129条、最高检《规则》第212条、公安部《规定》第213条等的规定,尸体解剖的程序要求有:

(1) 决定解剖。对于死因不明的尸体,人民检察院和公安机关有权决定解剖。

(2) 通知死者家属。人民检察院和公安机关决定解剖尸体的,应当通知死者家属到场。死者家属无正当理由拒不到场或者拒绝签名、盖章的,不影响解剖的进行,但是应当在解剖通知书上记明。对于身份不明的尸体,无法通知死者家属的,应当记明笔录。

(3) 制作笔录。尸体检验的情况应写成笔录,由侦查人员和进行检验的法医或医生、死者的家属或见证人签名或盖章,并注明时间。

（四）侦查实验

侦查实验，是指为了确定与案件有关的某一特定行为或者事件在某种情况下能否发生，而按当时的情况和条件，将该行为或者事件加以重演或者进行试验的一种侦查活动。侦查实验并不是侦查每个刑事案件必须进行的程序，只有在必要时才进行。侦查实验是审查犯罪嫌疑人供述和辩解、证人证言、被害人陈述等是否客观真实的有效方法，可以为侦查人员判明案情、认定案件事实提供可靠的依据。根据《刑事诉讼法》第133条、最高检《规则》第216—218条、公安部《规则》第216条等规定，侦查实验应当遵守下列程序：

（1）侦查实验应当经县级以上公安机关负责人或者检察长批准。

（2）侦查实验应当由侦查人员负责进行，并应当邀请见证人在场；在必要的时候，可以聘请有关专业人员参加，也可以要求犯罪嫌疑人、被害人、证人参加。

（3）侦查实验既可以在现场勘验过程中进行，也可以单独进行。

（4）侦查实验的条件应与原来的条件相同或相似，并且尽可能对同一情况重复实验，以保证侦查实验的科学性和准确性。

（5）进行侦查实验，应禁止一切足以造成危险、侮辱人格或者有伤风化的行为。

（6）侦查实验，应当制作笔录，记明侦查实验的条件、经过和结果，由参加侦查实验的人员签名。必要时可以对侦查实验录音、录像。

（五）搜查

搜查，是指侦查人员对犯罪嫌疑人以及可能隐藏罪犯或者犯罪证据的人的身体、物品、住处和其他有关的地方进行搜索检查的一种侦查活动，其目的是收集犯罪证据、查获犯罪人。我国《刑事诉讼法》第134—138条、最高检《规则》第219—230条、公安部《规定》第217—221条对搜查的程序作了严格的规定，主要内容如下：

（1）搜查必须经检察长或者县级以上公安机关负责人批准，并签发搜查证；

（2）执行搜查的侦查人员不得少于2人。侦查人员进行搜查，既可以在勘验、检查时进行，也可以在执行逮捕、拘留时进行，还可以单独进行。

（3）进行搜查，应当向被搜查人或者他的家属出示搜查证。但是，在执行逮捕、拘留的时候，遇有紧急情况，不另用搜查证也可以进行搜查。①

（4）进行搜查时，应当有被搜查人或者他的家属、邻居或者其他见证人在场。侦查机关可以要求有关单位和个人交出可以证明犯罪嫌疑人有罪或者无罪的物证、书证、视听资料等证据。遇到阻碍搜查的，侦查人员可以强制搜查。

（5）搜查妇女的身体，应当由女工作人员进行。

（6）搜查的情况应当写成笔录，由侦查人员和被搜查人或者他的家属，邻居或者其他见证人签名或者盖章。如果被搜查人或者他的家属在逃或者拒绝签名、盖章，应当在笔录上注明。

---

① 根据最高检《规则》第224条和公安部《规定》第219条的规定，紧急情况包括：(1)可能随身携带凶器的；(2)可能隐藏爆炸、剧毒等危险物品的；(3)可能隐匿、毁弃、转移犯罪证据的；(4)可能隐匿其他犯罪嫌疑人的；(5)其他紧急情况。

(六) 查封、扣押物证、书证

查封、扣押物证、书证,是指侦查机关依法强行封存、扣留和提存与案件有关的物品、文件的一种侦查活动。"查封"的对象是"不动产","扣押"的对象是"动产"。在侦查过程中,侦查机关依法查封、扣押与案件有关的物品、文件,可以保全和获取物证、书证,防止其被损毁、隐匿。根据我国《刑事诉讼法》第139—141条、最高检《规则》第236条、公安部《规定》第225条等的规定,查封、扣押物证、书证的程序和要求有:

(1) 查封、扣押的范围。除了危险品、违禁品一律查封、扣押外,侦查机关只能查封、扣押能够证明犯罪嫌疑人有罪或者无罪的财物、文件,与案件无关的财物、文件,不得查封、扣押。

(2) 批准程序。人民检察院需要查封、扣押物证、书证的,必须经检察长批准。公安机关需要扣押财物、文件的,应当经办案部门负责人批准;在现场勘查或者搜查中需要扣押财物、文件的,由现场指挥人员决定;但扣押财物、文件价值较高或者可能严重影响正常生产经营的,应当经县级以上公安机关负责人批准。

(3) 出示决定书。执行查封、扣押的侦查人员不得少于二人,并出示查封、扣押决定书。

(4) 扣押邮件、电报。侦查人员认为需要扣押犯罪嫌疑人的邮件、电报的时候,经公安机关或者人民检察院批准,即可通知邮电机关将有关的邮件、电报检交扣押。

(5) 开列清单。查封、扣押的财物、文件,应当会同在场见证人和被查封、扣押财物、文件持有人查点清楚,当场开列清单,由侦查人员、见证人和持有人签名或者盖章。持有人拒绝签名、盖章或者不在场的,应当在清单上记明。①

依法扣押文物、金银、珠宝、名贵字画等贵重财物的,应当拍照或者录像,并及时鉴定、估价。

(6) 制作笔录。查封、扣押的情况应当制作笔录,由侦查人员、持有人和见证人签名。对于无法确定持有人或者持有人拒绝签名的,侦查人员应当在笔录中注明。

(7) 保管、封存。对查封、扣押的财物、文件,要妥善保管或者封存,不得使用、调换或者损毁。

(8) 退还无关物品。对查封、扣押的财物、文件、邮件、电报,经查明确实与案件无关的,应当在3日以内解除查封、扣押,予以退还。

(七) 查询、冻结存款、汇款、债券、股票、基金份额等财产

查询、冻结存款、汇款、债券、股票、基金份额等财产,是指侦查机关根据侦查犯罪的需要而依法向银行或者其他金融机构、证券公司、邮电机关或企业查询犯罪嫌疑人的存款、汇款、债券、股票、基金份额等财产,在必要时予以冻结的一种侦查活动。

---

① 最高检《规则》第236条规定,对于查封、扣押的财物和文件,检察人员应当会同在场见证人和被查封、扣押物品持有人查点清楚,当场开列查封、扣押清单一式四份,一份交给文件、资料和其他物品持有人,一份交被查封、扣押文件、资料和其他物品保管人,一份附卷,一份保存。公安部《规定》第225条规定,对查封、扣押的财物和文件,应当当场开列查封、扣押清单一式三份,一份交给持有人,一份交给公安机关保管人员,一份附卷备查。

根据《刑事诉讼法》第142条、第143条,六部门《规定》第36条、第37条,最高检《规则》第241—246条,公安部《规定》第231—238条的规定,查询、冻结存款、汇款、债券、股票、基金份额等财产必须严格遵守下列程序:

(1) 制作通知书。人民检察院查询、冻结犯罪嫌疑人的存款、汇款、债券、股票、基金份额等财产,应当经检察长批准,制作查询、冻结财产通知书,通知银行或者其他金融机构、邮电部门执行。公安机关向金融机构等单位查询、冻结犯罪嫌疑人的存款、汇款、债券、股票、基金份额等财产,应当经县级以上公安机关负责人批准,制作协助查询财产通知书、协助冻结财产通知,通知金融机构等单位执行。

(2) 不得重复冻结。犯罪嫌疑人的存款、汇款、债券、股票、基金份额等财产已被冻结的,不得重复冻结,但可以轮候冻结。

(3) 冻结期限。冻结存款、汇款等财产的期限为6个月。冻结债券、股票、基金份额等证券的期限为2年。有特殊原因需要延长期限的,公安机关应当在冻结期限届满前办理继续冻结手续。每次续冻存款、汇款等财产的期限最长不得超过6个月;每次续冻债券、股票、基金份额等证券的期限最长不得超过2年。继续冻结的,应当按照规定重新办理冻结手续。逾期不办理继续冻结手续的,视为自动解除冻结。

(4) 侦查机关不得扣划。人民检察院、公安机关不能扣划存款、汇款、债券、股票、基金份额等财产。对于犯罪嫌疑人、被告人死亡,依照刑法规定应当追缴其违法所得及其他涉案财产的,适用《刑事诉讼法》第五编第三章规定的程序,由人民检察院向人民法院提出没收违法所得的申请。

(5) 告知申请出售权。对冻结的债券、股票、基金份额等财产,应当告知当事人或者其法定代理人、委托代理人有权申请出售。权利人书面申请出售被冻结的债券、股票、基金份额等财产,不损害国家利益、被害人、其他权利人利益,不影响诉讼正常进行的,以及扣押、冻结的汇票、本票、支票的有效期即将届满的,可以在判决生效前依法出售或者变现,所得价款由扣押、冻结机关保管,并及时告知当事人或者其近亲属。

(6) 解除冻结。对冻结的存款、汇款、债券、股票、基金份额等财产,经查明确实与案件无关的,应当在3日以内通知金融机构等单位解除冻结,并通知被冻结存款、汇款、债券、股票、基金份额等财产的所有人。

(八) 鉴定

鉴定,是指公安机关、人民检察院等指派或者聘请具有专门知识的人,就案件中某些专门性问题进行鉴别、判断,并出具鉴定意见的一种侦查活动。

根据我国《刑事诉讼法》第144—146条、最高检《规则》第247—254条、公安部《规定》第242—247条,以及人大常委会《司法鉴定管理决定》的相关规定,鉴定应当遵守下列程序和要求:

(1) 批准程序。在侦查过程中,人民检察院需要鉴定的,须经检察长批准,由人民检察院技术部门有鉴定资格的人员进行。必要的时候,也可以聘请其他有鉴定资格的人员进行,但是应当征得鉴定人所在单位的同意。公安机关需要鉴定的,应当指派、聘请有专门知识的人进行鉴定;需要聘请有专门知识的人进行鉴定,应当经县级以上公安机关负责人批准后,制作鉴定聘请书。

(2) 检材提供和鉴定问题。人民检察院和公安机关应当为鉴定人进行鉴定提供必要条件,及时向鉴定人送交有关检材和对比样本等原始材料,介绍与鉴定有关的情况,并明确提出要求鉴定解决的问题,但是不得暗示或者强迫鉴定人作出某种鉴定意见。

(3) 出具鉴定意见。鉴定人应当按照鉴定规则,运用科学方法独立进行鉴定。鉴定后,应当出具鉴定意见,并在鉴定意见书上签名,同时附上鉴定机构和鉴定人的资质证明或者其他证明文件。多人参加鉴定,鉴定人有不同意见的,应当注明。

(4) 审查鉴定意见。对于鉴定意见,人民检察院和公安机关的侦查人员应当进行审查,必要的时候,可以提出补充鉴定或者重新鉴定的意见,经检察长或者县级以上公安机关负责人批准后,进行补充鉴定或者重新鉴定。

(5) 告知。用作证据的鉴定意见,人民检察院和公安机关的侦查人员应当告知犯罪嫌疑人、被害人;被害人死亡或者没有诉讼行为能力的,应当告知其法定代理人、近亲属或诉讼代理人。犯罪嫌疑人、被害人或被害人的法定代理人、近亲属、诉讼代理人提出申请,经检察长和县级以上公安机关负责人批准,可以补充鉴定或者重新鉴定。其中,重新鉴定的,侦查机关应当另行指派或者聘请鉴定人。

(九) 辨认

辨认,是指在侦查人员的主持下,由被害人、犯罪嫌疑人或者证人对与犯罪有关的物品、文件、尸体、场所或者犯罪嫌疑人进行辨别和判断的一种侦查行为。

我国《刑事诉讼法》没有对辨认作出规定,但最高检《规则》和公安部《规定》对辨认程序作了明确规定,主要内容如下:

(1) 辨认应当在侦查人员的主持下进行,主持辨认的侦查人员不得少于2人。

(2) 辨认前,应当向辨认人详细询问被辨认对象的具体特征,避免辨认人见到被辨认对象,并应当告知辨认人有意作虚假辨认应负的法律责任。

(3) 为保证辨认的客观性和合法性,侦查人员应当聘请见证人参加辨认活动。

(4) 几名辨认人对同一辨认对象进行辨认时,应当由辨认人个别进行。

(5) 辨认时,应当将辨认对象混杂在其他对象中,不得给辨认人任何暗示。[①]

(6) 对犯罪嫌疑人的辨认,辨认人不愿公开进行时,可以在不暴露辨认人的情况下进行,并应当为其保守秘密。

(7) 对辨认经过和结果,应当制作辨认笔录,由侦查人员、辨认人、见证人签名。对辨认对象应当拍照,必要时应当对辨认过程进行录音或者录像。

[①] 最高检《规则》规定,辨认犯罪嫌疑人、被害人时,辨认的人数为5—10人,照片5—10张。辨认物品时,同类物品不得少于5件,照片不得少于5张。公安部《规定》规定,辨认犯罪嫌疑人时,被辨认的人数不得少于7人;对犯罪嫌疑人照片进行辨认的,不得少于10人的照片;辨认物品时,混杂的同类物品不得少于5件;对场所、尸体等特定辨认对象进行辨认,或者辨认人能够准确描述物品独有特征的,陪衬物不受数量的限制。

(十) 通缉

通缉,是指经公安机关或者人民检察院决定并由公安机关发布通缉令,公安系统通力合作,采取有效措施,将应当逮捕而在逃的犯罪嫌疑人追捕归案的一种侦查活动。

我国《刑事诉讼法》第153条、人民检察院《规则》第268—273条、公安部《规定》第265—273条,对通缉的具体程序作了如下规定:

(1) 通缉的对象。包括两类人:一是应当逮捕而在逃的犯罪嫌疑人;二是越狱逃跑的犯罪嫌疑人、被告人或者罪犯。

(2) 决定通缉。公安机关和人民检察院在侦查过程中,需要通缉应当逮捕而在逃的犯罪嫌疑人时,在自己的辖区内都可以直接决定通缉;超出自己的辖区必须报有权决定的上级公安机关或者上级人民检察院决定。

(3) 制作通缉令。通缉令由公安机关制作,通缉令中应当尽可能写明被通缉人的姓名、别名、曾用名、绰号、性别、年龄、民族、籍贯、出生地、户籍所在地、居住地、职业、身份证号码、衣着和体貌特征、口音、行为习惯,并附被通缉人近期照片,可以附指纹及其他物证的照片。除了必须保密的事项以外,应当写明发案的时间、地点和简要案情;发布通缉令的机关、时间,并加盖公章。

(4) 发布通缉令。通缉令由公安机关发布,人民检察院决定通缉的,应当将通缉通知书和通缉对象的照片、身份、特征、案情简况送达公安机关,由公安机关发布通缉令。县级以上公安机关在自己管辖的地区内,可以直接发布通缉令;超出自己管辖的地区,应当报请有权决定的上级公安机关发布。通缉令的发送范围,由签发通缉令的公安机关负责人决定。同时,为发现重大犯罪线索,追缴涉案财物、证据,查获犯罪嫌疑人,必要时,经县级以上公安机关负责人批准,可以发布悬赏通告。悬赏通告应当写明悬赏对象的基本情况和赏金的具体数额。通缉令、悬赏通告应当广泛张贴,并可以通过广播、电视、报刊、计算机网络等方式发布。

(5) 补发通报。通缉令发出后,如果发现新的重要情况可以补发通报。通报必须注明原通缉令的编号和日期。

(6) 布置查缉。公安机关接到通缉令后,应当及时布置查缉。抓获犯罪嫌疑人后,报经县级以上公安机关负责人批准,凭通缉令或者相关法律文书羁押,并通知通缉令发布机关进行核实,办理交接手续。需要对犯罪嫌疑人在口岸采取边控措施的,应当按照有关规定制作边控对象通知书,经县级以上公安机关负责人审核后,层报省级公安机关批准,办理全国范围内的边控措施。需要限制犯罪嫌疑人人身自由的,应当附有关法律文书。紧急情况下,需要采取边控措施的,县级以上公安机关可以出具公函,先向当地边防检查站交控,但应当在7日以内按照规定程序办理全国范围内的边控措施。

(7) 撤销通缉令。经核实,犯罪嫌疑人已经自动投案、被击毙或者被抓获,以及发现有其他不需要采取通缉、边控、悬赏通告的情形的,发布机关应当在原通缉、通知、通告范围内,撤销通缉令、边控通知、悬赏通告。

二、特殊侦查措施

特殊侦查措施，是相对于"一般侦查措施"而言的，是指只适用于某些特殊类型的案件而具有高度的秘密性、技术性的侦查措施。特殊侦查措施是发现和扩大案件线索的重要方法，也是获取关键证据的重要手段，其采用能够迅速及时地收集证据、查获犯罪分子、震慑犯罪，有效打击危害国家安全犯罪、恐怖活动犯罪、黑社会性质的组织犯罪、毒品犯罪、贪污贿赂犯罪以及利用职权实施的侵犯公民人身权利的犯罪等越来越智能化、隐蔽化的犯罪，从而维护国家安全、社会利益，保护公民的人身权利。我国《刑事诉讼法》第二编第二章第八节，对特殊侦查措施作了明确规定，具体包括技术侦查、秘密侦查和控制下交付三种。

（一）技术侦查

技术侦查，是指侦查机关根据侦查犯罪的需要，在经过严格的批准手续后，运用科学技术及专门技术设备收集证据、查明犯罪事实和查获犯罪分子的一种特殊侦查措施，包括记录监控、行踪监控、通信监控、场所监控等措施。

根据我国《刑事诉讼法》第148—150条、最高检《规则》第263—267条、公安部《规定》第254—261条的规定，技术侦查应当符合以下程序和要求：

（1）技术侦查的主体。在我国，只有公安机关、人民检察院等侦查机关有权采取技术侦查措施，其他任何机关、团体和个人均无权采取技术侦查措施。

（2）技术侦查的适用范围。《刑事诉讼法》第148条第1款规定，公安机关在立案后，对于危害国家安全犯罪、恐怖活动犯罪、黑社会性质的组织犯罪、重大毒品犯罪或者其他严重危害社会的犯罪案件，根据侦查犯罪的需要，经过严格的批准手续，可以采取技术侦查措施。①《刑事诉讼法》第148条第2款规定，人民检察院在立案后，对于重大的贪污、贿赂犯罪案件以及利用职权实施的严重侵犯公民人身权利的重大犯罪案件，根据侦查犯罪的需要，经过严格的批准手续，可以采取技术侦查措施，按照规定交有关机关执行。②

此外，根据《刑事诉讼法》第148条第3款的规定，对于追捕被通缉或者批准、决定逮捕的在逃的犯罪嫌疑人、被告人，经过批准，可以采取追捕所必需的技术侦查措施。这一规定表明，追捕在逃犯罪嫌疑人、被告人时，可以不受上述案件范围的限制而采用技术侦

---

① 公安部《规定》第254条进一步明确规定了公安机关采取技术侦查的案件范围：（1）危害国家安全犯罪、恐怖活动犯罪、黑社会性质的组织犯罪、重大毒品犯罪案件；（2）故意杀人、故意伤害致人重伤或者死亡、强奸、抢劫、绑架、放火、爆炸、投放危险物质等严重暴力犯罪案件；（3）集团性、系列性、跨区域性重大犯罪案件；（4）利用电信、计算机网络、寄递渠道等实施的重大犯罪案件，以及针对计算机网络实施的重大犯罪案件；（5）其他严重危害社会的犯罪案件，依法可能判处7年以上有期徒刑的。

② 最高检《规则》第263条进一步明确规定了人民检察院技术侦查案件的范围：（1）人民检察院在立案后，对于涉案数额在10万元以上，采取其他方法难以收集证据的重大贪污、贿赂犯罪案件以及利用职权实施的严重侵犯公民人身权利的重大犯罪案件，经过严格的批准手续，可以采取技术侦查措施，交有关机关执行。（2）贪污、贿赂犯罪包括刑法分则第八章规定的贪污罪、受贿罪、单位受贿罪、行贿罪、对单位行贿罪、介绍贿赂罪、单位行贿罪、利用影响力受贿罪。（3）利用职权实施的严重侵犯公民人身权利的重大犯罪案件包括有重大社会影响的、造成严重后果的或者情节特别严重的非法拘禁、非法搜查、刑讯逼供、暴力取证、虐待被监管人、报复陷害等案件。

查方法。

（3）技术侦查的批准程序。公安机关、人民检察院采取技术侦查措施，必须经过严格的批准手续。但是，我国《刑事诉讼法》没有规定具体的审批程序。最高检《规则》也没有规定人民检察院采取技术侦查的具体审批程序。公安部《规定》第256条第1款规定，公安机关需要采取技术侦查措施的，应当制作呈请采取技术侦查措施报告书，报设区的市一级以上公安机关负责人批准，制作采取技术侦查措施决定书。

（4）技术侦查的期限。《刑事诉讼法》第149条规定，技术侦查的期限为3个月，自批准决定签发之日计算。对于不需要继续采取技术侦查措施的，应当及时解除；对于复杂、疑难案件，期限届满仍有必要继续采取技术侦查措施的，经过批准，有效期可以延长，每次不得超过3个月。

（5）技术侦查措施的执行。

根据我国《刑事诉讼法》第148条、最高检《规则》第263条及公安部《规定》第255条、第256条2款的规定，公安机关的技术侦查措施由设区的市一级以上公安机关负责技术侦查的部门执行；人民检察院如果决定采取技术侦查措施，自己不能执行，只能交设区的市一级以上公安机关负责技术侦查的部门执行。

技术侦查措施的适用对象是犯罪嫌疑人、被告人以及与犯罪活动直接关联的人员。执行技术侦查措施，必须严格按照批准的措施种类、适用对象和期限执行。公安机关依法执行技术侦查措施，有关单位和个人应当配合，并对有关情况予以保密。

（6）技术侦查措施材料的保密和运用。根据我国《刑事诉讼法》第150条第2款、第3款的规定，侦查人员对采取技术侦查措施过程中知悉的国家秘密、商业秘密和个人隐私，应当保密；对采取技术侦查措施获取的与案件无关的材料，必须及时销毁；采取技术侦查措施获取的材料，只能用于对犯罪的侦查、起诉和审判，不得用于其他用途。

（二）秘密侦查

秘密侦查，是指公安机关基于侦查的必要性，经县级以上公安机关负责人决定，指派侦查人员或者公安机关指定的其他人员隐瞒身份进行的侦查活动，主要形式有卧底侦查、化装侦查和诱惑侦查。

根据我国《刑事诉讼法》第151条第1款、公安部《规定》第262条第2款的规定，秘密侦查应当符合以下要求和程序：

（1）采取秘密侦查措施只能是基于查明刑事案件案情的需要，而不能用于查明案情以外的目的。

（2）采取秘密侦查措施必须是基于侦查的必要性。换言之，在没有其他更好的替代性措施的情况下，才能采取秘密侦查措施；如果使用其他侦查措施可以实现同样的侦查目的，则不应采取秘密侦查措施。

（3）采取秘密侦查措施必须经公安机关负责人决定，并指派有关人员实施。这里的"有关人员"主要是指侦查人员，即在公安机关从事侦查工作的刑事警察。当然，基于侦查工作的需要，公安机关有时也会指派其他人员实施秘密侦查行为。这时，该人员属于侦查机关的代理人,其行为视同侦查人员的行为。

(4) 进行秘密侦查不得诱使他人犯罪,不得采用可能危害公共安全或者发生重大人身危险的方法。所谓"诱使他人犯罪",是指对方没有犯罪意图,侦查人员诱惑而使其产生犯罪意图并实施犯罪行为。同时,只要秘密侦查存在危害公共安全或者发生重大人身危险的可能性,就不得采用。因为,侦查的目的是打击犯罪和保护社会公共利益而不是制造犯罪和危害社会。

(三) 控制下交付

"控制下交付",是指侦查机关对涉及给付毒品等违禁品或者财物的犯罪活动,为查明参与该项犯罪的人员和犯罪事实,在保密的前提下对有关人员进行严密监视、控制,按照犯罪分子事先计划或者约定的方向、路线、地点和方式,顺其自然,将毒品等违禁品或者财物"交付"给最终接货人的侦查活动。"控制下交付"是国际上常用并且行之有效的侦破毒品等违禁品案件的侦查手段。

根据我国《刑事诉讼法》第151条第2款、公安部《规定》第263条的规定,控制下交付应当遵守以下程序和要求:

(1) 控制下交付只能由公安机关依照规定实施,并且必须经县级以上公安机关负责人决定。

(2) 控制下交付只适用于涉及给付毒品等违禁品或者财物的犯罪活动。在实践中,除了毒品犯罪案件外,还包括非法买卖枪支、弹药、贩毒、走私、出售或购买假币、倒卖文物等犯罪案件。对于不涉及给付毒品等违禁品或者财物的犯罪案件,公安机关不得实施控制下交付措施。

(四) 特殊侦查措施取得的相关材料的使用规则

根据我国《刑事诉讼法》第152条、公安部《规定》第264条的规定,采取特殊侦查措施收集的材料在刑事诉讼中可以作为证据使用。如果使用该证据可能危及有关人员的人身安全,或者可能产生其他严重后果的,应当采取不暴露有关人员身份、技术方法等保护措施,必要的时候,可以由审判人员在庭外对证据进行核实。

第三节 侦查终结

一、侦查终结的概念和情形

侦查终结,是指刑事案件立案后,侦查机关通过一系列的侦查活动,认为案件事实已经查清,证据确实、充分,足以认定犯罪嫌疑人是否犯罪和应否对其追究刑事责任而决定结束侦查,依法对案件作出处理或者提出处理意见的一项诉讼活动。

根据我国《刑事诉讼法》第160条、第161条、公安部《规定》第183条的规定,公安机关侦查终结的案件的处理结果有两种情况:(1) 写出起诉意见书,移送人民检察院审查决定;(2) 撤销案件。根据最高检《规则》第286条和第290条的规定,人民检察院自侦部门侦查终结的案件的处理结果有三种情况:(1) 制作起诉意见书并移送审查起诉部门审查;(2) 制作不起诉意见书并移送审查起诉部门审查;(3) 提出撤销案件意见并报请检察长或检察委员会决定。

本节只介绍公安机关侦查终结的案件,人民检察侦查终结的案件将在本章第四节介绍。

二、侦查终结的工作内容

根据《刑事诉讼法》和公安部《规定》的有关规定,侦查终结应当进行以下几项工作:

(1) 制作结案报告。侦查终结的案件,侦查人员应当制作结案报告,其内容包括:① 犯罪嫌疑人的基本情况,即姓名、年龄、籍贯、文化程度、住址、有无前科等;② 是否采取了强制措施及其理由;③ 案件的事实和证据;④ 法律依据和处理意见。

(2) 侦查终结案件的处理。侦查终结案件的处理,由县级以上侦查机关负责人批准;重大、复杂、疑难的案件应当经过集体讨论决定。其中,具备起诉条件的,应当移送人民检察院审查起诉;发现不应对犯罪嫌疑人追究刑事责任的,应当撤销案件。

(3) 案卷材料的整理和立卷。侦查终结后,侦查人员应当将全部案卷材料加以整理,按要求装订立卷。向人民检察院移送案件时,只移送诉讼卷,侦查卷由侦查机关存档备查。

三、移送审查起诉的条件和程序

(一) 移送审查起诉的条件

根据我国《刑事诉讼法》第160条的规定,公安机关侦查终结移送人民检察院审查起诉的案件,应当具备以下条件:

(1) 犯罪事实清楚。犯罪嫌疑人、犯罪的时间和地点、犯罪的动机和目的、犯罪手段和结果等情节都已查清,并且没有遗漏罪行和其他应当追究刑事责任的人。如果是共同犯罪,各个犯罪嫌疑人在共同犯罪中的地位和作用也必须查清。

(2) 证据确实、充分。证据确实、充分,应当符合三项条件:第一,定罪量刑的事实都有证据证明;第二,证据均查证属实;第三,综合全案证据,对所认定事实已排除合理怀疑。

(3) 罪名认定准确。即根据已经查明的案件事实和证据对犯罪嫌疑人涉嫌犯罪的性质和罪名作出正确判断。

(4) 应当追究刑事责任。根据已查明的事实和《刑法》规定,只有对犯罪嫌疑人应当追究刑事责任的,侦查机关才能作出移送人民检察院审查起诉的决定。

(5) 法律手续完备。指采用各种侦查行为的法律手续必须严格按照法律规定的要求整理齐全并归档,若发现有法律手续不完备或者不合要求的,要采取适当措施予以补救。

(二) 移送审查起诉的程序

对于符合上述条件的案件,侦查机关应当制作起诉意见书。其中,共同犯罪案件的起诉意见书,应当写明每个犯罪嫌疑人在共同犯罪中的地位、作用、具体罪责和认罪态度,并分别提出处理意见。被害人提出附带民事诉讼的,应当记录在案;移送审查起诉时,应当在起诉意见书末页注明。

在案件侦查终结前,辩护律师提出要求的,侦查机关应当听取辩护律师的意见,并记录在案;辩护律师提出书面意见的,应当附卷。

起诉意见书经县级以上公安机关负责人批准后,应连同全部案卷材料、证据,以及辩护律师提出的意见,一并移送同级人民检察院审查决定。

对查封、扣押的犯罪嫌疑人的财物及其孳息、文件或者冻结的财产,作为证据使用的,应当随案移送清单一式两份,一份留存,一份交人民检察院;对于实物不宜移送的,应当将其清单、照片或者其他证明文件随案移送。

公安机关在移送起诉时,应当将案件移送情况告知犯罪嫌疑人及其辩护律师。

四、撤销案件和终止对嫌疑人侦查的情形和程序

（一）撤销案件的情形

根据《刑事诉讼法》第 161 条、公安部《规定》第 183 条第 1 款的规定,公安机关撤销案件的情形是,发现具备《刑事诉讼法》第 15 条规定的六种情形之一,不应当追究刑事责任。

（二）终止对嫌疑人侦查的情形

根据公安部《规定》第 183 条第 2 款的规定,公安机关侦查的案件还存在对犯罪嫌疑人终止侦查的情形,即对于经过侦查,发现有犯罪事实需要追究刑事责任,但不是被立案侦查的犯罪嫌疑人实施的,或者共同犯罪案件中部分犯罪嫌疑人不够刑事处罚的,应当对有关犯罪嫌疑人终止侦查,并对该案件继续侦查。

（三）撤销案件和终止对嫌疑人侦查的程序

需要撤销案件或者对犯罪嫌疑人终止侦查的,办案部门应当制作撤销案件或者对犯罪嫌疑人终止侦查报告书,报县级以上公安机关负责人批准。公安机关决定撤销案件或者对犯罪嫌疑人终止侦查时,原犯罪嫌疑人在押的,应当立即释放,发给释放证明书。原犯罪嫌疑人被逮捕的,应当通知原批准逮捕的人民检察院。对原犯罪嫌疑人采取其他强制措施的,应当立即解除强制措施;需要行政处理的,依法予以处理或者移交有关部门。

公安机关撤销案件以后又发现新的事实或者证据,认为有犯罪事实需要追究刑事责任的,应当重新立案侦查。对于犯罪嫌疑人终止侦查后又发现新的事实或者证据,认为有犯罪事实需要追究刑事责任的,应当继续侦查。

五、侦查羁押期限

我国《刑事诉讼法》没有规定侦查期限,只设定了侦查羁押期限。因此,如果犯罪嫌疑人没有被羁押,则不存在侦查羁押期限的计算问题。

根据我国《刑事诉讼法》第 154 条规定,对犯罪嫌疑人逮捕后的侦查羁押期限不得超过 2 个月。

但考虑到刑事侦查工作的复杂性,我国《刑事诉讼法》第154—157条又对侦查羁押期限规定了可以延长的情形,包括一般延长和特别的延长。

（一）一般延长

根据我国《刑事诉讼法》第154条、第156条、第157条的规定,在符合法定条件时,侦查羁押期限一般情况下可以延长三次:(1)第一次延长。我国《刑事诉讼法》第154条规定,对于案情复杂、期限届满不能终结的案件,可以经上一级人民检察院批准延长1个月。第一次延长后,侦查羁押期限可以累计到3个月。(2)第二次延长。我国《刑事诉讼法》第156条规定,下列案件在《刑事诉讼法》第154条规定的期限届满不能侦查终结的,经省、自治区、直辖市人民检察院批准或者决定,可以延长2个月:① 交通十分不便的边远地区的重大复杂案件;② 重大的犯罪集团案件;③ 流窜作案的重大复杂案件;④ 犯罪涉及面广,取证困难的重大复杂案件。第二次延长后,侦查羁押期限可以累计到5个月。(3)第三次延长。我国《刑事诉讼法》第157条规定,对犯罪嫌疑人可能判处10年有期徒刑以上刑罚,依照《刑事诉讼法》第156条规定延长期限届满,仍不能侦查终结的,经省、自治区、直辖市人民检察院批准或者决定,可以再延长2个月。因此,第三次延长后,侦查羁押期限可以累计到7个月。

公安机关需要延长侦查羁押期限的,应当在侦查羁押期限届满7日前,向同级人民检察院移送延长侦查羁押期限意见书,写明案件的主要案情和延长侦查羁押期限的具体理由。受理案件的人民检察院侦查监督部门对延长侦查羁押期限的意见审查后,应当提出是否同意延长侦查羁押期限的意见,报检察长决定后,将侦查机关延长侦查羁押期限的意见和本院的审查意见层报有决定权的人民检察院审查决定。有决定权的人民检察院应当在侦查羁押期限届满前作出是否批准延长侦查羁押期限的决定,并交由受理案件的人民检察院侦查监督部门送达公安机关。

（二）特别延长

我国《刑事诉讼法》第155条规定,因为特殊原因,在较长时间内不宜交付审判的特别重大复杂的案件,由最高人民检察院报请全国人民代表大会常务委员会批准延期审理。

此外,有关侦查羁押期间的重新计算和免算问题,在本教材第十章中有专门介绍。

第四节 人民检察院对直接受理的案件的侦查

一、人民检察院行使侦查权的特别规定

人民检察院对直接受理的案件的侦查,是指人民检察院对自己直接受理的案件,依法进行的专门调查工作和有关的强制性措施。根据我国《刑事诉讼法》第162条的规定,人民检察院对直接受理的案件的侦查适用有关公安机关侦查的规定。因此,人民检察院对直接受理的案件的侦查程序与公安机关的侦查程序基本相同。当然,在侦查中采取强制措施等,人民检察院对直接受理的案件的侦查程序与公安机关的侦查程序略有差别,相关

内容请参见本书强制措施一章的相关论述。

二、人民检察院对侦查终结案件的处理及程序

根据最高检《规则》第286条和第290条的规定,人民检察院自侦部门侦查终结的案件的处理结果有三种情况:(1)制作起诉意见书并移送审查起诉部门审查;(2)制作不起诉意见书并移送审查起诉部门审查;(3)提出撤销案件意见并报请检察长或检察委员会决定。

(一)制作起诉意见书并移送审查起诉部门审查

人民检察院经过侦查,认为犯罪事实清楚,证据确实、充分,依法应当追究刑事责任的案件,应当写出侦查终结报告,并且制作起诉意见书。起诉意见书由侦查部门负责人审核,检察长批准。提出起诉意见,侦查部门应当将起诉意见书,查封、扣押、冻结的犯罪嫌疑人的财物及其孳息、文件清单以及对查封、扣押、冻结的涉案款物的处理意见和其他案卷材料,一并移送本院公诉部门审查。国家或者集体财产遭受损失的,在提出提起公诉意见的同时,可以提出提起附带民事诉讼的意见。

(二)制作不起诉意见书并移送审查起诉部门审查

人民检察院经过侦查,对于犯罪情节轻微,依照刑法规定不需要判处刑罚或者免除刑罚的案件,应当写出侦查终结报告,并且制作不起诉意见书。不起诉意见书由侦查部门负责人审核,检察长批准。提出不起诉意见的,侦查部门应当将不起诉意见书,查封、扣押、冻结的犯罪嫌疑人的财物及其孳息、文件清单以及对查封、扣押、冻结的涉案款物的处理意见和其他案卷材料,一并移送本院公诉部门审查。

(三)提出撤销案件意见并报请检察长或检察委员会决定

人民检察院在侦查过程中或者侦查终结后,发现具有下列情形之一的,侦查部门应当制作拟撤销案件意见书,报请检察长或者检察委员会决定:(1)具有《刑事诉讼法》第15条规定情形之一的;(2)没有犯罪事实的,或者依照刑法规定不负刑事责任或者不是犯罪的;(3)虽有犯罪事实,但不是犯罪嫌疑人所为的。对于共同犯罪的案件,如有符合上述情形的犯罪嫌疑人,应当撤销对该犯罪嫌疑人的立案。

检察长或者检察委员会决定撤销案件的,侦查部门应当将撤销案件意见书连同本案全部案卷材料,在法定期限届满7日前报上一级人民检察院审查;重大、复杂案件在法定期限届满10日前报上一级人民检察院审查。对于共同犯罪案件,应当将处理同案犯罪嫌疑人的有关法律文书以及案件事实、证据材料复印件等,一并报送上一级人民检察院。上一级人民检察院侦查部门应当对案件事实、证据和适用法律进行全面审查,必要时可以讯问犯罪嫌疑人。

上一级人民检察院侦查部门经审查后,应当提出是否同意撤销案件的意见,报请检察长或者检察委员会决定。上一级人民检察院同意撤销案件的,下级人民检察院应当作出撤销案件决定,并制作撤销案件决定书。上一级人民检察院不同意撤销案件的,下级人民检察院应当执行上一级人民检察院的决定。

第五节 补充侦查

补充侦查,是指公安机关或者人民检察院依照法定程序,在原有侦查工作的基础上,就案件的部分事实、情节继续进行侦查的诉讼活动。补充侦查本质上是原有侦查工作的继续,仍属于侦查程序的范畴,但并不是每一个刑事案件必须经过的程序。我国《刑事诉讼法》第 88 条、第 171 条、第 198 条第 2 项规定了三种补充侦查,即审查逮捕阶段的补充侦查、审查起诉阶段的补充侦查和法庭审理阶段的补充侦查。

一、审查逮捕阶段的补充侦查

我国《刑事诉讼法》第 88 条规定:"人民检察院对于公安机关提请批准逮捕的案件进行审查后,应当根据情况分别作出批准逮捕或者不批准逮捕的决定。对于批准逮捕的决定,公安机关应当立即执行,并且将执行情况及时通知人民检察院。对于不批准逮捕的,人民检察院应当说明理由,需要补充侦查的,应当同时通知公安机关。"因此,审查逮捕阶段的补充侦查,人民检察必须首先作出不批准逮捕的决定;作出不批准逮捕的决定后,如果案件需要补充侦查,应当通知公安机关,由公安机关补充侦查,办理审查逮捕案件的侦查监督部门不自行侦查。

二、审查起诉阶段的补充侦查

根据我国《刑事诉讼法》第 171 条第 3 款,最高检《规则》第 380 条、第 381 条的规定,人民检察院审查起诉部门无论是对公安机关移送审查起诉的案件还是对本院侦查部门移送审查起诉的案件审查后,认为犯罪事实不清、证据不足或者遗漏罪行、遗漏同案犯罪嫌疑人等情形需要补充侦查的,应当向原侦查机关(部门)提出补充侦查的书面意见,连同案卷材料一并退回原侦查机关(部门)补充侦查;必要时也可以自行侦查,可以要求原侦查机关(部门)予以协助。

退回原侦查机关(部门)补充侦查以 2 次为限,每次 1 个月;如果案件改变管辖,改变管辖前后退回补充侦查的次数总共不得超过二次。如果是人民检察院审查起诉部门自行补充侦查的,必须在审查起诉期限内侦查完毕。

经过补充侦查,应当分别情形作出如下处理:(1) 退回补充侦查完毕移送人民检察院后,人民检察院重新计算审查起诉期限;(2) 对于补充侦查的案件,人民检察院仍然认为证据不足,不符合起诉条件的,可以作出不起诉的决定。但是,对于二次补充侦查的案件,人民检察院仍然认为证据不足,不符合起诉条件的,应当作出不起诉的决定;(3) 人民检察院对已经退回侦查机关二次补充侦查的案件,在审查起诉中又发现新的犯罪事实的,应当移送侦查机关立案侦查;对已经查清的犯罪事实,应当依法提起公诉。

三、法庭审理阶段的补充侦查

最高法《解释》第 223 条第 1 款规定:"审判期间,公诉人发现案件需要补充侦查,建议延期审理的,合议庭应当同意,但建议延期审理不得超过两次。"第 226 条第 2 款规定:"审判期间,被告人提出新的立功线索的,人民法院可以建议人民检察院补充侦查。"这两款规定了法庭审理阶段补充侦查的两种形式。

根据最高检《规则》第 457 条的规定,在审判过程中,对于需要补充侦查的,人民检察院应当自行进行侦查,必要时可以要求侦查机关提供协助。

根据最高检《规则》第 456 条第 2 款的规定,公诉人在法庭审理过程中建议延期审理的次数不得超过两次,每次不得超过一个月。

根据最高检《规则》第 456 条第 1 款和最高法《解释》第 223 条第 3 款的规定,法庭审理阶段补充侦查的案件,人民检察院应当在补充侦查的期限内提请人民法院恢复法庭审理或者撤回起诉。人民检察院提请恢复法庭审理的,人民法院重新计算审理期限。补充侦查期限届满后,经法庭通知,人民检察院未将案件移送人民法院,且未说明原因的,人民法院可以决定按人民检察院撤诉处理。

第六节 侦查监督

一、侦查监督的概念

侦查监督,是指人民检察院依法对侦查机关和侦查人员的侦查活动是否合法进行的监督。人民检察院是国家的法律监督机关,我国《刑事诉讼法》第 8 条规定:"人民检察院依法对刑事诉讼实行法律监督。"通过侦查监督,可以纠正侦查机关的违法侦查行为,保障侦查活动依法进行,从而保护诉讼参与人特别是犯罪嫌疑人的合法权利,保证刑事案件得到正确处理。

二、侦查监督的内容

侦查监督的内容,是指需要人民检察院通过履行侦查监督职能予以发现和纠正的侦查机关和侦查人员在侦查活动中的违法行为。根据最高检《规则》第 565 条的规定,人民检察院对侦查活动实行监督主要发现和纠正以下违法行为:(1) 采用刑讯逼供以及其他非法方法收集犯罪嫌疑人供述的;(2) 采用暴力、威胁等非法方法收集证人证言、被害人陈述,或者以暴力、威胁等方法阻止证人作证或者指使他人作伪证的;(3) 伪造、隐匿、销毁、调换、私自涂改证据,或者帮助当事人毁灭、伪造证据的;(4) 徇私舞弊,放纵、包庇犯罪分子的;(5) 故意制造冤、假、错案的;(6) 在侦查活动中利用职务之便谋取非法利益的;(7) 非法拘禁他人或者以其他方法非法剥夺他人人身自由的;(8) 非法搜查他人身体、住宅,或者非法侵入他人住宅的;(9) 非法采取技术侦查措施的;(10) 在侦查过程中不应当撤案而撤案的;(11) 对与案件无关的财物采取查封、扣押、冻结措施,或者应当解除查封、扣押、冻结不解除的;(12) 贪污、挪用、私分、调换、违反规定使用查封、扣押、冻结的财物及其孳息的;(13) 应当退还取保候审保证金不退还的;(14) 违反刑事诉讼法关于决定、执行、变更、撤销强制措施规定的;(15) 侦查人员应当回避而不回避的;(16) 应当依法告知犯罪嫌疑人诉讼权利而不告知,影响犯罪嫌疑人行使诉讼权利的;(17) 阻碍当事人、辩护人、诉讼代理人依法行使诉讼权利的;(18) 讯问犯罪嫌疑人依法应当录音或者录像而没有录音或者录像的;(19) 对犯罪嫌疑人拘留、逮捕、指定居所监视居住后依法应当通知家属而未通知的;(20) 在侦查中有其他违反刑事诉讼法有关规定的行为的。

三、对违法侦查行为的处理

根据我国《刑事诉讼法》第54条、第55条,最高检《规则》第566—573条等的规定,人民检察院如果发现侦查机关的侦查活动有违法情况,可以分别作出以下几种处理:

(一) 口头通知纠正

人民检察院发现公安机关侦查活动中的违法行为,对于情节较轻的,可以由检察人员以口头方式向侦查人员或者公安机关负责人提出纠正意见,并及时向本部门负责人汇报;必要的时候,由部门负责人提出。

(二) 书面通知纠正

对于情节较重的违法情形,应当报请检察长批准后,向公安机关发出纠正违法通知书。人民检察院发出纠正违法通知书的,应当根据公安机关的回复,监督落实情况;没有回复的,应当督促公安机关回复。人民检察院提出的纠正意见不被接受,公安机关要求复查的,应当在收到公安机关的书面意见后7日以内进行复查。经过复查,认为纠正违法意见正确的,应当及时向上一级人民检察院报告;认为纠正违法意见错误的,应当及时撤销。

上一级人民检察院经审查,认为下级人民检察院的纠正意见正确的,应当及时通知同级公安机关督促下级公安机关纠正;认为下级人民检察院的纠正意见不正确的,应当书面通知下级人民检察院予以撤销,下级人民检察院应当执行,并及时向公安机关及有关侦查人员说明情况。同时,将调查结果及时回复申诉人、控告人。

(三) 排除非法证据

根据《刑事诉讼法》第54条、第55条的规定,人民检察院接到报案、控告、举报或者发现侦查人员以非法方法收集证据的,应当进行调查核实。对于确有以非法方法收集证据情形的,应当提出纠正意见;构成犯罪的,依法追究刑事责任。在审查起诉时发现侦查机关收集的证据有应当排除的,应当依法予以排除,不得作为起诉决定的依据。

(四) 依法追究刑事责任

人民检察院侦查监督部门、公诉部门发现侦查人员在侦查活动中的违法行为情节严重,构成犯罪的,应当移送本院侦查部门审查,并报告检察长。侦查部门审查后应当提出是否立案侦查的意见,报请检察长决定。对于不属于本院管辖的,应当移送有管辖权的人民检察院或者其他机关处理。

四、对自侦案件中违法行为的监督

人民检察院侦查监督部门或者公诉部门对本院侦查部门侦查活动中的违法行为,应当根据情节分别处理。情节较轻的,可以直接向侦查部门提出纠正意见;情节较重或者需要追究刑事责任的,应当报请检察长决定。

思考题:

1. 什么是侦查?侦查有哪些特征?
2. 讯问犯罪嫌疑人和询问证人、被害人的地点有哪些?讯问特殊的犯罪嫌疑人和特殊的证人、被害人有哪些特别规定?
3. 如何制作讯问犯罪嫌疑人和询问证人、被害人笔录?
4. 哪些案件讯问犯罪嫌疑人需要录音或者录像?
5. 检查人身要遵守哪些规则?
6. 侦查实验的程序和要求哪些?
7. 搜查的程序有哪些?
8. 查询、冻结存款、汇款、债券、股票、基金份额等财产的程序有哪些?
9. 鉴定人要具备哪些条件?
10. 什么是特殊侦查措施?特殊侦查措施包括哪些?
11. 哪些案件可以采取技术侦查措施?
12. 我国《刑事诉讼法》对技术侦查措施材料的保密和运用有哪些规定?
13. 秘密侦查的要求和程序有哪些?
14. 哪些机关有权决定通缉?哪个机关有权发布通缉令?
15. 移送审查起诉的条件是什么?撤销案件的情形有哪些?
16. 侦查羁押期限是多久?如何计算侦查羁押期限?
17. 补充侦查有几种?
18. 审查起诉阶段补充侦查的形式有哪些?可以有几次?补充侦查后如何处理?
19. 法庭审理阶段的补充侦查提起形式有哪些?补充侦查的主体是谁?
20. 对侦查违法行为的处理有哪几种?

第十三章 起 诉

第一节 概 述

一、起诉的概念

刑事起诉,是指享有控诉权的国家机关或者公民个人,依照法律规定向有管辖权的法院提出控告,要求该法院对被指控的被告人进行审判并予以刑事制裁的一种诉讼活动。

二、起诉的种类及相互关系

按照行使起诉权的主体不同,刑事起诉分为公诉和自诉两种。公诉是指由国家设立的专门机关代表国家向法院提出诉讼请求,要求法院通过审判追究被告人刑事责任的一种诉讼活动。自诉是指由刑事被害人或者其法定代理人、近亲属等以个人名义向法院提出诉讼请求,要求追究被告人刑事责任的诉讼活动。我国实行公诉和自诉相结合的制度。根据《刑事诉讼法》的规定,我国公诉和自诉的关系是:公诉为主、自诉为辅;公诉和自诉在一定条件下可以互相转化,公诉可以转化为自诉,特定情况下自诉也可以转化成公诉。

公诉制度有起诉法定主义和起诉便宜主义之分。凡是认为有足够的证据证明确有犯罪事实,且具备起诉条件,公诉机关必须起诉的,称为起诉法定主义。起诉便宜主义,又称起诉裁量主义,是指检察官对于存有足够的犯罪嫌疑,并且具备起诉条件的案件,可以酌情决定是否起诉的原则。我国的公诉制度以起诉法定主义为主,兼采起诉便宜主义。

三、起诉的任务和意义

起诉的任务是:通过享有起诉权的专门机关或者个人依据事实和法律向有管辖权的法院提出诉讼请求,并提供相关证据证明,从而追究被告人刑事责任。起诉的意义有以下三点:

(1) 启动审判程序。"控审分离"原则是现代刑事诉讼的一项基本原则,即审判以起诉为前提和基础,没有起诉,法院就不能审判。

(2) 起诉的内容,决定着审判的范围。从效力上看,起诉限制法院对案件的审判范围。法院审判范围受起诉范围的制约,即法院不得审判未经起诉的被告人和未经起诉的犯罪,必须保持审判对象与起诉对象的同一性。

(3) 履行控诉职能。现代诉讼有控诉、辩护、审判三大职能,起诉是控诉职能的履行方式。

第二节 审查起诉

一、审查起诉的概念和意义

审查起诉,是指人民检察院对侦查机关或者本院侦查部门侦查终结需要提起公诉的案件依法进行审查,以决定是否对犯罪嫌疑人提起公诉的诉讼活动。其内容包括:对移送起诉案件的受理;对案件的实体问题和程序问题进行全面审查,监督侦查机关或者侦查部门的侦查活动,纠正违法侦查行为;通过审查依法作出起诉或不起诉决定等。

我国《刑事诉讼法》第167条规定:"凡需要提起公诉的案件,一律由人民检察院审查决定。"这一规定表明,一方面,提起公诉的决定权只能由人民检察院行使,其他任何机关、团体、组织或个人都无权行使此项权力;另一方面,侦查终结的案件,决定提起公诉之前,必须经过人民检察院审查起诉部门审查。

审查起诉的意义有三个方面:

(1) 通过审查起诉,对犯罪事实清楚,证据确实、充分,依法应当追究刑事责任的犯罪嫌疑人提起公诉,交付审判,惩罚犯罪。

(2) 审查起诉作为连接侦查与审判程序的纽带,是刑事诉讼的"第二道工序",对侦查活动进行质量检验和把关,监督侦查活动是否合法,发现侦查活动的问题,弥补侦查工作的不足,纠正侦查活动的错误,督促侦查机关和侦查部门依法办案。

(3) 通过审查起诉,保证追诉活动的公正性和准确性,防止将无罪的人、不负刑事责任的人、依法不应追究刑事责任的人以及指控犯罪证据不足的人交付审判,维护公民的合法权益,节约司法资源,提高诉讼效率。

二、审查的内容

依据我国《刑事诉讼法》第168条和最高检《规则》第363条的规定,人民检察院审查起诉,应当全面进行,既包括实体问题,又包括程序问题,主要内容如下:

(1) 犯罪嫌疑人身份状况是否清楚,包括姓名、性别、国籍、出生年月日、职业和单位等;单位犯罪的,单位的相关情况是否清楚。

(2) 犯罪事实、情节是否清楚;实施犯罪的时间、地点、手段、犯罪事实、危害后果是否明确。

(3) 认定犯罪性质和罪名的意见是否正确;有无法定的从重、从轻、减轻或者免除处罚的情节及酌定从重、从轻情节;共同犯罪案件的犯罪嫌疑人在犯罪活动中的责任的认定是否恰当。

(4) 证明犯罪事实的证据材料包括采取技术侦查措施的决定书及证据材料是否随案移送;证明相关财产系违法所得的证据材料是否随案移送;不宜移送的证据的清单、复制件、照片或者其他证明文件是否随案移送。

(5) 证据是否确实、充分,是否依法收集,有无应当排除非法证据的情形。

(6) 侦查的各种法律手续和诉讼文书是否完备。

(7) 有无遗漏罪行和其他应当追究刑事责任的人。

(8) 是否属于不应当追究刑事责任的。

(9) 有无附带民事诉讼;对于国家财产、集体财产遭受损失的,是否需要由人民检察院提起附带民事诉讼。

(10) 采取的强制措施是否适当,对于已经逮捕的犯罪嫌疑人,有无继续羁押的必要。

(11) 侦查活动是否合法。

(12) 涉案款物是否查封、扣押、冻结并妥善保管,清单是否齐备;对被害人合法财产的返还和对违禁品或者不宜长期保存的物品的处理是否妥当,移送的证明文件是否完备。

三、审查起诉的步骤和方法

根据我国《刑事诉讼法》第170条、第171条和最高检《规则》第364—371条的规定,人民检察院对移送起诉案件审查的基本方法是:

(1) 审阅案卷材料。对起诉意见书以及全部案卷材料和证据进行全面审查。审阅案卷材料是办案人员接到案卷后的第一步工作,是查清事实、核实证据材料的基础。办案人员,必须认真按照《刑事诉讼法》第168条和最高检《规则》第363条的规定进行审阅,并制作阅卷笔录。

(2) 讯问犯罪嫌疑人。人民检察院审查案件,应当讯问犯罪嫌疑人。因此,讯问犯罪嫌疑人是审查起诉的必经程序。最高检《规则》第364条第1款还专门规定:"人民检察院审查案件,应当讯问犯罪嫌疑人……并制作笔录附卷。"

(3) 听取被害人意见。人民检察院审查案件,应当听取被害人意见。办案人员直接听取被害人的意见有两个方面的作用:一是通过询问被害人进一步查清案件事实,核实其他证据;二是听取被害人关于案件处理的意见以及对惩罚犯罪的要求,告知被害人有权就因犯罪行为遭受的物质损害提起附带民事诉讼。

(4) 听取辩护人和诉讼代理人的意见。人民检察院审查案件,应当听取辩护人、被害人及其诉讼代理人的意见,并记录在案。辩护人、被害人及其诉讼代理人提出书面意见的,应当附卷。因此,听取辩护人、诉讼代理人的意见是人民检察院审查案件的必经程序。一般情况下,人民检察院办案人员应当直接听取辩护人、被害人及其诉讼代理人的意见。但是,根据最高检《规则》第365条的规定,如果直接听取辩护人、被害人及其诉讼代理人的意见有困难的,可以通知辩护人、被害人及其诉讼代理人提出书面意见,在指定期限内未提出意见的,应当记录在案。

(5) 补充侦查。根据《刑事诉讼法》第171条第2款、最高检《规则》第380条和第381条的规定,补充侦查并不是审查起诉的必经程序。人民检察院认为犯罪事实不清、证据不足或者遗漏罪行、遗漏同案犯罪嫌疑人等情形需要补充侦查的,才启动补充侦查程序。对于退回补充侦查的案件,人民检察院应当提出具体的书面意见,连同案卷材料一并退回公安机关补充侦查；人民检察院也可以自行侦查，必要时可以要求公安机关提供协助。

（6）复验、复查。根据最高检《规则》第369条的规定，人民检察院审查案件的时候，对公安机关的勘验、检查，认为需要复验、复查的，应当要求公安机关复验、复查，人民检察院可以派员参加；也可以自行复验、复查，商请公安机关派员参加，必要时也可以聘请专门技术人员参加。

（7）要求鉴定或者自行进行鉴定。人民检察院在审查起诉过程中，认为需要对案件中某些专门性问题进行鉴定而侦查机关没有鉴定的，应当要求侦查机关进行鉴定；必要时也可以由人民检察院进行鉴定或者由人民检察院送交有鉴定资格的人进行。人民检察院自行进行鉴定的，可以商请侦查机关派员参加，必要时可以聘请有鉴定资格的人参加。

人民检察院在审查起诉中，发现犯罪嫌疑人可能患有精神病的，人民检察院应当依照有关规定对犯罪嫌疑人进行鉴定。犯罪嫌疑人的辩护人或者近亲属以犯罪嫌疑人可能患有精神病而申请对犯罪嫌疑人进行鉴定的，人民检察院也可以依照有关规定对犯罪嫌疑人进行鉴定，但鉴定费用由申请方承担。

（8）补充鉴定或者重新鉴定。人民检察院对鉴定意见有疑问的，可以询问鉴定人并制作笔录附卷，也可以指派检察技术人员或者聘请有鉴定资格的人对案件中的某些专门性问题进行补充鉴定或者重新鉴定。

（9）要求提供材料。在审查起诉过程中，人民检察院可以要求公安机关提供庭审所必需的证据材料，认为存在以非法方法收集证据情形的，可以要求其对证据的合法性作出说明。

（10）核实证据。人民检察院对物证、书证、视听资料、电子数据及勘验、检查、辨认、侦查实验等笔录存在疑问的，可以要求侦查人员提供获取、制作的有关情况。必要时也可以询问提供物证、书证、视听资料、电子数据及勘验、检查、辨认、侦查实验等笔录的人员和见证人并制作笔录附卷，对物证、书证、视听资料、电子数据进行技术鉴定。

人民检察院对证人证言笔录存在疑问或者认为对证人的询问不具体或者有遗漏的，可以对证人进行询问并制作笔录附卷。

四、审查起诉的期限

根据我国《刑事诉讼法》第169条、第171条第3款、最高检《规则》第382条第3款的规定，人民检察院对于移送起诉的案件，应当在1个月以内作出决定，重大、复杂的案件，可以延长半个月。改变管辖的，从改变后的人民检察院收到案件之日起计算审查起诉期限。对于退回补充侦查的案件，补充侦查完毕移送人民检察院后，人民检察院重新计算审查起诉期限。

五、审查后的处理

根据我国《刑事诉讼法》第172条、第173条第1款和第2款、第171条第4款及最高检《规则》第376条的规定,人民检察院审查起诉的处理有作出起诉决定和作出不起诉决定两种情况。

办案人员对案件进行审查后,应当制作案件审查报告,提出起诉或者不起诉以及是否需要提起附带民事诉讼的意见,经公诉部门负责人审核,报请检察长或者检察委员会决定。办案人员认为应当向人民法院提出量刑建议的,可以在审查报告或者量刑建议书中提出量刑的意见,一并报请决定。

第三节 提起公诉

一、提起公诉的概念和条件

提起公诉,是指人民检察院代表国家,对公安机关侦查终结移送起诉的案件和本院自行侦查终结的案件,经过全面审查,认为犯罪事实已经查清,证据确实、充分,依法应当追究刑事责任时,向人民法院提起诉讼,要求对被告人进行审判的诉讼活动。提起公诉是人民检察院的专有职权,人民检察院提起公诉后,犯罪嫌疑人的诉讼地位转变为被告人。根据我国《刑事诉讼法》第172条的规定,人民检察院提起公诉应当同时符合下列条件:

(1) 犯罪嫌疑人的犯罪事实已经查清,证据确实、充分。犯罪嫌疑人的犯罪事实已经查清,证据确实、充分,是提起公诉的基本条件。根据最高检《规则》第390条第2款的规定,具有下列情形之一的,可以确认犯罪事实已经查清:(1) 属于单一罪行的案件,查清的事实足以定罪量刑或者与定罪量刑有关的事实已经查清,不影响定罪量刑的事实无法查清的;(2) 属于数个罪行的案件,部分罪行已经查清并符合起诉条件,其他罪行无法查清的;(3) 无法查清作案工具、赃物去向,但有其他证据足以对被告人定罪量刑的;(4) 证人证言、犯罪嫌疑人供述和辩解、被害人陈述的内容中主要情节一致,只有个别情节不一致且不影响定罪的。对于符合上述第2种情形的,应当以已经查清的罪行起诉。

(2) 依法应当对犯罪嫌疑人追究刑事责任。如果犯罪嫌疑人的行为具有我国《刑事诉讼法》第15条规定的六种情形之一,不应当追究刑事责任的,人民检察院不能作出提起公诉的决定。

(3) 属于受诉人民法院管辖。人民检察院作出起诉决定后,应当向有管辖权的人民法院提起公诉。人民法院系统内部对第一审案件有明确的管辖分工,起诉必须符合我国《刑事诉讼法》关于审判管辖的规定。

二、起诉书的制作和案件移送

人民检察院作出起诉决定后,应当制作起诉书。根据最高检《规则》第393条的规定,起诉书的主要内容包括:

(1) 首部。主要是制作该起诉书的人民检察院名称,及起诉书编号等。

(2) 被告人的基本情况。包括姓名、性别、出生年月日、出生地和户籍地、身份证号码、民族、文化程度、职业、工作单位及职务、住址,是否受过刑事处分及处分的种类和时间,采取强制措施的情况等;如果是单位犯罪,应当写明犯罪单位的名称和组织机构代码、所在地址、联系方式,法定代表人和诉讼代表人的姓名、职务、联系方式;如果还有应当负刑事责任的直接负责的主管人员或其他直接责任人员,应当按上述被告人基本情况的内容叙写。

被告人真实姓名、住址无法查清的,应当按其绰号或者自报的姓名、住址制作起诉书,并在起诉书中注明。被告人自报的姓名可能造成损害他人名誉、败坏道德风俗等不良影响的,可以对被告人编号并按编号制作起诉书,并附被告人的照片,记明足以确定被告人面貌、体格、指纹以及其他反映被告人特征的事项。

(3) 案由和案件来源。案由主要写明犯罪主体和认定的罪名,案件来源主要写明该案经何机关侦查终结移送本院审查起诉以及移送的时间。

(4) 案件事实。包括犯罪的时间、地点、经过、手段、动机、目的、危害后果等与定罪量刑有关的事实要素。起诉书叙述的指控犯罪事实的必备要素应当明晰、准确。被告人被控有多项犯罪事实的,应当逐一列举,对于犯罪手段相同的同一犯罪可以概括叙写。

(5) 起诉的根据和理由。包括被告人触犯的刑法条款、犯罪的性质及认定的罪名、处罚条款、法定从轻、减轻或者从重处罚的情节,共同犯罪各被告人应负的罪责等。

(6) 尾部。写明受理起诉的人民法院名称,本案承办人的法律职务和姓名,制作起诉书的年、月、日,并加盖人民检察院公章。

(7) 附项。写明被告人住址或羁押场所,证人名单及其住址或单位地址,鉴定人的住址或单位地址,随案移送案卷的册数、页数,随案移送的赃物、证物等。

根据最高检《规则》第394条的规定,人民检察院提起公诉的案件,应当向人民法院移送起诉书、案卷材料和证据。起诉书应当一式8份,每增加一名被告人增加起诉书5份。

三、公诉变更

公诉变更,是指检察机关对已经提起公诉的案件,因发现起诉书叙述的被告人身份、指控的犯罪事实、认定的证据、犯罪性质、所控罪名及法律适用等有错漏,而主动请求法院或应法院建议,在法院作出第一审判决之前,对指控进行实体或程序上的修改、补正、撤销,从而调整审判范围或者终结审判程序的诉讼活动。根据变更的具体内容不同,公诉变更可以分为撤回起诉、补充起诉、追加起诉和变更起诉。

(一) 撤回起诉

根据最高检《规则》第459条第1款规定,在人民法院宣告判决前,人民检察院发现具有下列情形之一的,可以撤回起诉:(1) 不存在犯罪事实的;(2) 犯罪事实并非被告人所为的;(3) 情节显著轻微、危害不大,不认为是犯罪的;(4) 证据不足或证据发生变化,不符合起诉条件的;(5) 被告人因未达到刑事责任年龄,不负刑事责任的;(6) 法律、司法解释发生变化,导致不应当追究被告人刑事责任的;(7) 其他不应当追究被告人刑事责任的。

根据最高法《解释》第242条的规定,宣告判决前,人民检察院要求撤回起诉的,人民法院应当审查撤回起诉的理由,作出是否准许的裁定。

案件一经撤回起诉便产生相应的效力,主要体现在两个方面:(1) 作出不起诉决定。对于撤回起诉的案件,人民检察院应当在撤回起诉后30日以内作出不起诉决定。需要重新侦查的,应当在作出不起诉决定后将案卷材料退回公安机关,建议公安机关重新侦查并书面说明理由。(2) 不得再行起诉。对于撤回起诉的案件,没有新的事实或者新的证据,人民检察院不得再行起诉。新的事实是指原起诉书中未指控的犯罪事实。该犯罪事实触犯的罪名既可以是原指控罪名的同一罪名,也可以是其他罪名。新的证据是指撤回起诉后收集、调取的足以证明原指控犯罪事实的证据。

(二) 变更起诉

根据最高检《规则》第458条的规定,在人民法院宣告判决前,人民检察院发现下列情形的,可以变更起诉:(1) 被告人的真实身份或者犯罪事实与起诉书中叙述的身份或者指控犯罪事实不符的;(2) 事实、证据没有变化,但罪名、适用法律与起诉书不一致的。

(三) 补充起诉、追加起诉

根据最高检《规则》第458条的规定,在人民法院宣告判决前,人民检察院发现遗漏同案犯罪嫌疑人或者罪行,并可以一并起诉和审理的,可以主动追加、补充起诉。

此外,根据最高法《解释》第243条的规定,审判期间,人民法院发现新的事实,可能影响定罪的,可以建议人民检察院补充或者变更起诉;人民检察院不同意或者在7日内未回复意见的,人民法院应当就起诉指控的犯罪事实,依法作出判决、裁定。

第四节 不 起 诉

一、不起诉的概念、种类及适用情形

不起诉,是指人民检察院对公安机关侦查终结移送起诉的案件和自行侦查终结的案件进行审查后,依法作出不将犯罪嫌疑人交付人民法院进行审判的一种处理决定。

我国《刑事诉讼法》第173条第1款、第2款及第171条第4款规定了三种不起诉,即法定不起诉、酌定不起诉、证据不足不起诉。

(一) 法定不起诉

法定不起诉又称绝对不起诉,是指在法律规定的某些情况下,人民检察院对公安机关侦查终结移送起诉的案件只能作出不起诉的决定,而不享有自由决定是否提起公诉的裁量权。

根据我国《刑事诉讼法》第173条第1款、最高检《规则》第401条的规定,对公安机关侦查终结移送起诉的案件作出法定不起诉决定包括两种情形:一是具有《刑事诉讼法》第15条规定的六种情形之一;二是犯罪嫌疑人没有犯罪事实。犯罪嫌疑人没有犯罪事实又包括两种情形:一是本案没有犯罪事实;二是本案虽有犯罪事实,但并非犯罪嫌疑人所

为。对于犯罪事实并非犯罪嫌疑人所为,需要重新侦查的,应当在作出不起诉决定后书面说明理由,将案卷材料退回公安机关并建议公安机关重新侦查。

根据最高检《规则》第402条的规定,公诉部门对于本院侦查部门移送审查起诉的案件,发现具有上述情形的,应当退回本院侦查部门,建议作出撤销案件的处理。也就是说,公诉部门对于本院侦查部门移送审查起诉的案件不能作出法定不起诉决定。

(二) 酌定不起诉

酌定不起诉又称相对不起诉,是指人民检察院通过行使自由裁量权对那些其认为不需要追究刑事责任的犯罪嫌疑人可以作出的不起诉决定。人民检察院只能对于犯罪情节轻微,依照《刑法》规定不需要判处刑罚或者免除刑罚的犯罪嫌疑人适用酌定不起诉。酌定不起诉是起诉便宜主义原则的体现,是人民检察院行使自由裁量权的结果。人民检察院根据犯罪嫌疑人的犯罪情节及案件的具体情况,通过酌定不起诉停止追究犯罪嫌疑人的刑事责任,在审查起诉阶段贯彻"宽严相济"的刑事司法政策,教育、挽救犯罪嫌疑人,节约诉讼资源。

人民检察院作出酌定不起诉决定,必须同时符合两个条件:一是犯罪嫌疑人的行为已经构成犯罪,应当负刑事责任;二是犯罪情节轻微,依照《刑法》规定不需要判处刑罚或者免除刑罚。依据《刑法》和《刑事诉讼法》的规定,酌定不起诉可以具体适用于下列情形:

(1) 犯罪嫌疑人在我国领域外犯罪,依照我国刑法应当负刑事责任,但在外国已经受过刑事处罚的(《刑法》第10条);

(2) 犯罪嫌疑人是又聋又哑的人,或者是盲人的(《刑法》第19条);

(3) 犯罪嫌疑人因正当防卫或紧急避险过当而犯罪的(《刑法》第20条、第21条);

(4) 为犯罪准备工具,制造条件的(《刑法》第22条);

(5) 在犯罪过程中自动中止犯罪或者自动有效防止犯罪结果发生,没有造成损害的(《刑法》第24条);

(6) 在共同犯罪中,起次要或辅助作用的(《刑法》第27条);

(7) 被胁迫参加犯罪的(《刑法》第28条);

(8) 犯罪嫌疑人自首或者有重大立功表现或者自首后又有重大立功表现的(《刑法》第67条、第68条);

(9) 双方当事人达成和解协议的,符合法律规定不起诉条件的(《刑事诉讼法》第279条)。

需要注意的是,人民检察院在确认犯罪嫌疑人具有上述情形之一后,还必须在犯罪情节轻微的前提条件下才能考虑适用酌定不起诉。也就是说,人民检察院要根据犯罪嫌疑人的年龄、犯罪目的和动机、犯罪手段、危害后果、悔罪表现以及被害人的意愿等进行综合考虑。

(三) 证据不足不起诉

证据不足不起诉又称存疑不起诉,是指在案件经过补充侦查之后,人民检察院仍然认为证据不足,不符合起诉条件的情况下所作出的不起诉决定。

根据我国《刑事诉讼法》第171条第4款和最高检《规则》第403条的规定，人民检察院作出证据不足不起诉决定，必须经过退回补充侦查程序。其中，对于经过一次退回补充侦查的案件，认为证据不足，不符合起诉条件，且没有退回补充侦查必要的，可以作出不起诉决定；对于二次退回补充侦查的案件，仍然认为证据不足，不符合起诉条件的，应当作出不起诉决定。

最高检《规则》第404条对于证据不足的情形进行了列举式规定，凡具有下列情形之一，不能确定犯罪嫌疑人构成犯罪和需要追究刑事责任的，属于证据不足，不符合起诉条件：(1) 犯罪构成要件事实缺乏必要的证据予以证明的；(2) 据以定罪的证据存在疑问，无法查证属实的；(3) 据以定罪的证据之间、证据与案件事实之间的矛盾不能合理排除的；(4) 根据证据得出的结论具有其他可能性，不能排除合理怀疑的；(5) 根据证据认定案件事实不符合逻辑和经验法则，得出的结论明显不符合常理的。

根据最高检《规则》第405条的规定，凡因证据不足而作出不起诉决定后，如果发现新的证据，符合起诉条件时，可以重新提起公诉。

二、不起诉的程序

（一）不起诉决定权的主体

根据最高检《规则》第401条第1款、第403条第1款、第406条、第407条的规定，人民检察院作出不起诉决定，必须经检察长或者检察委员会决定。省级以下人民检察院办理直接受理立案侦查的案件，拟作不起诉决定的，应当报请上一级人民检察院批准。

（二）不起诉决定书的制作

人民检察院决定不起诉的，应当制作不起诉决定书。不起诉决定书的主要内容包括：

(1) 被不起诉人的基本情况，包括姓名、性别、出生年月日、出生地和户籍地、民族、文化程度、职业、工作单位及职务、住址、身份证号码，是否受过刑事处分，采取强制措施的情况以及羁押处所等；如果是单位犯罪，应当写明犯罪单位的名称和组织机构代码、所在地址、联系方式，法定代表人和诉讼代表人的姓名、职务、联系方式；

(2) 案由和案件来源；

(3) 案件事实，包括否定或者指控被不起诉人构成犯罪的事实以及作为不起诉决定根据的事实；

(4) 不起诉的法律根据和理由，写明作出不起诉决定适用的法律条款；

(5) 查封、扣押、冻结的涉案款物的处理情况；

(6) 有关告知事项。

（三）不起诉决定书的宣布和送达

不起诉决定书，应当公开宣布，自公开宣布之日起生效。公开宣布活动应当记录在案。

不起诉决定书应当送达被害人或者其近亲属及其诉讼代理人、被不起诉人及其辩护人以及被不起诉人的所在单位。送达时，应当告知被害人或者其近亲属及其诉讼代理人，如果对不起诉决定不服,可以自收到不起诉决定书后7日以内向上一级人民检察院申诉,也可以不经申诉,直接向人民法院起诉;告知被不起诉人,如果对酌定不起诉决定不服,可以自收到不起诉决定书后7日以内向人民检察院申诉。对于公安机关移送起诉的案件,人民检察院决定不起诉的,应当将不起诉决定书送达公安机关。

三、不起诉的法律效力

根据"未经人民法院依法判决不得确定有罪"原则,三种不起诉在法律意义上都是无罪的,并且都将导致刑事诉讼程序的终结。因此,被不起诉人如果在押,应当立即释放;被采取其他强制措施的,应当通知执行机关解除。

此外,我国《刑事诉讼法》第173条第3款还规定,人民检察院决定不起诉的案件,应当同时对侦查中查封、扣押、冻结的财物解除查封、扣押、冻结。对被不起诉人需要给予行政处罚、行政处分或者需要没收其违法所得的,人民检察院应当提出检察意见,移送有关主管机关处理。有关主管机关应当将处理结果及时通知人民检察院。

四、对不起诉的制约和救济

(一)公安机关的制约

根据《刑事诉讼法》第175条、最高检《规则》第415条和第416条的规定,公安机关认为人民检察院不起诉的决定有错误的时候,可以要求复议,如果意见不被接受,可以向上一级人民检察院提请复核。

公安机关要求复议的,人民检察院公诉部门应当另行指定检察人员进行审查并提出审查意见,经公诉部门负责人审核,报请检察长或者检察委员会决定。人民检察院应当在收到要求复议意见书后的30日以内作出复议决定,通知公安机关。

上一级人民检察院收到公安机关对不起诉决定提请复核的意见书后,应当交由公诉部门办理。公诉部门指定检察人员进行审查并提出审查意见,经公诉部门负责人审核,报请检察长或者检察委员会决定。上一级人民检察院应当在收到提请复核意见书后的30日以内作出决定,制作复核决定书送交提请复核的公安机关和下级人民检察院。经复核改变下级人民检察院不起诉决定的,应当撤销或者变更下级人民检察院作出的不起诉决定,交由下级人民检察院执行。

(二)被害人的救济

根据《刑事诉讼法》第176条、最高检《规则》第417—420条的规定,被害人不服不起诉决定的救济途径是申诉和提起自诉。

被害人不服不起诉决定,可以自收到决定书后7日以内向上一级人民检察院申诉,请求提起公诉。人民检察院应当将复查决定告知被害人。对人民检察院维持不起诉决定的,被害人可以向人民法院起诉。被害人也可以不经申诉,直接向人民法院起诉。人民法院受理案件后,人民检察院应当将有关案件材料移送人民法院。

被害人提出申诉的,应当递交申诉书,写明申诉理由。被害人没有书写能力的,也可以口头提出申诉,人民检察院应当根据其口头提出的申诉制作笔录。

对于被害人同时向人民检察院申诉和向人民法院自诉的案件,采取自诉优先的原则,人民检察院应当终止复查,并将作出不起诉决定所依据的有关案件材料移送人民法院。

(三) 被不起诉人的救济

根据《刑事诉讼法》第177条和最高检《规则》第421条的规定,被不起诉人如果不服酌定不起诉决定,可以自收到决定书后7日以内向人民检察院申诉。人民检察院应当作出复查决定,通知被不起诉人,同时抄送公安机关。被不起诉人提出申诉,应当递交申诉书,写明申诉理由。被不起诉人没有书写能力的,也可以口头提出申诉,人民检察院应当根据其口头提出的申诉制作笔录。

被不起诉人在收到不起诉决定书后7日以内提出申诉的,应当由作出决定的人民检察院刑事申诉检察部门立案复查。被不起诉人在收到不起诉决定书7日后提出申诉的,由刑事申诉检察部门审查后决定是否立案复查。

人民检察院刑事申诉检察部门复查后应当提出复查意见,认为应当维持不起诉决定的,报请检察长作出复查决定;认为应当变更不起诉决定的,报请检察长或者检察委员会决定;认为应当撤销不起诉决定提起公诉的,报请检察长或者检察委员会决定。复查决定书中应当写明复查认定的事实,说明作出决定的理由。

复查决定书应当送达被不起诉人、被害人,撤销不起诉决定或者变更不起诉的事实或者法律根据的,应当同时将复查决定书抄送移送审查起诉的公安机关和本院有关部门。

人民检察院作出撤销不起诉决定提起公诉的复查决定后,应当将案件交由公诉部门提起公诉。

根据最高检《规则》第422条的规定,人民检察院复查不服不起诉决定的申诉,应当在立案3个月以内作出复查决定,案情复杂的,不得超过6个月。

第五节 提起自诉

一、自诉案件的概念和范围

自诉案件,是被害人或者其法定代理人、近亲属直接向人民法院起诉,要求追究被告人刑事责任,由人民法院受理的刑事案件。根据我国《刑事诉讼法》第204条、最高法《解释》第1条的规定,自诉案件包括以下三类:

第一,告诉才处理的案件。具体包括:(1) 侮辱、诽谤案(《刑法》第246条),但是严重危害社会秩序和国家利益的除外;(2) 暴力干涉婚姻自由案(《刑法》第257条第1款);(3) 虐待案(《刑法》第260条第1款);(4) 侵占案(《刑法》第270条)。

第二,被害人有证据证明的轻微刑事案件。具体包括:(1) 故意伤害案(《刑法》第234条第1款);(2) 非法侵入住宅案(《刑法》第245条);(3) 侵犯通信自由案(《刑法》第252条);(4) 重婚案(《刑法》第258条);(5) 遗弃案(《刑法》第261条);(6) 生产、销售伪劣商品案(《刑法》分则第三章第一节,但是严重危害社会秩序和国家利益的除外);(7)侵犯知识产权案(《刑法》分则第三章第七节,但是严重危害社会秩序和国家利益的除外);(8)属于《刑法》分则第四章、第五章规定的,对被告人可能判处3年有期徒刑以下刑罚的案件。

第三,公诉转自诉的案件。这类案件是指,被害人有证据证明对被告人侵犯自己人身、财产权利的行为应当依法追究刑事责任,且有证据证明曾经提出控告,而公安机关或者人民检察院不予追究被告人刑事责任的案件。

二、提起自诉的条件

根据最高法《解释》第259条的规定,自诉人提起自诉必须符合下列条件:

(1)案件属于我国《刑事诉讼法》第204条和最高法《解释》第1条规定的自诉案件范围。

(2)案件属于受诉人民法院管辖。

(3)被害人告诉。根据最高法《解释》第260条的规定,如果被害人死亡、丧失行为能力或者因受强制、威吓等无法告诉,或者是限制行为能力人以及因年老、患病、盲、聋、哑等不能亲自告诉,其法定代理人、近亲属告诉或者代为告诉的,人民法院应当依法受理。被害人的法定代理人、近亲属告诉或者代为告诉,应当提供与被害人关系的证明和被害人不能亲自告诉的原因的证明。

(4)有明确的被告人、具体的诉讼请求和证明被告人犯罪事实的证据。

(5)对于公诉转自诉案件,还应当提交曾经提出控告,而公安机关或者人民检察院不予追究被告人刑事责任的证据。

三、提起自诉的程序

根据最高法《解释》第262条的规定,自诉人提起自诉时,应当向人民法院提交刑事自诉状,对两名以上被告人提出告诉的,应当按照被告人的人数提供自诉状副本。自诉状应当包括以下内容:

(1)自诉人(代为告诉人)、被告人的姓名、性别、年龄、民族、出生地、文化程度、职业、工作单位、住址、联系方式;

(2)被告人实施犯罪的时间、地点、手段、情节和危害后果等;

(3)具体的诉讼请求;

(4)致送的人民法院和具状时间;

(5)证据的名称、来源等;

(6)证人的姓名、住址、联系方式等。

思考题：
1. 什么是自诉？什么是公诉？如何理解二者的关系？
2. 什么是起诉法定主义？什么是起诉便宜主义？
3. 审查起诉的必经步骤和方法有哪些？
4. 审查起诉的内容有哪些？
5. 提起公诉的条件是什么？
6. 什么是公诉变更？公诉变更有哪些情形？
7. 不起诉的种类有哪些？分别适用于何种情形？
8. 怎样理解不起诉的法律效力？
9. 不起诉的制约和救济有哪些方式？

第十四章 第一审程序

第一节 概 述

一、刑事审判的概念和刑事审判程序的种类

在我国,刑事审判是指人民法院在控辩双方及其他诉讼参与人的参加下,依照法定的权限和程序,对于依法向其提出诉讼请求的刑事案件进行审理和裁判的诉讼活动。审理主要是对案件的有关事实进行举证、调查、辩论;而裁判则是在审理的基础上,依法就案件的实体问题或某些程序问题作出公正的处理决定。审理是裁判的前提和基础,裁判是审理的目的和结果,二者构成一个辩证统一的整体。

刑事审判内容广泛,程序多样,按照不同的标准可作不同分类:按照审判的内容可划分为公诉案件的审判程序、自诉案件的审判程序以及附带民事诉讼的审判程序。按照诉讼的进程可分为第一审程序、第二审程序、死刑复核程序和审判监督程序。其中,死刑复核程序和审判监督程序是刑事案件在特殊情况下才可能经过的程序,因而也称之为特殊程序。在第一审程序内又可按程序的繁简分为普通程序和简易程序,简易程序是在普通程序上的简化。明确审判程序的分类有助于理解和把握不同程序的特点,便于司法操作。

二、第一审程序的概念和任务

第一审程序,是指人民法院对人民检察院提起公诉、自诉人提起自诉的案件进行初次审判时所必须遵循的步骤和方式、方法。第一审刑事案件,是指人民法院按照级别管辖的规定受理的公诉案件和自诉案件。审判第一审刑事案件的人民法院,称为第一审法院。

第一审刑事案件分为公诉案件和自诉案件,公诉案件是指由人民检察院向人民法院提起诉讼的案件;自诉案件是指由被害人或者其法定代理人、近亲属向人民法院起诉,由人民法院直接受理的案件。与此相应,第一审程序分为公诉案件的第一审程序和自诉案件的第一审程序。

此外,《刑事诉讼法》还根据案件本身的特点,对那些事实清楚、证据充分、被告人认罪且对适用简易程序没有异议的公诉或自诉案件的审判规定了简易程序。简易程序是在第一审普通程序基础上的简化,其目的在于提高诉讼效率,便于司法机关集中力量办理重大、疑难、复杂案件。

第一审程序的任务是,人民法院通过开庭审理,在公诉人、当事人及其他诉讼参与人等的参加下,客观、全面地审查证据,查明案件事实,并根据《刑法》规定,对被告人是否有罪、应否处刑以及处以何种刑罚,作出正确裁决,从而使犯罪分子受到应得的法律制裁,无罪的人不受刑事追究,并使到庭旁听的人受到法制教育。

三、第一审程序的意义

第一审程序是刑事诉讼的中心环节,具有十分重要的地位,主要意义有:第一,第一审程序要对案件的实体问题即被告人是否犯罪及其具体刑事责任作出裁决;第二,第一审程序是人民法院审判刑事案件的基本程序,其他审判程序如第二审程序、死刑复核程序、审判监督程序等都是在第一审程序的基础上进行的,因此,第一审程序的质量高低直接决定了整个刑事案件的质量;第三,第一审程序相对于其他审判程序来说,具有通则的性质,有关审判程序的一般性内容均在第一审程序中予以规定,其他审判程序中则只规定特别内容,因此,凡是在其他审判程序中没有特别规定的,都要参照第一审程序的规定进行。

第二节 公诉案件的第一审程序

公诉案件的第一审程序,是指人民法院对人民检察院提起公诉的案件进行第一次审判时所必须遵循的程序。

一、对公诉案件的审查

(一) 审查的概念和任务

对公诉案件的审查,是人民法院对人民检察院提起公诉的案件依法进行庭前审查,并决定是否开庭审判的一种诉讼活动。《刑事诉讼法》第181条规定,人民法院对提起公诉的案件进行审查后,对于起诉书中有明确的指控犯罪事实的,应当决定开庭审判。该规定表明,对公诉案件的审查是公诉案件正式进入第一审程序的必经环节。对公诉案件进行庭前审查的任务在于,通过审查解决案件是否符合开庭审判的条件,是否将被告人正式交付法庭审判的问题。

(二) 审查的内容和方法

根据《刑事诉讼法》第181条和最高法《解释》第180条的规定,对公诉案件的审查主要围绕是否具备开庭条件来进行。其具体内容包括:(1) 案件是否属于本院管辖;(2) 起诉书是否写明被告人的身份,是否受过或者正在接受刑事处罚,被采取强制措施的种类、羁押地点,犯罪的时间、地点、手段、后果以及其他可能影响定罪量刑的情节;(3) 是否移送证明指控犯罪事实的证据材料,包括采取技术侦查措施的批准决定和所收集的证据材料;(4) 是否查封、扣押、冻结被告人的违法所得或者其他涉案财物,并附证明相关财物依法应当追缴的证据材料;(5) 是否列明被害人的姓名、住址、联系方式;是否附有证人、鉴定人名单;是否申请法庭通知证人、鉴定人、有专门知识的人出庭,并列明有关人员的姓名、性别、年龄、职业、住址、联系方式;是否附有需要保护的证人、鉴定人、被害人名单;(6) 当事人已委托辩护人、诉讼代理人,或者已接受法律援助的,是否列明辩护人、诉讼代理人的姓名、住址、联系方式;(7)是否提起附带民事诉讼;提起附带民事诉讼的,是否列明附带民事诉讼当事人的姓名、住址、联系方式,是否附有相关证据材料;(8)侦查、审查起诉程序的各种法律手续和诉讼文书是否齐全;(9)有无《刑事诉讼法》第15条第2项至第6项规定的不追究刑事责任的情形。

人民法院在收到人民检察院的起诉书和案卷、证据后,即应指定审判人员审阅案卷材料、证据,并围绕上述内容逐项予以审查,判断是否具备了开庭审判的条件。从上述审查的内容可以看出,庭前审查重点在程序性审查而不是实体性审查,因此,庭前审查的方法也限于书面审查,既不能提审被告人,又不能进行询问证人、被害人和鉴定人以及勘验、检查、查封、扣押、鉴定、查询、冻结等方法调查核实证据。

对公诉案件是否受理,应当在7日内审查完毕。人民法院对提起公诉的案件进行审查的期限计入人民法院的审理期限。

(三) 审查后的处理

根据《刑事诉讼法》及最高法《解释》第181条、六部门《规定》第25条的规定,人民法院对公诉案件进行审查后,应当根据案件不同情况分别处理:

(1)决定开庭审判。对于起诉书中有明确的指控犯罪事实并且附有案卷材料、证据的,人民法院应当决定开庭审判。此外,对于曾根据《刑事诉讼法》第195条第3项规定宣告被告人无罪后,人民检察院根据新的事实、证据重新起诉的,以及对于被告人真实身份不明,但符合《刑事诉讼法》第158条第2款和第181条规定,人民检察院提起公诉的,人民法院均应当决定开庭审判。

(2)决定退回人民检察院。属于告诉才处理的案件,应当退回人民检察院,并告知被害人有权提起自诉;不属于本院管辖或者被告人不在案的,应当退回人民检察院;依照最高法《解释》第242条规定裁定准许撤诉的案件,没有新的事实、证据,重新起诉的,应当退回人民检察院。

(3)通知人民检察院补送材料。不符合最高法《解释》第180条第2项至第8项规定之一,需要补充材料的,应当通知人民检察院在3日内补送。

(4)裁定终止审理或者退回人民检察院。对于符合《刑事诉讼法》第15条第2项至第6项规定的情形的,应当裁定终止审理或者退回人民检察院。

二、开庭审判前的准备

根据《刑事诉讼法》第182条和最高法《解释》第182条的规定,人民法院决定对案件开庭审判后,为了保障法庭审判有序进行,应当在开庭审判前进行下列各项准备工作:

(1)确定审判长及合议庭组成人员。人民法院适用普通程序审理的案件,由院长或者庭长指定审判长并确定合议庭组成人员;适用简易程序审理的案件,由庭长指定审判员一人独任审理或者指定审判长并确定合议庭组成人员。合议庭的组成人员或独任庭的审判员确定后,即应着手进行开庭审判前的准备工作,拟出法庭审理提纲,庭审提纲一般包括下列内容:① 合议庭成员在庭审中的分工;② 起诉书指控的犯罪事实的重点和认定案件性质的要点;③ 讯问被告人时需了解的案情要点;④ 出庭的证人、鉴定人、有专门知识的人、侦查人员的名单;⑤ 控辩双方申请当庭出示的证据的目录;⑥ 庭审中可能出现的问题及应对措施。

(2) 将人民检察院的起诉书副本至迟在开庭 10 日以前送达被告人、辩护人。对于未委托辩护人的被告人,告知其可以委托辩护人为其辩护;对于符合《刑事诉讼法》第 34 条第 2、3 款规定的,即被告人是盲、聋、哑人,或者是尚未完全丧失辨认或者控制自己行为能力的精神病人,没有委托辩护人的,以及被告人可能被判处无期徒刑、死刑而没有委托辩护人的,人民法院应当通知法律援助机构指派律师为其提供辩护。同时,人民法院还要通知当事人、法定代理人、辩护人、诉讼代理人在开庭 5 日前提供证人、鉴定人名单,以及拟当庭出示的证据;申请证人、鉴定人、有专门知识的人出庭的,应当列明有关人员的姓名、性别、年龄、职业、住址、联系方式。

(3) 召开庭前会议。在开庭以前,审判人员可以召集公诉人、当事人和辩护人、诉讼代理人,对回避、出庭证人名单、非法证据排除等与审判相关的问题,了解情况,听取意见。依据最高法《解释》第 183 条的规定,案件具有下列情形之一的,审判人员可以召开庭前会议:① 当事人及其辩护人、诉讼代理人申请排除非法证据的;② 证据材料较多、案情重大复杂的;③ 社会影响重大的;④ 需召开庭前会议的其他情形。召开庭前会议,根据案件情况,可以通知被告人参加。

依据最高法《解释》第 184 条的规定,召开庭前会议,审判人员可以就下列问题向控辩双方了解情况,听取意见:① 是否对案件管辖有异议;② 是否申请有关人员回避;③ 是否申请调取在侦查、审查起诉期间公安机关、人民检察院收集但未随案移送的证明被告人无罪或者罪轻的证据材料;④ 是否提供新的证据;⑤ 是否对出庭证人、鉴定人、有专门知识的人的名单有异议;⑥ 是否申请排除非法证据;⑦ 是否申请不公开审理;⑧ 与审判相关的其他问题。

审判人员可以询问控辩双方对证据材料有无异议,对有异议的证据,应当在庭审时重点调查;无异议的,庭审时举证、质证可以简化。被害人或者其法定代理人、近亲属提起附带民事诉讼的,可以调解。庭前会议情况应当制作笔录。

(4) 将开庭的时间、地点在开庭 3 日以前通知人民检察院。人民法院审判公诉案件,人民检察院都应当派员出席法庭支持公诉。因此,将开庭的时间、地点在开庭 3 日以前通知人民检察院,有利于公诉人做好出庭准备工作。

(5) 将传唤当事人和通知辩护人、诉讼代理人、法定代理人、证人、鉴定人等的传票和通知书,至迟在开庭 3 日以前送达。通知有关人员出庭,也可以采取电话、短信、传真、电子邮件等能够确认对方收悉的方式。对于不满 18 周岁的未成年人犯罪的案件,应当通知被告人的法定代理人到庭,以便这些诉讼参与人有时间做好各自的出庭准备工作。

被害人、诉讼代理人经传唤或者通知未到庭,不影响开庭审理的,人民法院可以开庭审理。辩护人经通知未到庭,被告人同意的,人民法院可以开庭审理,但被告人属于应当提供法律援助情形的除外。

（6）公开审判的案件，在开庭3日前公布案由、被告人姓名、开庭时间和地点。

人民法院在开庭审判前进行的各项准备工作，都是依法进行的诉讼活动，具有法律效力。因而，上述工作情况应当记录在案。

三、法庭审判

法庭审判，是指人民法院的审判组织（合议庭或独任庭）通过开庭的方式，在公诉人、当事人和其他诉讼参与人的参加下，调查核实证据，查清案件事实，充分听取控辩双方对证据、案件事实和法律适用的意见，依法确定被告人的行为是否构成犯罪，应否受到刑事处罚以及给予何种处罚的诉讼活动。

依据《刑事诉讼法》的规定，法庭审判程序大致可分为开庭、法庭调查、法庭辩论、被告人最后陈述、评议和宣判五个阶段。

（一）开庭

开庭是正式进行法庭审判前的准备阶段。开庭前，人民法院书记员应当依次进行下列工作：（1）受审判长委托，查明公诉人、当事人、证人及其他诉讼参与人是否到庭；（2）宣读法庭规则；（3）请公诉人及相关诉讼参与人入庭；（4）请审判长、审判员（人民陪审员）入庭；（5）审判人员就座后，向审判长报告开庭前的准备工作已经就绪。

依据《刑事诉讼法》第185条和最高法《解释》第190—194条的规定，开庭的具体程序和内容包括：

（1）审判长宣布开庭，传被告人到庭后，应当查明被告人的下列情况：① 姓名、出生日期、民族、出生地、文化程度、职业、住址，或者被告单位的名称、住所地、诉讼代表人的姓名、职务；② 是否受过法律处分及处分的种类、时间；③ 是否被采取强制措施及强制措施的种类、时间；④ 收到起诉书副本的日期；有附带民事诉讼的，附带民事诉讼被告人收到附带民事起诉状的日期。被告人较多的，可以在开庭前查明上述情况，但开庭时审判长应当作出说明。

（2）审判长宣布案件的来源、起诉的案由、附带民事诉讼当事人的姓名及是否公开审理；不公开审理的，应当宣布理由。

（3）审判长宣布合议庭组成人员、书记员、公诉人名单及辩护人、鉴定人、翻译人员等诉讼参与人的名单。

（4）审判长应当告知当事人及其法定代理人、辩护人、诉讼代理人在法庭审理过程中依法享有下列诉讼权利：① 可以申请合议庭组成人员、书记员、公诉人、鉴定人和翻译人员回避；② 可以提出证据，申请通知新的证人到庭、调取新的证据，申请重新鉴定或者勘验、检查；③ 被告人可以自行辩护；④ 被告人可以在法庭辩论终结后作最后陈述。

（5）审判长应当询问当事人及其法定代理人、辩护人、诉讼代理人是否申请回避、申请何人回避和申请回避的理由。当事人及其法定代理人、辩护人、诉讼代理人申请回避的，依照有关回避的规定处理。同意或者驳回回避申请的决定及复议决定，由审判长宣布，并说明理由。必要时，也可以由院长到庭宣布。

(二) 法庭调查

法庭调查是在审判人员主持下,控辩双方和其他诉讼参与人的参加下,当庭对案件事实和证据进行审查、核实的诉讼活动。其任务是查明案件事实、核实证据。根据《刑事诉讼法》第186—192条及最高法《解释》第195—227条的规定,法庭调查的具体步骤和程序如下:

(1) 宣读起诉书。

审判长宣布法庭调查开始后,应当先由公诉人宣读起诉书;有附带民事诉讼的,再由附带民事诉讼原告人或者其法定代理人、诉讼代理人宣读附带民事起诉状。

(2) 被告人、被害人就起诉书指控的犯罪事实分别陈述。

公诉人宣读起诉书后,在审判长主持下,被告人、被害人可以就起诉书指控的犯罪事实分别陈述。被告人如果承认起诉书指控的犯罪事实,则应就自己的犯罪行为进行陈述;如果否认指控,应允许其陈述辩解意见。被告人陈述之后,应允许被害人根据起诉书对犯罪的指控陈述自己受害的经过。

(3) 讯问、发问被告人、被害人和附带民事诉讼原告人。

在审判长主持下,公诉人可以就起诉书指控的犯罪事实讯问被告人。经审判长准许,被害人及其法定代理人、诉讼代理人可以就公诉人讯问的犯罪事实补充发问;附带民事诉讼原告人及其法定代理人、诉讼代理人可以就附带民事部分的事实向被告人发问;被告人的法定代理人、辩护人,附带民事诉讼被告人及其法定代理人、诉讼代理人可以在控诉一方就某一问题讯问完毕后向被告人发问。此后,经审判长准许,控辩双方可以向被害人、附带民事诉讼原告人发问。

审判长在主持讯问、发问时,须注意以下几点:第一,起诉书指控的被告人的犯罪事实为两起以上的,法庭调查一般应当分别进行;第二,讯问同案审理的被告人,应当分别进行,必要时,可以传唤同案被告人等到庭对质;第三,审判人员可以讯问被告人,必要时,可以向被害人、附带民事诉讼当事人发问。

(4) 举证和质证。

举证和质证是法庭调查的重要环节。一般顺序是,先由公诉人进行举证并接受质证,然后由被告人及其辩护人进行举证并接受质证。

公诉人可以提请审判长通知证人、鉴定人出庭作证,或者出示证据。被害人及其法定代理人、诉讼代理人,附带民事诉讼原告人及其诉讼代理人也可以提出申请。在控诉一方举证后,被告人及其法定代理人、辩护人可以提请审判长通知证人、鉴定人出庭作证,或者出示证据。

控辩双方申请证人出庭作证,出示证据,应当说明证据的名称、来源和拟证明的事实。法庭认为有必要的,应当准许;对方提出异议,认为有关证据与案件无关或者明显重复、不必要,法庭经审查异议成立的,可以不予准许。

已经移送人民法院的证据,控辩双方需要出示的,可以向法庭提出申请。法庭同意的,应当指令值庭法警出示、播放;需要宣读的,由值庭法警交由申请人宣读。

① 询问证人、鉴定人。

根据《刑事诉讼法》第187条和最高法《解释》第205条的规定,公诉人、当事人或者辩护人、诉讼代理人对证人证言有异议,且该证人证言对案件定罪量刑有重大影响,人民法院认为证人有必要出庭作证的,证人应当出庭作证。人民警察就其执行职务时目击的犯罪情况作为证人出庭作证,适用前款规定。公诉人、当事人或者辩护人、诉讼代理人对鉴定意见有异议,人民法院认为鉴定人有必要出庭的,鉴定人应当出庭作证。法院无法通知或者证人、鉴定人拒绝出庭的,应当及时告知申请人。经人民法院通知,鉴定人拒不出庭作证的,鉴定意见不得作为定案的根据。最高法《解释》第206条规定,证人具有下列情形之一,无法出庭作证的,人民法院可以准许其不出庭:在庭审期间身患严重疾病或者行动极为不便的;居所远离开庭地点且交通极为不便的;身处国外短期无法回国的;有其他客观原因,确实无法出庭的。具有前述情形的,可以通过视频等方式作证。《刑事诉讼法》第188条还规定,经人民法院通知,证人没有正当理由不出庭作证的,人民法院可以强制其到庭,但是被告人的配偶、父母、子女除外。证人没有正当理由拒绝出庭或者出庭后拒绝作证的,予以训诫,情节严重的,经院长批准,处以10日以下的拘留。被处罚人对拘留决定不服的,可以向上一级人民法院申请复议。复议期间不停止执行。最高法《解释》第208条规定,强制证人出庭的,应当由院长签发强制证人出庭令。

审判危害国家安全犯罪、恐怖活动犯罪、黑社会性质的组织犯罪、毒品犯罪等案件,证人、鉴定人、被害人因出庭作证,本人或者其近亲属的人身安全面临危险的,人民法院应当采取不公开其真实姓名、住址和工作单位等个人信息,或者不暴露其外貌、真实声音等保护措施。审判期间,证人、鉴定人、被害人提出保护请求的,人民法院应当立即审查;认为确有保护必要的,应当及时决定采取相应保护措施。

决定对出庭作证的证人、鉴定人、被害人采取不公开个人信息的保护措施的,审判人员应当在开庭前核实其身份,对证人、鉴定人如实作证的保证书不得公开,在判决书、裁定书等法律文书中可以使用化名等代替其个人信息。

证人、鉴定人到庭后,审判人员应当核实其身份、与当事人以及本案的关系,并告知其有关作证的权利义务和法律责任。证人、鉴定人作证前,应当保证向法庭如实提供证言、说明鉴定意见,并在保证书上签名。

公诉人、当事人和辩护人、诉讼代理人经审判长许可,可以对证人、鉴定人发问。向证人、鉴定人发问,应当先由提请通知的一方进行;发问完毕后,经审判长准许,对方也可以发问。审判人员认为必要时,可以询问证人、鉴定人。

控辩双方的讯问、发问方式不当或者内容与本案无关的,对方可以提出异议,申请审判长制止,审判长应当判明情况予以支持或者驳回;对方未提出异议的,审判长也可以根据情况予以制止。

为避免证人、鉴定人之间相互影响,向证人和鉴定人发问应当分别进行。证人、鉴定人经控辩双方发问或者审判人员询问后,审判长应当告知其退庭。同时,为防止庭审对证人和鉴定人作证的影响,证人、鉴定人不得旁听对本案的审理。

向证人发问应当遵循以下规则:第一,发问的内容应当与本案事实有关;第二,不得以诱导方式发问;第三,不得威胁证人;第四,不得损害证人的人格尊严。对被告人、被害人、附带民事诉讼当事人、鉴定人、有专门知识的人的讯问、发问,也应当遵循上述规则。

② 出示物证、宣读鉴定意见和有关笔录。

公诉人、辩护人应当向法庭出示物证,让当事人辨认。对未到庭的证人的证言笔录、鉴定人的鉴定意见、勘验、检查、辨认、侦查实验等笔录和其他作为证据的文书,应当当庭宣读。举证方当庭出示证据后,由对方进行辨认并发表意见。控辩双方可以互相质问、辩论。

当庭出示的证据,尚未移送人民法院的,应当在质证后移交法庭。

公诉人申请出示开庭前未移送人民法院的证据,辩护方提出异议的,审判长应当要求公诉人说明理由;理由成立并确有出示必要的,应当准许。辩护方提出需要对新的证据作辩护准备的,法庭可以宣布休庭,并确定准备辩护的时间。辩护方申请出示开庭前未提交的证据,参照适用前述程序。

(5) 调取新证据。

法庭审理过程中,当事人及其辩护人、诉讼代理人申请通知新的证人到庭,调取新的证据,申请重新鉴定或者勘验的,应当提供证人的姓名、证据的存放地点,说明拟证明的案件事实,要求重新鉴定或者勘验的理由。法庭认为有必要的,应当同意,并宣布延期审理;不同意的,应当说明理由并继续审理。延期审理的案件,符合《刑事诉讼法》第202条第1款规定的,可以报请上级人民法院批准延长审理期限。人民法院同意重新鉴定申请的,应当及时委托鉴定,并将鉴定意见告知人民检察院、当事人及其辩护人、诉讼代理人。

(6) 申请专家辅助人出庭。

根据《刑事诉讼法》第192条第2、3、4款和最高法《解释》第217条规定,公诉人、当事人及其辩护人、诉讼代理人申请法庭通知有专门知识的人出庭,就鉴定意见提出意见的,应当说明理由。法庭认为有必要的,应当通知有专门知识的人出庭。申请有专门知识的人出庭,不得超过二人。有多种类鉴定意见的,可以相应增加人数。有专门知识的人出庭,适用鉴定人出庭的有关规定。

向有专门知识的人发问应当分别进行。有专门知识的人经控辩双方发问或者审判人员询问后,审判长应当告知其退庭。审判人员认为必要时,可以询问有专门知识的人。有专门知识的人不得旁听对本案的审理。

(7) 合议庭调查核实证据。

法庭对证据有疑问的,可以告知公诉人、当事人及其法定代理人、辩护人、诉讼代理人补充证据或者作出说明;必要时,可以宣布休庭,对证据进行调查核实。人民法院调查核实证据,可以进行勘验、检查、查封、扣押、鉴定和查询、冻结。必要时,可以通知检察人员、辩护人、自诉人及其法定代理人到场。上述人员未到场的,应当记录在案。人民法院调查核实证据时,发现对定罪量刑有重大影响的新的证据材料的,应当告知检察人员、辩护人、自诉人及其法定代理人。必要时,也可以直接提取,并及时通知检察人员、辩护人、自诉人及其法定代理人查阅、摘抄、复制。

对公诉人、当事人及其法定代理人、辩护人、诉讼代理人补充的和法庭庭外调查核实取得的证据,应当经过当庭质证才能作为定案的根据。但是,经庭外征求意见,控辩双方没有异议的除外。

有关情况,应当记录在案。

附带民事诉讼部分的调查,一般在刑事诉讼部分调查结束后进行,具体程序依《民事诉讼法》的有关规定进行。

(8) 建议补充侦查。

审判期间,合议庭发现被告人可能有自首、坦白、立功等法定量刑情节,而人民检察院移送的案卷中没有相关证据材料的,应当通知人民检察院移送。

审判期间,被告人提出新的立功线索的,人民法院可以建议人民检察院补充侦查。

(三) 法庭辩论

《刑事诉讼法》第 193 条第 1 款规定:"法庭审理过程中,对与定罪、量刑有关的事实、证据都应当进行调查、辩论。"第 2 款规定:"经审判长许可,公诉人、当事人和辩护人、诉讼代理人可以对证据和案件情况发表意见并且可以互相辩论。"这一规定表明,法庭辩论不仅集中在法庭调查后专门的法庭辩论阶段,而且在法庭调查阶段,控辩双方也可以对案件事实是否清楚、证据是否确实、充分,互相进行辩论。法庭辩论的目的在于使控辩双方有充分机会表明己方观点,充分阐述理由和根据,从而从程序上保障当事人和诉讼参与人的合法权益,同时对于法庭查明案情、依法作出公正的裁决也具有重要意义。辩论的内容包括全案事实(既包括与定罪有关的事实,也包括与量刑有关的事实)、证据、法律适用等各种与案件有关的问题。

在法庭调查阶段的辩论,经审判长许可,控辩双方可随时根据案件具体情况进行。在法庭调查后专门的辩论阶段进行的辩论,由审判长根据法庭审理的具体情况,认为通过法庭调查,案件事实已查清时,宣布结束法庭调查,开始法庭辩论。

法庭辩论应当在审判长的主持下,按照下列顺序进行:(1) 公诉人发言;(2) 被害人及其诉讼代理人发言;(3) 被告人自行辩护;(4) 辩护人辩护;(5) 控辩双方进行辩论。前四项活动称为第一回合,控辩双方进行辩论可进行多个回合,反复辩论,直至双方意见阐述完毕。在司法实践中,公诉人的第一次发言通常称为发表公诉词,辩护人的第一次发言称作发表辩护词。

在法庭辩论阶段,人民检察院可以提出量刑建议并说明理由,量刑建议一般应当具有一定的幅度。当事人及其辩护人、诉讼代理人可以对量刑提出意见并说明理由。对被告人认罪的案件,法庭辩论时,可以引导控辩双方主要围绕量刑和其他有争议的问题进行。对被告人不认罪或者辩护人作无罪辩护的案件,法庭辩论时,可以引导控辩双方先辩论定罪问题,后辩论量刑问题。

附带民事部分的辩论应当在刑事部分的辩论结束后进行,先由附带民事诉讼原告人及其诉讼代理人发言,后由附带民事诉讼被告人及其诉讼代理人答辩。

在法庭辩论中,控辩双方应当以事实为依据,以法律为准绳,围绕双方争论的焦点进行论证与反驳。审判长应当充分听取控辩双方的意见,应当善于抓住双方辩论的焦点,把辩论引向深入,对控辩双方与案件无关、重复或者指责对方的发言应当提醒、制止。如果合议庭发现与定罪、量刑有关的新的事实,有必要调查的,审判长可以宣布暂停辩论,恢复法庭调查,在对新的事实调查后,继续法庭辩论。

对于依照有关规定,被告人当庭拒绝辩护人辩护,要求另行委托辩护人或者指派律师的,合议庭应当准许。被告人拒绝辩护人辩护后,没有辩护人的,应当宣布休庭;仍有辩护人的,庭审可以继续进行。有多名被告人的案件,部分被告人拒绝辩护人辩护后,没有辩护人的,根据案件情况,可以对该被告人另案处理,对其他被告人的庭审继续进行。重新开庭后,被告人再次当庭拒绝辩护人辩护的,可以准许,但被告人不得再次另行委托辩护人或要求另行指派律师,由其自行辩护。被告人属于应当提供法律援助的情形,重新开庭后再次当庭拒绝辩护人辩护的,不予准许。法庭审理过程中,辩护人拒绝为被告人辩护的,应当准许;是否继续庭审,参照适用上述程序。依照前述程序另行委托辩护人或者指派律师的,自案件宣布休庭之日起至第15日止,由辩护人准备辩护,但被告人及其辩护人自愿缩短时间的除外。

合议庭认为经过反复辩论,案情已经查明、罪责已经分清或者控辩双方的意见已经充分发表的,审判长应及时宣布辩论终结。

(四)被告人最后陈述

《刑事诉讼法》第193条第3款规定:"审判长在宣布辩论终结后,被告人有最后陈述的权利。"可见,被告人最后陈述不仅是法庭审判的一个独立阶段,而且是法律赋予被告人的一项重要诉讼权利。

合议庭应当保证被告人充分行使最后陈述的权利。审判长宣布法庭辩论终结后应当告知被告人享有此项权利,让被告人陈述。被告人最后陈述只要不超出本案范围,一般不应限制其发言时间或随意打断其发言,而应让被告人尽量把话讲完。但被告人在最后陈述中多次重复自己的意见的,审判长可以制止。陈述内容蔑视法庭、公诉人,损害他人及社会公共利益,或者与本案无关的,应当制止。在公开审理的案件中,被告人最后陈述的内容涉及国家秘密、个人隐私或者商业秘密的,应当制止。

被告人在最后陈述中提出新的事实、证据,合议庭认为可能影响正确裁判的,应当恢复法庭调查;被告人提出新的辩解理由,合议庭认为可能影响正确裁判的,应当恢复法庭辩论。

(五)评议和宣判

被告人最后陈述完毕,审判长应当宣布休庭,由合议庭进行评议,法庭审判进入评议和宣判阶段。

1. 评议

评议是合议庭组成人员在已进行的法庭审理活动基础上,对案件事实、证据和法律适用进行讨论、分析、判断,并依法对案件作出裁判的诉讼活动。合议庭评议案件,应当根据已经查明的事实、证据和有关法律规定,在充分考虑控辩双方意见的基础上,确定被告人是否有罪、构成何罪,有无从重、从轻、减轻或者免除处罚情节,应否处以刑罚、判处何种刑罚,附带民事诉讼如何解决,查封、扣押、冻结的财物及其孳息如何处理等,并依法作出判决、裁定。

合议庭评议由审判长主持,一律秘密进行。评议时,如果意见存在分歧,应当按多数人的意见作出决定,但是少数人的意见应当写入笔录,评议笔录由合议庭组成人员签名。一般情况下,合议庭经过开庭审理并且评议后,应当作出判决,但对于疑难、复杂、重大的案件,合议庭成员意见分歧较大,难以对案件作出决定的,由合议庭提请院长决定提交审判委员会讨论决定,对于审判委员会的决定,合议庭应当执行。

根据《刑事诉讼法》第195条及最高法《解释》第241条的规定,人民法院应当根据案件的具体情形,分别作出裁判:

(1)起诉指控的事实清楚,证据确实、充分,依据法律认定指控被告人的罪名成立的,应当作出有罪判决;

(2)起诉指控的事实清楚,证据确实、充分,指控的罪名与审理认定的罪名不一致的,应当按照审理认定的罪名作出有罪判决;

(3)案件事实清楚,证据确实、充分,依据法律认定被告人无罪的,应当判决宣告被告人无罪;

(4)证据不足,不能认定被告人有罪的,应当以证据不足、指控的犯罪不能成立,判决宣告被告人无罪;

(5)案件部分事实清楚,证据确实、充分的,应当作出有罪或者无罪的判决;对事实不清、证据不足部分,不予认定;

(6)被告人因不满16周岁,不予刑事处罚的,应当判决宣告被告人不负刑事责任;

(7)被告人是精神病人,在不能辨认或者不能控制自己行为时造成危害结果,不予刑事处罚的,应当判决宣告被告人不负刑事责任;

(8)犯罪已过追诉时效且不是必须追诉,或者经特赦令免除刑罚的,应当裁定终止审理;

(9)被告人死亡的,应当裁定终止审理;根据已查明的案件事实和认定的证据,能够确认无罪的,应当判决宣告被告人无罪。

具有上述第(2)项规定情形的,人民法院应当在判决前听取控辩双方的意见,保障被告人、辩护人充分行使辩护权。必要时,可以重新开庭,组织控辩双方围绕被告人的行为构成何罪进行辩论。

根据最高人民法院、最高人民检察院、公安部、司法部《关于进一步严格依法办案确保死刑案件质量的意见》第35条的规定,人民法院在审理可能判处死刑的案件时,如果定罪的证据确实,但影响量刑的证据存有疑点,处刑时应当留有余地。

审判期间,人民法院发现新的事实,可能影响定罪的,可以建议人民检察院补充或者变更起诉;人民检察院不同意或者在7日内未复意见的,人民法院应当就起诉指控的犯罪事实,依照最高法《解释》第241条的规定作出判决、裁定。

根据最高法《解释》第244条的规定,对于人民法院曾以"证据不足,不能认定被告人有罪"为由而作出证据不足,指控的犯罪不能成立的无罪判决的案件,人民检察院根据新的事实、证据重新起诉,人民法院受理后,经过法庭审理,在依法作出判决时,人民法院应当在判决中写明被告人曾被人民检察院提起公诉,因证据不足,指控的犯罪不能成立,被人民法院依法判决宣告无罪的情况;前案依照《刑事诉讼法》第195条第3项规定作出的判决不予撤销。

合议庭成员应当在评议笔录上签名,在判决书、裁定书等法律文书上署名。

裁判文书应当写明裁判依据,阐释裁判理由,反映控辩双方的意见并说明采纳或者不予采纳的理由。

2. 宣判

宣判,是指人民法院向当事人和社会公开宣告裁判结果的诉讼活动。宣判分为当庭宣判和定期宣判两种。当庭宣判是在合议庭经过评议并作出决定后,立即复庭由审判长宣告判决结果。当庭宣告判决的,应当在5日内送达判决书。定期宣告判决的,应当在宣判前,先期公告宣判的时间和地点,传唤当事人并通知公诉人、法定代理人、辩护人和诉讼代理人;判决宣告后,应当立即送达判决书。

判决书应当送达人民检察院、当事人、法定代理人、辩护人、诉讼代理人,并可以送达被告人的近亲属。判决生效后,还应当送达被告人的所在单位或者原户籍地的公安派出所,或者被告单位的注册登记机关。

案件不论是否公开审理,宣告判决一律公开进行。宣告判决结果时,法庭内全体人员应当起立。另外,宣判一般应当通知公诉人、辩护人、诉讼代理人、被害人、自诉人或者附带民事诉讼原告人到庭,如果未到庭的,不影响宣判的进行。在司法实践中,对于有重大影响或者有教育意义的案件,可以召开公开宣判大会,扩大范围进行法制教育。地方各级人民法院在宣告第一审判决时,审判长应告知被告人享有的上诉权,以及上诉期限和上诉法院。

四、单位犯罪案件的审理程序

我国《刑事诉讼法》所规定的刑事审判程序同样适用于公、检、法机关处理单位犯罪的案件。此外,最高法《解释》第278—288条还根据单位犯罪案件的特点,对其审理程序作了特别规定,主要内容如下:

(1) 人民法院受理单位犯罪案件,除依照有关规定进行审查外,还应当审查起诉书是否列明被告单位的名称、住所地、联系方式,法定代表人、主要负责人以及代表被告单位出庭的诉讼代表人的姓名、职务、联系方式。需要人民检察院补充材料的,应当通知人民检察院在3日内补送。

(2) 被告单位的诉讼代表人,应当是法定代表人或者主要负责人;法定代表人或者主要负责人被指控为单位犯罪直接负责的主管人员或者因客观原因无法出庭的,应当由被告单位委托其他负责人或者职工作为诉讼代表人。但是,有关人员被指控为单位犯罪的其他直接责任人员或者知道案件情况、负有作证义务的除外。

(3) 开庭审理单位犯罪案件,应当通知被告单位的诉讼代表人出庭;没有诉讼代表人参与诉讼的,应当要求人民检察院确定。被告单位的诉讼代表人不出庭的,应当按照下列情形分别处理:诉讼代表人系被告单位的法定代表人或者主要负责人,无正当理由拒不出庭的,可以拘传其到庭;因客观原因无法出庭,或者下落不明的,应当要求人民检察院另行确定诉讼代表人;诉讼代表人系被告单位的其他人员的,应当要求人民检察院另行确定诉讼代表人出庭。

(4) 被告单位的诉讼代表人享有《刑事诉讼法》规定的有关被告人的诉讼权利。开庭时,诉讼代表人席位置于审判台前左侧,与辩护人席并列。被告单位委托辩护人,参照有关规定办理。

(5) 对应当认定为单位犯罪的案件,人民检察院只作为自然人犯罪起诉的,人民法院应当建议人民检察院对犯罪单位补充起诉。人民检察院仍以自然人犯罪起诉的,人民法院应当依法审理,按照单位犯罪中的直接负责的主管人员或者其他直接责任人员追究刑事责任,并援引刑法分则关于追究单位犯罪中直接负责的主管人员和其他直接责任人员刑事责任的条款。

(6) 被告单位的违法所得及其孳息,尚未被依法追缴或者查封、扣押、冻结的,人民法院应当决定追缴或者查封、扣押、冻结。为保证判决的执行,人民法院可以先行查封、扣押、冻结被告单位的财产,或者由被告单位提出担保。

(7) 审判期间,被告单位被撤销、注销、吊销营业执照或者宣告破产的,对单位犯罪直接负责的主管人员和其他直接责任人员应当继续审理。审判期间,被告单位合并、分立的,应当将原单位列为被告单位,并注明合并、分立情况。对被告单位所判处的罚金以其在新单位的财产及收益为限。

五、公诉案件第一审程序的期限

根据《刑事诉讼法》第202条的规定,人民法院审理公诉案件,应当在受理后2个月以内宣判,至迟不得超过3个月。对于可能判处死刑的案件或者附带民事诉讼的案件,以及交通十分不便的边远地区的重大复杂案件,重大的犯罪集团案件,流窜作案的重大复杂案件,犯罪涉及面广、取证困难的重大复杂案件,在上述期限内不能审结的,经上一级人民法院批准,可以延长3个月;因特殊情况还需要延长的,报请最高人民法院批准。最高人民法院经审查,予以批准的,可以延长审理期限1—3个月。

对于人民法院改变管辖的案件,从改变后的人民法院收到案件之日起计算审理期限。人民检察院补充侦查的案件,补充侦查完毕移送人民法院后,人民法院重新计算审理期限。

指定管辖案件的审理期限,自被指定管辖的人民法院收到指定管辖决定书和有关案卷、证据材料之日起计算。

第一审过程中,对被告人作精神病鉴定的时间不计入审理期限。

六、与法庭审判有关的几个问题

(一) 法庭审判笔录

法庭审判笔录是由法院书记员制作的记载全部法庭审判活动的诉讼文书。它不仅是合议庭讨论、评议和对案件作出处理决定的重要依据,而且是第二审人民法院和再审人民法院审查第一审庭审活动是否合法的重要依据。因而,法庭审判笔录必须认真、细致地制作,做到记载清楚、准确,能够如实反映审判活动的全部情况。

法庭审判笔录一般按照庭审活动的顺序进行记录。同时,根据《刑事诉讼法》第201条及最高法《解释》第238、239条的规定,法庭审判笔录还应符合下列要求:(1) 书记员将开庭审理的全部活动制作成笔录,交由审判长审阅后,由审判长和书记员签名;(2) 法庭笔录应当在庭审后交由当事人、法定代理人、辩护人、诉讼代理人阅读或者向其宣读。法庭笔录中的出庭证人、鉴定人、有专门知识的人的证言、意见部分,应当在庭审后分别交由有关人员阅读或者向其宣读。前述所列人员认为记录有遗漏或者差错的,可以请求补充或者改正;确认无误后,应当签名;拒绝签名的,应当记录在案;要求改变庭审中陈述的,不予准许。

(二) 法庭秩序

法庭秩序,是指在人民法院开庭审判案件时,所有的诉讼参与人和旁听人员都必须遵守的秩序和纪律。法庭审判是人民法院代表国家行使审判权的严肃法律行为,任何诉讼参与人、旁听人员或者采访的记者都必须维护法庭尊严,不得有妨碍法庭秩序的行为。

依据最高法《解释》第249条的规定,法庭审理过程中,诉讼参与人、旁听人员应当遵守以下纪律:(1) 服从法庭指挥,遵守法庭礼仪;(2) 不得鼓掌、喧哗、哄闹、随意走动;(3) 不得对庭审活动进行录音、录像、摄影,或者通过发送邮件、博客、微博客等方式传播庭审情况,但经人民法院许可的新闻记者除外;(4) 旁听人员不得发言、提问;(5) 不得实施其他扰乱法庭秩序的行为。

依据《刑事诉讼法》第194条和最高法《解释》第250—253条的规定,在法庭审判过程中,诉讼参与人或者旁听人员违反法庭秩序,合议庭应当按照下列情形分别处理:

(1) 对于违反法庭秩序情节较轻的,应当警告制止并进行训诫。

(2) 对于不听警告制止的,可以指令法警强行带出法庭。

(3) 对于违反法庭秩序情节严重的,报经院长批准后,可以对行为人处1000元以下的罚款或者15日以下的拘留。

(4) 未经许可录音、录像、摄影或者通过邮件、博客、微博客等方式传播庭审情况的,可以暂扣存储介质或者相关设备。

(5) 聚众哄闹、冲击法庭或者侮辱、诽谤、威胁、殴打司法工作人员或者诉讼参与人,严重扰乱法庭秩序,构成犯罪的,应当依法追究刑事责任。

诉讼参与人、旁听人员对罚款、拘留的决定不服的,可以直接向上一级人民法院申请复议,也可以通过决定罚款、拘留的人民法院向上一级人民法院申请复议。通过决定罚款、拘留的人民法院申请复议的,该人民法院应当自收到复议申请之日起3日内,将复议申请、罚款或者拘留决定书和有关事实、证据材料一并报上一级人民法院复议。复议期间,不停止决定的执行。

担任辩护人、诉讼代理人的律师严重扰乱法庭秩序,被强行带出法庭或者被处以罚款、拘留的,人民法院应当通报司法行政机关,并可以建议依法给予相应处罚。

辩护人严重扰乱法庭秩序,被强行带出法庭或者被处以罚款、拘留,被告人自行辩护的,庭审继续进行;被告人要求另行委托辩护人,或者被告人属于应当提供法律援助情形的,应当宣布休庭。

（三）延期审理

延期审理,是指在法庭审理过程中,由于遇到了影响审判继续进行的情况法庭决定将案件的审理推迟,待影响审理进行的原因消失后,再继续开庭审理。

根据《刑事诉讼法》第198条的规定,延期审理主要有以下几种情形:（1）需要通知新的证人到庭,调取新的物证,重新鉴定或者勘验的;（2）检察人员发现提起公诉的案件需要补充侦查,提出建议的;（3）由于当事人申请回避而不能进行审判的。

审判期间,公诉人发现案件需要补充侦查,建议延期审理的,合议庭应当同意,但建议延期审理不得超过两次。人民检察院将补充收集的证据移送人民法院的,人民法院应当通知辩护人、诉讼代理人查阅、摘抄、复制。补充侦查期限届满后,经法庭通知,人民检察院未将案件移送人民法院,且未说明原因的,人民法院可以决定按人民检察院撤诉处理。

此外,人民检察院补充、追加或者变更起诉,需要给予被告人、辩护人必要时间进行辩护准备的,合议庭亦应宣布延期审理。所谓变更、追加起诉,是指根据最高检《规则》第458条的规定,在人民法院宣告判决前,人民检察院发现被告人的真实身份或者犯罪事实与起诉书中叙述的身份或者指控犯罪事实不符的,或者事实、证据没有变化,但罪名、适用法律与起诉书不一致的,可以变更起诉;发现遗漏的同案犯罪嫌疑人或者罪行可以一并起诉和审理的,可以追加、补充起诉。最高法《解释》第243条规定,审判期间,人民法院发现新的事实,可能影响定罪的,可以建议人民检察院补充或者变更起诉。此外,依据最高检《规则》第455条的规定,公诉人对证据收集的合法性进行证明,需要调查核实的,公诉人可以建议法庭延期审理。最高检《规则》第471条规定,转为普通程序审理的案件,公诉人需要为出席法庭进行准备的,可以建议人民法院延期审理。

延期审理的开庭日期,可以当庭确定,也可以另行确定。当庭确定的,应公开宣布下次开庭的时间。当庭不能确定的,可以另行确定并通知公诉人、当事人和其他诉讼参与人。

（四）中止审理

中止审理,是指人民法院在审判案件过程中,因发生某种情况影响了审判的正常进行,而决定暂停审理,待其障碍消失后,再行开庭审理。

根据《刑事诉讼法》第200条的规定,在审判过程中,有下列情形之一,致使案件在较长时间内无法继续审理的,可以中止审理:(1) 被告人患有严重疾病,无法出庭的;(2) 被告人脱逃的;(3) 自诉人患有严重疾病,无法出庭,未委托诉讼代理人出庭的;(4) 由于不能抗拒的原因。中止审理的原因消失后,应当恢复审理。中止审理的期间不计入审理期限。

有多名被告人的案件,部分被告人具有上述规定情形的,人民法院可以对全案中止审理;根据案件情况,也可以对该部分被告人中止审理,对其他被告人继续审理。对中止审理的部分被告人,可以根据案件情况另案处理。

(五) 终止审理

终止审理是指在案件审理过程中,遇有法定情形致使审理不应当或者不需要继续进行时,人民法院裁定终结案件的诉讼活动。终止审理的法定情形包括:(1) 犯罪已过追诉时效期限的;(2) 经特赦令免除刑罚的;(3) 依照刑法告诉才处理的犯罪,没有告诉或者撤回告诉的;(4) 被告人死亡的;(5) 其他法律规定免予追究刑事责任的。

第三节 自诉案件的第一审程序

自诉案件的第一审程序,是指人民法院在自诉人、被告人及其他诉讼参与人的参加下,依法处理自诉案件的方式、方法和步骤。

自诉案件的第一审程序,总体上与公诉案件第一审程序基本相同,但由于自诉案件本身性质上主要是侵害公民个人合法权益的轻微刑事案件,因而其第一审程序也有一些特殊的地方。

一、自诉案件的受理

自诉人提起自诉后,案件要经过人民法院审查,符合条件的才能受理和进行审判。自诉案件的受理条件和提起自诉的条件相同,二者的区别在于,前者是从人民法院的角度予以界定,而后者是从自诉人的角度界定。

对自诉案件,人民法院应当在15日内审查完毕。经审查,符合受理条件的,应当决定立案,并书面通知自诉人或者代为告诉人。具有下列情形之一的,应当说服自诉人撤回起诉;自诉人不撤回起诉的,裁定不予受理:(1) 不属于自诉案件范围的;(2) 缺乏罪证的;(3) 犯罪已过追诉时效期限的;(4) 被告人死亡的;(5) 被告人下落不明的;(6) 除因证据不足而撤诉的以外,自诉人撤诉后,就同一事实又告诉的;(7) 经人民法院调解结案后,自诉人反悔,就同一事实再行告诉的。

自诉案件的受理有以下几点需予以注意:

(1) 对已经立案,经审查缺乏罪证的自诉案件,自诉人提不出补充证据的,人民法院应当说服其撤回起诉或者裁定驳回起诉;自诉人撤回起诉或者被驳回起诉后,又提出了新的足以证明被告人有罪的证据,再次提起自诉的,人民法院应当受理。

(2) 自诉人对不予受理或者驳回起诉的裁定不服的,可以提起上诉。第二审人民法院查明第一审人民法院作出的不予受理裁定有错误的,应当在撤销原裁定的同时,指令第一审人民法院立案受理;查明第一审人民法院驳回起诉裁定有错误的,应当在撤销原裁定的同时,指令第一审人民法院进行审理。

(3) 自诉人明知有其他共同侵害人,但只对部分侵害人提起自诉的,人民法院应当受理,并告知其放弃告诉的法律后果;自诉人放弃告诉,判决宣告后又对其他共同侵害人就同一事实提起自诉的,人民法院不予受理。共同被害人中只有部分人告诉的,人民法院应当通知其他被害人参加诉讼,并告知其不参加诉讼的法律后果。被通知人接到通知后表示不参加诉讼或者不出庭的,视为放弃告诉。第一审宣判后,被通知人就同一事实又提起自诉的,人民法院不予受理。但是,当事人另行提起民事诉讼的,不受此限制。

(4) 被告人实施两个以上犯罪行为,分别属于公诉案件和自诉案件,人民法院可以一并审理。对自诉部分的审理,适用自诉案件审理的规定。

二、自诉案件第一审程序的特点

人民法院对于决定受理的自诉案件,应当开庭审判。除适用简易程序审理的外,审判程序参照公诉案件第一审普通程序进行。

如前所述,由于自诉案件本身具有特殊性,因而自诉案件的审理程序也有一些不同于公诉案件第一审普通程序的特点,根据《刑事诉讼法》第205条至第207条以及最高法《解释》第268条至第277条的规定,自诉案件第一审程序具有以下特点:

(1) 对犯罪事实清楚,有足够证据的自诉案件,应当开庭审理。

(2) 人民法院对告诉才处理的案件和被害人有证据证明的轻微刑事案件,可以在查明事实、分清是非的基础上,根据自愿、合法的原则进行调解。调解达成协议的,应当制作刑事调解书,由审判人员和书记员署名,并加盖人民法院印章。调解书经双方当事人签收后,即具有法律效力。调解没有达成协议,或者调解书签收前当事人反悔的,应当及时作出判决。对《刑事诉讼法》第204条第3项规定的自诉案件,即被害人有证据证明对被告人侵犯自己人身、财产权利的行为应当依法追究刑事责任,而公安机关、人民检察院不予追究被告人刑事责任的案件,不适用调解。

(3) 判决宣告前,自诉案件的当事人可以自行和解,自诉人可以撤回自诉。自行和解和撤回起诉是《刑事诉讼法》赋予自诉人的一项重要诉讼权利。人民法院经审查,认为和解、撤回自诉确属自愿的,应当裁定准许;认为系被强迫、威吓等,并非出于自愿的,不予准许。裁定准许撤诉或者当事人自行和解的自诉案件,被告人被采取强制措施的,人民法院应当立即解除。自诉人经两次传唤,无正当理由拒不到庭,或者未经法庭准许中途退庭的,人民法院应当裁定按撤诉处理。部分自诉人撤诉或者被裁定按撤诉处理的,不影响案件的继续审理。

(4) 自诉案件当事人因客观原因不能取得的证据,申请人民法院调取的,应当说明理由,并提供相关线索或者材料。人民法院认为有必要的,应当及时调取。

(5) 被告人在自诉案件审判期间下落不明的,人民法院应当裁定中止审理。被告人到案后,应当恢复审理,必要时应当对被告人依法采取强制措施。对自诉案件,应当参照《刑事诉讼法》及最高法《解释》有关公诉案件判决的规定作出判决。对依法宣告无罪的案件,其附带民事部分应当依法进行调解或者一并作出判决。

(6) 告诉才处理和被害人有证据证明的轻微刑事案件的被告人或者其法定代理人在诉讼过程中,可以对自诉人提起反诉。反诉是指在自诉案件审理过程中,自诉案件的被告作为被害人向受理自诉案件的人民法院控告自诉人犯有与本案有关联的犯罪行为,要求人民法院追究其刑事责任的诉讼。反诉必须符合下列条件:① 反诉的对象必须是本案自诉人;② 反诉的内容必须是与本案有关的行为;③ 反诉的案件属于自诉案件的范围。反诉以自诉存在为前提,但反诉本身不是对自诉的答辩,而是一个独立的诉讼。因此,如果原自诉人撤诉的不影响反诉案件的继续审理。反诉案件的审理适用自诉案件的规定,并应当与自诉案件一并审理。

(7) 人民法院审理自诉案件的期限。被告人被羁押的,适用公诉案件普通程序的审理期限的规定;未被羁押的,应当在受理后6个月以内宣判。

第四节 简易程序

一、简易程序的概念和意义

简易程序,是指基层人民法院审理某些事实清楚、证据充分、被告人承认自己所犯罪行,对指控的犯罪事实没有异议的且同意适用简易程序的刑事案件,所适用的比普通程序相对简化的第一审程序。

简易程序的增设和改革不仅符合当今世界各国刑事诉讼制度改革的趋势,而且也是我国司法实践的客观需要,具有重要意义。一方面,简易程序有利于合理配置审判资源,缓解人民法院面临的日益繁重的审判任务,将有限的司法资源更多地投入到被告人不认罪的案件中;另一方面,简易程序有利于提高审判效率,使当事人尽快摆脱讼累。

二、简易程序的适用范围

根据《刑事诉讼法》第208条、第209条及最高法《解释》第289条、第290条的规定,基层人民法院管辖的案件,符合下列条件的,可以适用简易程序审判:(1) 案件事实清楚、证据充分的;(2) 被告人承认自己所犯罪行,对指控的犯罪事实没有异议的;(3) 被告人对适用简易程序没有异议的。人民检察院在提起公诉的时候,可以建议人民法院适用简易程序。

有下列情形之一的,不适用简易程序:(1) 被告人是盲、聋、哑人;(2) 被告人是尚未完全丧失辨认或者控制自己行为能力的精神病人;(3) 有重大社会影响的;(4) 共同犯罪案件中部分被告人不认罪或者对适用简易程序有异议的;(5) 辩护人作无罪辩护的;(6) 被告人认罪但经审查认为可能不构成犯罪的;(7) 不宜适用简易程序审理的其他情形。

三、简易审判程序的特点

根据《刑事诉讼法》以及相关司法解释的规定,简易程序作为对第一审普通程序的简化程序,与普通程序相比,具有以下特点:

(1)简易程序只适用于基层人民法院。

(2)简易程序的审判组织相对简单。适用简易程序审理案件,对可能判处3年有期徒刑以下刑罚的,可以组成合议庭进行审判,也可以由审判员一人独任审判;对可能判处的有期徒刑超过3年的,应当组成合议庭进行审判。适用简易程序独任审判过程中,发现对被告人可能判处的有期徒刑超过3年的,应当转由合议庭审理。

(3)简化法庭调查和法庭辩论程序。根据《刑事诉讼法》第213条的规定,适用简易程序审理案件,不受公诉案件第一审普通程序中送达期限、讯问被告人、询问证人、鉴定人、出示证据、法庭辩论程序规定的限制。但是,从保障被告人权益出发,《刑事诉讼法》规定,适用简易程序审理的案件,无论是公诉案件还是自诉案件,在判决宣告以前,应当听取被告人的最后陈述意见。

(4)简易程序在必要时,应当变更为普通程序。适用简易程序审理案件,在审理过程中,发现不宜适用简易程序的应当按照第一审普通程序的规定重新审理。根据《刑事诉讼法》第215条和最高法《解释》第298条第1款的规定,人民法院在适用简易程序审理过程中,发现有下列情形之一的,应当转为普通程序审理:(1)被告人的行为可能不构成犯罪的;(2)被告人可能不负刑事责任的;(3)被告人当庭对起诉指控的犯罪事实予以否认的;(4)案件事实不清、证据不足的;(5)不应当或者不宜适用简易程序的其他情形。

转为普通程序审理的案件,审理期限应当从决定转为普通程序之日起计算。对于自诉案件,按照自诉案件审理程序审理,并且由简易程序向普通程序转化时,原起诉仍然有效,自诉人不必另行提起诉讼,只要人民法院将适用第一审普通程序审判的决定通知自诉人即可。

四、简易程序的决定适用和审判程序

(一)简易程序的决定适用程序

基层人民检察院审查案件,认为案件事实清楚、证据充分的,应当在讯问犯罪嫌疑人时,了解其是否承认自己所犯罪行,对指控的犯罪事实有无异议,告知其适用简易程序的法律规定,确认其是否同意适用简易程序。人民检察院在审查起诉过程中,对案件事实清楚、证据充分的,被告人承认自己所犯罪行,对起诉书指控的犯罪事实没有异议的,被告人对适用简易程序没有异议的案件,办案人员认为可以建议适用简易程序的,应当在审查报告中提出适用简易程序的意见,按照提起公诉的审批程序报请决定。人民检察院建议适用简易程序的,应当制作《适用简易程序建议书》,在提起公诉时,连同全案卷宗、证据材料、起诉书一并移送人民法院。

基层人民法院受理公诉案件后,经审查认为案件事实清楚、证据充分的,在将起诉书

副本送达被告人时,应当询问被告人对指控的犯罪事实的意见,告知其适用简易程序的法律规定。被告人对指控的犯罪事实没有异议并同意适用简易程序的,可以决定适用简易程序,并在开庭前通知人民检察院和辩护人。对未成年人刑事案件,人民法院决定适用简易程序审理的,应当征求未成年被告人及其法定代理人、辩护人的意见。上述人员提出异议的,不适用简易程序。对人民检察院建议适用简易程序审理的案件,依照前述规定处理;不符合简易程序适用条件的,应当通知人民检察院。

自诉案件,人民法院应当审查是否有明确的被告人;是否事实清楚、证据充分;被告人承认自己所犯罪行,对起诉书指控的犯罪事实没有异议;被告人对适用简易程序没有异议。凡审查符合条件的,决定适用简易程序。

适用简易程序审理案件,人民法院应当在开庭3日前,将开庭的时间、地点通知人民检察院、自诉人、被告人、辩护人,也可以通知其他诉讼参与人。通知可以采用简便方式,但应当记录在案。

(二)简易程序的审判程序

适用简易程序审理的案件,符合《刑事诉讼法》规定的法律援助条件的,人民法院应当告知被告人及其近亲属可以申请法律援助。

适用简易程序审理公诉案件,人民检察院应当派员出席法庭。人民检察院可以对适用简易程序的案件相对集中提起公诉,建议人民法院相对集中审理。

适用简易程序审理案件,被告人有辩护人的,应当通知其出庭。

适用简易程序审理的公诉案件,独任审判员或者审判长宣布开庭,传被告人到庭后,应当查明被告人的基本情况,然后依次宣布案由、独任审判员、书记员、公诉人、被害人、辩护人、诉讼代理人和翻译人员的名单,并告知各项诉讼权利。

适用简易程序审理公诉案件,审判长或者独任审判员应当当庭询问被告人对指控的犯罪事实的意见,告知被告人适用简易程序审理的法律规定,确认被告人是否同意适用简易程序。

适用简易程序审理公诉案件,被告人可以就起诉书指控的犯罪进行陈述和辩护。经审判人员许可,被告人及其辩护人可以同公诉人、自诉人及其诉讼代理人互相辩论。

适用简易程序审理案件,不受公诉案件第一审普通程序关于送达期限、讯问被告人、询问证人、鉴定人、出示证据、法庭辩论程序规定的限制。可以对庭审作如下简化:(1)公诉人可以摘要宣读起诉书;(2)公诉人、辩护人、审判人员对被告人的讯问、发问可以简化或者省略;(3)对控辩双方无异议的证据,可以仅就证据的名称及所证明的事项作出说明;对控辩双方有异议,或者法庭认为有必要调查核实的证据,应当出示,并进行质证;(4)控辩双方对与定罪量刑有关的事实、证据没有异议的,法庭审理可以直接围绕罪名确定和量刑问题进行。适用简易程序审理案件,判决宣告前应当听取被告人的最后陈述。

适用简易程序审理案件,一般应当当庭宣判,并在5日内将判决书送达被告人和提起公诉的人民检察院。

适用简易程序审理的自诉案件,自诉人宣读起诉书后,被告人可以就起诉书指控的犯罪事实进行陈述,并自行辩护。自诉人应当出示主要证据。被告人有证据出示的,审判员应当准许。经审判员准许,被告人及其辩护人可以同自诉人及其诉讼代理人进行辩论。适用简易程序审理的案件,将普通程序中的许多程序予以简化,唯独被告人最后陈述这一程序未予简化。被告人可以就起诉书所指控的犯罪事实、性质和情节、所适用的法律以及对法庭的请求等进行陈述。被告人作出最后陈述后,人民法院一般应当当庭宣判。

依据《刑事诉讼法》第214条的规定,适用简易程序审理案件,人民法院应当在受理后20日以内审结;对可能判处的有期徒刑超过3年的,可以延长至一个半月。

第五节 判决、裁定和决定

一、判决

（一）判决的概念和种类

判决是人民法院对案件实体问题作出的处理决定。它是人民法院代表国家行使审判权,在个案适用法律上的具体体现。根据《刑事诉讼法》第195条的规定,人民法院所作的刑事判决分为有罪判决和无罪判决两种。

有罪判决是人民法院在案件事实清楚,证据确实、充分,依据法律认定被告人有罪时作出的判决。进一步划分,有罪判决又可分为定罪处刑判决和定罪免刑判决。定罪处刑判决是指人民法院作出的在认定被告人的行为构成犯罪的基础上,给予适当刑事处罚的判决;定罪免刑判决是人民法院作出的确认被告人的行为构成犯罪,同时又基于被告人具有法定免除处罚情节而宣布对被告人免除刑事处罚的判决。

无罪判决是人民法院作出的确认被告人的行为不构成犯罪或者因证据不足,不能认定被告人有罪的判决。无罪判决有两种:一种是案件事实清楚,证据确实、充分,依据法律认定被告人无罪的无罪判决;另一种是因证据不足,不能认定被告人有罪时作出的证据不足,指控的犯罪不能成立的无罪判决。后一种无罪判决是《刑事诉讼法》贯彻疑罪从无原则的具体体现。

另外,根据有无附带民事诉讼,判决还可以分为刑事判决和刑事附带民事判决两种。

（二）判决书的制作要求和内容

判决是人民法院行使国家审判权和执行国家法律的具体结果,具有权威性、强制性、严肃性和稳定性。因此,判决书作为判决的书面表现形式,必须严格按照规定的格式和要求制作。总的要求是:格式规范;事实叙述清楚、具体,层次清楚,重点突出;说理透彻,论证充分;结论明确,法律条文的引用正确、无误;逻辑结构严谨,无前后矛盾之处;行文通俗易懂,繁简得当,标点符号正确。根据我国《刑事诉讼法》第51条规定,审判人员制作判决书时,必须忠实于事实真相。故意隐瞒事实真相的,应当追究责任。

具体而言,根据1999年4月6日最高人民法院审判委员会第1051次会议通过的《法院刑事诉讼文书样式(样本)》的规定,判决书的制作要求和内容有以下几方面：

1. 首部

首部包括人民法院名称、判决书类别、案号;公诉机关和公诉人、当事人、辩护人、诉讼代理人基本情况;案由和案件来源;开庭审理、审判组织的情况等。

2. 事实部分

事实是判决的基础,是判决理由和判决结果的根据。这部分包括四个方面的内容:人民检察院指控被告人犯罪的事实和证据,被告人的供述、辩护和辩护人的辩护意见,经法庭审理查明的事实,以及据以定案的证据。其中,对认定事实的证据必须做到:(1)依法公开审理的案件,除无须举证的事实外,证明案件事实的证据必须是指经过法庭公开举证、质证的,未经法庭公开举证、质证的不能认证;(2)要通过对证据的具体分析、认证来证明判决所确认的犯罪事实,防止并杜绝用"以上事实、证据充分,被告人也供认不讳,足以认定"等抽象、笼统的说法或简单地罗列证据的方法来代替对证据的具体分析、认证,法官认证和采证的过程应当在判决书中充分体现出来;(3)证据的叙写要尽可能明确、具体。此外,叙述证据时,还应当注意保守国家秘密,保护报案人、控告人、举报人、被害人、证人的安全和名誉。

3. 理由部分

理由是判决的灵魂,是将事实和判决结果有机联系在一起的纽带,是判决书说服力的基础。其核心内容是针对具体案件的特点,运用法律规定、犯罪构成和刑事诉讼理论,阐明控方的指控是否成立,被告人的行为是否构成犯罪,犯什么罪,情节轻重与否,依法应当如何处理。书写判决理由时应注意:(1)理由的论述要结合具体案情,有针对性和个性,说理力求透彻,使理由具有较强的思想性和说服力。切忌说空话、套话。(2)罪名确定准确。一人犯数罪的,一般先定重罪,后定轻罪;共同犯罪案件应在分清各被告人在共同犯罪中的地位、作用和刑事责任的前提下,依次确定首要分子、主犯、从犯或者胁从犯、教唆犯的罪名。(3)被告人具有从轻、减轻、免除处罚或从重处罚情节的,应当分别或者综合予以认定。(4)控辩双方适用法律方面的意见应当有分析地表明是否予以采纳,并阐明理由。(5)法律条文(包括司法解释)的引用要完整、准确、具体。

4. 主文部分

主文又称判决结果,是依照有关法律的具体规定,对被告人作出的定性处理的结论。书写时应当字斟句酌、认真推敲,力求文字精练、表达清楚、准确无误。其中,有罪判决应写明判处的罪名、刑种、刑期或者免除刑罚;数罪并罚的应分别写明各罪判处的刑罚和决定执行的刑罚;被告人已被羁押的,应写明刑期折抵情况和实际执行刑期的起止时间;判决缓刑的,应写明缓刑考验期限;附带民事诉讼案件,应写明附带民事诉讼的处理情况;有赃款赃物的,应写明处理情况。无罪判决要写明认定被告人无罪以及所根据事实和法律依据;对证据不足,不能认定被告人有罪的,应写明证据不足、指控的犯罪不能成立,并宣告无罪。

5. 尾部

这部分写明被告人享有上诉权利、上诉期限、上诉法院、上诉方式和途径;合议庭组成人员或独任审判员和书记员姓名;判决书制作、宣判日期。最后要加盖人民法院印章。

二、裁定

(一)裁定的概念和特征

裁定是人民法院在审理案件过程中和判决执行过程中,对诉讼程序问题和案件的部分实体问题所作的决定。

裁定与判决的法律性质和特点基本相同,但二者也有不同之处,具体表现在:(1)在适用对象上,判决只解决案件的实体性问题,而裁定主要解决程序问题,只解决部分实体问题。(2)在适用范围上,裁定比判决的适用要广泛得多。判决只适用于审判程序终结时,包括第一审、第二审和审判监督程序,而裁定则适用于整个审判程序和执行程序。(3)在适用的方式上,判决必须采用书面形式,而裁定则可采用书面和口头两种形式。(4)在上诉、抗诉的期限上,不服判决的上诉、抗诉期限为10日,而不服裁定的上诉、抗诉期限为5日。

裁定可根据不同标准进行分类。根据裁定解决的问题划分,裁定可分为程序性裁定和实体性裁定;根据其适用阶段,可分为第一审裁定、第二审裁定、再审裁定和核准死刑裁定等;根据其适用方式,可分为口头裁定和书面裁定。

(二)裁定的适用

裁定主要适用于解决程序性问题,主要包括是否恢复诉讼期限、中止审理、维持原判、撤销原判并发回重审、驳回公诉或自诉、核准死刑等。裁定也用来解决部分实体性问题,主要包括在执行期间,人民法院依法减刑、假释、撤销缓刑、减免罚金等。

裁定书是与判决书同等重要的法律文书,其制作要求、格式与判决书基本相同。但在内容上较判决书简单一些,因为裁定往往解决的问题比较单一,要么是一个专门的程序性问题,要么是一个较为简单的实体性问题。

三、决定

(一)决定的概念和分类

决定是公安机关、人民检察院、人民法院在诉讼过程中,依法就有关诉讼程序问题所作的一种处理。决定和判决、裁定的不同之处在于是否涉及上诉、抗诉问题。一般情况下,决定一经作出,立即发生效力,不能上诉或者抗诉。某些决定,如不起诉的决定、回避的决定、强制医疗的决定,为保护当事人的合法权益,纠正可能出现的错误,法律允许当事人或有关机关申请复议、复核。但判决、裁定则是在法定期限内可以上诉、抗诉的。

决定以其表现形式不同可分为口头决定和书面决定。书面决定应制作决定书,写明处理结论及理由。口头决定应记入笔录,它与书面决定具有同等效力。

(二)决定的适用

决定主要适用于解决以下一些问题:是否回避的决定;立案或不立案的决定;采取各种强制措施或变更强制措施的决定;实施各种侦查行为的决定;撤销案件的决定;延长侦

查中羁押犯罪嫌疑人的期间的决定;起诉或不起诉决定;开庭审判的决定;庭审中解决当事人和辩护人、诉讼代理人申请通知新的证人到庭、调取新的物证、申请重新鉴定或勘验的决定;抗诉的决定;提起审判监督程序的决定;强制医疗的决定等。

决定一经作出,立即生效,不准上诉、抗诉。某些决定,如我国《刑事诉讼法》第30条规定的驳回申请回避的决定,允许当事人及其法定代理人、辩护人、诉讼代理人申请复议一次。

决定一般是用口头宣布,记入笔录。但也可以采用书面形式,书面决定应当制作决定书。

思考题:

1. 什么是第一审程序?其任务是什么?
2. 公诉案件庭前审查的内容包括哪些?经过审查后可以作出哪些处理决定?
3. 简述庭前会议应当如何进行?
4. 法庭调查分哪几个阶段?每一阶段要进行哪些工作?
5. 试述法庭审判中询问证人、鉴定人的规则。
6. 简述合议庭调查核实证据的条件和程序。
7. 简述法庭辩论的内容和顺序。
8. 简述评议的概念和规则。
9. 人民法院对不同刑事案件有哪些裁判方式?
10. 单位犯罪案件的审理程序有哪些特殊规定?
11. 违反法庭秩序的,应当如何处理?
12. 延期审理、中止审理和终止审理有何区别?
13. 自诉案件审理程序有哪些特点?
14. 简述简易程序的概念和适用范围。
15. 试述简易审判程序的特点。
16. 判决、裁定和决定有何区别?

第十五章 第二审程序

第一节 概 述

一、两审终审制

两审终审制,是我国刑事诉讼法规定的审级制度,指一个刑事案件经过两级法院的审判即告终结的一项制度。具体而言,即地方各级人民法院依照第一审程序对案件进行审判以后,如果存在合法的上诉或者抗诉,还要由第一审人民法院的上一级人民法院依照第二审程序对案件进行审判。第二审人民法院所作的判决或裁定是终审的判决或裁定,除死刑案件外,应当交付执行。

二、第二审程序的概念和特点

第二审程序,又称上诉审程序,是指第二审人民法院根据上诉人的上诉或者人民检察院的抗诉,对第一审人民法院尚未发生法律效力的判决或裁定进行重新审判的方式、方法等的总称。

第二审程序主要有以下几个特点:

第一,第二审程序是上诉审程序。第二审程序并不是审理刑事案件的必经程序。第二审人民法院是根据上诉权人的上诉或者人民检察院的抗诉而进行的审判程序;如果没有上诉权人的上诉或者人民检察院的抗诉,就不会引起第二审程序。

第二,第二审程序是重新进行审判的程序。第二审人民法院对第一审判决或者裁定认定的事实是否清楚,证据是否确实、充分,定性是否准确,量刑是否得当,诉讼程序是否合法等,通过重新审判,进行全面审查,不受上诉或者抗诉范围的限制。

第三,第二审程序是终审程序。上诉制度与审级制度之间存在着密切的关系,由于我国采取的是两审终审制,所以第二审程序也就是终审的程序。只要第二审人民法院的判决或者裁定一经宣告,即发生法律效力,除死刑案件外,应当交付执行。

三、第二审程序的功能

第二审程序具有三个重要的功能:一是纠错功能,即通过第二审程序纠正第一审裁判的错误,实现上级人民对下级人民法院审判案件的审级监督;二是救济功能,即通过第二审程序的设置,赋予有关人员以上诉权,使其在不服第一审法院裁判时,获得重新审判的机会,以维护其合法权益;三是统一和平衡法律适用的功能,第二审法院通过第二审程序可以使本辖区内情况相似的案件,处理上大体相当。

第二节 第二审程序的提起

上诉和抗诉是启动第二审程序的两种方式。上诉,是有上诉权的人不服地方各级人民法院的一审裁判,要求上级人民法院对案件进行重新审判的诉讼活动。抗诉包括引起第二审程序的抗诉和引起审判监督程序的抗诉。其中,第二审程序中的抗诉,是地方各级人民检察院认为同级人民法院的一审裁判确有错误时,提请上一级人民法院进行重新审判的活动。

一、上诉与抗诉的主体

(一) 上诉的主体

上诉主体,又称上诉权人,是指依法享有上诉权的人。根据《刑事诉讼法》第216条的规定,有权提起上诉的主体有:被告人、自诉人和他们的法定代理人;经被告人同意的辩护人、近亲属;以及附带民事诉讼的当事人及其法定代理人。但由于上述主体在刑事诉讼中所处的诉讼地位不同,刑事诉讼法对他们的上诉权限作出了不同的规定。

(1) 被告人、自诉人及其法定代理人是享有独立上诉权的主体。被告人、自诉人在刑事诉讼中分别处于被告与原告的诉讼地位,他们与人民法院的裁判结果有着切身的直接的利害关系,因而,他们享有独立的上诉权。只要他们在法定期限内提出上诉,就引起第二审程序。《刑事诉讼法》第216条第3款还规定,对被告人的上诉权,不得以任何借口加以剥夺。法定代理人作为未成年人、无行为能力人或者限制行为能力人的合法权益维护者,法律也赋予他们独立的上诉权。

(2) 被告人的辩护人和近亲属,经被告人同意方可上诉。被告人的辩护人和近亲属没有独立的上诉权。被告人的辩护人和近亲属在征得被告人同意后,才能提起上诉,他们不得违背被告人的意愿而上诉。是否上诉,由被告人自行决定。

(3) 附带民事诉讼的当事人和他们的法定代理人是对判决、裁定中的附带民事诉讼部分享有独立上诉权的主体。根据《刑事诉讼法》第216条第2款的规定,附带民事诉讼的当事人和他们的法定代理人,可以对地方各级人民法院第一审的判决、裁定中的附带民事诉讼部分,提出上诉。上诉的内容,只限于附带民事诉讼部分,对刑事判决、裁定部分无权提出上诉,且不影响刑事判决、裁定在上诉期满后发生法律效力和执行。

需要指出的是,被害人及其法定代理人对第一审刑事判决不服,没有上诉权,只能请求人民检察院提出抗诉。《刑事诉讼法》第218条规定,被害人及其法定代理人不服地方各级人民法院第一审的判决的,自收到判决书后5日以内,有权请求人民检察院提出抗诉。人民检察院自收到被害人及其法定代理人的请求后5日以内,应当作出是否抗诉的决定并且答复请求人。应当注意,被害人及其法定代理人只能对未生效的第一审判决请求人民检察院提出抗诉,而对未生效的第一审裁定则不能请求人民检察院提出抗诉。

（二）抗诉的主体

第二审程序中抗诉的主体是地方各级人民检察院。根据《刑事诉讼法》第217条的规定，地方各级人民检察院认为本级人民法院第一审的判决、裁定确有错误的时候，应当向上一级人民法院提出抗诉。

二、上诉、抗诉的理由

我国《刑事诉讼法》对上诉的理由没有作限制性规定。上诉人在法定期限内依法提出上诉，不论理由是否充分，人民法院就应当受理，并引起第二审程序。

与上诉不同，抗诉必须有抗诉的理由。依据《刑事诉讼法》第217条的规定，地方各级人民检察院认为本级人民法院第一审判决、裁定确有错误的时候，才能提出抗诉。由此可见，抗诉的理由是认为一审判决或裁定确有错误，这里的"确有错误"具体表现为：（1）认定事实不清、证据不足的；（2）有确实、充分证据证明有罪而判无罪，或者无罪判有罪的；（3）重罪轻判，轻罪重判，适用刑罚明显不当的；（4）认定罪名不正确，一罪判数罪、数罪判一罪，影响量刑或者造成严重社会影响的；（5）免除刑事处罚或者适用缓刑、禁止令、限制减刑错误的；（6）人民法院在审理过程中严重违反法律规定的诉讼程序的。

三、上诉、抗诉的期限

对地方各级人民法院第一审判决、裁定的上诉或者抗诉，应当在法定的上诉或抗诉期限内提出。根据《刑事诉讼法》第219条的规定，不服判决的上诉和抗诉的期限为10日，不服裁定的上诉和抗诉的期限为5日，从接到判决书、裁定书的第二日起算。最高法《解释》第301条第2款规定，对附带民事判决或者裁定的上诉、抗诉期限，应当按照刑事部分的上诉、抗诉期限确定。附带民事部分另行审判的，上诉期限也应当按照《刑事诉讼法》规定的期限确定。

四、上诉、抗诉的方式和程序

上诉既可以以书状形式，也可以以口头形式提出。口头提出上诉的，由人民法院工作人员制作笔录或者记录在案，并向上诉人宣读或者交其阅读，上诉人应当签名或者盖章。用上诉状提出上诉的，应向人民法院提交上诉状正本及副本。口头上诉与书状上诉具有同等效力，人民法院都应当受理。

上诉既可以通过原审人民法院提出，也可以直接向原审法院的上一级法院即第二审人民法院提出。上诉人通过第一审人民法院提出上诉的，第一审人民法院应当审查。上诉符合法律规定的，应当在上诉期满后3日内将上诉状连同案卷、证据移送上一级人民法院，并将上诉状副本送交同级人民检察院和对方当事人。上诉人直接向第二审人民法院提出上诉的，第二审人民法院应当在收到上诉状后3日以内将上诉状交第一审人民法院。第一审人民法院应当审查上诉是否符合法律规定。符合法律规定的，应当在接到上诉状后3日以内将上诉状连同案卷、证据移送上一级人民法院，并将上诉状副本送交同级人民检察院和对方当事人。

　　抗诉应以书面形式提出,即必须制作抗诉书。地方各级人民检察院对同级人民法院第一审判决、裁定的抗诉,应当通过第一审人民法院提交抗诉书。抗诉书应通过第一审人民法院提交,这主要是为了体现我国《刑事诉讼法》关于专门机关在受理案件上的权限分工的精神。人民法院受理公诉案件,只能由同级人民检察院提起公诉并配合进行;人民检察院提起公诉或抗诉,也只能向同级人民法院提出并行使审判监督权。

　　人民检察院在向第一审人民法院提出抗诉的同时,还必须将抗诉书副本连同案件材料报送上一级人民检察院。第一审人民法院应当在抗诉期满后3日内将抗诉书连同案卷、证据移送上一级人民法院,并将抗诉书副本送交当事人。上一级人民检察院认为抗诉正确的,应当支持抗诉;认为抗诉不当的,应当向同级人民法院撤回抗诉,并且通知下级人民检察院。下级人民检察院如果认为上一级人民检察院撤回抗诉不当的,可以提请复议。上一级人民检察院应当复议,并将复议结果通知下级人民检察院。上一级人民检察院在上诉、抗诉期限内,发现下级人民检察院应当提出抗诉而没有提出抗诉的案件,可以指令下级人民检察院依法提出抗诉。

五、上诉、抗诉的撤回及处理

　　上诉人在上诉期限内要求撤回上诉的,人民法院应当准许。被告人、自诉人、附带民事诉讼当事人及其法定代理人是否提出上诉,以其在上诉期满前最后一次的意思表示为准。上诉人在上诉期满后要求撤回上诉的,第二审人民法院应当审查。经审查,认为原判认定事实和适用法律正确,量刑适当的,应当裁定准许撤回上诉;认为原判事实不清、证据不足或者将无罪判为有罪、轻罪重判等的,应当不予准许,继续按照上诉案件审理。被判处死刑立即执行的被告人提出上诉,在第二审开庭后宣告裁判前申请撤回上诉的,应当不予准许,继续按照上诉案件审理。

　　人民检察院在抗诉期限内撤回抗诉的,第一审人民法院不再移送案件;在抗诉期满后第二审人民法院宣告裁判前撤回抗诉的,第二审人民法院可以裁定准许,并通知第一审人民法院和当事人。

　　在上诉、抗诉期满前撤回上诉、抗诉的,第一审判决、裁定在上诉、抗诉期满之日起生效。在上诉、抗诉期满后要求撤回上诉、抗诉,第二审人民法院裁定准许的,第一审判决、裁定应当自第二审裁定书送达上诉人或者抗诉机关之日起生效。

第三节　第二审程序的审判

一、第二审程序的审判原则

（一）全面审查原则

　　依据《刑事诉讼法》第222条的规定,第二审人民法院应当就第一审判决认定的事实和适用法律进行全面审查,不受上诉或者抗诉范围的限制。共同犯罪的案件只有部分被告人上诉的,应当对全案进行审查,一并处理。这就意味着,第二审人民法院对上诉、抗诉案件进行开庭前的审查时,应当坚持全面审查的原则。在全面审查时,应注意以下几点:

(1) 第二审人民法院既要对第一审法院所认定的事实是否正确进行审查,又要对其适用法律是否正确进行审查。

(2) 第二审人民法院既要对上诉或抗诉的部分进行审查,又要对未上诉或抗诉的部分进行审查。

(3) 共同犯罪案件,只有部分被告人提出上诉,或者自诉人只对部分被告人的判决提出上诉,或者人民检察院只对部分被告人的判决提出抗诉的,第二审人民法院应当对全案进行审查,一并处理。既要对已上诉的被告人的问题进行审查,又要对未上诉的被告人的问题进行审查;既要对被提起上诉或抗诉的被告人的问题进行审查,又要对未被提起上诉或抗诉的被告人的问题进行审查。

共同犯罪案件,上诉的被告人死亡,其他被告人未上诉的,第二审人民法院仍应对全案进行审查。经审查,死亡的被告人不构成犯罪的,应当宣告无罪;构成犯罪的,应当终止审理。对其他同案被告人仍应作出判决、裁定。

(4) 刑事附带民事诉讼案件,只有附带民事诉讼当事人及其法定代理人上诉的,第二审人民法院应当对全案进行审查。经审查,第一审判决的刑事部分并无不当的,第二审人民法院只需就附带民事部分作出处理;第一审判决的附带民事部分事实清楚,适用法律正确的,应当以刑事附带民事裁定维持原判,驳回上诉。

刑事附带民事诉讼案件,只有附带民事诉讼当事人及其法定代理人上诉的,第一审刑事部分的判决在上诉期满后即发生法律效力。应当送监执行的第一审刑事被告人是第二审附带民事诉讼被告人的,在第二审附带民事诉讼案件审结前,可以暂缓送监执行。

依据最高法《解释》第 309 条的规定,第二审人民法院对第一审人民法院移送的上诉、抗诉案卷、证据,应当审查是否包括下列内容:(1) 移送上诉、抗诉案件函;(2) 上诉状或者抗诉书;(3) 第一审判决书、裁定书八份(每增加一名被告人增加一份)及其电子文本;(4) 全部案卷、证据,包括案件审理报告和其他应当移送的材料。上述材料齐全的,第二审人民法院应当收案;材料不全的,应当通知第一审人民法院及时补送。

依据最高法《解释》第 315 条的规定,对上诉、抗诉案件,应当着重审查下列内容:(1) 第一审判决认定的事实是否清楚,证据是否确实、充分;(2) 第一审判决适用法律是否正确,量刑是否适当;(3) 在侦查、审查起诉、第一审程序中,有无违反法定诉讼程序的情形;(4) 上诉、抗诉是否提出新的事实、证据;(5) 被告人的供述和辩解情况;(6) 辩护人的辩护意见及采纳情况;(7) 附带民事部分的判决、裁定是否合法、适当;(8) 第一审人民法院合议庭、审判委员会讨论的意见。

(二) 上诉不加刑原则

上诉不加刑原则,是指第二审人民法院审判只有被告人一方提出上诉的案件,不得加重被告人刑罚的一项审判原则。《刑事诉讼法》第 226 条第 1 款规定:"第二审人民法院审理被告人或者他的法定代理人、辩护人、近亲属上诉的案件,不得加重被告人的刑罚。第二审人民法院发回原审人民法院重新审判的案件,除有新的犯罪事实,人民检察院补充起诉的以外,原审人民法院也不得加重被告人的刑罚。"这就是我国关于上诉不加刑的法律规定。该原则有利于保障被告人依法行使上诉权,有利于第二审法院对第一审法院的审判工作实行监督,保证办案的质量,有利于促使人民检察院履行审判监督职责。

上诉不加刑原则只适用于被告人和他的法定代理人、辩护人、近亲属提起的上诉案件。而人民检察院提出抗诉的或者自诉案件自诉人提出上诉的,第二审人民法院对案件进行判决时,不受该原则的限制,这是《刑事诉讼法》第226条第2款所规定的上诉不加刑原则的例外情况。

第二审人民法院具体运用上诉不加刑原则时,应当执行下列具体规定:

(1) 同案审理的案件,只有部分被告人上诉的,既不得加重上诉人的刑罚,也不得加重其他同案被告人的刑罚。

(2) 原判事实清楚,证据确实、充分,只是认定的罪名不当的,可以改变罪名,但不得加重刑罚。

最高人民法院《关于刑事第二审判决改变第一审判决认定的罪名后能否加重附加刑的批复》指出,第二审人民法院审判被告人或者他的法定代理人、辩护人、近亲属上诉的案件,不得加重被告人的刑罚。因此,第一审人民法院没有判处附加刑的,第二审人民法院判决改变罪名后,不得判处附加刑;第一审人民法院原判附加刑较轻的,第二审人民法院不得改判较重的附加刑,也不得以事实不清或者证据不足发回第一审人民法院重新审理;必须依法改判的,应当在第二审判决、裁定生效后,按照审判监督程序重新审判。

(3) 原判对被告人实行数罪并罚的,既不得加重决定执行的刑罚,也不得加重数罪中某罪的刑罚。

(4) 原判对被告人宣告缓刑的,不得撤销缓刑或者延长缓刑考验期。

(5) 原判没有宣告禁止令的,不得增加宣告;原判宣告禁止令的,不得增加内容、延长期限。

(6) 原判对被告人判处死刑缓期执行没有限制减刑的,不得限制减刑。

(7) 原判事实清楚,证据确实、充分,但判处的刑罚畸轻、应当适用附加刑而没有适用的,不得直接加重刑罚、适用附加刑,也不得以事实不清、证据不足为由发回第一审人民法院重新审判。必须依法改判的,应当在第二审判决、裁定生效后,依照审判监督程序重新审判。

此外,人民检察院只对部分被告人的判决提出抗诉,或者自诉人只对部分被告人的判决提出上诉的,第二审人民法院不得对其他同案被告人加重刑罚。被告人或者其法定代理人、辩护人、近亲属提出上诉的案件,第二审人民法院发回重新审判后,除有新的犯罪事实,人民检察院补充起诉的以外,原审人民法院不得加重被告人的刑罚。

二、第二审程序的审理

《刑事诉讼法》第 223 条第 1 款规定:"第二审人民法院对于下列案件,应当组成合议庭,开庭审理:(1) 被告人、自诉人及其法定代理人对第一审认定的事实、证据提出异议,可能影响定罪量刑的上诉案件;(2) 被告人被判处死刑的上诉案件;(3) 人民检察院抗诉的案件;(4) 其他应当开庭审理的案件。"第 2 款规定:"第二审人民法院决定不开庭审理的,应当讯问被告人,听取其他当事人、辩护人、诉讼代理人的意见。"上述两款规定表明第二审程序的审理方式有两种:一是开庭审理;二是不开庭审理。

(一) 开庭审理

根据《刑事诉讼法》第 223 条第 1 款、最高法《解释》第 317 条的规定,第二审案件必须开庭审理的有以下四种:(1) 被告人、自诉人及其法定代理人对第一审认定的事实、证据提出异议,可能影响定罪量刑的上诉案件;(2) 被告人被判处死刑立即执行的上诉案件;(3) 人民检察院抗诉的案件;(4) 其他应当开庭审理的案件。被判处死刑立即执行的被告人没有上诉,同案的其他被告人上诉的案件,第二审人民法院应当开庭审理。被告人被判处死刑缓期执行的上诉案件,虽不属于前述第(1) 种情形,有条件的,也应当开庭审理。

第二审期间,人民检察院或者被告人及其辩护人提交新证据的,人民法院应当及时通知对方查阅、摘抄或者复制。

根据《刑事诉讼法》、最高法《解释》的规定,人民检察院提出抗诉的案件或者第二审人民法院开庭审理的公诉案件,同级人民检察院都应当派员出席法庭。抗诉案件,人民检察院接到开庭通知后不派员出庭,且未说明原因的,人民法院可以裁定按人民检察院撤回抗诉处理,并通知第一审人民法院和当事人。第二审人民法院应当在决定开庭审理后及时通知人民检察院查阅案卷。人民检察院应当在 1 个月以内查阅完毕。自通知后的第 2 日起,人民检察院查阅案卷的时间不计入审理期限。检察人员在审查第一审案卷材料时,应当复核主要证据,可以讯问原审被告人,必要时可以补充收集证据、重新鉴定或者补充鉴定。检察人员出席第二审法庭前,应当制作讯问被告人,询问被害人、证人、鉴定人和出示、宣读、播放证据计划,拟写答辩提纲,并制作出庭意见。在法庭审理中,检察人员应当针对原审判决或者裁定认定事实或适用法律、量刑等方面的问题,围绕抗诉或者上诉理由以及辩护人的辩护意见,讯问被告人,询问被害人、证人、鉴定人,出示和宣读证据,并提出意见和进行辩论。

第二审人民法院开庭审理上诉、抗诉案件,可以到案件发生地或者原审人民法院所在地进行。第二审期间,被告人除自行辩护外,还可以继续委托第一审辩护人或者另行委托辩护人辩护。共同犯罪案件,只有部分被告人提出上诉,或者自诉人只对部分被告人的判决提出上诉,或者人民检察院只对部分被告人的判决提出抗诉的,其他同案被告人也可以委托辩护人辩护。

由于第二审程序和第一审程序的任务不同,第二审开庭审理有着不同于第一审的特点,第二审开庭审理应在全面审查的基础上突出重点。根据最高法《解释》的规定,开庭审理上诉、抗诉案件,除参照适用第一审程序的有关规定外,应当按照下列规定进行:

(1) 法庭调查阶段,审判人员宣读第一审判决书、裁定书后,上诉案件由上诉人或者辩护人先宣读上诉状或者陈述上诉理由,抗诉案件由检察员先宣读抗诉书;既有上诉又有抗诉的案件,先由检察员宣读抗诉书,再由上诉人或者辩护人宣读上诉状或者陈述上诉理由。

(2) 法庭辩论阶段,上诉案件,先由上诉人、辩护人发言,后由检察员、诉讼代理人发言;抗诉案件,先由检察员、诉讼代理人发言,后由被告人、辩护人发言;既有上诉又有抗诉的案件,先由检察员、诉讼代理人发言,后由上诉人、辩护人发言。

开庭审理上诉、抗诉案件,可以重点围绕对第一审判决、裁定有争议的问题或者有疑问的部分进行。根据案件情况,可以按照下列方式审理:(1) 宣读第一审判决书,可以只宣读案由、主要事实、证据名称和判决主文等。(2) 法庭调查应当重点围绕对第一审判决提出异议的事实、证据以及提交的新的证据等进行;对没有异议的事实、证据和情节,可以直接确认。(3) 对同案审理案件中未上诉的被告人,未被申请出庭或者人民法院认为没有必要到庭的,可以不再传唤到庭。(4) 被告人犯有数罪的案件,对其中事实清楚且无异议的犯罪,可以不在庭审时审理。同案审理的案件,未提出上诉、人民检察院也未对其判决提出抗诉的被告人要求出庭的,应当准许。出庭的被告人可以参加法庭调查和辩论。

(二) 不开庭审理

除《刑事诉讼法》第 223 条第 1 款规定的应当开庭审理的案件外,第二审可以适用不开庭审理的方式。最高法《解释》第 318 条规定,对上诉、抗诉案件,第二审人民法院经审查,认为原判事实不清、证据不足,或者具有《刑事诉讼法》第 227 条规定的违反法定诉讼程序情形,需要发回重新审判的,可以不开庭审理。

第二审案件依法不开庭审理的,应当讯问被告人,听取其他当事人、辩护人、诉讼代理人的意见。合议庭全体成员应当阅卷,必要时应当提交书面阅卷意见。

不开庭审理有利于节省司法资源,提高诉讼效率,但是,也应当保障当事人和其他诉讼参与人的诉讼权利的行使。

三、对上诉、抗诉案件审理后的处理

根据《刑事诉讼法》第 225 条、第 227 条的规定,第二审人民法院审理上诉、抗诉案件后,应当按下列情况分别作出处理:

(一) 用裁定驳回上诉或者抗诉,维持原判

第二审人民法院对上诉或抗诉案件进行审理后,认为原判决认定事实和适用法律正确、量刑适当、程序合法,提出上诉或抗诉的理由不能成立的,应当裁定驳回上诉或者抗诉,维持原判。

(二) 用判决直接改判

改判,是指第二审人民法院直接作出判决,改变第一审判决的内容。属于第二审人民

法院改判的有两种情形：(1) 原判决适用法律有错误，或者量刑不当的；(2) 原判决事实不清楚或者证据不足，第二审对事实予以查清的。

（三）用裁定撤销原判，发回重审

属于裁定撤销原判、发回重审的，有两种情形：

第一种情形是，对事实不清楚或者证据不足的第一审判决，除第二审人民法院通过自行调查核实或者通知原审人民法院补充材料就可将事实查清，直接改判的以外，第二审人民法院一般应裁定撤销原判，发回原审人民法院重新审理。根据《刑事诉讼法》第225条第2款的规定，原审人民法院对于按前述规定发回重新审判的案件作出判决后，被告人提出上诉或者人民检察院提出抗诉的，第二审人民法院应当依法作出判决或者裁定，不得再发回原审人民法院重新审判。

第二种情形是，第二审人民法院发现第一审人民法院的审理有下列违反法律规定的诉讼程序的情形之一的，应当裁定撤销原判，发回原审人民法院重新审判：(1) 违反有关公开审判的规定的；(2) 违反回避制度的；(3) 剥夺或者限制了当事人的法定诉讼权利，可能影响公正审判的；(4) 审判组织的组成不合法的；(5) 其他违反法律规定的诉讼程序，可能影响公正审判的。

根据《刑事诉讼法》第228条的规定，原审人民法院对于发回重新审判的案件，应当另行组成合议庭，依照第一审程序进行审判。对于重新审判后的判决，可以上诉、抗诉。最高法《解释》第329条规定，第二审人民法院发现原审人民法院在重新审判过程中，有《刑事诉讼法》第227条规定的情形之一，或者违反第228条规定的，应当裁定撤销原判，发回重新审判。

第二审人民法院对不服第一审裁定的上诉或者抗诉，经过审查后，应当参照《刑事诉讼法》第225条、第227条和第228条的规定，分别情形用裁定驳回上诉、抗诉，或者撤销、变更原裁定。

第二审的判决、裁定（死刑案件以及在法定刑以下判处刑罚的必须报经最高人民法院核准的除外）和最高人民法院的判决、裁定，都是终审的判决、裁定，一经宣告即发生法律效力，不得对其再行上诉或按第二审程序提起抗诉。

第二审人民法院可以自行宣告裁判，也可以委托原审人民法院代为宣告。根据最高法《解释》第335条的规定，第二审人民法院可以委托第一审人民法院代为宣判，并向当事人送达第二审判决书、裁定书。第一审人民法院应当在代为宣判后5日内将宣判笔录送交第二审人民法院，并在送达完毕后及时将送达回证送交第二审人民法院。委托宣判的，第二审人民法院应当直接向同级人民检察院送达第二审判决书、裁定书。

四、第二审对刑事附带民事诉讼案件的处理

最高法《解释》还对第二审人民法院审理刑事附带民事案件作了以下补充规定：

(1) 第二审人民法院审理对刑事部分提出上诉、抗诉，附带民事部分已经发生法律效力的案件，发现第一审判决、裁定中的附带民事部分确有错误的，应当依照审判监督程序对附带民事部分予以纠正。

（2）第二审人民法院审理对附带民事部分提出上诉，刑事部分已经发生法律效力的案件，发现第一审判决、裁定中的刑事部分确有错误的，应当依照审判监督程序对刑事部分进行再审，并将附带民事部分与刑事部分一并审理。

（3）第二审期间，第一审附带民事诉讼原告人增加独立的诉讼请求或者第一审附带民事诉讼被告人提出反诉的，第二审人民法院可以根据自愿、合法的原则进行调解；调解不成的，告知当事人另行起诉。

五、第二审对自诉案件的处理

最高法《解释》还对第二审人民法院审理自诉案件作了以下补充规定：

（1）对第二审自诉案件，必要时可以调解，当事人也可以自行和解。调解结案的，应当制作调解书，第一审判决、裁定视为自动撤销；当事人自行和解的，应当裁定准许撤回自诉，并撤销第一审判决、裁定。

（2）第二审期间，自诉案件的当事人提出反诉的，应当告知其另行起诉。

六、第二审程序的审理期限

根据《刑事诉讼法》第232条的规定，第二审人民法院受理上诉、抗诉案件，应当在2个月以内审结。对于可能判处死刑的案件或者附带民事诉讼的案件，以及有《刑事诉讼法》第156条规定情形之一的，经省、自治区、直辖市高级人民法院批准或者决定，可以延长2个月；因特殊情况还需要延长的，报请最高人民法院批准。最高人民法院受理上诉、抗诉案件的审理期限，由最高人民法院决定。根据《刑事诉讼法》第230条的规定，第二审人民法院发回原审人民法院重新审判的案件，原审人民法院从收到发回的案件之日起，重新计算审理期限。

第四节　对扣押、冻结在案财物的处理

根据《刑事诉讼法》第234条、最高法《解释》、六部门《规定》等规定，公安机关、人民检察院和人民法院对于查封、扣押、冻结的财物，应做以下处理：

（1）对查封、扣押、冻结的犯罪嫌疑人、被告人的财物及其孳息，应当妥善保管，以供核查，并制作清单，随案移送。任何单位和个人不得挪用或者自行处理。

查封不动产、车辆、船舶、航空器等财物，应当扣押其权利证书，经拍照或者录像后原地封存，或者交持有人、被告人的近亲属保管，登记并写明财物的名称、型号、权属、地址等详细情况，并通知有关财物的登记、管理部门办理查封登记手续。

扣押物品，应当登记并写明物品名称、型号、规格、数量、重量、质量、成色、纯度、颜色、新旧程度、缺损特征和来源等。扣押货币、有价证券，应当登记并写明货币、有价证券的名称、数额、面额等，货币应当存入银行专门账户，并登记银行存款凭证的名称、内容。扣押

文物、金银、珠宝、名贵字画等贵重物品以及违禁品,应当拍照,需要鉴定的,应当及时鉴定。对扣押的物品应当根据有关规定及时估价。

冻结存款、汇款、债券、股票、基金份额等财产,应当登记并写明编号、种类、面值、张数、金额等。

(2) 对被害人的合法财产,权属明确的,应当依法及时返还,但须经拍照、鉴定、估价,并在案卷中注明返还的理由,将原物照片、清单和被害人的领取手续附卷备查;权属不明的,应当在人民法院判决、裁定生效后,按比例返还被害人,但已获退赔的部分应予扣除。

审判期间,权利人申请出售被扣押、冻结的债券、股票、基金份额等财产,人民法院经审查,认为不损害国家利益、被害人利益,不影响诉讼正常进行的,以及扣押、冻结的汇票、本票、支票有效期即将届满的,可以在判决、裁定生效前依法出售,所得价款由人民法院保管,并及时告知当事人或者其近亲属。

(3) 对作为证据使用的实物,包括作为物证的货币、有价证券等,应当随案移送。第一审判决、裁定宣告后,被告人上诉或者人民检察院抗诉的,第一审人民法院应当将上述证据移送第二审人民法院。

(4) 对不宜移送的实物,应当根据情况,分别审查以下内容:① 大宗的、不便搬运的物品,查封、扣押机关是否随案移送查封、扣押清单,并附原物照片和封存手续,注明存放地点等;② 易腐烂、霉变和不易保管的物品,查封、扣押机关变卖处理后,是否随案移送原物照片、清单、变价处理的凭证(复印件)等;③ 枪支弹药、剧毒物品、易燃易爆物品以及其他违禁品、危险物品,查封、扣押机关根据有关规定处理后,是否随案移送原物照片和清单等。上述不宜移送的实物,应当依法鉴定、估价的,还应当审查是否附有鉴定、估价意见。对查封、扣押的货币、有价证券等未移送的,应当审查是否附有原物照片、清单或者其他证明文件。

(5) 法庭审理过程中,对查封、扣押、冻结的财物及其孳息,应当调查其权属情况,是否属于违法所得或者依法应当追缴的其他涉案财物。案外人对查封、扣押、冻结的财物及其孳息提出权属异议的,人民法院应当审查并依法处理。经审查,不能确认查封、扣押、冻结的财物及其孳息属于违法所得或者依法应当追缴的其他涉案财物的,不得没收。

对查封、扣押、冻结的财物及其孳息,应当在判决书中写明名称、金额、数量、存放地点及其处理方式等。涉案财物较多,不宜在判决主文中详细列明的,可以附清单。涉案财物未随案移送的,应当在判决书中写明,并写明由查封、扣押、冻结机关负责处理。

查封、扣押、冻结的财物及其孳息,经审查,确属违法所得或者依法应当追缴的其他涉案财物的,应当判决返还被害人,或者没收上缴国库,但法律另有规定的除外。判决返还被害人的涉案财物,应当通知被害人认领;无人认领的,应当公告通知;公告满3个月无人认领的,应当上缴国库;上缴国库后有人认领,经查证属实的,应当申请退库予以返还;原物已经拍卖、变卖的,应当返还价款。对侵犯国有财产的案件,被害单位已经终止且没有权利义务继受人,或者损失已经被核销的,查封、扣押、冻结的财物及其孳息应当上缴国库。

随案移送的或者人民法院查封、扣押的财物及其孳息,由第一审人民法院在判决生效后负责处理。涉案财物未随案移送的,人民法院应当在判决生效后 10 日内,将判决书、裁定书送达查封、扣押机关,并告知其在 1 个月内将执行回单送回。

对冻结的存款、汇款、债券、股票、基金份额等财产判决没收的,第一审人民法院应当在判决生效后,将判决书、裁定书送达相关金融机构和财政部门,通知相关金融机构依法上缴国库并在接到执行通知书后 15 日内,将上缴国库的凭证、执行回单送回。

查封、扣押、冻结的财物与本案无关但已列入清单的,应当由查封、扣押、冻结机关依法处理。查封、扣押、冻结的财物属于被告人合法所有的,应当在赔偿被害人损失、执行财产刑后及时返还被告人;财物未随案移送的,应当通知查封、扣押、冻结机关将赔偿被害人损失、执行财产刑的部分移送人民法院。

此外,司法工作人员贪污、挪用或者私自处理被查封、扣押、冻结的财物及其孳息的,依法追究刑事责任;不构成犯罪的,给予处分。

思考题:
1. 两审终审制的内容和要求是什么?
2. 什么是第二审程序?它有哪些特点和功能?
3. 上诉权的主体有哪些类型?
4. 上诉和抗诉有何区别?
5. 怎样理解第二审程序的全面审查原则?
6. 怎样理解上诉不加刑原则?
7. 怎样理解第二审的审理方式?
8. 对上诉、抗诉案件审理后的处理方式有哪些?
9. 第二审中对扣押、冻结在案财物如何处理?

第十六章 死刑复核程序和特别减轻处罚案件的核准程序

第一节 死刑复核程序概述

一、死刑复核程序的概念和任务

死刑复核程序,是指有核准权的人民法院对已经判处被告人死刑的案件,依照法律规定的程序再次进行审查,决定是否核准死刑的一种特别审判程序。

死刑复核程序,是我国刑事诉讼法规定的一种独立于普通审判程序之外的特别审查核准程序。这一特别审判程序的意义在于死刑复核程序体现了立法者对死刑案件极其审慎的态度,有利于统一理解和执行死刑案件的适用标准,从程序上保证死刑判决的正确性以及死刑案件的办案质量,贯彻防止错杀和坚持少杀、慎杀的刑事政策。

我国死刑复核程序的任务是,由享有死刑复核权或者核准权的人民法院对报请复核的死刑判决、裁定,在认定事实和适用法律上是否正确进行全面审查,依法作出是否核准死刑的裁决。因此,死刑复核程序的任务包括两个方面:一是审查,即对判处死刑裁决认定犯罪事实是否清楚,据以定罪的证据是否确实、充分,罪名是否准确,量刑是否适当,程序是否合法等进行全面审查。二是核准,即享有死刑复核权或者核准权的人民法院经过审核以后,裁定是否核准已经判处死刑的判决或者裁定。

二、死刑复核程序的特点

相比第一审程序、第二审程序和审判监督程序,死刑复核程序作为一种特殊的审判程序,有以下几个显著的特点:

(1) 审理对象的特定性。死刑复核程序审理的对象仅是按照其他审判程序审结的判处被告人死刑的案件,包括判处死刑立即执行和判处死刑缓期二年执行的案件。只有死刑案件才需要经过死刑复核程序,其他案件无须经历这一审理程序。

(2) 核准权的专属性。按照《刑事诉讼法》的规定,死刑由最高人民法院核准,死刑缓期二年执行由高级人民法院核准。换言之,享有核准权的主体只有最高人民法院和高级人民法院。

(3) 程序启动的自动性。基于审判权的被动性,第一审程序和第二审程序的启动都遵循不告不理原则。而死刑复核程序的启动则基于下级人民法院的主动上报,而不是基于检察机关提起的公诉或者抗诉,也不是基于当事人提起的自诉或上诉。

（4）审理方式的非诉讼化。死刑复核程序中虽然也要组成合议庭,同时也要讯问被告人、审核案卷材料、听取辩护律师的意见,但却不采取开庭审理的方式,带有一定的行政审核色彩。

（5）裁决的终局性。按照两审终审制原则,非死刑案件经过第一审、第二审程序后,裁判即发生法律效力。作为两审终审制的例外,死刑案件除经过第一审、第二审程序以外,还必须经过死刑复核程序,享有核准权的人民法院核准的死刑判决才发生法律效力。

第二节 判处死刑立即执行案件的复核程序

一、死刑立即执行案件的核准权

死刑立即执行案件的核准权的归属,关系到死刑复核程序的立法目的能否得到根本实现,因而,死刑立即执行案件的核准权的归属是死刑复核程序中最关键的问题之一。自1949年以来,我国法律对于死刑立即执行案件核准权的规定经历了上收、下放直至最后上收的反复过程。2012年修订后的《刑事诉讼法》第235条明确规定:"死刑由最高人民法院核准。"这一规定,明确了最高人民法院对死刑立即执行案件核准权的专属性,死刑核准权的上收无疑对统一死刑案件的适用标准,控制死刑的使用,防止死刑适用的错误,具有重大意义。

二、判处死刑立即执行案件的报请复核

（一）判处死刑立即执行案件报请复核的程序

根据《刑事诉讼法》、六部门《规定》和最高法《解释》等,最高人民法院核准的死刑立即执行案件的报请复核应当遵循以下程序要求:

（1）中级人民法院判处死刑的第一审案件,被告人未上诉、人民检察院未抗诉的,在上诉、抗诉期满后10日内报请高级人民法院复核。高级人民法院同意判处死刑的,应当在作出裁定后10日内报请最高人民法院核准;不同意的,应当依照第二审程序提审或者发回重新审判。

中级人民法院一审判处死刑的案件,被判处死刑的被告人未提出上诉,但共同犯罪的部分被告人或者附带民事诉讼原告人提出上诉时,依据最高人民法院《关于对被判处死刑的被告人未提出上诉、共同犯罪的部分被告人或者附带民事诉讼原告人提出上诉的案件应适用何种程序审理的批复》的相关规定,应当适用如下程序处理:中级人民法院一审判处死刑的案件,被判处死刑的被告人未提出上诉,共同犯罪的其他被告人提出上诉的,高级人民法院应当适用第二审程序对全案进行审查,并对涉及死刑之罪的事实和适用法律依法开庭审理,一并处理;中级人民法院一审判处死刑的案件,被判处死刑的被告人未提出上诉,仅附带民事诉讼原告人提出上诉的,高级人民法院应当适用第二审程序对附带民事诉讼依法审理,并由同一审判组织对未提出上诉的被告人的死刑判决进行复核,作出是

否同意判处死刑的裁判。

(2) 中级人民法院判处死刑的第一审案件,被告人上诉或者人民检察院抗诉,高级人民法院裁定维持的,应当在作出裁定后 10 日内报请最高人民法院核准。

(3) 高级人民法院判处死刑的第一审案件,被告人未上诉、人民检察院未抗诉的,应当在上诉、抗诉期满后 10 日内报请最高人民法院核准。

(二) 判处死刑立即执行案件报请复核的要求

报请复核的死刑案件,应当一案一报。报送的材料包括报请复核的报告,第一、二审裁判文书,死刑案件综合报告各 5 份以及全部案卷、证据。死刑案件综合报告,第一、二审裁判文书和审理报告应当附送电子文本。同案审理的案件应当报送全案案卷、证据。曾经发回重新审判的案件,原第一、二审案卷应当一并报送。

(1) 报请复核报告应当包括下列内容:① 案由;② 简要案情;③ 审理过程;④ 判决结果。

(2) 死刑案件综合报告包括下列内容:① 被告人、被害人的基本情况。被告人有前科或者曾受过行政处罚的,应当写明。② 案件的由来和审理经过。案件曾经发回重新审判的,应当写明发回重新审判的原因、时间、案号等。③ 案件侦破情况。通过技术侦查措施抓获被告人、侦破案件,以及与自首、立功认定有关的情况,应当写明。④ 第一审审理情况。包括控辩双方意见,第一审认定的犯罪事实,合议庭和审判委员会意见。⑤ 第二审审理或者高级人民法院复核情况。包括上诉理由、检察机关意见,第二审审理或者高级人民法院复核认定的事实,证据采信情况及理由,控辩双方意见及采纳情况。⑥ 需要说明的问题。包括共同犯罪案件中另案处理的同案犯的定罪量刑情况,案件有无重大社会影响,以及当事人的反应等情况。⑦ 处理意见。写明合议庭和审判委员会的意见。

(3) 诉讼案卷和证据,根据具体案件情况应当包括下列内容:① 拘留证、逮捕证、搜查证的复印件;② 扣押赃款、赃物和其他在案物证的清单;③ 起诉意见书或者人民检察院的侦查终结报告;④ 人民检察院的起诉书;⑤ 案件审查报告、法庭审查笔录、合议庭评议笔录和审判委员会讨论决定笔录;⑥ 上诉状、抗诉书;⑦ 人民法院的判决书、裁定书和宣判笔录、送达回证;⑧ 能够证明案件具体情况并经过查证属实的各种肯定的和否定的证据,包括物证或者物证照片、书证、证人证言、被害人陈述、被告人供述和辩解、鉴定意见以及勘验、检查、辨认、侦查实验等笔录,等等。

三、判处死刑立即执行案件的复核程序

最高人民法院复核死刑案件时,应遵循以下程序规定:

1. 复核组织

《刑事诉讼法》第 238 条规定,最高人民法院复核死刑案件,应当由审判员 3 人组成合议庭进行。

2. 复核方式

死刑复核的审判方式不同于普通审判程序中所采取的开庭审理,也不是单纯的书面

审理,而应当遵守以下程序要求:

(1) 讯问被告人。《刑事诉讼法》第240条第1款规定,最高人民法院复核死刑案件,应当讯问被告人。讯问被告人是死刑复核的必经程序。讯问被告人有利于准确查明案情,保证死刑复核案件质量,有利于保障被告人的辩护权等合法权益。

(2) 听取辩护律师的意见。《刑事诉讼法》第240条第1款规定,最高人民法院复核死刑案件,辩护律师提出要求的,应当听取辩护律师的意见。最高法《解释》第356条进一步规定,死刑复核期间,辩护律师要求当面反映意见的,最高人民法院有关合议庭应当在办公场所听取其意见,并制作笔录;辩护律师提出书面意见的,应当附卷。

(3) 听取检察机关的意见。《刑事诉讼法》第240条第2款规定,在复核死刑案件过程中,最高人民检察院可以向最高人民法院提出意见。最高人民法院应当将死刑复核结果通报最高人民检察院。最高法《解释》第357条规定,死刑复核期间,最高人民检察院提出意见的,最高人民法院应当审查,并将采纳情况及理由反馈最高人民检察院。最高检《规则》规定,最高人民检察院发现在死刑复核期间的案件具有下列情形之一,经审查认为确有必要的,应当向最高人民法院提出意见:认为死刑二审裁判确有错误,依法不应当核准死刑的;发现新情况、新证据,可能影响被告人定罪量刑的;严重违反法律规定的诉讼程序,可能影响公正审判的;司法工作人员在办理案件时,有贪污受贿、徇私舞弊、枉法裁判等行为的;其他需要提出意见的。最高人民检察院对于最高人民法院通报的死刑复核案件,认为确有必要的,应当在最高人民法院裁判文书下发前提出意见。最高人民检察院对于死刑复核监督案件,经审查认为确有必要向最高人民法院提出意见的,应当以死刑复核案件意见书的形式提出。死刑复核案件意见书应当提出明确的意见或者建议,并说明理由和法律依据。对于最高人民检察院提出应当核准死刑意见的案件,最高人民法院经审查仍拟不核准死刑,决定将案件提交审判委员会会议讨论并通知最高人民检察院派员列席的,最高人民检察院检察长或者受检察长委托的副检察长应当列席审判委员会会议。

(4) 审查核实案卷材料。审查核实案卷材料是非常重要的复核方式,通过全面审查案卷,可以发现原判认定犯罪事实是否清楚,证据是否确实、充分,定性是否准确,法律手续是否完备,对被告人判处死刑是否正确,以便结合讯问被告人对案件作出正确的处理。审阅案卷应当全面审查以下内容:被告人的年龄,被告人有无刑事责任能力、是否系怀孕的妇女;原判认定的事实是否清楚,证据是否确实、充分;犯罪情节、后果及危害程度;原判适用法律是否正确,是否必须判处死刑,是否必须立即执行;有无法定、酌定从重、从轻或者减轻处罚情节;诉讼程序是否合法;应当审查的其他情况。

四、判处死刑立即执行案件复核后的处理

《刑事诉讼法》第239条规定,最高人民法院复核死刑案件,应当作出核准或者不核准死刑的裁定。对于不核准死刑的,最高人民法院可以发回重新审判或者予以改判。最高法《解释》进一步规定,对于死刑立即执行案件,最高人民法院复核后应当按照下列情形分别处理:

(1) 原判认定事实和适用法律正确、量刑适当、诉讼程序合法的,应当裁定核准;

(2) 原判认定的某一具体事实或者引用的法律条款等存在瑕疵,但判处被告人死刑并无不当的,可以在纠正后作出核准的判决、裁定;

(3) 原判事实不清、证据不足的,应当裁定不予核准,并撤销原判,发回重新审判;

(4) 复核期间出现新的影响定罪量刑的事实、证据的,应当裁定不予核准,并撤销原判,发回重新审判;

(5) 原判认定事实正确,但依法不应当判处死刑的,应当裁定不予核准,并撤销原判,发回重新审判;

(6) 原审违反法定诉讼程序,可能影响公正审判的,应当裁定不予核准,并撤销原判,发回重新审判。

对一人有两罪以上被判处死刑的数罪并罚案件,最高人民法院复核后,认为其中部分犯罪的死刑判决、裁定事实不清、证据不足的,应当对全案裁定不予核准,并撤销原判,发回重新审判;认为其中部分犯罪的死刑判决、裁定认定事实正确,但依法不应当判处死刑的,可以改判,并对其他应当判处死刑的犯罪作出核准死刑的判决。

对有两名以上被告人被判处死刑的案件,最高人民法院复核后,认为其中部分被告人的死刑判决、裁定事实不清、证据不足的,应当对全案裁定不予核准,并撤销原判,发回重新审判;认为其中部分被告人的死刑判决、裁定认定事实正确,但依法不应当判处死刑的,可以改判,并对其他应当判处死刑的被告人作出核准死刑的判决。

最高人民法院裁定不予核准死刑的,根据案件情况,可以发回第二审人民法院或者第一审人民法院重新审判。第一审人民法院重新审判的,应当开庭审理。第二审人民法院重新审判的,可以直接改判;必须通过开庭查清事实、核实证据或者纠正原审程序违法的,应当开庭审理。高级人民法院依照复核程序审理后报请最高人民法院核准死刑,最高人民法院裁定不予核准,发回高级人民法院重新审判的,高级人民法院可以依照第二审程序提审或者发回重新审判。

最高人民法院裁定不予核准死刑,发回重新审判的案件,原审人民法院应当另行组成合议庭审理,但复核期间出现新的影响定罪量刑的事实、证据的,应当裁定不予核准,并撤销原判,发回重新审判的案件;原判认定事实正确,但依法不应当判处死刑的,应当裁定不予核准,并撤销原判,发回重新审判的案件除外。

第三节 判处死刑缓期二年执行案件的复核程序

死刑缓期二年执行作为死刑的一种执行方式,虽不像死刑立即执行那样一经执行就不可挽回。但是,为了保证慎重、准确适用,也应对其规定相比适用其他刑罚更为严格的程序。根据《刑事诉讼法》第237条的规定,中级人民法院判处死刑缓期二年执行的案件,由高级人民法院核准。根据该规定,死刑缓期二年执行案件的核准权由高级人民法院统一行使。

判处死刑缓期二年执行案件的复核程序包括报请复核和复核两个阶段。

(1) 报请复核。

中级人民法院判处死刑缓期执行的第一审案件,被告人未上诉、人民检察院未抗诉的,应当报请高级人民法院核准。报请复核的死刑缓期执行案件,应当一案一报。报送的材料包括报请复核的报告,第一、二审裁判文书,死刑案件综合报告各5份以及全部案卷、证据。死刑案件综合报告,第一、二审裁判文书和审理报告应当附送电子文本。

(2) 复核。

高级人民法院核准死刑缓期二年执行的案件,应当由审判员3人组成合议庭。高级人民法院复核死刑缓期执行案件,应当讯问被告人。

根据《刑事诉讼法》以及最高法《解释》的规定,高级人民法院核准死刑缓期二年执行的案件,应当按照下列情形分别办理:

(1) 原判认定事实和适用法律正确、量刑适当、诉讼程序合法的,应当裁定核准;

(2) 原判认定的某一具体事实或者引用的法律条款等存在瑕疵,但判处被告人死刑缓期执行并无不当的,可以在纠正后作出核准的判决、裁定;

(3) 原判认定事实正确,但适用法律有错误,或者量刑过重的,应当改判;

(4) 原判事实不清、证据不足的,可以裁定不予核准,并撤销原判,发回重新审判,或者依法改判;

(5) 复核期间出现新的影响定罪量刑的事实、证据的,可以裁定不予核准,并撤销原判,发回重新审判,或者依照最高法《解释》第220条"法庭对证据有疑问的,可以告知公诉人、当事人及其法定代理人、辩护人、诉讼代理人补充证据或者作出说明;必要时,可以宣布休庭,对证据进行调查核实。对公诉人、当事人及其法定代理人、辩护人、诉讼代理人补充的和法庭庭外调查核实取得的证据,应当经过当庭质证才能作为定案的根据。但是,经庭外征求意见,控辩双方没有异议的除外。有关情况,应当记录在案"的规定,审理后依法改判;

(6) 原审违反法定诉讼程序,可能影响公正审判的,应当裁定不予核准,并撤销原判,发回重新审判。

高级人民法院复核死刑缓期执行案件,不得加重被告人的刑罚。

第四节 特别减轻处罚案件的核准程序

根据《刑法》第63条的规定,犯罪分子具有该法规定的减轻处罚情节的,应当在法定刑以下判处刑罚。犯罪分子虽然不具有本法规定的减轻处罚情节,但是根据案件的特殊情况,经最高人民法院核准,也可以在法定刑以下判处刑罚。最高法《解释》第十四章为此专门规定了在法定刑以下判处刑罚的核准程序。根据《刑法》第63条第2款规定报请最高人民法院核准在法定刑以下判处刑罚的案件,应当按照下列情形分别处理:

(1) 被告人未上诉、人民检察院未抗诉的案件,在上诉、抗诉期满后3日内报请上一级人民法院复核。上一级人民法院同意原判的,应当书面层报最高人民法院核准;不同意的,应当裁定发回重新审判,或者改变管辖按照第一审程序重新审理。原判是基层人民法院作出的,高级人民法院可以指定中级人民法院按照第一审程序重新审理。

(2)被告人上诉或者人民检察院抗诉的案件,应当依照第二审程序审理。第二审维持原判,或者改判后仍在法定刑以下判处刑罚的,应当依照上述第1种情形规定层报最高人民法院核准。

报请最高人民法院核准在法定刑以下判处刑罚的案件,应当报送判决书、报请核准的报告各5份以及全部案卷、证据。

对在法定刑以下判处刑罚的案件,最高人民法院予以核准的,应当作出核准裁定书;不予核准的,应当作出不核准裁定书,并撤销原判决、裁定,发回原审人民法院重新审判或者指定其他下级人民法院重新审判。

依照规定发回第二审人民法院重新审判的案件,第二审人民法院可以直接改判;必须通过开庭查清事实、核实证据或者纠正原审程序违法的,应当开庭审理。

最高人民法院和上级人民法院复核在法定刑以下判处刑罚案件的审理期限,参照第二审程序的审理期限。

思考题:

1. 什么是死刑复核程序?其任务有哪些?
2. 死刑复核程序有哪些特点?
3. 死刑案件的核准权由最高人民法院统一行使有何意义?
4. 判处死刑立即执行案件应当如何报请复核?
5. 最高人民法院如何进行死刑案件的复核?
5. 判处死刑立即执行案件复核后的处理方式有哪些?
6. 判处死刑缓期二年执行案件复核后的处理方式有哪些?
7. 特别减轻处罚案件如何核准?

第十七章 审判监督程序

第一节 概 述

一、审判监督程序的概念

审判监督程序又称再审程序,是指人民法院、人民检察院对已经发生法律效力的判决和裁定,发现在认定事实或者适用法律上确有错误,依法提出并对案件进行重新审判的程序。

审判监督程序不同于第二审程序,二者之间具有明显的区别,主要表现在:

(1) 审理的对象不同。审判监督程序审理的对象是已经发生法律效力的判决、裁定,包括正在执行和已经执行完毕的判决和裁定;第二审程序审理的对象只限于尚未发生法律效力的第一审判决和裁定。

(2) 提起的主体不同。提起审判监督程序的主体是最高人民法院、上级人民法院以及各级人民法院院长和审判委员会,或者是最高人民检察院、上级人民检察院(通过抗诉提起);提起第二审程序的主体是当事人(被害人除外)及其法定代理人或经其同意的辩护人、近亲属(通过上诉提起),或者是同级人民检察院(通过抗诉提起)。

(3) 提起的理由不同。提起审判监督程序必须具有法定的理由,即生效的判决或者裁定在认定事实或者适用法律上确有错误;提起第二审程序,要有合法的上诉或者抗诉,不论上诉有无理由或者抗诉理由是否充分,第一审法院的上一级法院必须对案件进行审理。

(4) 有无提起的期限要求不同。审判监督程序的提起没有法定期限;引起第二审程序的上诉、抗诉,必须在法定的期限内提出,逾期而又无正当理由提出上诉、抗诉的,第二审人民法院不予受理。

(5) 审理案件的法院不同。按照审判监督程序重新审理案件的法院,既可以是原来的一审法院或第二审法院,也可以是提审的任何上级法院,还可以是由上级法院依法指令与原审同级的任何法院;按照第二审程序审理案件的法院,只能是原审法院的上一级法院。

二、审判监督程序的意义

通过审判监督程序纠正已经发生法律效力的错误裁判,可以使有罪的人罪当其行,罚当其责,也可以使无罪的人得到解脱,罪轻的人免受重刑,保障法律的准确实施。具体而

言,审判监督程序具有如下重要意义:

(1) 可以纠正确有错误的生效判决、裁定。生效判决、裁定具有稳定性,其稳定性应当建立在认定事实和适用法律正确的基础上。然而刑事案件错综复杂,虽然经过侦查、起诉和审判,仍然可能有错误。通过审判监督程序纠正已经发生法律效力的错误判决、裁定,从根本上保障了法律的准确实施。

(2) 可以加强对人民法院审判工作的监督。审判监督程序中,最高人民检察院和上级人民检察院、最高人民法院和上级人民法院在接受申诉及办案过程中,发现下级人民法院的生效判决、裁定确有错误,通过提出抗诉或提审、指令再审的方式,对下级人民法院的审判工作实行监督,纠正错误。

(3) 可以切实保护公民的合法权益,促进安定团结。我国《刑事诉讼法》、最高法《解释》、最高检《规则》都规定,当事人及其法定代理人、近亲属以及案外人对已经发生法律效力的判决、裁定都有权提出申诉。向人民法院申诉的,人民法院应当审查处理;向人民检察院申诉的,人民检察院应当依法受理。因此,通过审判监督程序,对案件进行正确处理,可以减少当事人的申诉、上访,消除不安定因素,维护社会稳定。

第二节 提起审判监督程序的材料来源和申诉

一、提起审判监督程序的材料来源

根据我国《刑事诉讼法》的有关规定和司法实践,提起审判监督程序的材料来源主要有:(1) 当事人及其法定代理人、近亲属和案外人的申诉;(2) 公安司法机关通过办案或者复查案件对错案的发现;(3) 各级人民代表大会代表提出的纠正错案议案;(4) 人民群众的来信来访;(5) 机关、团体、企业、事业单位和新闻媒体、网络媒体等对生效裁判反映的意见。其中,当事人及其法定代理人、近亲属和案外人的申诉,是提起审判监督程序的主要材料来源。

二、申诉

审判监督程序中的申诉,是当事人及其法定代理人、近亲属和案外人对已发生法律效力的判决或裁定不服时,依法向人民法院或者人民检察院提出重新审理的要求。根据我国《刑事诉讼法》第241条的规定,申诉是提起审判监督程序的主要材料来源,但是申诉不能停止生效判决、裁定的执行。

(一) 申诉权

根据《刑事诉讼法》第241条、最高法《解释》第371条的规定,当事人及其法定代理人、近亲属对已经发生法律效力的判决、裁定,可以向人民法院或者人民检察院提出申诉。案外人认为已经发生法律效力的判决、裁定侵害其合法权益,提出申诉的,人民法院也应当审查处理。

无论是当事人及其法定代理人、近亲属申诉,还是案外人申诉,都可以委托律师代为进行。

(二) 申诉应当提交的材料

根据最高法《解释》第372条的规定,向人民法院申诉,申诉人应当提交以下材料:

(1) 申诉状。应当写明当事人的基本情况、联系方式以及申诉的事实与理由。

(2) 原第一、第二审判决书、裁定书等法律文书。经过人民法院复查或者再审的,应当附有驳回通知书、再审决定书、再审判决书、裁定书。

(3) 其他相关材料。以有新的证据证明原判决、裁定认定的事实确有错误为由申诉的,应当同时附有相关证据材料;申请人民法院调查取证的,应当附有相关线索或者材料。

申诉材料不符合上述规定的,人民法院应当告知申诉人补充材料;申诉人对必要材料拒绝补充且无正当理由的,不予审查。

(三) 申诉的理由

申诉必须提出法定的理由,才有可能引起审判监督程序。根据我国《刑事诉讼法》第242条、最高法《解释》第375条第2款的规定,申诉的法定理由有以下几种:(1) 有新的证据证明原判决、裁定认定的事实确有错误,可能影响定罪量刑的;(2) 据以定罪量刑的证据不确实、不充分、依法应当排除的;(3) 证明案件事实的主要证据之间存在矛盾的;(4) 主要事实依据被依法变更或者撤销的;(5) 认定罪名错误的;(6) 量刑明显不当的;(7) 违反法律关于溯及力规定的;(8) 违反法律规定的诉讼程序,可能影响公正裁判的;(9) 审判人员在审理该案件时有贪污受贿、徇私舞弊、枉法裁判行为的。

关于上述申诉理由中的"新的证据"如何理解的问题,根据最高法《解释》第376条规定,具有下列情形之一,可能改变原判决、裁定据以定罪量刑的事实的证据,应当认定为申诉理由中的"新的证据":(1) 原判决、裁定生效后新发现的证据;(2) 原判决、裁定生效前已经发现,但未予收集的证据;(3) 原判决、裁定生效前已经收集,但未经质证的证据;(4) 原判决、裁定所依据的鉴定意见,勘验、检查等笔录或者其他证据被改变或者否定的。

(四) 对申诉的受理和审查处理

1. 人民法院对申诉的受理和审查处理

最高法《解释》第373条、第374条、第377条对受理申诉的人民法院作了如下规定:

申诉由终审人民法院审查处理。但是,第二审人民法院裁定准许撤回上诉的案件,申诉人对第一审判决提出申诉的,可以由第一审人民法院审查处理。申诉人对驳回申诉不服的,可以向上一级人民法院申诉。

上一级人民法院对未经终审人民法院审查处理的申诉,可以告知申诉人向终审人民法院提出申诉,或者直接交终审人民法院审查处理,并告知申诉人;案件疑难、复杂、重大的,也可以直接审查处理。

对未经终审人民法院及其上一级人民法院审查处理,直接向上级人民法院申诉的,上级人民法院可以告知申诉人向下级人民法院提出。

对死刑案件的申诉,可以由原核准的人民法院直接审查处理,也可以交由原审人民法院审查。原审人民法院应当写出审查报告,提出处理意见,层报原核准的人民法院审查处理。

上列对申诉有管辖权的人民法院对立案审查的申诉案件,应当在3个月内作出决定,至迟不得超过6个月。经审查,申诉具有法定理由的,应当决定重新审判。如果不具有法定理由的,应当说服申诉人撤回申诉;对仍然坚持申诉的,应当书面通知驳回。

2. 人民检察院对申诉的受理和审查处理

根据最高检《规则》第593条的规定,申诉人向人民检察院申诉的,由作出生效判决、裁定的人民法院的同级人民检察院刑事申诉检察部门依法办理。申诉人直接向上级人民检察院申诉的,上级人民检察院可以交由作出生效判决、裁定的人民法院的同级人民检察院受理;案情重大、疑难、复杂的,上级人民检察院可以直接受理。申诉人不服人民法院死刑终审判决、裁定尚未执行的申诉,由监所检察部门办理。申诉人对人民法院已经发生法律效力的判决、裁定提出申诉,经人民检察院复查决定不予抗诉后继续提出申诉的,上一级人民检察院应当受理。

人民检察院对申诉复查后,认为需要提出抗诉的,报请检察长或者检察委员会讨论决定。地方各级人民检察院对申诉复查后,认为需要提出抗诉的,报请检察长或者检察委员会讨论决定。认为需要提出抗诉的,应当提请上一级人民检察院抗诉。上级人民检察院对下一级人民检察院提请抗诉的申诉案件审查后,认为需要提出抗诉的,报请检察长或者检察委员会决定。

人民检察院对申诉复查后,如果认为申诉不具有法定的理由,应当决定不予抗诉。申诉经两级人民检察院办理且省级人民检察院已经复查的,如果没有新的事实和理由,人民检察院不再立案复查,但原审被告人可能被宣告无罪或者判决、裁定有其他重大错误可能的除外。

第三节 审判监督程序的提起

一、提起审判监督程序的主体

根据《刑事诉讼法》第243条的规定,提起审判监督程序的主体有:

(1) 各级人民法院院长和审判委员会。各级人民法院院长对本院已经发生法律效力的判决和裁定,如果发现在认定事实上或者在适用法律上确有错误,必须提交审判委员会处理。

(2) 最高人民法院和上级人民法院。最高人民法院对各级人民法院已经发生法律效力的判决和裁定,上级人民法院对下级人民法院已经发生法律效力的判决和裁定,如果发现确有错误,有权提审或者指令下级人民法院再审。上级人民法院指令下级人民法院再审的,应当指令原审人民法院以外的下级人民法院审理;由原审人民法院审理更为适宜的,也可以指令原审人民法院审理。

(3) 最高人民检察院和上级人民检察院。最高人民检察院对各级人民法院已经发生法律效力的判决和裁定,上级人民检察院对下级人民法院已经发生法律效力的判决和裁定,如果发现确有错误,有权按照审判监督程序向同级人民法院提出抗诉。

人民检察院抗诉的案件,接受抗诉的人民法院应当组成合议庭重新审理,对于原判决事实不清楚或者证据不足的,可以指令下级人民法院再审。

二、提起审判监督程序的理由

关于提起审判监督程序的理由,《刑事诉讼法》第243条只是作了原则性规定,即"已经发生法律效力的判决和裁定,在认定事实上或者在适用法律上确有错误"。至于"确有错误"的具体情形,《刑事诉讼法》并未列明,在司法实践中,可以结合前述有关申诉的法定理由进行审查。

三、再审决定书及原判决、裁定的效力

根据最高法《解释》第382条的规定,对决定依照审判监督程序重新审判的案件,除人民检察院抗诉的以外,人民法院应当制作再审决定书。

再审期间不停止原判决、裁定的执行,但被告人可能经再审改判无罪,或者可能经再审减轻原判刑罚而致刑期届满的,可以决定中止原判决、裁定的执行,必要时,可以对被告人采取取保候审、监视居住措施。

第四节 按照审判监督程序对案件的重新审判

一、重新审判的方式和程序

根据最高法《解释》第384条的规定,依照审判监督程序对案件进行重新审判原则上应当开庭审理;但是,对原审被告人、原审自诉人已经死亡或者丧失行为能力的再审案件,可以不开庭审理。

根据《刑事诉讼法》第245条的规定,人民法院按照审判监督程序重新审判的案件,由原审人民法院审理的,应当另行组成合议庭进行。如果原来是第一审案件,应当依照第一审程序进行审判,所作的判决、裁定,可以上诉、抗诉;如果原来是第二审案件,或者是上级人民法院提审的案件,应当依照第二审程序进行审判,所作的判决、裁定,是终审的判决、裁定。人民法院开庭审理的再审案件,同级人民检察院应当派员出席法庭。

开庭审理的再审案件,系人民法院决定再审的,由合议庭组成人员宣读再审决定书;系人民检察院抗诉的,由检察人员宣读抗诉书;系申诉人申诉的,由申诉人或者其辩护人、诉讼代理人陈述申诉理由。其他参照第一审或者第二审程序审理。

开庭审理的再审案件,再审决定书或者抗诉书只针对部分原审被告人,其他同案原审被告人不出庭不影响审理的,可以不出庭参加诉讼。

人民法院决定再审的案件,需要对被告人采取强制措施的,由人民法院依法决定;人民检察院提出抗诉的再审案件,需要对被告人采取强制措施的,由人民检察院依法决定。

根据最高法《解释》第387条的规定,人民法院审理人民检察院抗诉的再审案件,人民检察院在开庭审理前撤回抗诉的,应当裁定准许;人民检察院接到出庭通知后不派员出庭,且未说明原因的,可以裁定按撤回抗诉处理,并通知诉讼参与人。

人民法院审理申诉人申诉的再审案件,申诉人在再审期间撤回申诉的,应当裁定准许;申诉人经依法通知无正当理由拒不到庭,或者未经法庭许可中途退庭的,应当裁定按撤回申诉处理,但申诉人不是原审当事人的除外。

二、重新审判后的处理

根据最高法《解释》第389条的规定,依照审判监督程序重新审判案件后,应当按照下列情形分别处理:

(1)原判决、裁定认定事实和适用法律正确、量刑适当的,应当裁定驳回申诉或者抗诉,维持原判决、裁定;

(2)原判决、裁定定罪准确、量刑适当,但在认定事实、适用法律等方面有瑕疵的,应当裁定纠正并维持原判决、裁定;

(3)原判决、裁定认定事实没有错误,但适用法律错误,或者量刑不当的,应当撤销原判决、裁定,依法改判;

(4)依照第二审程序审理的案件,原判决、裁定事实不清或者证据不足的,可以在查清事实后改判,也可以裁定撤销原判,发回原审人民法院重新审判。

原判决、裁定事实不清或者证据不足,经审理事实已经查清的,应当根据查清的事实依法裁判;事实仍无法查清,证据不足,不能认定被告人有罪的,应当撤销原判决、裁定,判决宣告被告人无罪。

关于重新审判后的处理,还有两点需要特点注意:第一,除人民检察院抗诉的以外,再审一般不得加重原审被告人的刑罚。再审决定书或者抗诉书只针对部分原审被告人的,也不得加重其他同案原审被告人的刑罚。第二,对再审改判宣告无罪并依法享有申请国家赔偿权利的当事人,人民法院宣判时,应当告知其在判决发生法律效力后可以依法申请国家赔偿。

三、重审期限

人民法院按照审判监督程序重新审判的案件,应当在作出提审、再审决定之日起3个月以内审结,需要延长期限的,不得超过6个月。

接受抗诉的人民法院按照审判监督程序审判抗诉的案件,审理期限适用上述规定;对需要指令下级人民法院再审的,应当自接受抗诉之日起1个月以内作出决定,下级人民法院审理案件的期限适用上述规定。

思考题：
1. 什么是审判监督程序？它和第二审程序的区别有哪些？
2. 审判监督程序的材料来源有哪些？
3. 哪些人享有申诉权？
4. 申诉的法律效力是什么？
5. 申诉的法定理由有哪些？
6. 向人民法院申诉时，由哪个人民法院受理？
7. 人民法院对申诉审查处理的期限有多长？
8. 提起审判监督程序的主体有哪些？
9. 《刑事诉讼法》和有关司法解释对依照审判监督程序审理案件有哪些特别规定？

第十八章 特别程序

第一节 未成年人刑事案件诉讼程序

在我国立法和司法实践中,对未成年人涉嫌犯罪的案件采取了有别于成年人犯罪案件的处理原则和诉讼程序。在1991年颁布、2006年修订的《中华人民共和国未成年人保护法》和1999年颁布的《中华人民共和国预防未成年人犯罪法》中有明确规定,并且在《人民检察院办理未成年人刑事案件的规定》中列举了具体规则。在2012年《刑事诉讼法》修改中,未成年人刑事案件诉讼程序作为一种特别程序被单独规定,相关法律解释中对未成年人刑事案件诉讼程序中的具体制度、规则作出了明确规定,这对于保障未成年人的合法权益、促使其尽早回归社会具有重要意义。

一、未成年人刑事案件诉讼程序的概念与特点

未成年人刑事案件诉讼程序,是针对未成年人的特点,在刑事诉讼法中规定的不同于成年人刑事案件诉讼程序的一种特别程序。

在我国刑事诉讼中,未成年人是指已满14周岁、不满18周岁的人。与成年人相比,未成年人在生理、心理方面尚未发育成熟,很多人不具备完全的辨认是非、判断对错的能力,甚至不明白犯罪行为的真正意义。很多研究资料显示,未成年人并未真正建立对家庭、社会和国家的责任感,他们尚未意识到自己的违法犯罪行为对个人、家庭、社会和国家的影响,也不具备承担自己行为后果的心理准备。大多数未成年犯罪人处于青春期,他们的心理波动较大,耐挫性低、自卑、脆弱,容易受暗示、被惊吓[①];犯罪之后,未成年人常常后悔莫及,犯罪行为对其心理影响非常明显,一些人甚至无法承受刑事诉讼程序及刑罚带来的心理压力。

基于以上特点,未成年人刑事案件诉讼程序具有特殊性,具体表现在两个方面:

其一,未成年人刑事案件诉讼程序强调对未成年人合法权益的保护。由于未成年人在生理和心理方面的特殊性,其犯罪行为的社会危害性相对较低,而且在刑事诉讼中更易受到侵害。例如,未成年人往往处于身体发育的关键阶段,一旦进入刑事诉讼程序,犯罪嫌疑人、被告人被拘留或者逮捕,长时间羁押在看守所中,对未成年人的成长会带来消极影响;在讯问以及庭审过程中,各种压力相互作用,将使未成年人的身体和心理面临极大

---

① 参见狄小华:《"优先保护"理念下的我国少年刑事司法模式选择》,载《南京大学学报(哲学社会科学版)》2009年第5期。

的考验;一旦未成年人被定罪处刑,他需要在监狱中进行劳动改造,这对未成年人的成长也非常不利。因此,刑事诉讼中应当强调对其合法权益给予特殊保护。

其二,未成年人刑事案件诉讼程序更加关注对未成年人的挽救,促使其早日回归社会。由于未成年人的生理和心理尚未成熟,具有很强的可塑性,如果诉讼程序、司法制度能够给他们提供更多的机会和权利保障,对其进行教育、挽救,则很有可能促使未成年犯罪人尽早、尽可能地回归社会。因此,采取必要的矫治和教育措施,以便使违法少年早日重返社会、融入社会,重新恢复普通人的正常工作、学习,摆脱犯罪、诉讼程序和刑罚对未成年人的消极影响,这是未成年人司法制度的重要目标。

二、未成年人刑事案件诉讼程序的方针、原则与特殊制度

(一) 未成年人刑事案件诉讼程序的方针和原则

"教育、感化、挽救"的方针和"教育为主、惩罚为辅"的原则是我国未成年人刑事案件诉讼程序的基本方针和原则。"教育、感化、挽救"的方针以及"教育为主、惩罚为辅"的原则体现出未成年人刑事诉讼程序与成年人刑事案件诉讼程序的不同功能定位,前者强调教育、感化和挽救,惩罚只是辅助手段,而后者强调惩罚与预防。在该方针和原则的指导下,未成年人刑事案件诉讼程序中具有特殊的制度设计和程序安排。

此外,基于未成年人刑事案件的特殊性,该特别程序还强调对未成年人的特殊保护,这在法律和相关司法解释中得到了全方位的规定和体现。例如,法律中要求办理未成年人刑事案件的人民法院、人民检察院和公安机关应当保障未成年人行使诉讼权利、得到法律援助;应由熟悉未成年人身心特点的审判人员、检察人员、侦查人员负责相应的诉讼活动,根据未成年被告人的智力发育程度和心理状态,采取适合未成年人的方式。在侦查阶段耐心细致地听取其供述或者辩解,认真审核、查证与案件有关的证据和线索,并针对其思想顾虑、恐惧心理、抵触情绪进行疏导和教育,在法庭审理过程中使用适合未成年人的语言表达方式。人民检察院、人民法院办理未成年人刑事案件过程中,应当对涉案未成年人的资料予以保密,不得公开或者传播涉案未成年人的姓名、住所、照片、图像及可能推断出该未成年人的其他资料。

(二) 未成年人刑事案件诉讼程序中的特殊制度

为实现上述基本原则和方针,未成年人刑事案件诉讼程序中规定了若干特殊制度。

1. 社会调查报告制度

社会调查报告,是由侦查人员、公诉人员、审判人员、辩护人、社会组织或者机构,针对未成年人的家庭情况、成长经历、性格特点、一贯表现、社会关系、犯罪原因、悔罪表现、教育改造条件等情况进行调查,为定罪、量刑和刑罚执行等活动提供的专门性报告。未成年人在生理、心理方面的不成熟性,决定了其成长经历、家庭情况、学校环境、社会交往、监督教育等都可能产生影响,而要有效维护其合法权益、促使早日回归社会,需要认真分析、综合考虑上述因素。因此,在未成年人刑事案件的诉讼过程中,制作并使用社会调查报告,具有积极意义。

社会调查报告制度在相关的法规中得到体现。根据《刑事诉讼法》第 268 条规定,公安机关、人民检察院、人民法院办理未成年人刑事案件,根据情况可以对未成年犯罪嫌疑人、被告人的成长经历、犯罪原因、监护教育等情况进行调查。在刑事诉讼过程中,侦查机关根据情况可以对未成年犯罪嫌疑人的成长经历、犯罪原因、监护教育等情况进行调查并制作调查报告,作为提请批准逮捕、移送审查起诉的依据,一并移送人民检察院;人民检察院在审查起诉阶段可以自行制作或者委托有关组织和机构制作社会调查报告,并作为公诉材料一并移送人民法院;人民法院应当接受控辩双方提交的社会调查报告,也可以自行制作社会调查报告,或者委托未成年被告人居住地的县级司法行政机关、共青团组织以及其他社会团体组织对未成年被告人的上述情况进行调查,并在庭审中对调查报告进行审查,作为法庭教育和量刑的参考。

2. 法庭教育制度

法庭教育制度是对未成年人进行教育、挽救的重要制度创新,它通过法官、检察官、家长等在庭审过程中及宣判后进行及时的教育说服活动,使未成年人真正认识到自己的犯罪行为给社会、家庭、被害人等带来的伤害,从内心悔过自新。在司法实践中,法庭教育活动贯穿于法庭审判及宣判后的过程中,采取判后释法、庭后帮教等多种方式,体现出未成年人刑事案件诉讼程序所具有的教育功能,具有良好的效果。

该制度在最高法《解释》第 485 条中得到确立,法庭辩论结束后,法庭可以根据案件情况,对未成年被告人进行教育;判决未成年被告人有罪的,宣判后,应当对未成年被告人进行教育。对未成年被告人进行教育,可以邀请诉讼参与人、其他成年亲属、代表以及社会调查员、心理咨询师等参加。

3. 在场制度

在场制度,是指未成年犯罪嫌疑人、被告人在接受讯问和审判时,其法定代理人等特定人员有权在场,以维护其合法权益的制度。由于未成年人心智尚未成熟,容易受到外界的影响作出不准确的供述,权利也更易受到侵犯,基于此,法律中规定了在场制度,通过法定代理人等在讯问和审判时的在场,维护未成年人的合法权益,确保其供述的准确性。

我国《刑事诉讼法》第 270 条和相关法律解释中确立了在场制度。在场的主体为未成年犯罪嫌疑人、被告人的法定代理人,如果无法通知、法定代理人不能到场或者法定代理人是共犯的,也可以通知未成年犯罪嫌疑人、被告人的其他成年亲属,所在学校、单位、居住地基层组织或者未成年人保护组织的代表到场,并将有关情况记录在案。在侦查机关讯问犯罪嫌疑人,检察机关审查逮捕、起诉时讯问犯罪嫌疑人,以及庭审过程中,相关人员有权在场。

法定代理人和其他人员在讯问和审判时在场,可以开展以下活动:(1) 如果认为办案人员在讯问、审判中侵犯未成年人合法权益的,法定代理人和其他人员可以提出意见;(2) 讯问笔录应当交由到场的法定代理人或者其他人员阅读或者向其宣读,并由其在笔录上签字、盖章或者捺指印确认;(3) 讯问时到场的法定代理人可以代为行使未成年犯罪嫌疑人的诉讼权利;(4) 在庭审过程中未成年被告人最后陈述后,其法定代理人可以进行补充陈述;(5)到场人员经法庭同意,可以参与对未成年被告人的法庭教育等工作。

4. 前科封存制度

所谓前科封存制度,是对已经定罪服刑的特定未成年人,由司法机关封存其犯罪前科,除法律规定外不得向任何单位和个人公开,以保障未成年人在升学、就业、参军等方面不受歧视,更好地回归社会。基于未成年人的身心特点,如果对符合特定条件的未成年犯罪人,在其服刑之后封存前科,能够最大限度地减少犯罪记录带来的不利影响,为其顺利回归社会提供有力保障。

《刑事诉讼法》第275条和有关司法解释中对前科封存制度作出规定。对于犯罪时不满18周岁、被判处5年有期徒刑以下刑罚的未成年犯罪人,应当对相关犯罪记录予以封存。犯罪记录被封存的,公安机关、检察机关、法院均不得向任何单位和个人提供,但司法机关为办案需要或者有关单位根据国家规定进行查询的除外。依法进行查询的单位,应当对被封存的犯罪记录的情况予以保密。

5. 附条件不起诉制度

附条件不起诉制度,是对于被告人的不起诉决定附加一定的考验期,如果犯罪嫌疑人在考验期内没有出现特定的违法犯罪情形,检察机关将作出不起诉决定;如果犯罪嫌疑人在考验期内出现了法律规定的违法犯罪行为,检察机关将撤销不起诉决定、提起公诉。该制度是在2012年修改《刑事诉讼法》时增加的不起诉种类。《刑事诉讼法》第271—273条以及有关司法解释中对附条件不起诉制度的适用条件、诉讼各方的参与和救济、对犯罪嫌疑人的考验等作出了全面的规定,主要内容有:

(1)适用条件。刑事诉讼法中从罪名、可能判处的刑罚、起诉条件、悔罪表现等几方面作出了规定:① 罪名条件。附条件不起诉只能在未成年人涉嫌刑法分则第四章、第五章、第六章规定的犯罪时,即涉嫌侵犯人身权利、民主权利犯罪、侵犯财产犯罪、妨害社会管理秩序犯罪的,才可适用。② 刑罚条件。只有在犯罪嫌疑人可能被判处1年以下有期徒刑的案件中,才可以适用附条件不起诉。③ 起诉条件。未成年人涉嫌的案件符合起诉条件,是适用附条件不起诉的前提。④ 悔罪条件。作为教育、感化、挽救未成年犯罪嫌疑人的一种措施,附条件不起诉必须以犯罪嫌疑人真诚认罪、悔罪为前提条件。

(2)诉讼各方的参与。检察机关作出的附条件不起诉决定,对于诉讼各方的利益有直接影响,法律中规定了相关主体的参与和救济途径。人民检察院在作出附条件不起诉的决定以前,应当听取公安机关、被害人、未成年犯罪嫌疑人的法定代理人、辩护人的意见;在作出附条件不起诉的决定后,应当制作附条件不起诉决定书,并在3日以内送达公安机关、被害人或者其近亲属及其诉讼代理人、未成年犯罪嫌疑人及其法定代理人、辩护人。通过上述措施,保障相关主体对附条件不起诉决定的知情权和参与权。

对检察机关作出的不起诉决定,如果公安机关认为有错误的,应当在收到不起诉决定书后7日以内制作要求复议意见书,经县级以上公安机关负责人批准,移送同级人民检察院复议;要求复议的意见不被接受的,可以在收到人民检察院的复议决定书后7日以内制作提请复核意见书,经县级以上公安机关负责人批准后,连同人民检察院的复议决定书,一并提请上一级人民检察院复核。

如果被害人不服,可以自收到决定书后7日以内向上一级人民检察院申诉,请求提起公诉;人民检察院应当将复查决定告知被害人。但根据全国人大常委会2014年4月24日作出的《关于〈中华人民共和国刑事诉讼法〉第二百七十一条第二款的解释》,被害人对人民检察院对未成年犯罪嫌疑人作出的附条件不起诉的决定和不起诉的决定,不适用《刑事诉讼法》第176条关于被害人可以向人民法院起诉的规定。

如果未成年犯罪嫌疑人及其法定代理人对人民检察院决定附条件不起诉有异议的,人民检察院应当作出起诉的决定。

(3)对犯罪嫌疑人的考验。根据附条件不起诉制度的要求,检察机关应当在特定期间对犯罪嫌疑人进行考验,以此决定是否对未成年人提起公诉,因此对犯罪嫌疑人的考验是该制度的重要内容。对考验犯罪嫌疑人的相关规定,主要包括以下几方面:首先,考验期的设置与期限。附条件不起诉的考验期由人民检察院设置。由于附条件不起诉只能在可能判处1年有期徒刑以下刑罚的案件中适用,而考验期应当不长于刑罚期限,因此附条件不起诉制度中的考验期应为6个月以上1年以下,从人民检察院作出附条件不起诉决定之日起计算。其次,考验期间犯罪嫌疑人的义务与监管。在附条件不起诉的考验期内,犯罪嫌疑人应当遵守法律中规定的四项义务:遵守法律法规,服从监督;按照考察机关的规定报告自己的活动情况;离开所居住的市、县或者迁居,应当报经考察机关批准;按照考察机关的要求接受矫治和教育。对于考验期内的监管,应当由作出决定的人民检察院负责,犯罪嫌疑人的监护人应当配合人民检察院的工作,加强对其管教;人民检察院可以会同未成年犯罪嫌疑人的监护人、所在学校、单位、居住地的村民委员会、居民委员会、未成年人保护组织等的有关人员,定期对未成年犯罪嫌疑人进行考察、教育,实施跟踪帮教。再次,考验期间的矫治和教育。为实现对未成年人的教育和挽救,不起诉考验期内可以对其采取以下矫治和教育措施:完成戒瘾治疗、心理辅导或者其他适当的处遇措施;向社区或者公益团体提供公益劳动;不得进入特定场所,与特定的人员会见或者通信,从事特定的活动;向被害人赔偿损失、赔礼道歉等;接受相关教育;遵守其他保护被害人安全以及预防再犯的禁止性规定。最后,考验期后的决定。根据犯罪嫌疑人在考验期的表现,检察机关可能作出两种决定:如果犯罪嫌疑人在考验期内没有违反法律规定的义务,考验期满后检察机关应作出不起诉决定;如果犯罪嫌疑人在考验期内出现违反法定义务的情形,人民检察院将撤销附条件不起诉决定,提起公诉。

三、未成年人刑事案件诉讼程序的具体内容

与普通刑事案件诉讼程序相比,未成年人刑事案件诉讼程序在很多方面具有特殊规则,从而实现其特殊的方针和原则;如果没有作出特殊规定的,则适用普通刑事诉讼程序。以下列举未成年人刑事案件诉讼程序中的特殊规定。

(一)未成年人刑事案件诉讼程序的办案机关和人员要求

基于未成年人案件的特殊性,法律中对于办理此类型案件的侦查人员、检察人员、审判人员提出了特殊要求。根据《刑事诉讼法》第266条第2款规定,人民法院、人民检察院和公安机关办理未成年人刑事案件,应当保障未成年人行使其诉讼权利,保障未成年人得到法律帮助,并由熟悉未成年人身心特点的审判人员、检察人员、侦查人员承办。

在审判阶段,应当由熟悉未成年人身心特点、善于做未成年人思想教育工作的审判人员审理未成年人案件,并应当保持有关审判人员工作的相对稳定性。未成年人刑事案件的人民陪审员,一般由熟悉未成年人身心特点,热心教育、感化、挽救失足未成年人工作,并经过必要培训的共青团、妇联、工会、学校、未成年人保护组织等单位的工作人员或者有关单位的退休人员担任。

在审判组织方面,各级法院需成立少年法庭,专门负责未成年人刑事案件的审理。根据相关法律规定,人民法院内应当建立包括未成年人案件审判庭和未成年人刑事案件合议庭在内的少年法庭。具备条件的法院,可以设立独立建制的未成年人案件审判庭;不具备条件的,中级人民法院和基层人民法院应当在刑事审判庭内设立未成年人刑事案件合议庭,或者由专人负责审理未成年人刑事案件,高级人民法院应当在刑事审判庭内设立未成年人刑事案件合议庭。

当被告人实施被指控的犯罪时不满18周岁、人民法院立案时不满20周岁的案件,或者被告人实施被指控的犯罪时不满18周岁、人民法院立案时不满20周岁,并被指控为首要分子或者主犯的共同犯罪案件,都应当由少年法庭审理。其他共同犯罪案件有未成年被告人的,或者其他涉及未成年人的刑事案件,是否由少年法庭审理,由院长根据少年法庭工作的实际情况决定。对分案起诉至同一人民法院的未成年人与成年人共同犯罪案件,可以由同一个审判组织审理;如果不宜由同一个审判组织审理的,可以分别由少年法庭、刑事审判庭审理。

(二)强制措施适用

由于未成年人身心发育不成熟的特点,在刑事诉讼中应当严格限制适用强制措施,减少使用拘留、逮捕等羁押性措施,并与成年人分别羁押、分别管理、分别教育。

对于未成年人严格适用强制措施,重点体现在审查批准逮捕环节。第一,给予未成年人及其辩护律师对适用强制措施问题的表达意见机会。根据《刑事诉讼法》第269条规定,人民检察院审查批准逮捕和人民法院决定逮捕,应当讯问未成年犯罪嫌疑人、被告人,听取辩护律师的意见。第二,在对未成年犯罪嫌疑人审查批准逮捕时,人民检察院应当根据未成年犯罪嫌疑人涉嫌犯罪的事实、主观恶性、有无监护与社会帮教条件等,综合衡量其社会危险性。对于罪行较轻,具备有效监护条件或者社会帮教措施,没有社会危险性或者社会危险性较小,不逮捕不致妨害诉讼正常进行的未成年犯罪嫌疑人,应当不批准逮捕。对于罪行比较严重,但主观恶性不大,有悔罪表现,具备有效监护条件或者社会帮教措施,具有特定情形,不逮捕不致妨害诉讼正常进行的未成年犯罪嫌疑人,可以不批准逮捕。① 另外,审查逮捕未成年犯罪嫌疑人,应当重点查清其是否已满 14 周岁、16 周岁、18 周岁;对犯罪嫌疑人实际年龄难以判断,影响对该犯罪嫌疑人是否应当负刑事责任认定的,应当不批准逮捕。第三,当未成年犯罪嫌疑人被拘留、逮捕后,如果能够服从管理、依法变更强制措施不致发生社会危险性,能够保证诉讼正常进行的,公安机关应当依法及时变更强制措施,尽量减少羁押时间。

一旦对未成年人适用拘留、逮捕措施,应当与成年人分别关押、分别管理、分别教育,并根据其生理和心理特点在生活和学习方面给予照顾。由于看守所内的环境不利于未成年人的身心发展,而且犯罪嫌疑人、被告人之间存在传授犯罪经验、"交叉传染"的问题,尚无完全判断是非能力的未成年人如果与成年犯罪嫌疑人关押在一起,很可能会受到不利影响。而且,看守所内对未成年人的管理、教育方式与成年人不同,分别关押能够为分别管理、分别教育提供必要的保障。因此,诉讼过程中应当遵守"分别关押、分别管理、分别教育"的规则,以保护未成年人的合法权益,促使其早日回归社会。

(三) 法律援助

在未成年人刑事案件诉讼程序中,如果未成年犯罪嫌疑人、被告人没有委托辩护人,公、检、法等办案机关有义务通知法律援助机构,为其提供法律援助律师,实行强制辩护。

根据《刑事诉讼法》第 267 条的规定,未成年犯罪嫌疑人、被告人没有委托辩护人的,人民法院、人民检察院、公安机关应当通知法律援助机构指派律师为其提供辩护。该规定是对法律援助制度适用条件的补充,未成年犯罪嫌疑人、被告人属于应当适用法律援助制度的一种情况。如果被害人是未成年人,且本人及法定代理人因经济困难或者其他原因没有委托诉讼代理人的,人民法院应当帮助其申请法律援助。

(四) 不公开审理

人民法院在开庭审理未成年人刑事案件时,不允许群众旁听,不允许记者采访,报纸等印刷品不得刊登未成年被告人的姓名、年龄、职业住址及照片等。

审判时被告人不满 18 周岁的案件,不公开审理。但是,经未成年被告人及其法定代理人同意,未成年被告人所在学校和未成年人保护组织可以派代表到场。对于不公开审理的案件,宣告判决仍公开进行。根据我国《预防未成年人犯罪法》第 45 条第 3 款的规定,对未成年人犯罪案件,新闻报道、影视节目、公开出版物不得披露该未成年人的姓名、住所、照片及可能推断出该未成年人的资料。不公开审理的未成年人刑事案件不得以任何方式公开被告人的形象。

(五) 刑罚执行

根据《刑事诉讼法》第 269 条的规定,被判处刑罚的未成年人,应当同成年犯分监关

---

① 最高检《规则》第 488 条列举了以下情形:(1) 初次犯罪、过失犯罪的;(2) 犯罪预备、中止、未遂的;(3) 有自首或者立功表现的;(4) 犯罪后如实交代罪行,真诚悔罪,积极退赃,尽力减少和赔偿损失,被害人谅解的;(5) 不属于共同犯罪的主犯或者集团犯罪中的首要分子的;(6) 属于已满 14 周岁不满 16 周岁的未成年人或者系在校学生的;(7) 其他可以不批准逮捕的情形。

押,被判处实刑的未成年犯罪人只能在未成年犯管教所执行刑罚。最高法《解释》中对未成年犯罪人刑罚的执行问题还作了很多特殊规定,主要内容有:(1) 人民法院可以与未成年罪犯管教所等服刑场所建立联系,了解未成年罪犯的改造情况,协助做好帮教、改造工作,并可以对正在服刑的未成年罪犯进行回访考察;(2) 人民法院认为必要时,可以督促被收监服刑的未成年罪犯的父母或者其他监护人及时探视;(3) 对被判处管制、宣告缓刑、裁定假释、决定暂予监外执行的未成年罪犯,人民法院可以协助社区矫正机构制定帮教措施;(4) 人民法院可以适时走访被判处管制、宣告缓刑、免除刑事处罚、裁定假释、决定暂予监外执行等的未成年罪犯及其家庭,了解未成年罪犯的管理和教育情况,引导未成年罪犯的家庭承担管教责任,为未成年罪犯改过自新创造良好环境;(5) 被判处管制、宣告缓刑、免除刑事处罚、裁定假释、决定暂予监外执行等的未成年罪犯,具备就学、就业条件的,人民法院可以就其安置问题向有关部门提出司法建议,并附送必要的材料。

第二节 当事人和解的公诉案件诉讼程序

一、当事人和解的公诉案件诉讼程序的概念与意义

当事人和解的公诉案件诉讼程序,是指在特定的公诉案件中,犯罪嫌疑人、被告人真诚悔罪,通过向被害人赔偿损失、赔礼道歉获得被害人谅解,被害人自愿和解的,双方达成和解协议,公、检、法机关在诉讼过程中可以对犯罪嫌疑人、被告人在追诉、定罪、量刑等方面作出不同方式的从宽处理措施的程序。

我国在《刑事诉讼法》中确立当事人和解的公诉案件诉讼程序,具有以下方面的重要意义:

第一,有利于贯彻宽严相济的刑事政策。"宽严相济"是指导我国刑事司法活动的基本政策,它要求对犯罪和犯罪人区别对待,做到严中有宽,宽以济严,宽中有严,严以济宽,该宽则宽,当严则严,宽严相济,罚当其罪,确保裁判法律效果和社会效果的高度统一,以最大限度地预防和减少犯罪、化解社会矛盾、维护社会和谐稳定。在当事人和解的公诉案件诉讼程序中,被告人真诚悔罪,并通过赔礼道歉、赔偿损失等方式获得被害人的谅解,被害人予以接受,这种情况下公、检、法机关予以从宽处理,正是宽严相济刑事政策的体现。

第二,有利于恢复社会关系、化解社会矛盾,最终实现社会和谐。在特定刑事案件中,犯罪行为主要导致被告人与被害人之间的矛盾和冲突,如果按照传统的刑事诉讼模式进行追诉、定罪、量刑,虽然可以满足国家追诉犯罪的需求,但是被告人和被害人之间的矛盾可能无法化解。在当事人和解的公诉案件诉讼程序中,被告人通过赔礼道歉、赔偿损失获得被害人的谅解,而被害人在精神和经济两方面得到抚慰后,能够真正原谅被告人,这在客观上有利于促使双方的矛盾得到有效化解,恢复已经被破坏的社会关系,最终实现社会和谐。

第三,有利于提高诉讼效率,解决疑难案件。根据司法实践现状,一个案件进入诉讼流程必然带来诉讼资源的耗费,特别是一些案件中要面对取证困难等问题,势必会影响诉讼效率。而在当事人和解的公诉案件中,一旦被告方和被害方自愿达成和解协议,公安机关、检察机关和法院可以快速推进诉讼流程;在证据疑难的案件中,如果和解协议能够达成,公安机关、检察机关可能不再受困于取证、质证等问题,以此有效解决此类疑难案件。另外,达成和解协议之后,被告方和被害方通常都能够接受协议的内容和法院的裁判,由此也可以避免申诉、上访等问题,节省大量的司法资源。

二、当事人和解的公诉案件诉讼程序的适用条件

我国《刑事诉讼法》第277条中明确规定了当事人和解的公诉案件诉讼程序适用的范围和条件,有关的司法解释中对此进一步予以明确。

(一)当事人和解的公诉案件诉讼程序适用的案件类型

对能够适用此程序的案件类型,法律中分为两种情况加以规范。

一种类型是因民间纠纷引起的刑事案件,适用和解程序需要同时符合三方面要求:(1)案件因民间纠纷引起,即公民之间基于人身、财产权利和其他权益而产生的纠纷[①];(2)案件涉及的罪名只能是《刑法》分则第四章、第五章中规定的侵犯人身权利民主权利、侵犯财产犯罪;(3)可能判处3年以下有期徒刑。只有同时符合上述三个条件的刑事案件,才可能适用当事人和解的诉讼程序。

另一种类型是过失犯罪,适用和解程序也必须同时符合三方面要求:(1)案件性质属于过失犯罪。按照刑法规定,过失犯罪是指犯罪人应当预见到自己的行为可能发生危害社会的后果,因为疏忽大意没有预见,或者已经预见而轻信能够避免,以致发生这种危害结果的犯罪。如果案件性质属于故意犯罪,则不能适用。(2)罪名要求,应当是除渎职犯罪以外的其他罪名。这里的渎职犯罪,是指刑法分则第九章中规定的一类犯罪,国家机关工作人员利用职务上的便利,滥用职权、玩忽职守、徇私舞弊,妨害国家机关的正常活动,致使国家和人民的利益遭受重大损失的犯罪。此类犯罪无法由被告方和被害方进行协商,因此不适用和解程序。(3)刑罚要求,可能判处7年以下有期徒刑。

(二)当事人和解的公诉案件诉讼程序的实质条件

适用当事人和解的公诉案件诉讼程序,其实质条件是被告人与被害人之间达成和解协议,从适用条件的角度来说包括以下四方面要求:(1)犯罪嫌疑人、被告人真诚悔罪,向被害人赔偿损失、赔礼道歉等;(2)被害人明确表示对犯罪嫌疑人、被告人予以谅解;(3)双方当事人自愿和解,符合有关法律规定;(4)案件事实清楚,证据确实、充分。这四方面要求是适用和解程序的实质条件,是和解程序中双方达成和解协议的关键要求。

---

① 公安部《规定》第323条列举了不属于"民间纠纷"的情况。"有下列情形之一的,不属于因民间纠纷引起的犯罪案件:(1)雇凶伤害他人的;(2)涉及黑社会性质组织犯罪的;(3)涉及寻衅滋事的;(4)涉及聚众斗殴的;(5)多次故意伤害他人身体的;(6)其他不宜和解的。"

(三) 当事人和解的公诉案件诉讼程序的禁止条件

符合以上两方面要求的案件,并非都可以适用和解程序,法律中还作出了一项排除性条件,即犯罪嫌疑人、被告人在 5 年内曾经故意犯罪的,不能适用刑事和解程序。该排除条件有两项限制:一是必须为故意犯罪,如果是过失犯罪不受此限;而且,如果可能适用和解程序的案件类型属于《刑事诉讼法》第 277 条第 1 款规定的犯罪,无论作为前罪的故意犯罪是否已经追究,均应当认定为法律规定的 5 年以内曾经故意犯罪。二是时间限制,犯罪嫌疑人、被告人在故意犯罪后的 5 年内再犯罪,不适用和解程序,如果超过 5 年则不受限制。

三、和解协议

和解协议在当事人和解的公诉案件诉讼程序中具有重要地位,它是被告方和被害方达成和解的载体,也是当事人和解的公诉案件诉讼程序适用的基础。《刑事诉讼法》和有关司法解释中对于达成和解协议的主体、和解协议的内容、和解协议的履行、和解协议的效力等问题均作出了规定。

(一) 达成和解协议的主体

按照当事人和解的公诉案件诉讼程序的界定,诉讼过程中达成和解协议的主体应为犯罪嫌疑人、被告人及被害人双方。由于公诉案件中犯罪嫌疑人、被告人经常处于被羁押状态,被害人因受到伤害可能无法参与和解,法律对达成和解协议的主体作出了扩大性规定。

在犯罪嫌疑人、被告人一方,如果犯罪嫌疑人、被告人处于被羁押状态,经犯罪嫌疑人、被告人同意,其法定代理人、近亲属可以代为和解;如果犯罪嫌疑人、被告人是限制行为能力人,其法定代理人可以代为和解。当然,法定代理人、近亲属代为和解的,只能代为达成和解协议,而如果和解协议中有约定的赔礼道歉等事项,则应当由犯罪嫌疑人、被告人本人履行。在被害人一方,如果被害人已经死亡,其近亲属可以与被告方和解;如果被害人的近亲属有多人,达成和解协议,应当经处于同一继承顺序的所有近亲属同意;如果被害人是无行为能力或者限制行为能力人的,其法定代理人、近亲属可以代为和解。

(二) 和解协议的内容

被告方和被害方在诉讼过程中可以就以下两方面事项进行协商:一是赔偿损失、赔礼道歉;二是被害人及其法定代理人或者近亲属是否要求或者同意公安机关、人民检察院、人民法院对犯罪嫌疑人依法从宽处理。以上两方面事项主要约束和解双方,因此可以由双方当事人处分。但是,对于公安机关、人民检察院和人民法院职权范围内的事项,例如案件的事实认定、证据采信、法律适用和定罪量刑等,双方无权进行协商,因为这些事项属于办案机关的职权范围,被告方和被害方无权处分。

在此基础上,被告方和被害方如果能够达成和解协议,其内容应当主要包括以下几点:(1) 双方当事人的基本情况;(2) 案件的主要事实;(3) 犯罪嫌疑人真诚悔罪,承认自己所犯罪行,对指控的犯罪没有异议,向被害人赔偿损失、赔礼道歉等;(4) 赔偿损失的,应当写明赔偿的数额、履行的方式、期限等;提起附带民事诉讼的,由附带民事诉讼原告人撤回附带民事诉讼;(5)被害人及其法定代理人或者近亲属自愿和解,对犯罪嫌疑人予以谅解,并要求或者同意公安机关、人民检察院、人民法院对犯罪嫌疑人依法从宽处理。

(三)和解协议的履行

在被告方和被害方达成和解协议后,相关司法解释中对履行问题有明确要求。对于和解协议中的赔偿损失部分,最高法《解释》中要求被告人在协议签署后即时履行。而最高检《规则》规定得相对宽松,在原则要求即时履行的基础上,同时规定可以至迟在人民检察院作出从宽处理决定前履行;作为例外情况,如果被告人确实难以一次性履行的,在被害人同意并提供有效担保的情况下,可以分期履行。

人民检察院拟对当事人达成和解的公诉案件作出不起诉决定时,应当听取双方当事人对和解的意见,并且查明犯罪嫌疑人是否已经切实履行和解协议、不能即时履行的是否已经提供有效担保,将其作为是否决定不起诉的因素予以考虑。如果和解协议的内容已经履行,当事人在人民检察院作出不起诉决定之后反悔的,检察机关不撤销原决定,但有证据证明和解违反自愿、合法原则的除外。

如果和解协议的内容已经全部履行,当事人事后反悔的,人民法院不予支持,但有证据证明和解违反自愿、合法原则的除外。当双方当事人在侦查、审查起诉期间已经达成和解协议并全部履行,被害人或者其法定代理人、近亲属在审判阶段又提起附带民事诉讼的,人民法院不予受理,但有证据证明和解违反自愿、合法原则的除外。

(四)和解协议的效力

根据《刑事诉讼法》第279条和有关司法解释的规定,被告方与被害方达成的和解协议,对于公安机关、检察机关、法院不具有必然的约束力,公检法等办案机关有权选择接受已经达成的和解协议,并适用从宽处理的措施,也有权拒绝接受和解协议。如果办案机关接受和解协议,在不同的诉讼阶段可以作出不同的从宽处理措施。

对于达成和解协议的案件,公安机关可以作出的从宽处理措施为,向人民检察院提出从宽处理的建议。对于公安机关提出的从宽处理建议,人民检察院在审查逮捕和审查起诉时应当充分考虑。

对于达成和解协议的案件,检察机关可以作出的从宽处理措施包括:(1)对于公安机关提请批准逮捕的案件,双方当事人达成和解协议的,人民检察院可以作为有无社会危险性或者社会危险性大小的因素予以考虑,经审查认为不需要逮捕的,可以作出不批准逮捕的决定;在审查起诉阶段可以依法变更强制措施。(2)对于公安机关移送审查起诉的案件,双方当事人达成和解协议的,人民检察院可以作为是否需要判处刑罚或者免除刑罚的因素予以考虑,符合法律规定的不起诉条件的,可以决定不起诉。(3)对于双方当事人达成和解协议的案件,依法应当提起公诉的,人民检察院可以向人民法院提出从宽处罚的量刑建议。

对于达成和解协议的案件,人民法院可以作出的从宽处理措施为,依法对被告人从宽处罚。具体包括:符合非监禁刑适用条件的,应当适用非监禁刑;判处法定最低刑仍然过重的,可以减轻处罚;综合全案认为犯罪情节轻微不需要判处刑罚的,可以免除刑事处罚。如果是共同犯罪案件,部分被告人与被害人达成和解协议的,可以依法对该部分被告人从宽处罚,但应当注意全案的量刑平衡。

另外,和解协议的效力必须以协议的自愿、合法为前提。如果犯罪嫌疑人或者其亲友等以暴力、威胁、欺骗或者其他非法方法强迫、引诱被害人和解,或者在协议履行完毕之后威胁、报复被害人的,应当认定和解协议无效,和解带来的从宽处理措施予以取消。

四、公检法机关在当事人和解的公诉案件诉讼程序中的作用

按照现行法律中的基本要求,在当事人和解的公诉案件诉讼程序中,公检法机关可发挥以下作用。

(一) 推动刑事和解的启动和进行

根据相关规定,当事人和解程序的启动应当由双方当事人自行启动。双方可以自行达成和解,或者经人民调解委员会、村民委员会、居民委员会、当事人所在单位或者同事、亲友等组织或者个人调解后达成和解。在和解的启动方面,对于符合法定条件的案件,检察机关、法院应当告知当事人可以自行和解,或者建议当事人进行和解,并告知相应的权利义务。在推动和解进程方面,人民法院可以邀请人民调解员、辩护人、诉讼代理人、当事人亲友等参与促成双方当事人和解;当事人提出申请的,人民法院可以主持双方当事人协商以达成和解。必要时,人民检察院可以提供法律咨询。

(二) 对和解协议的审查

虽然和解协商的过程主要在被告方和被害方之间进行,但是和解书的内容需要经过公检法机关的审查。公检法机关对和解书内容的审查,主要集中在和解协议的自愿性和合法性方面。例如,最高检《规则》第515条规定,人民检察院应当对和解的自愿性、合法性进行审查,重点审查以下内容:双方当事人是否自愿和解;犯罪嫌疑人是否真诚悔罪,是否向被害人赔礼道歉,经济赔偿数额与其所造成的损害和赔偿能力是否相适应;被害人及其法定代理人或者近亲属是否明确表示对犯罪嫌疑人予以谅解;是否符合法律规定;是否损害国家、集体和社会公共利益或者他人的合法权益;是否符合社会公德。

在审判过程中,对公安机关、人民检察院主持制作的和解协议书,当事人提出异议的,人民法院应当审查。经审查,和解自愿、合法的,法院予以确认,无须重新制作和解协议书;和解不具有自愿性、合法性的,法院应当认定无效。和解协议被认定无效后,双方当事人重新达成和解的,人民法院应当主持制作新的和解协议书。

审查时,审查机关应当听取双方当事人和其他有关人员对和解的意见,告知刑事案件可能从宽处理的法律后果和双方的权利义务,并制作笔录附卷;必要时,可以听取双方当事人亲属、当地居民委员会或者村民委员会人员以及其他了解案件情况的相关人员的意见。

(三) 主持制作和解协议

经过审查,如果公检法机关认为和解协议符合自愿性、合法性的要求,应当主持制作和解协议书。签订和解协议时,当事双方应当到场。如果当事人中有未成年人的,未成年当事人的法定代理人或者其他成年亲属应当在场。和解协议书上应当由双方当事人签名,但是不加盖公检法机关的公章。对于办案人员是否签名,有关司法解释中的规定并不统一,法官需要在和解协议书上签名,但是警察和检察官则无须签名。

第三节 犯罪嫌疑人、被告人逃匿、死亡案件违法所得的没收程序

一、犯罪嫌疑人、被告人逃匿、死亡案件违法所得的没收程序的概念与意义

犯罪嫌疑人、被告人逃匿、死亡案件违法所得的没收程序(以下简称"违法所得没收程序"),是指在符合法律规定的特定条件的案件中,当犯罪嫌疑人、被告人因逃匿、死亡而不能到案时,法院通过公告、审理等程序没收其违法所得的特别程序。该程序是2012年修订后的《刑事诉讼法》中增设的特别程序。该特别程序的规定,对于打击特定的刑事犯罪、规范司法机关的权力、履行国际公约的缔约义务等都具有积极意义。

第一,违法所得没收程序有利于打击特定的刑事犯罪。在我国司法实践中,犯罪嫌疑人、被告人在诉讼过程中逃匿、死亡,导致无法追缴违法所得的问题日益严重。特别是在涉及贪污贿赂、恐怖活动等严重的刑事犯罪案件中,犯罪嫌疑人携带大量的非法所得潜逃国外,逃脱法律的制裁,使国家、社会利益遭受重大损失。《刑事诉讼法》中增加规定违法所得没收程序,为该问题提供了有效的解决途径。

第二,违法所得没收程序的规定,有利于规范司法机关的权力。2012年修订的《刑事诉讼法》中,对违法所得没收问题作出了比较详细的规定,包括适用条件、审理程序、裁判、救济等方面的问题,这对于规范司法机关的权力运作具有积极的推动意义。

第三,刑事诉讼法中规定违法所得没收程序,是我国履行作为《联合国反腐败公约》缔约国义务的必然要求,有利于维护国家利益。违法所得没收程序是我国履行作为《联合国反腐败公约》缔约国义务的一种积极尝试和制度创新。同时,我国也可以没收违法所得程序的裁判为依据,向其他缔约国提出协助执行的要求,从而追缴转移到国外的非法所得,从经济层面上维护国家利益,打击腐败犯罪。

二、违法所得没收程序的适用条件

根据《刑事诉讼法》第280条和有关司法解释的规定,违法所得没收程序的适用应当符合以下几方面条件:

(一) 被追诉人不能到案

违法所得没收程序所要处理的是犯罪嫌疑人、被告人不能到案情况下的违法所得没收问题,因此被追诉人不能到案,是适用该程序的前提条件。被追诉人不能到案,按照法律规定包括两种情况:一是犯罪嫌疑人、被告人逃匿,在通缉1年后不能到案;二是

犯罪嫌疑人、被告人死亡。在前一种情况下，由于犯罪嫌疑人、被告人的逃匿而使诉讼程序中止，当办案机关采取必要措施无法抓捕犯罪嫌疑人、被告人，并且在通缉1年后仍不能到案时，才符合适用本特别程序的条件要求。在后一种情况下，犯罪嫌疑人、被告人死亡，按照刑事诉讼法的规定应当终止诉讼，如果涉案的违法所得需要处理，应适用本程序。

（二）案件类型

《刑事诉讼法》第280条第1款规定："对于贪污贿赂犯罪、恐怖活动犯罪等重大犯罪案件，犯罪嫌疑人、被告人逃匿，在通缉1年后不能到案，或者犯罪嫌疑人、被告人死亡，依照刑法规定应当追缴其违法所得及其他涉案财产的，人民检察院可以向人民法院提出没收违法所得的申请。"对此，最高法《解释》第507条规定，"依照刑法规定应当追缴违法所得及其他涉案财产，且符合下列情形之一的，人民检察院可以向人民法院提出没收违法所得的申请：（1）犯罪嫌疑人、被告人实施了贪污贿赂犯罪、恐怖活动犯罪等重大犯罪后逃匿，在通缉1年后不能到案的；（2）犯罪嫌疑人、被告人死亡的。"最高检《规则》第523条的规定基本相同。因此，对于违法所得没收程序适用条件中的案件类型要求，仅在"犯罪嫌疑人、被告人逃匿，通缉1年后不能到案"的情况下有此限制，而犯罪嫌疑人、被告人死亡的案件中适用违法所得没收程序，则不受案件类型的限制。

恐怖活动犯罪在我国刑法分则中并不是一类罪名，在全国人民代表大会常务委员会《关于加强反恐怖工作有关问题的决定》、公安部《规定》第374条中，对"恐怖活动"有明确的定义。所谓"恐怖活动犯罪"，是指以制造社会恐慌、危害公共安全或者胁迫国家机关、国际组织为目的，采取暴力、破坏、恐吓等手段，造成或者意图造成人员伤亡、重大财产损失、公共设施损坏、社会秩序混乱等严重社会危害的行为，以及煽动、资助或者以其他方式协助实施上述活动的犯罪。一般认为，与此相关的组织、领导、参加恐怖组织罪，资助恐怖活动罪，劫持航空器罪等犯罪均为恐怖活动犯罪。

除罪名要求外，适用该特别程序还要求案件本身属于"重大犯罪案件"，具体包括以下三种情况：（1）犯罪嫌疑人、被告人可能被判处无期徒刑以上刑罚的；（2）案件在本省、自治区、直辖市或者全国范围内有较大影响的；（3）其他重大犯罪案件。

（三）依法应当追缴违法所得

依照刑法规定应当追缴违法所得及其他涉案财产，也是适用违法所得没收程序的必要条件。如果符合上述案件类型和被追诉人不到案的条件，但是案件中没有违法所得和其他涉案财产的，则不存在追缴违法所得的必要，也就没有适用本特别程序的必要。《刑法》第64条规定："犯罪分子违法所得的一切财物，应当予以追缴或者责令退赔……"这意味着，只有特定案件中的财产被认定为犯罪分子违法所得和涉案财产时，才能适用违法所得没收程序予以追缴。按照最高法《解释》第509条的规定，"违法所得及其他涉案财产"，是指实施犯罪行为所取得的财物及其孳息，以及被告人非法持有的违禁品、供犯罪所用的本人财物。

三、违法所得没收程序的启动

根据《刑事诉讼法》第 280 条和有关司法解释的规定,公安机关或者人民检察院的自侦部门认为符合法定条件的,应当向人民检察院的公诉部门提交没收违法所得意见书,而人民检察院公诉部门经过审查,可以根据意见书,或者自行向人民法院提出没收违法所得的申请,启动违法所得没收程序。

(一) 没收违法所得意见书的提出与审查

在刑事诉讼中,如果作为侦查机关的公安机关发现案件符合违法所得没收程序的适用条件,经县级以上公安机关负责人批准,应当写出没收违法所得意见书,连同相关证据材料一并移送同级人民检察院。

没收违法所得意见书应当包括以下内容:(1)犯罪嫌疑人的基本情况;(2)犯罪事实和相关的证据材料;(3)犯罪嫌疑人逃匿、被通缉或者死亡的情况;(4)犯罪嫌疑人的违法所得及其他涉案财产的种类、数量、所在地;(5)查封、扣押、冻结的情况等。

在犯罪嫌疑人死亡的案件中,如果现有证据证明其存在违法所得及其他涉案财产应当予以没收的,公安机关可以进行调查。公安机关进行调查,可以依法进行查封、扣押、查询、冻结。公安机关向人民检察院移送没收违法所得意见书,应当由有管辖权的人民检察院的同级公安机关移送。

人民检察院直接受理立案侦查的案件,如果犯罪嫌疑人逃匿或者死亡而撤销案件,符合违法所得没收程序的适用条件,侦查部门应当启动该程序进行调查。侦查部门进行调查应当查明犯罪嫌疑人涉嫌的犯罪事实,犯罪嫌疑人逃匿、被通缉或者死亡的情况,以及犯罪嫌疑人的违法所得及其他涉案财产的情况,并可以对违法所得及其他涉案财产依法进行查封、扣押、查询、冻结。经过调查,侦查部门认为符合适用条件的,应当写出没收违法所得意见书,连同案卷材料一并移送有管辖权的人民检察院侦查部门,并由有管辖权的人民检察院侦查部门移送本院公诉部门。

人民检察院收到公安机关或者检察院自侦部门移送的没收违法所得意见书后,应当由公诉部门查明以下事项:(1)是否属于本院管辖;(2)是否符合《刑事诉讼法》第 280 条第 1 款规定的条件;(3)犯罪嫌疑人身份状况,包括姓名、性别、国籍、出生年月日、职业和单位等;(4)犯罪嫌疑人涉嫌犯罪的情况;(5)犯罪嫌疑人逃匿、被通缉或者死亡的情况;(6)违法所得及其他涉案财产的种类、数量、所在地,以及查封、扣押、冻结的情况;(7)与犯罪事实、违法所得相关的证据材料是否随案移送,不宜移送的证据的清单、复制件、照片或者其他证明文件是否随案移送;(8)证据是否确实、充分;(9)相关利害关系人的情况。

人民检察院公诉部门应当在接到公安机关或者检察院自侦部门移送的没收违法所得意见书后 30 日以内作出是否提出没收违法所得申请的决定。30 日以内不能作出决定的,经检察长批准,可以延长 15 日。经人民检察院公诉部门审查,认为不符合违法所得没收程序适用条件的,应当作出不提出没收违法所得申请的决定,并向公安机关书面说明理由;认为需要补充证据的,应当书面要求公安机关补充证据,必要时也可以自行调查。公安机关补充证据的时间不计入人民检察院办案期限。

人民检察院对违法所得没收程序的启动过程实施法律监督。如果人民检察院发现公安机关应当启动违法所得没收程序而不启动的,可以要求公安机关在7日以内书面说明不启动的理由;经审查,认为公安机关不启动理由不能成立的,应当通知公安机关启动程序。人民检察院发现公安机关在违法所得没收程序的调查活动中有违法情形的,应当向公安机关提出纠正意见。

(二)没收违法所得申请书的提出与审查

没收违法所得的申请,应当由与有管辖权的中级人民法院相对应的人民检察院提出。

提出申请时,人民检察院应当制作没收违法所得申请书,提供与犯罪事实、违法所得相关的证据材料,并列明财产的种类、数量、所在地及查封、扣押、冻结的情况。申请书中主要包括以下内容:

(1)犯罪嫌疑人、被告人的基本情况,包括姓名、性别、出生年月日、出生地、户籍地、身份证号码、民族、文化程度、职业、工作单位及职务、住址等;

(2)案由及案件来源;

(3)犯罪嫌疑人、被告人的犯罪事实;

(4)犯罪嫌疑人、被告人逃匿、被通缉或者死亡的情况;

(5)犯罪嫌疑人、被告人的违法所得及其他涉案财产的种类、数量、所在地及查封、扣押、冻结的情况;

(6)犯罪嫌疑人、被告人近亲属和其他利害关系人的姓名、住址、联系方式及其要求等情况;

(7)提出没收违法所得申请的理由和法律依据。

对人民检察院提出的没收违法所得的申请,人民法院应当在7日内审查完毕,并按照下列情形分别处理:(1)不属于本院管辖的,应当退回人民检察院;(2)材料不全的,应当通知人民检察院在3日内补送;(3)属于违法所得没收程序受案范围和本院管辖,且材料齐全的,应当受理。

人民检察院尚未查封、扣押、冻结申请没收的财产或者查封、扣押、冻结期限即将届满,涉案财产有被隐匿、转移或者毁损、灭失危险的,人民法院可以查封、扣押、冻结申请没收的财产。

除根据公安机关、人民检察院自侦部门提交的没收违法所得意见书,向人民法院提出没收违法所得的申请外,人民检察院在公诉、审判过程中也可以自行提起没收违法所得的申请。在审查起诉过程中,犯罪嫌疑人死亡,或者贪污贿赂犯罪、恐怖活动犯罪等重大犯罪案件的犯罪嫌疑人逃匿,在通缉1年后不能到案,依照刑法规定应当追缴其违法所得及其他涉案财产的,人民检察院可以直接提出没收违法所得的申请。在人民法院审理案件过程中,被告人死亡而裁定终止审理,或者被告人脱逃而裁定中止审理,人民检察院可以依法另行向人民法院提出没收违法所得的申请。

四、没收违法所得案件的审理

与普通刑事案件的审理程序相比,违法所得没收程序具有一定的特殊性,体现在以下方面:

(一)没收违法所得案件的审判管辖

《刑事诉讼法》第281条第1款规定:"没收违法所得的申请,由犯罪地或者犯罪嫌疑人、被告人居住地的中级人民法院组成合议庭进行审理。"该条规定明确了没收违法所得案件的地域管辖和级别管辖。其中,在地域管辖方面,与普通刑事案件中的犯罪地管辖优先原则不同,采取的是犯罪地和被告人居住地并列选择适用管辖。在级别管辖方面,没收违法所得案件由中级人民法院管辖。由于没收违法所得程序中涉及犯罪嫌疑人、被告人财产的处分,这是涉及个人基本权益的重大事项;而且该程序中处理的部分案件,属于贪污贿赂犯罪、恐怖活动犯罪等重大犯罪案件,犯罪性质通常较为严重,具有较大的社会影响。因此,该类案件由中级人民法院组成合议庭审理更为妥当。

(二)没收违法所得案件的公告程序

没收违法所得案件的审理程序主要包括两部分:公告程序和审理程序。一旦受理人民检察院提出的没收违法所得的申请,人民法院应当在15日内发出公告,开启公告程序。

公告中应当写明以下内容:(1)案由;(2)犯罪嫌疑人、被告人通缉在逃或者死亡等基本情况;(3)申请没收财产的种类、数量、所在地;(4)犯罪嫌疑人、被告人的近亲属和其他利害关系人申请参加诉讼的期限、方式;(5)应当公告的其他情况。公告应当在全国公开发行的报纸或者人民法院的官方网站刊登,并在人民法院公告栏张贴、发布;必要时,可以在犯罪地、犯罪嫌疑人、被告人居住地、申请没收的不动产所在地张贴、发布。人民法院已经掌握犯罪嫌疑人、被告人的近亲属和其他利害关系人的联系方式的,应当采取电话、传真、邮件等方式直接告知其公告内容,并记录在案。公告期为6个月。

一旦违法所得没收程序启动,犯罪嫌疑人、被告人的近亲属和其他利害关系人有权申请参加诉讼,也可以委托诉讼代理人参加诉讼。"其他利害关系人"是指对申请没收的财产主张所有权的人。犯罪嫌疑人、被告人的近亲属和其他利害关系人申请参加诉讼的,应当在公告期间提出。犯罪嫌疑人、被告人的近亲属应当提供其与犯罪嫌疑人、被告人关系的证明材料,其他利害关系人应当提供申请没收的财产系其所有的证据材料。犯罪嫌疑人、被告人的近亲属和其他利害关系人在公告期满后申请参加诉讼,能够合理说明原因,并提供证明申请没收的财产系其所有的证据材料的,人民法院应当准许。

人民法院在必要的时候,可以查封、扣押、冻结申请没收的财产。

(三)没收违法所得案件的审理程序

公告期满后,人民法院应当组成合议庭对申请没收违法所得的案件进行审理。根据审理程序中是否有利害关系人参加,人民法院的审理方式可以有所差异:如果利害关系人申请参加诉讼的,人民法院应当开庭审理,人民检察院应当派员出席法庭;没有利害关系人申请参加诉讼的,人民法院可以不开庭审理,通过书面审理人民检察院提交的申请书作出裁判。如果人民法院决定开庭审理没收违法所得案件,但是利害关系人接到通知后无正当理由拒不到庭,或者未经法庭许可中途退庭的,审理方式可以转为不开庭审理,但还有其他利害关系人参加诉讼的除外。

由于没收违法所得案件与普通刑事案件在审理对象、参与主体等方面存在差异,因此相关司法解释中对其审理程序作出了专门规定。在开庭审理申请没收违法所得的案件时,人民法院按照下列程序进行:(1)审判长宣布法庭调查开始后,先由检察员宣读申请书,后由利害关系人、诉讼代理人发表意见;(2)法庭应当依次就犯罪嫌疑人、被告人是否实施了贪污贿赂犯罪、恐怖活动犯罪等重大犯罪并已经通缉1年不能到案,或者是否已经死亡,以及申请没收的财产是否依法应当追缴进行调查;调查时,先由检察员出示有关证据,后由利害关系人发表意见、出示有关证据,并进行质证;(3)法庭辩论阶段,先由检察员发言,后由利害关系人及其诉讼代理人发言,并进行辩论。

人民法院对没收违法所得的申请进行审理,人民检察院应当承担举证责任。

审理申请没收违法所得案件的期限,参照公诉案件第一审普通程序审理期限执行。公告期间和请求刑事司法协助的时间不计入审理期限。

在没收违法所得案件的审理过程中,人民检察院进行法律监督,如果发现人民法院或者审判人员审理没收违法所得案件违反法律规定的诉讼程序,应当向人民法院提出纠正意见。

(四)没收违法所得案件的第一审裁判

《刑事诉讼法》第282条第1款规定:"人民法院经审理,对经查证属于违法所得及其他涉案财产,除依法返还被害人的以外,应当裁定予以没收;对不属于应当追缴的财产的,应当裁定驳回申请,解除查封、扣押、冻结措施。"可见,根据法庭审理所认定的案件事实,人民法院对于人民检察院提出的没收违法所得的申请可以作出三种裁判结论:

(1)经过审理,如果人民法院认为案件事实清楚,证据确实、充分,检察院申请没收的财产确属违法所得,并且有证据证明该财产为被害人所有的,应当裁定返还被害人;

(2)经过审理,如果人民法院认为案件事实清楚,证据确实、充分,检察院申请没收的财产确属违法所得及其他涉案财产的,应当裁定没收;

(3)经过审理,如果人民法院认定人民检察院的申请不符合法律规定的没收违法所得的条件,应当裁定驳回申请。

(五)没收违法所得案件的第二审程序和审判监督程序

对于第一审人民法院作出的没收违法所得或者驳回申请的裁定,如果犯罪嫌疑人、被告人的近亲属和其他利害关系人不服,或者人民检察院认为确有错误,应当在5日内提出上诉或者抗诉。这符合我国两审终审制的审级制度要求,也为相关主体提供了必要的权利救济途径。

没收违法所得案件的第二审程序与第一审中的审理程序基本相同。第二审人民法院经审理,应当按照下列情形分别作出裁定:

(1)原裁定正确的,应当驳回上诉或者抗诉,维持原裁定;

（2）原裁定确有错误的，可以在查清事实后改变原裁定；也可以撤销原裁定，发回重新审判；

（3）原审违反法定诉讼程序，可能影响公正审判的，应当撤销原裁定，发回重新审判。

对于第二审法院作出的终审裁定，如果确有错误的，相关主体可以依照《刑事诉讼法》的规定提起审判监督程序予以纠正。最高人民检察院、省级人民检察院认为下级人民法院按照违法所得没收程序所作的已经发生法律效力的裁定确有错误的，应当按照审判监督程序向同级人民法院提出抗诉。

（六）被追诉人到案后的处理

违法所得没收程序是以被追诉人不到案为前提，如果被追诉人因潜逃而不到案，其可能在诉讼过程中或者生效裁判作出后重新出现，这会影响诉讼的进程以及生效裁定的效力。

根据《刑事诉讼法》第283条第1款规定，在审理过程中，在逃的犯罪嫌疑人、被告人自动投案或者被抓获的，人民法院应当终止审理。同时，应重启对犯罪嫌疑人、被告人的正常刑事诉讼程序。如果犯罪嫌疑人在侦查阶段逃匿，则侦查机关继续进行侦查活动；如果犯罪嫌疑人在公诉阶段逃匿，则检察机关应继续审查公诉；如果被告人在审判阶段逃匿，则法院应继续进行审理，完成定罪量刑活动。对犯罪嫌疑人、被告人的违法所得及其他涉案财产问题，通过正常的审理程序作出裁判。

人民检察院在审查公安机关移送的没收违法所得意见书的过程中，在逃的犯罪嫌疑人、被告人自动投案或者被抓获的，应当终止审查，并将案卷退回公安机关处理。公安机关将没收违法所得意见书移送人民检察院后，在逃的犯罪嫌疑人自动投案或者被抓获的，公安机关应当及时通知同级人民检察院。

如果没收违法所得裁定生效后，犯罪嫌疑人、被告人到案并对没收裁定提出异议的，需要区分情况处理。在追究被告人刑事责任的普通诉讼程序中，如果人民检察院向原作出裁定的人民法院提起公诉的，可以由同一审判组织审理。人民法院经审理，应当按照下列情形分别处理：（1）原裁定正确的，予以维持，不再对涉案财产作出判决；（2）原裁定确有错误的，应当撤销原裁定，并在判决中对有关涉案财产一并作出处理。除此之外，如果人民法院生效的没收裁定确有错误的，应当依照审判监督程序予以纠正。已经没收的财产，应当及时返还；财产已经上缴国库的，由原没收机关从财政机关申请退库，予以返还；原物已经出卖、拍卖的，应当退还价款；造成犯罪嫌疑人、被告人以及利害关系人财产损失的，应当依法赔偿。

（七）没收违法所得案件的国家赔偿

《刑事诉讼法》第283条第2款规定："没收犯罪嫌疑人、被告人财产确有错误的，应当予以返还、赔偿。"其中的"赔偿"，是指国家赔偿问题。按照《国家赔偿法》第18条之规定，"行使侦查、检察、审判职权的机关以及看守所、监狱管理机关及其工作人员在行使职权时有下列侵犯财产权情形之一的，受害人有取得赔偿的权利：（一）违法对财产采取查封、扣押、冻结、追缴等措施的；（二）依照审判监督程序再审改判无罪，原判罚金、没收财产已经执行的。"因此,如果没收违法所得案件的裁定确有错误,损害了犯罪嫌疑人、被告人的合法权益的,办案机关应当按照《国家赔偿法》的规定予以赔偿,具体赔偿程序依《国家赔偿法》的规定执行。

第四节 依法不负刑事责任的精神病人的强制医疗程序

一、依法不负刑事责任的精神病人的强制医疗程序的概念与意义

依法不负刑事责任的精神病人的强制医疗程序(以下简称"强制医疗程序"),是指对于实施暴力行为、危害公共安全或者严重危害公民人身安全,经法定鉴定程序依法不负刑事责任的精神病人,如果有继续危害社会的可能性,对其适用强制医疗措施的特别程序。

强制医疗程序的设立,对于约束公权力、保障被强制医疗人的合法权益、维护社会稳定等方面均具有积极意义。

首先,有利于约束公权力,维护被强制医疗人的合法权益,保障强制医疗决定的正当性。强制医疗是对精神病人基本权利的约束,是法律赋予公权力机关剥夺、限制公民人身自由的一项强制性权力。为了保障其正当性,应当在实体和程序方面规定必要的约束措施。

其次,有利于预防犯罪,促进社会稳定、维护公众安全。实施了暴力行为、造成危害社会的后果,但因具有精神病而不负刑事责任的人,具有危害社会安全的现实危险。因此,对于暴力型精神病人适用强制医疗措施,具有预防犯罪、维护社会稳定和公众安全的重要意义。强制医疗不仅关系到精神病患者自身健康利益和人身自由,也关系到社会利益和社会安全的维护,是一项关乎自由与安全两大基本法律价值的社会防卫制度。[①]

二、强制医疗程序的适用条件

根据我国《刑事诉讼法》第284条规定:"实施暴力行为,危害公共安全或者严重危害公民人身安全,经法定程序鉴定依法不负刑事责任的精神病人,有继续危害社会可能的,可以予以强制医疗。"该条规定确立了强制医疗程序的三方面适用条件,即先前行为条件、医学条件和社会危险性条件。

(一)先前行为条件

适用强制医疗程序,一个重要的条件是行为人的先前行为,即已经实施过暴力行为,并且达到了法定的危害程度。其中,"暴力行为"是对精神病人类型的限制,只有实施了暴力行为的精神病人才可能被适用强制医疗措施,如果是一般的非暴力型精神病人,即使其实施过犯罪行为,也不需要适用强制医疗措施。"危害公共安全或者严重危害公民人身

---

① 参见卢建平:《中国精神病患者强制医疗问题研究》,载王牧主编:《犯罪学论丛》(第六卷),中国检察出版社2008年版。

安全",是精神病人实施的先前暴力行为的程度要求。只有精神病人的暴力行为达到危害公共安全或者严重危害公民人身安全的程度时,才有适用强制医疗措施的必要。在最高法《解释》第524条和最高检《规则》第539条中,均在该危害程度的表述之后,加上了"已经达到犯罪程度"的表述,这是对"危害公共安全或者严重危害公民人身安全"的界定,表明了先前行为危害性的程度,必须达到犯罪的严重程度。

(二) 医学条件

适用强制医疗程序,从行为人的角度应当符合医学条件,具体包括两方面要求。一是被强制医疗人应当被鉴定为精神病人。强制医疗程序只能针对精神病人,而不能针对实施暴力行为的非精神病人,对于精神病人的认定应当符合医学标准。二是被强制医疗人应当是经法定程序鉴定依法不负刑事责任的精神病人。并非对所有的精神病人均要适用强制医疗措施,如果行为人有精神疾病,但是不影响其认知和判断能力,属于完全刑事责任能力或者限制刑事责任能力人,则其应当依法承担相应的刑事责任。只有在行为人因有精神病而丧失认知和判断能力,并因此不负刑事责任时,才需要采取强制医疗措施。

(三) 社会危险性条件

对精神病人适用强制医疗措施,最核心的条件是社会危险性。如果精神病人没有继续危害社会的可能,即使其实施过暴力行为、已经达到犯罪的程度,即使经法定程序鉴定依法不负刑事责任,也不需要适用强制医疗措施。社会危险性,是指基于行为人的精神状态、精神病的类型、其先前行为的性质和危害性等因素综合判断,行为人对于社会具有危害的可能性。对于社会危险性,法院应以精神病鉴定意见为基础,结合以上因素综合判断。

三、强制医疗程序的启动

根据《刑事诉讼法》第285条第2款规定:"公安机关发现精神病人符合强制医疗条件的,应当写出强制医疗意见书,移送人民检察院。对于公安机关移送的或者在审查起诉过程中发现的精神病人符合强制医疗条件的,人民检察院应当向人民法院提出强制医疗的申请。人民法院在审理案件过程中发现被告人符合强制医疗条件的,可以作出强制医疗的决定。"由此可见,强制医疗程序的启动包括两种方式:一种是人民检察院的申请启动,另一种是人民法院的自行启动。最高法《解释》和最高检《规则》中对这两种启动的具体程序作了全面规定,详细内容如下:

人民检察院申请启动强制医疗程序,可以依据公安机关提交的强制医疗意见书,也可以在审查起诉过程中自行启动。经过审查公安机关提交的强制医疗意见书,人民检察院认为符合启动强制医疗程序的条件,应当向人民法院提出强制医疗的申请;如果在审查起诉过程中发现犯罪嫌疑人经鉴定系依法不负刑事责任的精神病人的,符合法定条件的,人民检察院应当作出不起诉决定,并向人民法院提出强制医疗的申请。

在侦查阶段,如果公安机关认为犯罪嫌疑人符合适用强制医疗措施的条件,应当在7日以内写出强制医疗意见书,经县级以上公安机关负责人批准,连同相关证据材料和鉴定意见一并移送同级人民检察院。人民检察院审查公安机关移送的强制医疗意见书,应当查明以下事项:(1)是否属于本院管辖;(2)涉案精神病人身份状况是否清楚,包括姓名、性别、国籍、出生年月日、职业和单位等;(3)涉案精神病人实施危害公共安全或者严重危害公民人身安全的暴力行为的事实;(4)公安机关对涉案精神病人进行鉴定的程序是否合法,涉案精神病人是否依法不负刑事责任;(5)涉案精神病人是否有继续危害社会的可能;(6)证据材料是否随案移送,不宜移送的证据的清单、复制件、照片或者其他证明文件是否随案移送;(7)证据是否确实、充分;(8)采取的临时保护性约束措施是否适当。

人民检察院应当在接到公安机关移送的强制医疗意见书后30日以内作出是否提出强制医疗申请的决定。经审查,人民检察院认为不符合《刑事诉讼法》第284条规定条件的,应当作出不提出强制医疗申请的决定,并向公安机关书面说明理由;认为需要补充证据的,应当书面要求公安机关补充证据,必要时也可以自行调查。公安机关补充证据的时间不计入人民检察院办案期限。人民检察院审查公安机关移送的强制医疗意见书,向人民法院提出强制医疗的申请以及对强制医疗决定的监督,由公诉部门办理。

人民检察院向人民法院提出强制医疗的申请,应制作、提交强制医疗申请书。申请书中主要包括以下内容:(1)涉案精神病人的基本情况,包括姓名、性别、出生年月日、出生地、户籍地、身份证号码、民族、文化程度、职业、工作单位及职务、住址,采取临时保护性约束措施的情况及处所等;(2)涉案精神病人的法定代理人的基本情况,包括姓名、住址、联系方式等;(3)案由及案件来源;(4)涉案精神病人实施危害公共安全或者严重危害公民人身安全的暴力行为的事实,包括实施暴力行为的时间、地点、手段、后果等及相关证据情况;(5)涉案精神病人不负刑事责任的依据,包括有关鉴定意见和其他证据材料;(6)涉案精神病人继续危害社会的可能;(7)提出强制医疗申请的理由和法律依据。强制医疗的申请由被申请人实施暴力行为所在地的基层人民检察院提出;由被申请人居住地的人民检察院提出更为适宜的,可以由被申请人居住地的基层人民检察院提出。

对人民检察院提出的强制医疗申请,人民法院应当审查以下内容,在7日内审查完毕:(1)是否属于本院管辖;(2)是否写明被申请人的身份,实施暴力行为的时间、地点、手段、所造成的损害等情况,并附相关证据材料;(3)是否附有法医精神病鉴定意见和其他证明被申请人属于依法不负刑事责任的精神病人的证据材料;(4)是否列明被申请人的法定代理人的姓名、住址、联系方式;(5)需要审查的其他事项。对人民检察院提出的强制医疗申请,人民法院经过审查应按照下列情形分别处理:(1)不属于本院管辖的,应当退回人民检察院;(2)材料不全的,应当通知人民检察院在3日内补送;(3)属于强制医疗程序受案范围和本院管辖,且材料齐全的,应当受理。

人民法院在审判过程中有权自行启动强制医疗程序。第一审人民法院在审理案件过程中发现被告人可能符合强制医疗条件的,应当依照法定程序对被告人进行法医精神病鉴定。经鉴定,被告人属于依法不负刑事责任的精神病人的,应当启动强制医疗程序。人民法院在审理第二审刑事案件过程中,发现被告人可能符合强制医疗条件的,可以依照强制医疗程序对案件作出处理,也可以裁定发回原审人民法院重新审判。

四、强制医疗案件的审理程序

强制医疗程序是不同于普通刑事诉讼程序的特别程序,除了适用对象的特殊性外,在审理程序方面也有自身的特殊性。

(一)适用强制医疗措施的决定主体

《刑事诉讼法》第285条第1款规定:"根据本章规定对精神病人强制医疗的,由人民法院决定。"因此,对不负刑事责任的精神病人适用强制医疗措施,决定权由人民法院行使,公安机关、人民检察院均无权作出决定。

虽然强制医疗措施不属于刑罚,但是其在客观上会剥夺、限制被强制医疗对象的人身自由,属于涉及公民人身自由权利的重大事项。依照司法最终裁判的原则,所有涉及剥夺、限制公民人身自由的事项,均应由中立的司法机关作出决定,处于刑事诉讼追诉一方的侦查机关、公诉机关不应享有此项权力。

(二)强制医疗案件的审判组织与审理方式

根据《刑事诉讼法》第286条第1款的规定,人民法院受理强制医疗的申请后,应当组成合议庭进行审理。由于强制医疗程序事关剥夺、限制人身自由的事项,而且该程序中可能涉及精神病鉴定、先前暴力行为的性质认定、社会危险性的判断等事项,在作出裁判时较为复杂,因此应当组成合议庭进行审理。

强制医疗案件的审理,原则上应当开庭,但是被申请人、被告人的法定代理人申请不开庭审理,并经人民法院审查同意的除外。人民法院对强制医疗案件开庭审理的,人民检察院应当派员出席法庭。

(三)强制医疗程序的法律援助制度

在强制医疗程序中,被申请人或者被告人没有委托诉讼代理人的,人民法院应当通知法律援助机构指派律师为其提供法律帮助。这意味着,强制医疗程序中的被申请人、被告人是法律援助的对象;法律援助律师可以为被申请强制医疗的人提供必要的法律帮助,维护其合法权益。

(四)强制医疗案件的审理程序

对于强制医疗案件的具体审理程序,《刑事诉讼法》中没有规定,根据最高法《解释》第528—539条的规定,应按照下列程序进行:

人民法院审理强制医疗案件,应当通知被申请人或者被告人的法定代理人到场。被申请人要求出庭,人民法院经审查其身体和精神状态,认为可以出庭的,应当准许。出庭的被申请人,在法庭调查、辩论阶段,可以发表意见。审理人民检察院申请强制医疗的案件,人民法院应当会见被申请人。

强制医疗案件的法庭审顺序为:(1)审判长宣布法庭调查开始后,先由检察员宣读申请书,后由被申请人的法定代理人、诉讼代理人发表意见;(2)法庭依次就被申请人是否实施了危害公共安全或者严重危害公民人身安全的暴力行为、是否属于依法不负刑事责任的精神病人、是否有继续危害社会的可能进行调查;调查时,先由检察员出示有关证据,后由被申请人的法定代理人、诉讼代理人发表意见、出示有关证据,并进行质证;(3)法庭辩论阶段,先由检察员发言,后由被申请人的法定代理人、诉讼代理人发言,并进行辩论。

对申请强制医疗的案件,人民法院审理后,应当按照下列情形分别处理:(1)符合《刑事诉讼法》第284条规定的强制医疗条件的,应当作出对被申请人强制医疗的决定;(2)被申请人属于依法不负刑事责任的精神病人,但不符合强制医疗条件的,应当作出驳回强制医疗申请的决定;被申请人已经造成危害结果的,应当同时责令其家属或者监护人严加看管和医疗;(3)被申请人具有完全或者部分刑事责任能力,依法应当追究刑事责任的,应当作出驳回强制医疗申请的决定,并退回人民检察院依法处理。

如果强制医疗程序是由人民法院在案件审理过程中启动,应当按照以下程序进行审理。经过对被告人的法医精神病鉴定后,先由合议庭组成人员宣读对被告人的法医精神病鉴定意见,说明被告人可能符合强制医疗的条件,后依次由公诉人和被告人的法定代理人、诉讼代理人发表意见。经审判长许可,公诉人和被告人的法定代理人、诉讼代理人可以进行辩论。根据庭审情况,人民法院应当按照下列情形分别处理:(1)被告人符合强制医疗条件的,应当判决宣告被告人不负刑事责任,同时作出对被告人强制医疗的决定;(2)被告人属于依法不负刑事责任的精神病人,但不符合强制医疗条件的,应当判决宣告被告人无罪或者不负刑事责任;被告人已经造成危害结果的,应当同时责令其家属或者监护人严加看管和医疗;(3)被告人具有完全或者部分刑事责任能力,依法应当追究刑事责任的,应当依照普通程序继续审理。

人民法院经审理,对于被申请人或者被告人符合强制医疗条件的,应当在1个月以内作出强制医疗的决定。

人民法院决定强制医疗的,应当在作出决定后5日内,向公安机关送达强制医疗决定书和强制医疗执行通知书,由公安机关将被决定强制医疗的人送交强制医疗。

(五)对强制医疗决定的复议

根据《刑事诉讼法》第287条第2款的规定,被决定强制医疗的人、被害人及其法定代理人、近亲属对强制医疗决定不服的,可以向上一级人民法院申请复议。在复议期间,不停止执行强制医疗的决定。

对不服强制医疗决定的复议申请,上一级人民法院应当组成合议庭审理,在1个月内作出复议决定。如果被决定强制医疗的人符合强制医疗条件的,上一级法院应当驳回复议申请,维持原决定;如果被决定强制医疗的人不符合强制医疗条件的,上一级法院应当撤销原决定;如果原审违反法定诉讼程序,可能影响公正审判的,上一级法院应当撤销原决定,发回原审人民法院重新审判。

如果对第一审人民法院在审理过程中发现被告人符合强制医疗条件,因而判决宣告被告人不负刑事责任,决定对被告人进行强制医疗的,人民检察院提出抗诉,同时被决定强制医疗的人、被害人及其法定代理人、近亲属申请复议的,上一级人民法院应当依照第二审程序一并处理。

五、强制医疗措施的定期评估与解除

强制医疗措施针对的是实施暴力行为达到特定严重程度,经法定程序鉴定依法不负刑事责任,有继续危害社会可能的精神病人,其核心要求是精神病人对社会具有危险性。而精神病人的精神状态和危险程度处于变化之中,强制医疗措施的使用,也会缓解甚至治愈行为人的精神病,使其恢复正常或者不具有社会危害性。在这种情况下,就没有必要继续对精神病人采取强制医疗措施。因此,在强制医疗制度中应当建立对精神病人的定期检查、评估制度,当不符合法定条件时解除强制医疗措施。

(一)强制医疗措施的定期评估

《刑事诉讼法》第288条规定:"强制医疗机构应当定期对被强制医疗的人进行诊断评估。对于已不具有人身危险性,不需要继续强制医疗的,应当及时提出解除意见,报决定强制医疗的人民法院批准。被强制医疗的人及其近亲属有权申请解除强制医疗。"该规定确立了强制医疗措施的定期评估和检查制度。

强制医疗措施的评估由强制医疗机构负责。定期评估的时间,在法律中没有明确规定。最高法《解释》第540条第2款规定:"被强制医疗的人及其近亲属提出的解除强制医疗申请被人民法院驳回,6个月后再次提出申请的,人民法院应当受理。"对于解除强制医疗措施的申请最短间隔时间为6个月,那么对被强制医疗人的检查评估间隔,就不应当超过6个月。

(二)强制医疗措施的解除

解除强制医疗措施的决定主体是人民法院。强制医疗措施涉及人身自由等基本权利,而解除强制医疗措施同样是涉及公民基本权利的重大事项,依然应由人民法院作出决定。为了便于法院的审理、提高诉讼效率,有权解除强制医疗措施的法院应是原来作出强制医疗决定的法院。

解决强制医疗措施的申请主体包括强制医疗机构、被强制医疗的人及其近亲属。经过强制医疗,如果强制医疗机构认为精神病人已经不具有人身危险性、不需要继续强制医疗的,可以向法院提出解除强制医疗的意见;被强制医疗的人及其近亲属也有权向法院申请解除强制医疗。

强制医疗机构提出解除强制医疗意见,或者被强制医疗的人及其近亲属申请解除强制医疗,人民法院应当审查是否附有对被强制医疗的人的诊断评估报告。强制医疗机构提出解除强制医疗意见,未附诊断评估报告的,人民法院应当要求其提供。被强制医疗的人及其近亲属向人民法院申请解除强制医疗,强制医疗机构未提供诊断评估报告的,申请人可以申请人民法院调取。必要时,人民法院可以委托鉴定机构对被强制医疗的人进行鉴定。

对于强制医疗措施的解除申请,人民法院经过审查,在1个月内按照下列情形分别处理:(1)被强制医疗的人已不具有人身危险性,不需要继续强制医疗的,应当作出解除强制医疗的决定,并可责令被强制医疗的人的家属严加看管和医疗;(2)被强制医疗的人仍

具有人身危险性,需要继续强制医疗的,应当作出继续强制医疗的决定。人民法院应当在作出决定后5日内,将决定书送达强制医疗机构、申请解除强制医疗的人、被决定强制医疗的人和人民检察院。决定解除强制医疗的,应当通知强制医疗机构在收到决定书的当日解除强制医疗。

另外,为了防止精神病人实施危害社会的行为,在人民法院决定强制医疗前,经县级以上公安机关负责人批准,公安机关可以对实施暴力行为的精神病人,采取临时的保护性约束措施。必要时,可以将其送精神病医院接受治疗。采取临时的保护性约束措施时,应当对精神病人严加看管,并注意约束的方式、方法和力度,以避免和防止危害他人和精神病人的自身安全为限度。对于精神病人已没有继续危害社会可能,解除约束后不致发生社会危险性的,公安机关应当及时解除保护性约束措施。

六、对强制医疗程序的检察监督

根据《刑事诉讼法》第289条、最高法《解释》第543条及最高检《规则》第550条、第551条的规定,人民检察院对强制医疗的决定和执行实行监督,主要内容如下:

人民检察院发现公安机关应当启动强制医疗程序而不启动的,可以要求公安机关在7日以内书面说明不启动的理由。经审查,认为公安机关不启动理由不能成立的,应当通知公安机关启动程序。

人民检察院发现公安机关对涉案精神病人进行鉴定的程序违反法律或者采取临时保护性约束措施不当的,应当提出纠正意见。公安机关应当采取临时保护性约束措施而尚未采取的,人民检察院应当建议公安机关采取临时保护性约束措施。人民检察院监所检察部门发现公安机关对涉案精神病人采取临时保护性约束措施时有体罚、虐待等违法情形的,应当提出纠正意见。

人民检察院发现人民法院或者审判人员审理强制医疗案件违反法律规定的诉讼程序,应当向人民法院提出纠正意见。人民检察院认为人民法院作出的强制医疗决定或者驳回强制医疗申请的决定不当,应当在收到决定书副本后20日以内向人民法院提出书面纠正意见;人民法院应当另行组成合议庭审理,并在1个月内作出决定。

思考题:
1. 未成年人刑事案件诉讼程序有哪些特点?法律中规定了哪些特殊的方针和原则?
2. 如何理解未成年人刑事案件诉讼程序中的特殊制度?
3. 请论述未成年人刑事案件诉讼程序中附条件不起诉制度。
4. 如何理解当事人和解的公诉案件诉讼程序的意义?
5. 请论述和解协议。
6. 公检法机关在当事人和解的公诉案件诉讼程序中具有哪些作用?
7. 设立违法所得没收程序具有哪些意义?
8. 如何理解违法所得没收程序中的公告程序与审理程序?

9. 违法所得没收程序中被追诉人到案后如何处理?
10. 违法所得没收程序如何启动?
11. 试分析强制医疗程序的意义。
12. 如何理解强制医疗程序的适用条件?
13. 强制医疗程序有几种启动方式?
14. 如何理解强制医疗程序中的定期评估与解除制度?

第十九章 执 行

第一节 概 述

一、执行的概念

刑事诉讼中的执行,是指人民法院将已经发生法律效力的判决、裁定交付执行机关,将其所确定的内容依法付诸实施,以及在此过程中处理与之有关的减刑、假释等刑罚变更问题而进行的各种活动。

执行是刑事诉讼的最后一个阶段,也是国家刑罚权得以最终落实的过程。执行程序包括两方面的主要内容:第一,是将已经发生法律效力的判决、裁定所确定的内容付诸实施的程序;第二,是处理执行过程中的刑罚变更等问题的程序。这两部分的内容虽有一定的联系,但各自有不同的方法和步骤。

二、执行机关

执行机关,又称执行主体,是指将人民法院已经发生法律效力的判决、裁定付诸实施的机关。根据《刑事诉讼法》的规定,执行机关包括:

(1) 人民法院。死刑立即执行、罚金和没收财产的判决以及无罪或者免除刑罚的判决,均由人民法院负责执行。

(2) 监狱。死刑缓期二年执行、无期徒刑、有期徒刑的判决,由监狱负责执行。未成年犯被判处刑罚的,由未成年犯管教所负责执行。

(3) 公安机关。送交执行时余刑不足3个月的有期徒刑、拘役、剥夺政治权利、驱逐出境的,由公安机关负责执行。

(4) 社区矫正机构。对被判处管制、宣告缓刑、假释或者暂予监外执行的罪犯,依法实行社区矫正的,由社区矫正机构负责执行。

三、执行依据

执行依据,是指已经发生法律效力的判决、裁定。根据《刑事诉讼法》第248条的规定,判决和裁定在发生法律效力后执行。下列判决、裁定是发生法律效力的判决、裁定:

(1) 已过法定期限没有上诉、抗诉的判决、裁定。

(2) 终审的判决和裁定。包括第二审人民法院作出的判决、裁定和最高人民法院作出的判决、裁定。

(3) 最高人民法院核准的死刑判决和裁定、高级人民法院核准的死刑缓期二年执行的判决和裁定。

(4) 最高人民法院核准的在法定刑以下判处刑罚的判决和裁定。

第二节 各种判决、裁定的执行程序

一、死刑立即执行判决的执行

死刑是一种剥夺犯罪分子生命的刑罚,它作为刑罚中最严厉的刑种,具有无可挽回性。从判处到执行死刑的整个诉讼程序,都应防止发生错杀,保证死刑的正确适用。《刑事诉讼法》对判处死刑立即执行的判决的执行程序作了严格的规定,具体包括:

(一) 执行死刑命令的签发

根据《刑事诉讼法》第250条第1款的规定,最高人民法院判处和核准的死刑立即执行的判决,应当由最高人民法院院长签发执行死刑的命令。

(二) 执行死刑的机关和期限

最高人民法院的执行死刑命令,由高级人民法院交付第一审人民法院执行。第一审人民法院接到执行死刑命令后,应当在7日内执行。在死刑缓期执行期间故意犯罪,最高人民法院核准执行死刑的,由罪犯服刑地的中级人民法院执行。

(三) 执行死刑的场所和方法

死刑可以在刑场或者指定的羁押场所内执行。刑场不得设在繁华地区、交通要道和旅游区附近。"指定的羁押场所"一般是指人民法院指定的监狱或看守所。

根据《刑事诉讼法》第252条第2款的规定,死刑采用枪决或者注射等方法执行。对于采用枪决方法执行死刑,人民法院有条件执行的,交司法警察执行;没有条件执行的,交由武装警察执行。采用注射方法执行死刑的,应当在指定的刑场或者羁押场所内执行。采用枪决、注射以外的其他方法执行死刑的,应当事先层报最高人民法院批准。

(四) 执行死刑的具体程序

(1) 第一审人民法院在执行死刑前,应当告知罪犯有权会见其近亲属。罪犯申请会见并提供具体联系方式的,人民法院应当通知其近亲属。罪犯近亲属申请会见的,人民法院应当准许,并及时安排会见。

(2) 第一审人民法院在执行死刑3日前,应当通知同级人民检察院派员临场监督。

(3) 执行死刑前,指挥执行的审判人员对罪犯应当验明正身,讯问有无遗言、信札,并制作笔录,再交执行人员执行死刑。

(4) 执行死刑应当公布,禁止游街示众或者其他有辱罪犯人格的行为。

(五) 执行死刑后的处理

执行死刑后,应当由法医验明罪犯确实死亡,在场书记员制作笔录。负责执行的人民法院应当在执行死刑后15日内将执行情况,包括罪犯被执行死刑前后的照片,上报最高

人民法院。执行死刑后,负责执行的人民法院还应当办理以下事项:

(1) 通知罪犯家属。根据《刑事诉讼法》第252条第7款的规定,执行死刑后,交付执行的人民法院应当通知罪犯家属。

(2) 对遗书、遗言的处理。对罪犯的遗书、遗言笔录,应当及时审查;涉及财产继承、债务清偿、家事嘱托等内容的,将遗书、遗言笔录交给家属,同时复制附卷备查;涉及案件线索等问题的,抄送有关机关。

(3) 对罪犯尸体的处理。通知罪犯家属在限期内领取罪犯骨灰;没有火化条件或者因民族、宗教等原因不宜火化的,通知领取尸体;过期不领取的,由人民法院通知有关单位处理,并要求有关单位出具处理情况的说明;对罪犯骨灰或者尸体的处理情况,应当记录在案。

(4) 对外国籍罪犯执行死刑后,通知外国驻华使、领馆的程序和时限,根据有关规定办理。

二、死刑缓期二年执行、无期徒刑、有期徒刑和拘役判决的执行

根据《刑事诉讼法》第253条的规定,罪犯被交付执行刑罚的时候,应当由交付执行的人民法院在判决生效后10日以内将有关的法律文书送达公安机关、监狱或者其他执行机关。对被判处死刑缓期二年执行、无期徒刑、有期徒刑的罪犯,由公安机关依法将该罪犯送交监狱执行刑罚。对被判处有期徒刑的罪犯,在被交付执行刑罚前,剩余刑期在3个月以下的,由看守所代为执行。对被判处拘役的罪犯,由公安机关执行。对未成年犯应当在未成年犯管教所执行刑罚。根据《监狱法》第76条规定,未成年犯年满18周岁时,剩余刑期不超过2年的,仍可以留在未成年犯管教所执行剩余刑期。

根据最高法《解释》的规定,被判处死刑缓期执行、无期徒刑、有期徒刑、拘役的罪犯,交付执行时在押的,第一审人民法院应当在判决、裁定生效后10日内,将判决书、裁定书、起诉书副本、自诉状复印件、执行通知书、结案登记表送达看守所,由公安机关将罪犯交付执行。罪犯需要收押执行刑罚,而判决、裁定生效前未被羁押的,人民法院应当根据生效的判决书、裁定书将罪犯送交看守所羁押,并依照前述规定办理执行手续。同案审理的案件中,部分被告人被判处死刑,对未被判处死刑的同案被告人需要羁押执行刑罚的,应当在其判决、裁定生效后10日内交付执行。但是,该同案被告人参与实施有关死刑之罪的,应当在最高人民法院复核讯问被判处死刑的被告人后交付执行。

以上各种判决、裁定执行通知书回执,经看守所盖章后,应当附卷备查。

根据公安部《规定》第289条、第290条第2款的规定,公安机关接到人民法院生效的判处死刑缓期二年执行、无期徒刑、有期徒刑的判决书、裁定书以及执行通知书后,应当在1个月以内将罪犯送交监狱执行。对未成年犯应当送交未成年犯管教所执行刑罚。对被判处拘役的罪犯,由看守所执行。

根据《监狱法》第16条、第17条的规定,罪犯被交付执行刑罚时,交付执行的人民法院应当将人民检察院的起诉书副本、人民法院的判决书、执行通知书、结案登记表同时送达监狱。监狱没有收到上述文件的，不得收监；上述文件不齐全或者记载有误的，作出生效判决的人民法院应当及时补充齐全或者作出更正；对其中可能导致错误收监的，不予收监。罪犯被交付执行刑罚，符合前述条件的，应当予以收监。罪犯收监后，监狱应当对其进行身体检查。经检查，对于具有暂予监外执行情形的，监狱可以提出书面意见，报省级以上监狱管理机关批准。

死刑缓期执行的期间，从判决或者裁定核准死刑缓期二年执行的法律文书宣告或送达之日起计算。

判处有期徒刑、拘役的罪犯，执行期满，应当由执行机关发给释放证明书。

三、管制、有期徒刑缓刑、拘役缓刑判决的执行

（一）交付执行

负责管制、有期徒刑缓刑、拘役缓刑执行的机关是社区矫正机构。

第一审人民法院判处拘役、宣告缓刑的犯罪分子，判决尚未发生法律效力的，不能立即交付执行。如果被宣告缓刑的罪犯在押，第一审人民法院应当先行作出变更强制措施的决定，改为监视居住或者取保候审，并立即通知有关公安机关。对被判处管制、宣告缓刑的罪犯，人民法院应当核实其居住地。宣判时，应当书面告知罪犯到居住地县级司法行政机关报到的期限和不按期报到的后果。判决、裁定生效后10日内，应当将判决书、裁定书、执行通知书等法律文书送达罪犯居住地的县级司法行政机关，同时抄送罪犯居住地的县级人民检察院。

（二）对管制、缓刑罪犯的考察与处理

依据《刑法》第39条第1款、第38条第2、4款的规定，被判处管制的犯罪分子，在执行期间，应当遵守下列规定：（1）遵守法律、行政法规，服从监督；（2）未经执行机关批准，不得行使言论、出版、集会、结社、游行、示威自由的权利；（3）按照执行机关规定报告自己的活动情况；（4）遵守执行机关关于会客的规定；（5）离开所居住的市、县或者迁居，应当报经执行机关批准。判处管制，可以根据犯罪情况，同时禁止犯罪分子在执行期间从事特定活动，进入特定区域、场所，接触特定的人。对判处管制的犯罪分子，依法实行社区矫正。违反管制期间规定的禁止令的，由公安机关依照《中华人民共和国治安管理处罚法》的规定处罚。依据《刑法》第40条规定，被判处管制的犯罪分子，管制期满，执行机关应即向本人和其所在单位或者居住地的群众宣布解除管制。

根据《刑法》第75条、第72条的规定，被宣告缓刑的犯罪分子，应当遵守下列规定：（1）遵守法律、行政法规，服从监督；（2）按照考察机关的规定报告自己的活动情况；（3）遵守考察机关关于会客的规定；（4）离开所居住的市、县或者迁居，应当报经考察机关批准。宣告缓刑，可以根据犯罪情况，同时禁止犯罪分子在缓刑考验期限内从事特定活动，进入特定区域、场所，接触特定的人。被宣告缓刑的犯罪分子，如果被判处附加刑，附加刑仍须执行。

被宣告缓刑的犯罪分子，在缓刑考验期限内，如果没有《刑法》第77条规定的撤销缓

刑的情形(如又犯新罪,发现漏罪,违反法律、行政法规或者国务院有关部门关于缓刑的监督管理规定,违反人民法院判决中的禁止令,情节严重的),缓刑考验期满,原判的刑罚就不再执行,并公开予以宣告。

四、剥夺政治权利判决的执行

根据《刑事诉讼法》第259条的规定,对被剥夺政治权利的罪犯,由公安机关执行。实践中,由罪犯居住地县级公安机关指定派出所执行。

依照《刑法》第54条的规定,剥夺政治权利包括剥夺下列四项权利:选举权和被选举权;言论、出版、集会、结社、游行、示威自由的权利;担任国家机关职务的权利;担任国有公司、企业、事业单位和人民团体领导职务的权利。对单处剥夺政治权利的罪犯,人民法院应当在判决、裁定生效后10日内,将判决书、裁定书、执行通知书等法律文书送达罪犯居住地的县级公安机关,并抄送罪犯居住地的县级人民检察院。根据公安部《规定》的第300条、第301条、第303条的规定,负责执行剥夺政治权利的派出所应当按照人民法院的判决,向罪犯及其所在单位、居住地基层组织宣布其犯罪事实、被剥夺政治权利的期限,以及罪犯在执行期间应当遵守的规定。被剥夺政治权利的罪犯在执行期间应该遵守以下规定:(1)遵守国家法律、行政法规和公安部制定的有关规定,服从监督管理;(2)不得享有选举权和被选举权;(3)不得组织或者参加集会、游行、示威、结社活动;(4)不得出版、制作、发行书籍和音像制品;(5)不得接受采访,发表演说;(6)不得在境内发表有损国家荣誉、利益或者其他具有社会危害性的言论;(7)不得担任国家机关职务;(8)不得担任国有公司、企业、事业单位和人民团体的领导职务。被剥夺政治权利的罪犯,执行期满,公安机关应当书面通知本人及其所在单位、居住地基层组织。

五、财产刑和附带民事裁判的执行

(一)执行机关

根据《刑事诉讼法》第260条、第261条的规定,罚金和没收财产刑的执行机关都是人民法院。执行没收财产刑时,可以会同公安机关执行。最高法《解释》第438条规定,财产刑和附带民事裁判由第一审人民法院负责裁判执行的机构执行。

(二)执行程序

罚金在判决规定的期限内一次或者分期缴纳。期满无故不缴纳或者未足额缴纳的,人民法院应当强制缴纳。经强制缴纳仍不能全部缴纳的,在任何时候,包括主刑执行完毕后,发现被执行人有可供执行的财产的,应当追缴。行政机关对被告人就同一事实已经处以罚款的,人民法院判处罚金时应当折抵,扣除行政处罚已执行的部分。判处没收财产的,判决生效后,应当立即执行。

执行财产刑和附带民事裁判过程中,案外人对被执行财产提出权属异议的,人民法院应当参照民事诉讼有关执行异议的规定进行审查并作出处理。

被判处财产刑,同时又承担附带民事赔偿责任的被执行人,应当先履行民事赔偿责任。判处财产刑之前被执行人所负正当债务,需要以被执行的财产偿还的,经债权人请求,应当偿还。

被执行人或者被执行财产在外地的,可以委托当地人民法院执行。受托法院在执行财产刑后,应当及时将执行的财产上缴国库。

执行财产刑过程中,具有下列情形之一的,人民法院应当裁定中止执行:

（1）执行标的物系人民法院或者仲裁机构正在审理案件的争议标的物,需等待该案件审理完毕确定权属的;

（2）案外人对执行标的物提出异议的;

（3）应当中止执行的其他情形。

中止执行的原因消除后,应当恢复执行。

执行财产刑过程中,具有下列情形之一的,人民法院应当裁定终结执行:

（1）据以执行的判决、裁定被撤销的;

（2）被执行人死亡或者被执行死刑,且无财产可供执行的;

（3）被判处罚金的单位终止,且无财产可供执行的;

（4）依照《刑法》第53条规定免除罚金的;

（5）应当终结执行的其他情形。

裁定终结执行后,发现被执行人的财产有被隐匿、转移等情形的,应当追缴。

财产刑全部或者部分被撤销的,已经执行的财产应当全部或者部分返还被执行人;无法返还的,应当依法赔偿。

因遭遇不能抗拒的灾祸缴纳罚金确有困难,被执行人申请减少或者免除罚金的,应当提交相关证明材料。人民法院应当在收到申请后1个月内作出裁定。符合法定减免条件的,应当准许;不符合条件的,驳回申请。

财产刑和附带民事裁判的执行,除上述规定外,参照适用民事执行的有关规定。

六、无罪和免除刑罚判决的执行

根据《刑事诉讼法》第249条的规定,第一审人民法院判决被告人无罪、免除刑事处罚的,如果被告人在押,在宣判后应当立即释放。由此可知,无罪、免除刑罚判决的执行机关是人民法院。尽管无罪、免除刑罚判决在生效后开始执行,但是,无罪、免除刑罚判决在其发生法律效力之前,就应当释放在押被告人。即使在判决宣告后当事人提出上诉或者人民检察院提出抗诉,人民法院也应当将判决连同执行通知书送交看守所,看守所接到上述法律文书后,应当立即释放被告人。

第三节 执行的变更程序

刑事执行的变更程序,是指在刑事判决、裁定的执行中,由于出现了法定情形,对已确定的刑罚内容或刑罚的执行方法加以变更的程序。刑事执行变更程序主要包括死刑执行的变更、死刑缓期二年执行的变更、暂予监外执行、减刑、假释等。

一、死刑执行的变更

为了防止错杀,确保死刑执行程序依法规范进行,《刑事诉讼法》第251条和第252条规定了死刑执行的两种变更方法,即"停止执行死刑"与"暂停执行死刑"。

《刑事诉讼法》第251条规定,下级人民法院接到最高人民法院执行死刑的命令后,应当在7日以内交付执行。但是发现有下列情形之一的,应当停止执行,并且立即报告最高人民法院,由最高人民法院作出裁定:(1)在执行前发现判决可能有错误的;(2)在执行前罪犯揭发重大犯罪事实或者有其他重大立功表现,可能需要改判的;(3)罪犯正在怀孕的。上述前两种情况下停止执行的原因消失后,必须报请最高人民法院院长再签发执行死刑的命令才能执行;对于因上述第三种原因停止执行的,应当报请最高人民法院依法改判。根据《刑事诉讼法》第252条第4款规定,指挥执行的审判人员在执行前,如果发现可能有错误,应暂停执行,报请核准死刑的人民法院裁定。

最高法《解释》第418条对《刑事诉讼法》规定的"暂停执行"和"停止执行"的情形予以细化。该条第1款规定,第一审人民法院在接到执行死刑命令后、执行前,发现有下列情形之一的,应当暂停执行,并立即将请求停止执行死刑的报告和相关材料层报最高人民法院:(1)罪犯可能有其他犯罪的;(2)共同犯罪的其他犯罪嫌疑人到案,可能影响罪犯量刑的;(3)共同犯罪的其他罪犯被暂停或者停止执行死刑,可能影响罪犯量刑的;(4)罪犯揭发重大犯罪事实或者有其他重大立功表现,可能需要改判的;(5)罪犯怀孕的;(6)判决、裁定可能有影响定罪量刑的其他错误的。第418条第2款则规定,最高人民法院经审查,认为可能影响罪犯定罪量刑的,应当裁定停止执行死刑;认为不影响的,应当决定继续执行死刑。

最高人民法院在执行死刑命令签发后、执行前,发现上述《解释》第418条第1款规定情形的,应当立即裁定停止执行死刑,并将有关材料移交下级人民法院。下级人民法院接到最高人民法院停止执行死刑的裁定后,应当会同有关部门调查核实停止执行死刑的事由,并及时将调查结果和意见层报最高人民法院审核。对下级人民法院报送的停止执行死刑的调查结果和意见,由最高人民法院原作出核准死刑判决、裁定的合议庭负责审查,必要时,另行组成合议庭进行审查。

最高人民法院对停止执行死刑的案件,应当按照下列情形分别处理:(1)确认罪犯怀孕的,应当改判;(2)确认罪犯有其他犯罪,依法应当追诉的,应当裁定不予核准死刑,撤销原判,发回重新审判;(3)确认原判决、裁定有错误或者罪犯有重大立功表现,需要改判的,应当裁定不予核准死刑,撤销原判,发回重新审判;(4)确认原判决、裁定没有错误,罪犯没有重大立功表现,或者重大立功表现不影响原判决、裁定执行的,应当裁定继续执行死刑,并由院长重新签发执行死刑的命令。

二、死刑缓期二年执行的变更

根据《刑法》第 50 条和《刑事诉讼法》第 250 条第 2 款的规定,被判处死刑缓期二年执行的罪犯,根据其在死刑缓期执行期间的表现,死刑缓期二年执行的判决可作以下两种变更:

(1) 死缓犯在缓刑执行期间,如果没有故意犯罪,2 年期满以后,减为无期徒刑;如果确有重大立功表现,2 年期满以后,减为 25 年有期徒刑。

被判处死刑缓期二年执行的罪犯,死刑缓期执行期满后,尚未裁定减刑前又犯罪的,应当依法减刑后对其所犯新罪另行审判。

对被判处死刑缓期执行的罪犯的减刑,由罪犯服刑地的高级人民法院根据同级监狱管理机关审核同意的减刑建议书裁定。高级人民法院组成的合议庭对申报材料审查后,认为应当减刑的,裁定减刑,并将减刑裁定书副本同时抄送原判人民法院及人民检察院。

为了体现刑罚结构的合理性,贯彻宽严相济的刑事政策,《刑法修正案(八)》第 4 条对《刑法》第 50 条增加规定了第 2 款,规定"对被判处死刑缓期执行的累犯以及因故意杀人、强奸、抢劫、绑架、放火、爆炸、投放危险物质或者有组织的暴力性犯罪被判处死刑缓期执行的犯罪分子,人民法院根据犯罪情节等情况可以同时决定对其限制减刑"。《关于死刑缓期执行限制减刑案件审理程序若干问题的规定》第 1、2、7 条规定,对于符合《刑法》第 50 条第 2 款规定的犯罪分子,人民法院根据犯罪情节、人身危险性等情况,可以在作出裁判的同时决定对其限制减刑。人民法院对被判处死刑缓期执行的被告人所作的限制减刑决定,应当在判决书主文部分单独作为一项予以宣告。被告人对第一审人民法院作出的限制减刑判决不服的,可以提出上诉。被告人的辩护人和近亲属,经被告人同意,也可以提出上诉。

(2) 对死缓犯执行死刑。被判处死刑缓期执行的罪犯,在死刑缓期执行期间故意犯罪的,应当由罪犯服刑地的中级人民法院依法审判,所作的判决可以上诉、抗诉。认定构成故意犯罪的判决、裁定发生法律效力后,应当层报最高人民法院核准执行死刑。

三、暂予监外执行

(一) 暂予监外执行的概念

暂予监外执行,是指被判处无期徒刑、有期徒刑或者拘役的罪犯,本应在监狱或其他执行场所服刑,由于出现了法律规定的某种特殊情形,不适宜在监狱或其他刑罚执行场所执行刑罚时,暂时采取不予关押的一种变通执行方法。

(二) 暂予监外执行的适用对象和条件

依据《刑事诉讼法》第 254 条的规定,适用暂予监外执行的对象,是被判处无期徒刑、有期徒刑或者拘役的罪犯。

被判处有期徒刑、拘役的罪犯在具备下列三种情形之一时,才能被暂予监外执行:

(1) 罪犯有严重疾病需保外就医。对于罪犯确有严重疾病,必须保外就医的,由省级人民政府指定的医院诊断并开具证明文件。

(2) 罪犯怀孕或者正在哺乳自己的婴儿。哺乳婴儿一般自分娩之日起到婴儿一周岁以前。

(3) 罪犯生活不能自理,适用暂予监外执行不致危害社会。

对被判处无期徒刑的罪犯,具有上述第 2 项规定情形的,可以暂予监外执行。

对适用保外就医可能有社会危险性的罪犯,或者自伤自残的罪犯,不得保外就医。

根据全国人大常委会 2014 年 4 月 24 日作出的《关于〈中华人民共和国刑事诉讼法〉第二百五十四条第五款、第二百五十七条第二款的解释》,罪犯在被交付执行前,因有严重疾病、怀孕或者正在哺乳自己婴儿的妇女、生活不能自理的原因,依法提出暂予监外执行的申请的,有关病情诊断、妊娠检查和生活不能自理的鉴别,由人民法院负责组织进行。

(三) 暂予监外执行的适用程序

在交付执行前,暂予监外执行由交付执行的人民法院决定。对于被告人可能被判处拘役、有期徒刑、无期徒刑,符合暂予监外执行条件的,被告人及其辩护人有权向人民法院提出暂予监外执行的申请,看守所可以将有关情况通报人民法院。人民法院应当进行审查,并在交付执行前作出是否暂予监外执行的决定。人民法院决定暂予监外执行的,应当制作暂予监外执行决定书,写明罪犯基本情况、判决确定的罪名和刑罚、决定暂予监外执行的原因、依据等,通知罪犯居住地的县级司法行政机关派员办理交接手续,并将暂予监外执行决定书抄送罪犯居住地的县级人民检察院和公安机关。

在交付执行后的判决、裁定执行过程中,对具备监外执行条件的罪犯,由监狱提出书面意见,报省级以上监狱管理机关批准。在看守所、拘役所服刑的罪犯需要暂予监外执行的,由看守所或拘役所提出书面意见,报主管的设区的市一级以上公安机关批准。批准暂予监外执行的机关应当将批准的决定抄送人民检察院。

对于暂予监外执行的罪犯,由社区矫正机构执行。

根据《刑事诉讼法》第 257 条第 1 款的规定,对暂予监外执行的罪犯,有下列情形之一的,应当及时收监:

(1) 发现不符合暂予监外执行条件的;

(2) 严重违反有关暂予监外执行监督管理规定的;

(3) 暂予监外执行的情形消失后,罪犯刑期未满的。

最高法《解释》第 433 条规定:暂予监外执行的罪犯具有下列情形之一的,原作出暂予监外执行决定的人民法院,应当在收到执行机关的收监执行建议书后 15 日内,作出收监执行的决定:(1) 不符合暂予监外执行条件的;(2) 未经批准离开所居住的市、县,经警告拒不改正,或者拒不报告行踪、脱离监管的;(3) 因违反监督管理规定受到治安管理处罚,仍不改正的;(4) 受到执行机关两次警告,仍不改正的;(5) 保外就医期间不按规定提交病情复查情况,经警告拒不改正的;(6) 暂予监外执行的情形消失后,刑期未满的;(7) 保证人丧失保证条件或者因不履行义务被取消保证人资格,不能在规定期限内提出新的保证人的;(8) 违反法律、行政法规和监督管理规定,情节严重的其他情形。人民法院收监执行决定书,一经作出,立即生效。

根据全国人大常委会2014年4月24日作出的《关于〈中华人民共和国刑事诉讼法〉第二百五十四条第五款、第二百五十七条第二款的解释》,对人民法院决定暂予监外执行的罪犯,有《刑事诉讼法》第257条第1款规定的情形,依法应当予以收监的,在人民法院作出决定后,由公安机关依照《刑事诉讼法》第253条第2款的规定送交执行刑罚。

如果罪犯是在执行过程中被决定暂予监外执行的,执行机关应当通知监狱等执行机关收监。被决定收监执行的社区矫正人员在逃的,社区矫正机构应当立即通知公安机关,由公安机关负责追捕。

不符合暂予监外执行条件的罪犯通过贿赂等非法手段被暂予监外执行的,在监外执行的期间不计入执行刑期。罪犯在暂予监外执行期间脱逃的,脱逃的期间不计入执行刑期。对于人民法院决定暂予监外执行的罪犯具有上述情形的,人民法院在决定予以收监的同时,应当确定不计入刑期的期间。对于监狱管理机关或者公安机关决定暂予监外执行的罪犯具有上述情形的,罪犯被收监的,所在监狱或者看守所应当及时向所在地的中级人民法院提出不计入执行刑期的建议书,由人民法院审核裁定。

罪犯在暂予监外执行期间死亡的,执行机关应当及时通知监狱或者看守所。

暂予监外执行的罪犯具有《刑事诉讼法》规定的应当收监的情形的,社区矫正机构应当及时通知监狱收监;刑期届满的,由原关押监狱办理释放手续。罪犯在暂予监外执行期间死亡的,社区矫正机构应当及时通知原关押监狱。

四、减刑、假释

(一) 减刑、假释的概念

减刑,是指被判处管制、拘役、有期徒刑或者无期徒刑的罪犯,在执行期间,认真遵守监规,接受教育改造,确有悔改或者立功表现,由人民法院适当减轻其原判刑罚的制度。假释,是指对于被判处有期徒刑、无期徒刑的罪犯,在执行期间确有悔改表现不致再危害社会的,执行一定的刑期后,附条件地将其提前释放的一种制度。

(二) 减刑、假释的对象和条件

减刑的对象是被判处管制、拘役、有期徒刑、无期徒刑的罪犯。根据《刑法》第78条的规定,被判处管制、拘役、有期徒刑、无期徒刑的犯罪分子,在执行期间,如果认真遵守监规,接受教育改造,确有悔改或者立功表现的,可以减刑;有重大立功表现的,应当减刑。

适用假释的对象是被判处有期徒刑、无期徒刑的罪犯。《刑法》第81条第2款规定了例外,即对累犯以及因故意杀人、强奸、抢劫、绑架、放火、爆炸、投放危险物质或者有组织的暴力性犯罪被判处10年以上有期徒刑、无期徒刑的罪犯,不得假释。适用假释还必须满足以下两个条件:第一,对于被假释的罪犯,必须实际执行一定的刑期。被判处有期徒刑的罪犯,实际执行原判刑期1/2以上,被判处无期徒刑的罪犯,实际执行原判刑期13年以上。第二,认真遵守监规,接受教育改造,确有悔改表现,没有再犯罪的危险。但是,根据《刑法》第81条第1款的规定,如果有特殊情况,经最高人民法院核准,可以不受上述执行刑期的限制。

（三）减刑、假释案件的审理

对减刑、假释案件，应当按照下列情形分别处理：

（1）对被判处死刑缓期执行的罪犯的减刑，由罪犯服刑地的高级人民法院根据同级监狱管理机关审核同意的减刑建议书裁定；

（2）对被判处无期徒刑的罪犯的减刑、假释，由罪犯服刑地的高级人民法院，在收到同级监狱管理机关审核同意的减刑、假释建议书后1个月内作出裁定，案情复杂或者情况特殊的，可以延长1个月；

（3）对被判处有期徒刑和被减为有期徒刑的罪犯的减刑、假释，由罪犯服刑地的中级人民法院，在收到执行机关提出的减刑、假释建议书后1个月内作出裁定，案情复杂或者情况特殊的，可以延长1个月；

（4）对被判处拘役、管制的罪犯的减刑，由罪犯服刑地中级人民法院，在收到同级执行机关审核同意的减刑、假释建议书后1个月内作出裁定。

对暂予监外执行罪犯的减刑，应当根据情况，分别适用上述有关规定。

受理减刑、假释案件，应当审查执行机关移送的材料是否包括下列内容：（1）减刑、假释建议书；（2）终审法院的裁判文书、执行通知书、历次减刑裁定书的复制件；（3）证明罪犯确有悔改、立功或者重大立功表现具体事实的书面材料；（4）罪犯评审鉴定表、奖惩审批表等；（5）罪犯假释后对所居住社区影响的调查评估报告；（6）根据案件情况需要移送的其他材料。经审查，材料不全的，应当通知提请减刑、假释的执行机关补送。

审理减刑、假释案件，应当审查财产刑和附带民事裁判的执行情况，以及罪犯退赃、退赔情况。罪犯积极履行判决确定的义务的，可以认定有悔改表现，在减刑、假释时从宽掌握；确有履行能力而不履行的，在减刑、假释时从严掌握。

审理减刑、假释案件，应当对以下内容予以公示：（1）罪犯的姓名、年龄等个人基本情况；（2）原判认定的罪名和刑期；（3）罪犯历次减刑情况；（4）执行机关的减刑、假释建议和依据。公示应当写明公示期限和提出意见的方式。公示地点为罪犯服刑场所的公共区域；有条件的地方，可以面向社会公示。

审理减刑、假释案件，应当组成合议庭，可以采用书面审理的方式，但下列案件应当开庭审理：（1）因罪犯有重大立功表现提请减刑的；（2）提请减刑的起始时间、间隔时间或者减刑幅度不符合一般规定的；（3）社会影响重大或者社会关注度高的；（4）公示期间收到投诉意见的；（5）人民检察院有异议的；（6）有必要开庭审理的其他案件。

人民法院作出减刑、假释裁定后，应当在7日内送达提请减刑、假释的执行机关、同级人民检察院以及罪犯本人。人民检察院认为减刑、假释裁定不当，在法定期限内提出书面纠正意见的，人民法院应当在收到意见后另行组成合议庭审理，并在1个月内作出裁定。

减刑、假释裁定作出前，执行机关书面提请撤回减刑、假释建议的，是否准许，由人民法院决定。

人民法院发现本院已经生效的减刑、假释裁定确有错误的，应当另行组成合议庭审理；发现下级人民法院已经生效的减刑、假释裁定确有错误的，可以指令下级人民法院另行组成合议庭审理。

此外，根据《刑法》第 81 条第 1 款规定报请最高人民法院核准因罪犯具有特殊情况，不受执行刑期限制的假释案件，应当按照下列情形分别处理：（1）中级人民法院依法作出假释裁定后，应当报请高级人民法院复核。高级人民法院同意的，应当书面报请最高人民法院核准；不同意的，应当裁定撤销中级人民法院的假释裁定；（2）高级人民法院依法作出假释裁定的，应当报请最高人民法院核准。

报请最高人民法院核准因罪犯具有特殊情况，不受执行刑期限制的假释案件，应当报送报请核准的报告、罪犯具有特殊情况的报告、假释裁定书各 5 份，以及全部案卷。

对因罪犯具有特殊情况，不受执行刑期限制的假释案件，最高人民法院予以核准的，应当作出核准裁定书；不予核准的，应当作出不核准裁定书，并撤销原裁定。

五、缓刑、假释的撤销

根据《刑事诉讼法》第 258 条的规定，对于被宣告缓刑、假释的罪犯，依法实行社区矫正，由社区矫正机构负责执行。

罪犯在缓刑、假释考验期限内犯新罪或者被发现在判决宣告前还有其他罪没有判决，应当撤销缓刑、假释的，由审判新罪的人民法院撤销原判决、裁定宣告的缓刑、假释，并书面通知原审人民法院和执行机关。

罪犯在缓刑、假释考验期限内，有下列情形之一的，原作出缓刑、假释判决、裁定的人民法院应当在收到执行机关的撤销缓刑、假释建议书后 1 个月内，作出撤销缓刑、假释的裁定：（1）违反禁止令，情节严重的；（2）无正当理由不按规定时间报到或者接受社区矫正期间脱离监管，超过 1 个月的；（3）因违反监督管理规定受到治安管理处罚，仍不改正的；（4）受到执行机关三次警告仍不改正的；（5）违反有关法律、行政法规和监督管理规定，情节严重的其他情形。人民法院撤销缓刑、假释的裁定，一经作出，立即生效。

人民法院应当将撤销缓刑、假释裁定书送交罪犯居住地的县级司法行政机关，由其根据有关规定将罪犯交付执行。撤销缓刑、假释裁定书应当同时抄送罪犯居住地的同级人民检察院和公安机关。

第四节　对新罪、漏罪的追究和申诉的处理

一、对新罪、漏罪的追究

新罪，是指罪犯在服刑期间又犯的罪。漏罪是指执行过程中发现的，罪犯在判决宣告以前所犯的尚未判决的罪行。

根据《刑事诉讼法》第 262 条第 1 款规定，罪犯在服刑期间又犯罪的，或者发现了判决的时候所没有发现的罪行，由执行机关移送人民检察院处理。《监狱法》第 60 条规定，对

罪犯在监狱内犯罪的案件,由监狱进行侦查。侦查终结后,写出起诉意见书,连同案卷材料、证据一并移送人民检察院。

最高法《解释》第 11 条对新罪、漏罪的审判管辖作出了具体规定:正在服刑的罪犯在判决宣告前还有其他罪没有判决的,由原审地人民法院管辖;由罪犯服刑地或者犯罪地的人民法院审判更为适宜的,可以由罪犯服刑地或者犯罪地的人民法院管辖。罪犯在服刑期间又犯罪的,由服刑地的人民法院管辖。罪犯在脱逃期间犯罪的,由服刑地的人民法院管辖。但是,在犯罪地抓获罪犯并发现其在脱逃期间的犯罪的,由犯罪地的人民法院管辖。

二、发现错判和对申诉的处理

《刑事诉讼法》第 264 条规定,监狱和其他执行机关在刑罚执行中,如果认为判决有错误或者罪犯提出申诉,应当转请人民检察院或者原判人民法院处理。

对此,《监狱法》还规定,罪犯对生效的判决不服的,可以提出申诉。对于罪犯的申诉,人民检察院或者人民法院应当及时处理。对罪犯提出的控告、检举材料,监狱应当及时处理或者转送公安机关或者人民检察院处理,公安机关或者人民检察院应当将处理结果通知监狱。罪犯的申诉、控告、检举材料,监狱应当及时转递,不得扣压。

监狱在执行刑罚过程中,根据罪犯的申诉,认为判决可能有错误的,应当提请人民检察院或者人民法院处理,人民检察院或者人民法院应当自收到监狱提请处理意见书之日起 6 个月内将处理结果通知监狱。

第五节 人民检察院对执行的监督

一、对执行死刑的监督

《刑事诉讼法》第 252 条第 1 款规定,人民法院在交付执行死刑前,应当通知同级人民检察院派员临场监督。根据最高法《解释》第 424 条的规定,第一审人民法院在执行死刑 3 日前,应当通知同级人民检察院派员临场监督。

被判处死刑的罪犯在被执行死刑时,人民检察院应当派员临场监督。死刑执行临场监督由人民检察院监所检察部门负责;必要时,监所检察部门应当在执行前向公诉部门了解案件有关情况,公诉部门应当提供有关情况。执行死刑临场监督,由检察人员担任,并配备书记员担任记录。人民检察院收到同级人民法院执行死刑临场监督通知后,应当查明同级人民法院是否收到最高人民法院核准死刑的裁定或者作出的死刑判决、裁定和执行死刑的命令。

临场监督执行死刑的检察人员应当依法监督执行死刑的场所、方法和执行死刑的活动是否合法。在执行死刑前,发现有下列情形之一的,应当建议人民法院立即停止执行:(1)被执行人并非应当执行死刑的罪犯的;(2)罪犯犯罪时不满 18 周岁,或者审判的时候已满75周岁,依法不应当适用死刑的;(3)判决可能有错误的;(4)在执行前罪犯有检举揭发他人重大犯罪行为等重大立功表现,可能需要改判的;(5)罪犯正在怀孕的。

在执行死刑过程中,人民检察院临场监督人员根据需要可以进行拍照、录像;执行死刑后,人民检察院临场监督人员应当检查罪犯是否确已死亡,并填写死刑执行临场监督笔录,签名后入卷归档。

人民检察院发现人民法院在执行死刑活动中有侵犯被执行死刑罪犯的人身权、财产权或者其近亲属、继承人合法权利等违法情形的,应当依法向人民法院提出纠正意见。

对于死刑缓期二年执行裁判的执行监督,最高检《规则》第639条规定,判处被告人死刑缓期二年执行的判决、裁定在执行过程中,人民检察院监督的内容主要包括:(1)死刑缓期执行期满,符合法律规定应当减为无期徒刑、有期徒刑条件的,监狱是否及时提出减刑建议提请人民法院裁定,人民法院是否依法裁定;(2)罪犯在缓期执行期间故意犯罪,监狱是否依法侦查和移送起诉;罪犯确系故意犯罪的,人民法院是否依法核准或者裁定执行死刑。被判处死刑缓期二年执行的罪犯在死刑缓期执行期间故意犯罪,执行机关移送人民检察院受理的,由罪犯服刑所在地的分、州、市人民检察院审查决定是否提起公诉。人民检察院发现人民法院对被判处死刑缓期二年执行的罪犯减刑不当的,应当依照最高检《规则》第653条、第654条的规定,向人民法院提出纠正意见。罪犯在死刑缓期执行期间又故意犯罪,经人民检察院起诉后,人民法院仍然予以减刑的,人民检察院应当依照最高检《规则》第十四章第四节的规定,向人民法院提出抗诉。

二、对暂予监外执行的监督

《刑事诉讼法》第255条规定,监狱、看守所提出暂予监外执行的书面意见的,应当将书面意见的副本抄送人民检察院。人民检察院可以向决定或者批准机关提出书面意见。《刑事诉讼法》第256条规定,决定或者批准暂予监外执行的机关应当将暂予监外执行决定抄送人民检察院。人民检察院认为暂予监外执行不当的,应当自接到通知之日起1个月以内将书面意见送交决定或者批准暂予监外执行的机关,决定或者批准暂予监外执行的机关接到人民检察院的书面意见后,应当立即对该决定进行重新核查。由此可见,人民检察院对暂予监外执行的意见和暂予监外执行的决定都应进行监督。

最高检《规则》进一步规定,人民检察院发现监狱、看守所、公安机关暂予监外执行的执法活动有下列情形之一的,应当依法提出纠正意见:(1)将不符合法定条件的罪犯提请暂予监外执行的;(2)提请暂予监外执行的程序违反法律规定或者没有完备的合法手续,或者对于需要保外就医的罪犯没有省级人民政府指定医院的诊断证明和开具的证明文件的;(3)监狱、看守所提出暂予监外执行书面意见,没有同时将书面意见副本抄送人民检察院的;(4)罪犯被决定或者批准暂予监外执行后,未依法交付罪犯居住地社区矫正机构实行社区矫正的;(5)对符合暂予监外执行条件的罪犯没有依法提请暂予监外执行的;(6)发现罪犯不符合暂予监外执行条件,或者在暂予监外执行期间严重违反暂予监外执行监督管理规定,或者暂予监外执行的条件消失且刑期未满,应当收监执行而未及时收监执行或者未提出收监执行建议的;(7)人民法院决定将暂予监外执行的罪犯收监执行,并将有关法律文书送达公安机关、监狱、看守所后,监狱、看守所未及时收监执行的;(8)对不符合暂予监外执行条件的罪犯通过贿赂等非法手段被暂予监外执行以及在暂予监外执行期间脱逃的罪犯,监狱、看守所未建议人民法院将其监外执行期间、脱逃期间不计入执行刑期或者对罪犯执行刑期计算的建议违法、不当的;(9)暂予监外执行的罪犯刑期届满,未及时办理释放手续的;(10)其他违法情形。

人民检察院收到监狱、看守所抄送的暂予监外执行书面意见副本后,应当逐案进行审查,发现罪犯不符合暂予监外执行法定条件或者提请暂予监外执行违反法定程序的,应当在10日以内向决定或者批准机关提出书面检察意见,同时也可以向监狱、看守所提出书面纠正意见。

人民检察院接到决定或者批准机关抄送的暂予监外执行决定书后,应当进行审查。审查的内容包括:(1)是否属于被判处有期徒刑或者拘役的罪犯;(2)是否属于有严重疾病需要保外就医的罪犯;(3)是否属于怀孕或者正在哺乳自己婴儿的妇女;(4)是否属于生活不能自理,适用暂予监外执行不致危害社会的罪犯;(5)是否属于适用保外就医可能有社会危险性的罪犯,或者自伤自残的罪犯;(6)决定或者批准机关是否符合《刑事诉讼法》第254条第5款的规定;(7)办理暂予监外执行是否符合法定程序。检察人员审查暂予监外执行决定,可以向罪犯所在单位和有关人员调查、向有关机关调阅有关材料。

人民检察院经审查认为暂予监外执行不当的,应当自接到通知之日起1个月以内,报经检察长批准,向决定或者批准暂予监外执行的机关提出书面纠正意见。下级人民检察院认为暂予监外执行不当的,应当立即层报决定或者批准暂予监外执行的机关的同级人民检察院,由其决定是否向决定或者批准暂予监外执行的机关提出书面纠正意见。

人民检察院向决定或者批准暂予监外执行的机关提出不同意暂予监外执行的书面意见后,应当监督其对决定或者批准暂予监外执行的结果进行重新核查,并监督重新核查的结果是否符合法律规定。对核查不符合法律规定的,应当依法提出纠正意见,并向上一级人民检察院报告。

对于暂予监外执行的罪犯,人民检察院发现罪犯不符合暂予监外执行条件、严重违反有关暂予监外执行的监督管理规定或者暂予监外执行的情形消失而罪犯刑期未满的,应当通知执行机关收监执行,或者建议决定或者批准暂予监外执行的机关作出收监执行决定。

三、对减刑、假释的监督

《刑事诉讼法》第262条第2款规定,被判处管制、拘役、有期徒刑或者无期徒刑的罪犯,在执行期间确有悔改或者立功表现,应当依法予以减刑、假释的时候,由执行机关提出建议书,报请人民法院审核裁定,并将建议书副本抄送人民检察院。人民检察院可以向人民法院提出书面意见。《刑事诉讼法》第263条规定,人民检察院认为人民法院减刑、假释的裁定不当,应当在收到裁定书副本后20日以内,向人民法院提出书面纠正意见。人民法院应当在收到纠正意见后1个月以内重新组成合议庭进行审理,作出最终裁定。由此可见,人民检察院对减刑、假释的建议和裁定都应进行监督。

人民检察院收到执行机关抄送的减刑、假释建议书副本后,应当逐案进行审查,发现减刑、假释建议不当或者提请减刑、假释违反法定程序的,应当在10日以内向审理减刑、假释案件的人民法院提出书面检察意见,同时也可以向执行机关提出书面纠正意见。

人民检察院发现监狱等执行机关提请人民法院裁定减刑、假释的活动有下列情形之一的,应当依法提出纠正意见:(1)将不符合减刑、假释法定条件的罪犯,提请人民法院裁定减刑、假释的;(2)对依法应当减刑、假释的罪犯,不提请人民法院裁定减刑、假释的;(3)提请对罪犯减刑、假释违反法定程序,或者没有完备的合法手续的;(4)提请对罪犯减刑的减刑幅度、起始时间、间隔时间或者减刑后又假释的间隔时间不符合有关规定的;(5)被提请减刑、假释的罪犯被减刑后实际执行的刑期或者假释考验期不符合有关法律规定的;(6)其他违法情形。

人民检察院收到人民法院减刑、假释的裁定书副本后,应当及时进行审查。审查的内容包括:(1)被减刑、假释的罪犯是否符合法定条件,对罪犯减刑的减刑幅度、起始时间、间隔时间或者减刑后又假释的间隔时间、罪犯被减刑后实际执行的刑期或者假释考验期是否符合有关规定;(2)执行机关提请减刑、假释的程序是否合法;(3)人民法院审理、裁定减刑、假释的程序是否合法;(4)按照有关规定应当开庭审理的减刑、假释案件,人民法院是否开庭审理。检察人员审查人民法院减刑、假释裁定,可以向罪犯所在单位和有关人员进行调查,可以向有关机关调阅有关材料。

人民检察院经审查认为人民法院减刑、假释的裁定不当,应当在收到裁定书副本后20日以内,报经检察长批准,向作出减刑、假释裁定的人民法院提出书面纠正意见。对人民法院减刑、假释裁定的纠正意见,由作出减刑、假释裁定的人民法院的同级人民检察院书面提出。下级人民检察院发现人民法院减刑、假释裁定不当的,应当向作出减刑、假释裁定的人民法院的同级人民检察院报告。

人民检察院对人民法院减刑、假释的裁定提出纠正意见后,应当监督人民法院是否在收到纠正意见后1个月以内重新组成合议庭进行审理,并监督重新作出的裁定是否符合法律规定。对最终裁定不符合法律规定的,应当向同级人民法院提出纠正意见。

人民法院开庭审理减刑、假释案件,人民检察院应当指派检察人员出席法庭,发表意见。

四、对其他执行刑罚活动的监督

《刑事诉讼法》第265条规定,人民检察院对执行机关执行刑罚的活动是否合法实行监督。如果发现有违法的情况,应当通知执行机关纠正。最高检《规则》对该规定予以细化,具体规定了人民检察院对交付执行、监狱收押罪犯、监狱、看守所等执行机关管理、教育改造罪犯、公安机关执行剥夺政治权利、人民法院执行罚金刑、没收财产刑以及执行生效判决、裁定中没收违法所得及其他涉案财产、社区矫正执法等活动的监督方式。

对于交付执行的监督,最高检《规则》第640条规定,人民检察院发现人民法院、公安机关、看守所的交付执行活动有下列违法情形之一的,应当依法提出纠正意见:(1)交付执行的第一审人民法院没有在判决、裁定生效10日以内将判决书、裁定书、人民检察院的起诉书副本、自诉状复印件、执行通知书、结案登记表等法律文书送达公安机关、监狱或者其他执行机关的;(2)对被判处死刑缓期二年执行、无期徒刑或者有期徒刑余刑在3个月以上的罪犯,公安机关、看守所自接到人民法院执行通知书等法律文书后30日以内,没有将成年罪犯送交监狱执行刑罚,或者没有将未成年罪犯送交未成年犯管教所执行刑罚的;(3)对需要收押执行刑罚而判决、裁定生效前未被羁押的罪犯,第一审人民法院没有及时将罪犯收押送交公安机关,并将判决书、裁定书、执行通知书等法律文书送达公安机关的;(4)公安机关对需要收押执行刑罚但下落不明的罪犯,在收到人民法院的判决书、裁定书、执行通知书等法律文书后,没有及时抓捕、通缉的;(5)对被判处管制、宣告缓刑或者人民法院决定暂予监外执行的罪犯,在判决、裁定生效后或者收到人民法院暂予监外执行决定后,未依法交付罪犯居住地社区矫正机构执行,或者对被单处剥夺政治权利的罪犯,在判决、裁定生效后,未依法交付罪犯居住地公安机关执行的;(6)其他违法情形。

最高检《规则》还规定,人民检察院发现监狱在收押罪犯活动中有下列情形之一的,应当依法提出纠正意见:(1)对公安机关、看守所依照《刑事诉讼法》第253条的规定送交监狱执行刑罚的罪犯,应当收押而拒绝收押的;(2)没有已经发生法律效力的刑事判决书或者裁定书、执行通知书等有关法律文书而收押的;(3)收押罪犯与收押凭证不符的;(4)收押依法不应当关押的罪犯的;(5)其他违反收押规定的情形。对监狱依法应当收监执行而拒绝收押罪犯的,送交执行的公安机关、看守所所在地的人民检察院应当及时建议承担监督该监狱职责的人民检察院向监狱提出书面纠正意见。人民检察院发现监狱、看守所等执行机关在管理、教育改造罪犯等活动中有违法行为的,应当依法提出纠正意见。

人民检察院发现监狱、看守所对服刑期满或者依法应当予以释放的人员没有按期释放,对被裁定假释的罪犯依法应当交付罪犯居住地社区矫正机构实行社区矫正而不交付,对主刑执行完毕仍然需要执行附加剥夺政治权利的罪犯依法应当交付罪犯居住地公安机关执行而不交付,或者对服刑期未满又无合法释放根据的罪犯予以释放等违法行为的,应当依法提出纠正意见。

人民检察院依法对公安机关执行剥夺政治权利的活动实行监督,发现公安机关未依法执行或者剥夺政治权利执行期满未书面通知本人及其所在单位、居住地基层组织等违法情形的,应当依法提出纠正意见。

人民检察院依法对人民法院执行罚金刑、没收财产刑以及执行生效判决、裁定中没收违法所得及其他涉案财产的活动实行监督,发现人民法院有依法应当执行而不执行,执行不当,罚没的财物未及时上缴国库,或者执行活动中其他违法情形的,应当依法提出纠正意见。

人民检察院依法对社区矫正执法活动进行监督,发现有下列情形之一的,应当依法向社区矫正机构提出纠正意见:(1)没有依法接收交付执行的社区矫正人员的;(2)违反法律规定批准社区矫正人员离开所居住的市、县,或者违反人民法院禁止令的内容批准社区矫正人员进入特定区域或者场所的;(3)没有依法监督管理而导致社区矫正人员脱管的;(4)社区矫正人员违反监督管理规定或者人民法院的禁止令,依法应予治安管理处罚,没有及时提请公安机关依法给予处罚的;(5)缓刑、假释罪犯在考验期内违反法律、行政法规或者有关缓刑、假释的监督管理规定,或者违反人民法院的禁止令,依法应当撤销缓刑、假释,没有及时向人民法院提出撤销缓刑、假释建议的;(6)对具有《刑事诉讼法》第257条第1款规定情形之一的暂予监外执行的罪犯,没有及时向决定或者批准暂予监外执行的机关提出收监执行建议的;(7)对符合法定减刑条件的社区矫正人员,没有依法及时向人民法院提出减刑建议的;(8)对社区矫正人员有殴打、体罚、虐待、侮辱人格、强迫其参加超时间或者超体力社区服务等侵犯其合法权利行为的;(9)其他违法情形。人民检察院发现人民法院对依法应当撤销缓刑、假释的罪犯没有依法、及时作出撤销缓刑、假释裁定,对不符合暂予监外执行条件的罪犯通过贿赂等非法手段被暂予监外执行以及在暂予监外执行期间脱逃的罪犯的执行刑期计算错误,或者有权决定、批准暂予监外执行的机关对依法应当收监执行的罪犯没有及时依法作出收监执行决定的,应当依法提出纠正意见。

对于具体的监督方式,最高检《规则》第660条规定,对人民法院、公安机关、看守所、监狱、社区矫正机构等的交付执行活动、刑罚执行活动以及其他有关执行刑事判决、裁定活动中违法行为的监督,对于执行机关违法行为情节轻微的,检察人员可以口头提出纠正意见;发现严重违法行为,或者提出口头纠正意见后执行机关在7日以内未予以纠正的,应当报经检察长批准,向执行机关发出纠正违法通知书,同时将纠正违法通知书副本抄报上一级人民检察院并抄送执行机关所属的上一级执行机关。人民检察院发出纠正违法通知书15日后,执行机关仍未纠正或者回复意见的,应当及时向上一级人民检察院报告。上一级人民检察院应当通报同级主管机关并建议其督促执行机关予以纠正。

思考题:

1. 什么是执行?执行的依据有哪些?
2. 我国各种刑罚的执行机关分别是哪些?
3. 死刑立即执行案件的执行程序有哪些要求?
4. 简述死刑缓期二年执行、无期徒刑、有期徒刑和拘役判决的执行程序。
5. 简述管制、有期徒刑缓刑、拘役缓刑判决的执行程序。
6. 简述剥夺政治权利判决的执行程序。
7. 简述财产刑和附带民事裁判的执行程序。
8. 简述无罪和免除刑罚判决的执行程序。
9. 死刑的"暂停执行"和"停止执行"的法定情形有哪些?
10. 简述死刑的"暂停执行"和"停止执行"的程序。
11. 简述死刑缓期二年执行的变更程序。

12. 简述暂予监外执行的概念和适用对象。
13. 试述暂予监外执行的适用程序。
14. 简述减刑、假释的概念、对象和条件的异同。
15. 试述法院对减刑、假释案件的审理程序。
16. 试述人民检察院对各种刑罚执行活动的监督方式。
17. 试述人民检察院对暂予监外执行的监督。
18. 试述人民检察院对减刑、假释的监督。

第二十章 涉外刑事诉讼程序与刑事司法协助

第一节 概述

一、涉外刑事诉讼程序的概念

涉外刑事诉讼程序,是指公安、司法机关在办理具有涉外因素的刑事案件时所适用的诉讼程序。根据最高法《解释》第392条的规定,具有涉外因素的刑事案件有以下四类:第一,在中华人民共和国领域内,外国人犯罪的或者我国公民侵犯外国人合法权利的刑事案件;第二,符合《刑法》第7条、第10条规定情形的我国公民在中华人民共和国领域外犯罪的案件;第三,符合《刑法》第8条、第10条规定情形的外国人对中华人民共和国国家或者公民犯罪的案件;第四,符合《刑法》第9条规定情形的中华人民共和国在所承担国际条约义务范围内行使管辖权的案件。由此可见,涉外刑事案件,或者是包括被告人、被害人在内的刑事诉讼主体为外国人,或者是刑事案件本身发生在国外。需要注意,"外国人"是指不具有中国国籍的人,包括拥有外国国籍的人和无国籍人。

由于此类案件的处理需要考虑国家主权、国家之间的关系等因素,其法律依据既包括国内立法,也包括我国缔结或者参加的国际条约,因此在具体的诉讼程序上具有特殊性,成为与普通刑事诉讼程序存在差异的一类特殊的刑事诉讼程序。

二、涉外刑事诉讼程序的立法

我国对于涉外刑事诉讼程序问题的立法规定,散见于多部法律、司法解释和相关国际条约、公约中。归纳起来,这些规定包括:

(1)《刑法》第6条至第11条和《刑事诉讼法》第16条、第17条,对涉外刑事案件的管辖以及法律适用原则等作了规定。

(2)《中华人民共和国引渡法》,对外国向我国请求引渡的条件和程序、我国向外国请求引渡的条件和程序作了具体的规定。

(3)《中华人民共和国外交特权与豁免条例》,规定外交代表和使馆其他人员享有刑事管辖的豁免权。

(4)全国人民代表大会常务委员会《关于对中华人民共和国缔结或者参加的国际条约所规定的罪行行使刑事管辖权的决定》,决定对中华人民共和国缔结或者参加的国际条约所规定的罪行,在所承担条约义务的范围内,行使刑事管辖权。这些国际条约主要有:

《关于防止和惩处侵害应受国际保护人员包括外交代表的罪行的公约》《关于在航空器内的犯罪和其他某些行为的公约》《关于制止非法劫持航空器的公约》《关于制止危害民用航空安全的非法行为的公约》《核材料实体保护公约》《反对劫持人质国际公约》《禁止非法贩运麻醉药品和精神药物公约》联合国《打击跨国犯罪公约》《公民权利和政治权利国际公约》《反腐败公约》等。

（5）外交部、最高人民法院、最高人民检察院、公安部、国家安全部、司法部联合发布的《关于处理涉外案件若干问题的规定》，对办理涉外案件的原则，涉外案件通知外国驻华使、领馆以及通知的时限，驻华使、领馆要求探视被拘留、逮捕的本国公民等问题作了具体规定。

（6）公安部、外交部、最高人民法院、最高人民检察院联合发布的《关于处理会见在押外国籍案犯以及外国籍案犯与外界通讯问题的通知》，对会见的原则、会见的范围、会见的规则以及通讯的规则等问题作了具体规定。

（7）最高法《解释》第十八章规定了涉外刑事案件的审理和司法协助，最高检《规则》第312条规定了对外国犯罪嫌疑人的逮捕批准程序，第十六章规定了刑事司法协助，公安部《规定》第十二章规定了外国人犯罪案件的办理，第十三章规定了刑事司法协助和警务合作，上述法律解释对办理涉外刑事案件的原则和程序作了具体规定。

第二节 涉外刑事诉讼的特有原则

涉外刑事诉讼因具有涉外因素，涉及国家主权、外交关系等因素，在适用原则方面与普通刑事诉讼有所区别。总结相关法律法规的要求，涉外刑事诉讼的特有原则包括五方面。

一、国家主权原则

国家主权原则，是指公安司法机关在办理涉外刑事诉讼案件时适用中国法律的原则。该原则在《刑法》和《刑事诉讼法》中有明确规定。根据《刑法》第6条至第10条规定，凡是犯罪行为、犯罪结果、犯罪主体、犯罪所侵犯利益等与我国有关，或者中华人民共和国在所承担条约义务的范围内行使刑事管辖权的案件，除法律有特别规定外，都适用中国刑法。《刑事诉讼法》第16条规定："对于外国人犯罪应当追究刑事责任的，适用本法的规定。对于享有外交特权和豁免权的外国人犯罪应当追究刑事责任的，通过外交途径解决。"

国家主权是一个国家独立自主地处理内外事务的最高权力。公安、司法机关依据本国立法独立自主地进行刑事诉讼活动，行使侦查权、检察权和审判权，是国家主权的重要体现。因此，我国公安司法机关办理刑事案件，除法律另有规定外，一律适用我国法律，不受任何外来因素的干涉和影响，不接受任何不平等的歧视或限制，更不允许在我国境内存在治外法权或领事裁判权。

根据相关法律规定,涉外刑事诉讼中的国家主权原则,主要体现在以下几个方面:

(1) 外国人、无国籍人、外国法人或者组织在中华人民共和国领域内参与刑事诉讼,一律适用我国法律、法规和规章,依照我国法律规定的诉讼程序进行刑事诉讼活动。但享有外交特权和豁免权的外国人的刑事责任问题,通过外交途径解决。

(2) 依法由我国公安、司法机关管辖的涉外刑事案件,一律由我国公安、司法机关受理,外国的警察机关和司法机关无管辖权。

(3) 外国法院作出的刑事裁判在我国领域内不直接具有法律效力,只有经过我国人民法院按照我国法律或者有关条约、双边协定予以承认的,才能在我国发生法律效力,由我国有关机关协助办理或者执行。

(4) 凡在中华人民共和国领域外犯罪,依照本法应当负刑事责任的,虽然经过外国审判,仍然可以依照本法追究,但是在外国已经受过刑罚处罚的,可以免除或者减轻处罚。

(5) 对国际条约的适用,以我国经法定程序承认为前提。

二、信守国际条约原则

信守国际条约原则,是指公安、司法机关办理涉外刑事案件时,凡是我国缔结或者参加的国际条约有规定的,除声明保留的条款外,都必须严格遵守。信守国际条约,是我国在涉外刑事诉讼中所应承担的国际义务。

国际条约是主权国家、国际组织及其相互之间,以国际法基本原则为基础,为确定其权利义务关系而订立的多边或双边协议。国际法上有所谓"条约必须遵守"的原则,它是指条约生效以后,参与、缔结各方除声明保留条款以外,必须按照条约规定的条款,履行自己的义务。我国对于自己缔结或者参加的国际条约,历来是认真信守的。外交部、最高人民法院、最高人民检察院、公安部、国家安全部、司法部联合发布的《关于处理涉外案件若干问题的规定》指出:"涉外案件应依照我国法律规定办理,以维护我国主权。同时亦应恪守我国参加和签订的多边或双边条约的有关规定。当国内法及其某些内部规定同我国所承担的条约义务发生冲突时,应适用国际条约的有关规定。"

由此可见,信守国际条约原则主要包括两方面要求:一是在涉外刑事诉讼中应当恪守我国参加和签订的多边或双边条约的有关规定,但是我国声明保留的条款除外。二是当国内法及其某些内部规定同我国所承担的条约义务发生冲突时,应适用国际条约的有关规定。

如何在国内立法和司法实践中信守国际条约,世界各国的做法不同,主要采取了两种方式:一是承认有关国际条约,在国内立法中制定专门法律来实施国际条约的内容;二是在国内法中,规定承认国际条约的原则,同时修改国内立法,将该国际条约的内容变通为国内法,通过实施与国际条约一致的国内法的方式,履行信守国际条约的义务。然而,对于刑事诉讼法如何贯彻信守国际条约的要求,目前《刑事诉讼法》还没有规定。

在涉外刑事诉讼实践中贯彻信守国际条约的要求,公安、司法机关和诉讼参与人应注意以下两个问题:第一,我国刑事诉讼法律条文和缔结、参加的国际条约中有关刑事诉讼的条款,均必须严格遵守,不能以国内法规定为由拒绝执行有关国际条约中的刑事诉讼条款;第二,我国声明保留的国际条约中的条款,不能适用于涉外刑事诉讼,公安、司法机关和诉讼参与人均无遵守的义务。

三、诉讼权利和义务平等原则

根据国家主权原则的规定,外国人在中国参加刑事诉讼应当适用中国的法律。既然如此,外国人在刑事诉讼中享有的权利和承担的义务应当依照中国法律确定,与我国公民参加刑事诉讼活动的诉讼权利和义务应当平等。我国《刑事诉讼法》中仅对涉外刑事诉讼程序作出了原则性规定,而对于该问题的具体规定体现在相关法律解释中。例如,最高法《解释》第 395 条规定,在刑事诉讼中,外国籍当事人享有我国法律规定的诉讼权利并承担相应义务。公安部《规定》第 346 条规定,外国籍犯罪嫌疑人在刑事诉讼中,享有我国法律规定的诉讼权利,并承担相应的义务。为贯彻诉讼权利和义务平等原则,我国《刑事诉讼法》中也对相关条款进行了修订。例如,关于外国人犯罪案件的审级管辖,1996 年《刑事诉讼法》中规定应当由中级人民法院管辖,这与我国公民犯罪案件的审级管辖并不相同;为了体现诉讼权利和义务平等原则,2012 年修改《刑事诉讼法》时,不再将外国人犯罪案件作为中级人民法院管辖的独立条件。

诉讼权利和义务平等原则是涉外刑事诉讼中的一项基本原则,其核心是否定对外国人、无国籍人实行差别对待,而统一给予其国民待遇。因此在诉讼过程中既不能随意剥夺、限制外国诉讼参与人的诉讼权利,或者要求其承担过多的义务,也不能给予其超过我国公民享有诉讼权利之外的特权,不能免除其依法应当履行的义务。

另外,涉外刑事诉讼中设置诉讼权利、义务还需考虑国家之间的关系,特定条件下实行对等原则。如果外国诉讼参与人所在国对我国公民在该国的刑事诉讼权利作出某种限制,或者要求承担额外的诉讼义务,那么我国公安司法机关也可以采取相应的措施对外国籍诉讼参与人的诉讼权利和义务作出同等限制。诉讼权利和义务的对等,是特定条件下实行的例外措施,是涉及国家主权和司法主权独立的重要问题,是促进实现诉讼权利和义务同等原则的重要手段。

四、使用中国通用的语言文字进行诉讼原则

使用中国通用的语言文字进行诉讼原则,是指公安、司法机关在办理涉外刑事案件过程中,应当使用中国通用的语言、文字进行诉讼活动,对于外国籍诉讼参与人,应当为他们提供翻译。使用本国通用的语言文字进行涉外刑事诉讼,这是国家司法主权独立和尊严的象征,是各国涉外刑事诉讼立法普遍采用的一项原则。

根据最高法《解释》第 401 条的规定,使用中国通用的语言文字进行诉讼原则包括以下三方面要求:第一,人民法院审判涉外刑事案件,使用中华人民共和国通用的语言、文字的,应当为外国籍当事人提供翻译。第二,人民法院的诉讼文书为中文本。外国籍当事人不通晓中文的,应当附有外文译本,译本不加盖人民法院印章,以中文本为准。第三,外国

籍当事人通晓中国语言、文字,拒绝他人翻译,或者不需要诉讼文书外文译本的,应当由其本人出具书面声明。该原则要求在侦查、审查起诉和执行阶段同样适用,预审、法庭审判和调查讯问等活动均应使用中国通用的语言进行。

公安、司法机关在贯彻执行使用中国通用的语言文字进行诉讼原则时,应当注意以下问题:第一,不能强迫外国籍诉讼参与人,尤其是通晓中国通用的语言文字的外国籍当事人使用中国通用的语言文字进行诉讼活动,而应当允许他们使用其国籍国通用的或者他们通晓的语言文字。第二,不能在使用中国通用的语言文字方面无原则地迁就外国籍当事人,如外国籍当事人以不懂中国通用的语言文字为由拒收诉讼文书或者拒绝签名,送达人在有见证人在场的情况下,把诉讼文书留在他的住处或者羁押场所,并记录在卷,即视为已经送达。

五、指定或委托中国律师参加诉讼原则

指定或委托中国律师参加诉讼原则,是指公安、司法机关依法为没有委托辩护人的外国籍犯罪嫌疑人、被告人指定辩护人,或者外国籍当事人委托辩护人、诉讼代理人,应当委托具有中华人民共和国律师资格并依法取得执业证书的律师。1981年10月20日,司法部、外交部、外国专家局发布的《关于外国律师不得在我国开业的联合通知》中指出:"外国律师……不得以律师名义在我国代理诉讼和出庭……"因此,涉外刑事诉讼中指定或者委托的律师只能是中国律师,这是维护我国司法主权的一个具体体现。

对此问题,最高法《解释》和公安部《规定》中有明确规定。最高法《解释》第402条第1款规定:"外国籍被告人委托律师辩护,或者外国籍附带民事诉讼原告人、自诉人委托律师代理诉讼的,应当委托具有中华人民共和国律师资格并依法取得执业证书的律师。"公安部《规定》第359条规定:"外国籍犯罪嫌疑人委托辩护人的,应当委托在中华人民共和国的律师事务所执业的律师。"

外国籍犯罪嫌疑人、被告人委托律师,除自行委托外,如果外国籍被告人在押的,其监护人、近亲属或者其国籍国驻华使、领馆可以代为委托辩护人。其监护人、近亲属代为委托的,应当提供与被告人关系的有效证明。外国籍被告人没有委托辩护人的,人民法院可以通知法律援助机构为其指派律师提供辩护。被告人拒绝辩护人辩护的,应当由其出具书面声明,或者将其口头声明记录在案。被告人属于应当提供法律援助情形,拒绝指派的律师为其辩护的,人民法院应当查明原因。理由正当的,应当准许,但被告人须另行委托辩护人;被告人未另行委托辩护人的,人民法院应当在3日内书面通知法律援助机构另行指派律师为其提供辩护。

第三节 涉外刑事诉讼程序的特别规定

涉外刑事诉讼程序属于我国一种特殊的刑事诉讼程序,原则上应当适用我国《刑事诉讼法》的规定;由于具有涉外因素,该特殊性决定了公安司法机关办理涉外刑事案件还必

须遵守一些特别规定。《刑事诉讼法》对此仅作出了原则性规定,但我国缔结和参加的有关国际条约、最高法《解释》、最高检《规则》和公安部《规定》等有一些具体规定。其主要内容概括如下:

一、犯罪嫌疑人、被告人、被害人外国国籍的确认

涉外刑事诉讼中的涉外因素,主要是指当事人是外国人。因此,要适用涉外刑事诉讼程序中的特殊规定,需要首先确认当事人的外国人身份,查明当事人的外国国籍。

根据公安部《规定》和最高法《解释》的规定,确认外国当事人的国籍,遵循以下三个步骤:一是以其在入境时持用的有效证件予以确认。二是如果国籍不明,由出入境管理部门协助查明,或者根据公安机关、有关国家驻华使、领馆出具的证明确认。三是国籍确实无法查明的,以无国籍人对待,适用涉外刑事诉讼程序的有关规定,在裁判文书中写明"国籍不明"。为确认外国人的国籍,公安机关可以依照有关国际条约或者通过国际刑事警察组织、警务合作渠道办理;确实无法查明的,可以按其自报的姓名移送人民检察院审查起诉。

在当事人的外国国籍被确认前,公安、司法机关可以按照《刑事诉讼法》规定的普通诉讼程序处理;在当事人的外国国籍被确认后,公安、司法机关要遵守涉外刑事诉讼的原则和特殊程序规定。

二、涉外刑事诉讼管辖

涉外刑事诉讼中的管辖具有特殊性,"犯罪地法院管辖为主、被告人居住地管辖为辅"的立案管辖规定,对于很多涉外刑事案件无法适用。例如,中国公民在外国犯罪,或者外国人在国外对中国国家和公民犯罪的情况,无法确定具有立案管辖权的机关。因此,公安部《规定》、最高法《解释》对涉外刑事案件的立案管辖和审判管辖作出了专门规定。

(一)立案管辖

根据公安部《规定》第351—355条的规定,外国人犯罪案件的立案侦查,按以下情形办理:(1)外国人犯罪案件,由犯罪地的县级以上公安机关立案侦查。(2)外国人犯中华人民共和国缔结或者参加的国际条约规定的罪行后进入我国领域内的,由该外国人被抓获地的设区的市一级以上公安机关立案侦查。(3)外国人在中华人民共和国领域外的中国船舶或者航空器内犯罪的,由犯罪发生后该船舶或者航空器最初停泊或者降落地、目的地的中国港口的县级以上交通或民航公安机关或者该外国人居住地的县级以上公安机关立案侦查;未设交通或者民航公安机关的,由地方公安机关管辖。(4)外国人在国际列车上犯罪的,由犯罪发生后列车最初停靠的中国车站所在地、目的地的县级以上铁路公安机关或者该外国人居住地的县级以上公安机关立案侦查。(5)外国人在中华人民共和国领域外对中华人民共和国国家或者公民犯罪,应当受刑罚处罚的,由该外国人入境地或者入境后居住地的县级以上公安机关立案侦查;该外国人未入境的,由被害人居住地的县级以上公安机关立案侦查;没有被害人或者是对中华人民共和国国家犯罪的,由公安部指定管辖。

(二) 审判管辖

涉外刑事案件的审判管辖,包括级别管辖和地域管辖两方面问题。

在级别管辖方面,2012年修改《刑事诉讼法》时,删除了1996年《刑事诉讼法》中"外国人犯罪的第一审刑事案件由中级人民法院管辖"的规定,将外国人犯罪的刑事案件的级别管辖特殊规定予以取消,原则上由基层人民法院管辖,从而体现法律面前人人平等的原则要求。当然,如果涉外刑事案件符合《刑事诉讼法》第20—22条的规定,即外国人、无国籍人犯危害国家安全罪、恐怖活动犯罪的第一审刑事案件,以及外国人、无国籍人犯其他罪可能判处无期徒刑、死刑的第一审刑事案件,由中级人民法院管辖;对于重大或特别重大的涉外刑事案件,如情节特别严重、案情疑难复杂、在全省或全国范围内有重大影响或者可能引起外交交涉的案件,也可以由高级人民法院或者最高人民法院进行第一审审判。该规定与审理普通刑事案件的级别管辖相一致。

在地域管辖方面,最高法《解释》第4—10条作出了具体规定:(1)在中华人民共和国领域外的中国船舶内的犯罪,由该船舶最初停泊的中国口岸所在地的人民法院管辖。(2)在中华人民共和国领域外的中国航空器内的犯罪,由该航空器在中国最初降落地的人民法院管辖。(3)在国际列车上的犯罪,根据我国与相关国家签订的协定确定管辖;没有协定的,由该列车最初停靠的中国车站所在地或者目的地的人民法院管辖。(4)中国公民在中国驻外使、领馆内的犯罪,由其主管单位所在地或者原户籍地的人民法院管辖。(5)中国公民在中华人民共和国领域外的犯罪,由其入境地或者离境前居住地的人民法院管辖;被害人是中国公民的,也可由被害人离境前居住地的人民法院管辖。(6)外国人在中华人民共和国领域外对中华人民共和国国家或者公民犯罪,根据《中华人民共和国刑法》应当受处罚的,由该外国人入境地、入境后居住地或者被害中国公民离境前居住地的人民法院管辖。(7)对中华人民共和国缔结或者参加的国际条约所规定的罪行,中华人民共和国在所承担条约义务的范围内,行使刑事管辖权的,由被告人被抓获地的人民法院管辖。同时最高法《解释》第393条规定,对于涉外刑事案件,中级人民法院在必要时可以指定辖区内若干基层人民法院集中管辖第一审涉外刑事案件,也可以依照《刑事诉讼法》第23条的规定,审理基层人民法院管辖的第一审涉外刑事案件。

三、涉外刑事诉讼强制性措施的适用

为保障刑事诉讼活动的顺利进行,公安、司法机关在办理涉外刑事案件时,可以对外国犯罪嫌疑人、被告人采取强制措施。最高法《解释》、最高检《规则》和公安部《规定》对其中的特殊问题作出了具体规定。

(一) 批捕

外国人、无国籍人涉嫌危害国家安全犯罪的案件或者涉及国与国之间政治、外交关系的案件以及在适用法律上确有疑难的案件,认为需要逮捕犯罪嫌疑人的,按照《刑事诉讼法》的规定,分别由基层人民检察院或者分、州、市人民检察院审查并提出意见,层报最高人民检察院审查。最高人民检察院经审查认为需要逮捕的,经征求外交部的意见后,作出

批准逮捕的批复,经审查认为不需要逮捕的,作出不批准逮捕的批复。基层人民检察院或者分、州、市人民检察院根据最高人民检察院的批复,依法作出批准或者不批准逮捕的决定。层报过程中,上级人民检察院经审查认为不需要逮捕的,应当作出不批准逮捕的批复,报送的人民检察院根据批复依法作出不批准逮捕的决定。

基层人民检察院或者分、州、市人民检察院经审查认为不需要逮捕的,可以直接依法作出不批准逮捕的决定。

外国人、无国籍人涉嫌危害国家安全犯罪的案件或者涉及国与国之间政治、外交关系的案件以及在适用法律上确有疑难的案件以外的其他犯罪案件,决定批准逮捕的人民检察院应当在作出批准逮捕决定后48小时以内报上一级人民检察院备案,同时向同级人民政府外事部门通报。上一级人民检察院对备案材料经审查发现错误的,应当依法及时纠正。

(二) 采取强制措施后的通报

在侦查阶段,对外国籍犯罪嫌疑人依法作出取保候审、监视居住决定或者执行拘留、逮捕后,应当在48小时以内层报省级公安机关,同时通报同级人民政府外事办公室。重大涉外案件应当在48小时以内层报公安部,同时通报同级人民政府外事办公室。

对外国籍犯罪嫌疑人依法作出取保候审、监视居住决定或者执行拘留、逮捕后,由省级公安机关根据有关规定,将其姓名、性别、入境时间、护照或者证件号码、案件发生的时间、地点,涉嫌犯罪的主要事实,已采取的强制措施及其法律依据等,通知该外国人所属国家的驻华使馆、领事馆,同时报告公安部。经省级公安机关批准,领事通报任务较重的副省级城市公安局可以直接行使领事通报职能。

在审判阶段,涉外刑事案件审判期间,人民法院决定对外国籍被告人采取强制措施的情况,包括外国籍当事人的姓名(包括译名)、性别、入境时间、护照或者证件号码、采取的强制措施及法律依据、羁押地点等,应当及时通报同级人民政府外事主管部门,并通知有关国家驻华使、领馆。

(三) 被采取强制措施后的探视与会见、通信

公安机关侦查终结前,外国驻华外交、领事官员要求探视被监视居住、拘留、逮捕或者正在看守所服刑的本国公民的,应当及时安排有关探视事宜。犯罪嫌疑人拒绝其国籍国驻华外交、领事官员探视的,公安机关可以不予安排,但应当由其本人提出书面声明。在公安机关侦查羁押期间,经公安机关批准,外国籍犯罪嫌疑人可以与其近亲属、监护人会见、与外界通信。

涉外刑事案件审判期间,外国籍被告人在押,其国籍国驻华使、领馆官员要求探视的,可以向受理案件的人民法院所在地的高级人民法院提出。人民法院应当根据我国与被告人国籍国签订的双边领事条约规定的时限予以安排;没有条约规定的,应当尽快安排。必要时,可以请人民政府外事主管部门协助。涉外刑事案件审判期间,外国籍被告人在押,其监护人、近亲属申请会见的,可以向受理案件的人民法院所在地的高级人民法院提出,提供与被告人关系的证明。该证明必须经所在国公证机关证明,所在国中央外交主管机

关或者其授权机关认证,并经我国驻该国使、领馆认证,但我国与该国之间有互免认证协定的除外。人民法院经审查认为不妨碍案件审判的,可以批准。被告人拒绝接受探视、会见的,可以不予安排,但应当由其本人出具书面声明。探视、会见被告人应当遵守我国法律规定。

(四) 限制出境

对涉外刑事案件的被告人,可以决定限制出境;对开庭审理案件时必须到庭的证人,可以要求暂缓出境。作出限制出境的决定,应当通报同级公安机关或者国家安全机关;限制外国人出境的,应当同时通报同级人民政府外事主管部门和当事人国籍国驻华使、领馆。人民法院决定限制外国人和中国公民出境的,应当书面通知被限制出境的人在案件审理终结前不得离境,并可以采取扣留护照或者其他出入境证件的办法限制其出境;扣留证件的,应当履行必要手续,并发给本人扣留证件的证明。

对需要在边防检查站阻止外国人和中国公民出境的,受理案件的人民法院应当层报高级人民法院,由高级人民法院填写口岸阻止人员出境通知书,向同级公安机关办理交控手续。控制口岸不在本省、自治区、直辖市的,应当通过有关省、自治区、直辖市公安机关办理交控手续。紧急情况下,确有必要的,也可以先向边防检查站交控,再补办交控手续。

四、涉外刑事诉讼文书的送达

根据最高法《解释》第412条的规定,人民法院向在中华人民共和国领域外居住的当事人送达刑事诉讼文书,可以采用下列方式:(1) 根据受送达人所在国与中华人民共和国缔结或者共同参加的国际条约规定的方式送达;(2) 通过外交途径送达;(3) 对中国籍当事人,可以委托我国驻受送达人所在国的使、领馆代为送达;(4) 当事人是自诉案件的自诉人或者附带民事诉讼原告人的,可以向有权代其接受送达的诉讼代理人送达;(5) 当事人是外国单位的,可以向其在中华人民共和国领域内设立的代表机构或者有权接受送达的分支机构、业务代办人送达;(6) 受送达人所在国法律允许的,可以邮寄送达;自邮寄之日起满3个月,送达回证未退回,但根据各种情况足以认定已经送达的,视为送达;(7) 受送达人所在国法律允许的,可以采用传真、电子邮件等能够确认受送达人收悉的方式送达。

人民法院通过外交途径向在中华人民共和国领域外居住的受送达人送达刑事诉讼文书的,所送达的文书应当经高级人民法院审查后报最高人民法院审核。最高人民法院认为可以发出的,由最高人民法院交外交部主管部门转递。外国法院通过外交途径请求人民法院送达刑事诉讼文书的,由该国驻华使馆将法律文书交我国外交部主管部门转最高人民法院。最高人民法院审核后认为属于人民法院职权范围,且可以代为送达的,应当转有关人民法院办理。

五、涉外刑事案件侦查、审判和执行中的特殊规定

最高法《解释》和公安部《规定》中对涉外刑事案件的侦查、审判和执行作了一些特殊

规定,主要包括以下内容:

1. 相关事项的告知与通知

外国人在公安机关侦查或者执行刑罚期间死亡的,有关省级公安机关应当通知该外国人国籍国的驻华使馆、领事馆,同时报告公安部。未在华设立使馆、领事馆的国家,可以通知其代管国家的驻华使馆、领事馆;无代管国家或者代管国家不明的,可以不予通知。在审判期间,外国籍被告人死亡的,应当及时通报同级人民政府外事主管部门,并通知有关国家驻华使、领馆。

人民法院受理涉外刑事案件后,应当告知在押的外国籍被告人享有与其国籍国驻华使、领馆联系,与其监护人、近亲属会见、通信,以及请求人民法院提供翻译的权利。

涉外刑事案件审判期间,人民法院应当将开庭的时间、地点、是否公开审理、宣判的时间、地点等事项,及时通报同级人民政府外事主管部门,并通知有关国家驻华使、领馆。宣判后,应当及时将处理结果通报同级人民政府外事主管部门。对外国籍被告人执行死刑的,死刑裁决下达后执行前,应当通知其国籍国驻华使、领馆。

2. 公开审判

人民法院审理涉外刑事案件,应当公开进行,但依法不应公开审理的除外。公开审理的涉外刑事案件,外国籍当事人国籍国驻华使、领馆官员要求旁听的,可以向受理案件的人民法院所在地的高级人民法院提出申请,人民法院应当安排。

3. 来自境外证据材料的处理

对来自境外的证据材料,人民法院应当对材料来源、提供人、提供时间以及提取人、提取时间等进行审查。经审查,能够证明案件事实且符合刑事诉讼法规定的,可以作为证据使用,但提供人或者我国与有关国家签订的双边条约对材料的使用范围有明确限制的除外;材料来源不明或者其真实性无法确认的,不得作为定案的根据。当事人及其辩护人、诉讼代理人提供来自境外的证据材料的,该证据材料应当经所在国公证机关证明,所在国中央外交主管机关或者其授权机关认证,并经我国驻该国使、领馆认证。

4. 提供裁判文书

涉外刑事案件宣判后,外国籍当事人国籍国驻华使、领馆要求提供裁判文书的,可以向受理案件的人民法院所在地的高级人民法院提出,人民法院可以提供。

5. 刑罚执行

对判处独立适用驱逐出境刑罚的外国人,省级公安机关在收到人民法院的刑事判决书、执行通知书的副本后,应当指定该外国人所在地的设区的市一级公安机关执行。被判处徒刑的外国人,主刑执行期满后应当执行驱逐出境附加刑的,省级公安机关在收到执行监狱的上级主管部门转交的刑事判决书、执行通知书副本或者复印件后,应当指定该外国人所在地的设区的市一级公安机关执行。

我国政府已按照国际条约或者《中华人民共和国外交特权与豁免条例》的规定,对实施犯罪,但享有外交或者领事特权和豁免权的外国人宣布为不受欢迎的人,或者不可接受并拒绝承认其外交或者领事人员身份,责令限期出境的人,无正当理由逾期不自动出境的,由公安部凭外交部公文指定该外国人所在地的省级公安机关负责执行或者监督执行。

第四节　刑事司法协助

一、刑事司法协助的概念和意义

《刑事诉讼法》第17条规定:"根据中华人民共和国缔结或者参加的国际条约,或者按照互惠原则,我国司法机关和外国司法机关可以相互请求刑事司法协助。"由此可见,我国刑事诉讼中的司法协助,是指我国司法机关和外国司法机关,根据我国缔结或者参加的国际条约,或者互惠原则,相互请求代为进行某些刑事诉讼行为的制度。对于刑事司法协助的范围,目前有不同的理解。代为送达司法文书、询问证人和鉴定人、搜查、扣押、移交有关物品、提供法律资料等是最基本的协助事项;除此之外,引渡也是广义刑事司法协助的事项范围。

刑事司法协助制度的建立和实施,具有十分重要的意义。其一,有利于维护国家主权和利益,有效打击犯罪。随着世界各国之间的交往日趋频繁,人员流动更加便利,为跨国犯罪的发展,以及犯罪分子的跨国潜逃提供了便利条件。那么,一旦针对一个国家或者该国公民的犯罪行为发生,而犯罪行为人身在外国,或者潜逃外国,将对刑事追诉活动造成很大的阻碍。刑事司法协助制度的发展,能够为犯罪行为的受害国提供证实犯罪和惩罚罪犯的有效途径,从而维护国家主权,保护国家和公民的利益。其二,有利于惩治国际性犯罪。随着国际性犯罪的日益猖獗,犯罪的行为发生地、结果地已经不再局限于某个国家,对这种犯罪行为的打击、惩治也不是一个国家能够完成的,因此需要更多的国家间司法协助。实行刑事司法协助制度,不同国家的司法机关之间可以进行更有效的合作,共同采取有力措施预防和惩治这类犯罪,从而保护人类的共同利益。

二、刑事司法协助的主体

根据《刑事诉讼法》第17条的规定,刑事司法协助的主体是我国司法机关与外国司法机关。在我国刑事诉讼中,司法机关具体包括法院和检察院,而外国的司法机关通常是指法院。但是,根据司法协助主体相互对应的要求,以及我国相关司法解释的规定和开展刑事司法协助的实际情况,刑事司法协助的主体应当包括法院、检察院和公安机关。第一,法院。法院是各国公认的司法机关,它们必然是刑事司法协助的主体。第二,检察机关。在我国法律体系中,检察机关是司法机关,而且相关司法解释确定了检察机关进行刑事司法协助的适格性,这明确了其刑事司法协助主体的地位。第三,公安机关。从性质上说,我国的公安机关不是司法机关,但是其在刑事诉讼中处于侦查机关的地位,并且负责执行特定的刑罚,是刑事诉讼中的重要主体。而且,侦查活动或者刑罚执行中的刑事司法协助确实有其必要性,司法实践中也客观存在我国公安机关与外国警察机关之间的刑事司法协助和警务合作。因此,我国公安机关也应是刑事司法协助的主体。需要明确的是,我国公安、司法机关和外国警察部门及司法机关相互请求刑事司法协助,应由两国的最高警察当局或司法机关相互联系,从而确保刑事司法协助的统一性和严肃性,维护国家司法主权。

三、刑事司法协助的依据

根据《刑事诉讼法》的规定,刑事司法协助的依据包括两类:一是缔结或者参加的国际条约,二是互惠原则。

(1) 我国缔结或者参加的国际条约。刑事司法协助的主要依据是国际条约,包括联合国以及一些国际组织制定的包括刑事司法协助条款的公约,以及国家之间就刑事司法协助问题制定的多边条约、双边条约。目前,我国已参加了一些载有司法协助条款的国际公约,例如《打击跨国犯罪公约》《反腐败公约》,同时与包括俄罗斯在内的多个国家签署了刑事司法协助条约或含有刑事司法协助内容的协定。以上国际条约均是我国公安、司法机关进行司法协助的法律依据。

(2) 互惠原则。现代国际社会中,国家之间是平等的主体,平等互利是处理国与国之间关系的基本原则,在刑事司法领域也不例外。因此,如果我国与某一国家没有缔结或者参加包含刑事司法协助内容的国际条约或者公约,该国司法机关根据我国公安司法机关的请求提供司法协助,则我国公安司法机关也应当根据该国警察机关、司法机关的请求提供司法协助,以符合互惠原则的要求。该原则有利于在平等的基础上发展我国和外国的友好合作关系,体现国家主权之间的相互尊重,也有利于刑事司法协助活动的顺利开展,维护国家和公民利益,打击国际性犯罪。

另外,开展刑事司法协助还要遵守国内的相关法律和司法解释的要求。例如《刑事诉讼法》第17条对刑事司法协助作出了原则性规定,最高法《解释》第十八章、最高检《规则》第十六章以及公安部《规定》第十三章对于刑事司法协助的具体问题作出了规定,相关主体在开展司法协助活动时应当遵守。

四、刑事司法协助的内容

刑事司法协助的内容,是指我国公安司法机关与国外相应机关能够针对哪些事项进行刑事司法协助。根据我国缔结和参加的国际条约的规定,刑事司法协助主要有以下六项内容:

(1) 调查取证。包括代为听取诉讼当事人的陈述,询问证人、被害人和鉴定人,进行鉴定、勘验、检查、搜查、查封、扣押、辨认等。

(2) 送达文书。包括送达判决书、裁定书、决定书、传票、出庭通知等。

(3) 移交证据和赃款、赃物。包括移交物证、书证、视听资料、电子数据等证据材料。

(4) 通报诉讼结果。包括通报立案、侦查、采取强制措施、起诉或不起诉、判决或裁定的内容等。

(5) 引渡。即一国把当时在其境内而被他国指控犯有罪行或判处刑罚的人,根据他国的请求,移交给该国审判或执行的一项制度。引渡问题一般通过签订引渡条约加以解决。

(6) 犯罪情报信息的交流与合作。

五、刑事司法协助的程序

对于刑事司法协助的程序,最高法《解释》、最高检《规则》和公安部《规定》作出了一些规定,总结来说包括以下几个方面:

1. 刑事司法协助的请求

根据相关法律解释的规定,接收或者向外国提出刑事司法协助的请求,由最高人民法院、最高人民检察院或者公安部负责。双方应当按照我国缔结或者参加的国际公约、司法协助条约规定的联系途径请求和提供司法协助;对尚未与我国缔结司法协助条约的国家,相互之间需要提供司法协助的,应当根据互惠原则,通过外交途径办理,也可以按照惯例进行。

我国人民法院请求外国提供司法协助,应当提出请求书及其所附文件,附有该国文字译本或者国际条约规定的其他文字文本。地方各级人民检察院需要向缔约的外国一方请求提供司法协助,应当按有关条约的规定提出司法协助请求书、调查提纲及所附文件和相应的译文,经省级人民检察院审核后,报送最高人民检察院。请求书及其附件应当提供具体、准确的线索、证据和其他材料。我国与被请求国有条约的,请求书及所附材料按条约规定的语言译制文本;我国与被请求国没有签订条约的,按被请求国官方语言或者可以接受的语言译制文本。地方公安机关需要请求外国警方提供刑事司法协助或者警务合作的,应当按照有关国际条约、协议的规定提出刑事司法协助或者警务合作请求书,所附文件及相应译文,经省级公安机关审核后报送公安部。外国法院、检察院、警察请求我国提供司法协助的请求书及其所附文件,应当附有中文译本或者国际条约规定的其他文字文本。

在接到外国提出的刑事司法协助申请后,我国的最高人民法院、最高人民检察院或者公安部应当依据我国法律和国际条约、协议的规定进行审查。对于符合规定并且所附材料齐全的,交有关省级机关办理,或者移交其他有关中央主管机关指定有关机关办理;对不符合条约或者有关法律规定的,应当通过接收请求的途径退回请求方不予执行;对所附材料不齐全的,应当要求请求方予以补充。

2. 刑事司法协助事务的执行

对于符合刑事司法协助条件的,我国相应的机关应当向外国提供司法协助或者办理司法协助事务。按照最高检《规则》的要求,通常情况下,刑事司法协助应当根据我国有关法律规定的程序办理;如果依照国际条约规定,在不违背我国法律规定的前提下,也可以按照请求方的要求适用请求书中所示的程序。

负责执行司法协助请求的人民检察院、公安机关收到司法协助请求书和所附材料后,应当按照我国法律和有关国际条约、协议的规定安排执行,并按条约规定的格式和语言文字将执行结果及有关材料报经省、自治区、直辖市人民检察院、公安厅审查后,报送最高人民检察院、公安部。在执行过程中,需要采取查询、查封、扣押、冻结等措施的,可以根据公安部的执行通知办理有关法律手续。

执行机关在执行过程中发现请求书提供的信息不准确或者材料不齐全难以执行的,应当立即通过省级公安、检察机关报请公安部、最高人民检察院要求请求方补充材料;因其他原因无法执行或者具有应当拒绝协助、合作的情形等不能执行的,应当将请求书和所附材料,连同不能执行的理由通过省级公安、检察机关报送公安部、最高人民检察院。

3. 期限和费用负担

办理刑事司法协助事项,如果请求书中附有办理期限的,应当按期完成。未附办理期限的,调查取证一般应当在3个月以内完成;送达刑事诉讼文书,公安部规定应在10日以内完成,最高人民检察院规定一般应在30日以内完成。不能按期完成的,应当说明情况和理由,层报最高人民检察院、公安部,以便转告请求方。

对于刑事司法协助中的费用,应当按照已经缔结的司法协助条约处理;如果没有签订司法协助条约的,按照对等原则处理。最高检《规则》中规定,提供刑事司法协助,根据有关条约规定需要向请求方收取费用的,应当将费用和账单连同执行司法协助的结果一并报送最高人民检察院转递请求方。最高人民检察院收到上述费用后应当立即转交有关人民检察院。

思考题:

1. 如何理解涉外刑事诉讼中的涉外因素?
2. 请论述涉外刑事诉讼中的特有原则。
3. 涉外刑事诉讼中的国家主权原则体现在哪些方面?
4. 如何确认犯罪嫌疑人、被告人、被害人的外国国籍?
5. 涉外刑事诉讼的管辖有哪些特殊规定?
6. 人民法院如何送达涉外刑事诉讼的文书?
7. 请简述刑事司法协助的概念和意义。
8. 如何理解刑事司法协助的主体?
9. 刑事司法协助包括哪些内容?
10. 刑事司法协助的程序包括哪些具体规定?

后 记

经全国高等教育自学考试指导委员会同意,由法学类专业委员会负责高等教育自学考试法律专业教材的审定工作。

法律专业《刑事诉讼法学》自学考试教材由汪建成(法学博士,北京大学法学院教授)担任主编,参加编写的人员还有谢安平(法学博士,北京工商大学法学院教授)、孙远(法学博士,中国青年政学院副教授)、杨雄(法学博士,北京师范大学法学院副教授)和褚福民(法学博士,中国政法大学副教授)。

参加本教材审稿讨论会并提出修改意见的有中国人民大学陈卫东教授、中国社会科学院王敏远研究员、北京师范大学宋英辉教授。

对于编审人员付出的辛勤劳动,在此表示一并感谢!

全国高等教育自学考试委员会
法学类专业委员会
2014 年 7 月